Diogenes Taschenbuch 140/7

Arthur Schopenhauer

Zürcher Ausgabe

Werke in zehn Bänden

Band VII

Non multa
[Nicht vielerlei]

Der Text folgt der
historisch-kritischen Ausgabe von Arthur Hübscher
(3. Auflage, Brockhaus, Wiesbaden 1972)
Die editorischen Materialien
besorgte Angelika Hübscher
Redaktion von Claudia Schmölders,
Fritz Senn und Gerd Haffmans

Parerga und Paralipomena:

kleine philosophische Schriften,

von Arthur Schopenhauer.

Erster Band.

Vitam impendere vero.
[Sein Leben der Wahrheit weihen:
Juvenal, *Saturae*, 4, 91.]

Erster Teilband.

Diogenes

Diese Ausgabe erscheint mit Förderung
der Schopenhauer-Gesellschaft e. V. und des Schopenhauer-Archivs
(Sitz: Frankfurt am Main).

Ein Glossar der wichtigsten wissenschaftlichen Begriffe
und Fremdwörter findet sich jeweils im Anhang
der Bände IV, VI und X.
Nachbemerkungen von Angelika Hübscher zur *Welt als Wille
und Vorstellung,* zu den *Kleineren Schriften* und *Parerga und
Paralipomena* jeweils am Schluß der einzelnen Bände.
Ein Namenregister am Schluß des X. Bandes.

Umschlag: Arthur Schopenhauer,
nach einem Daguerreotyp vom 3. September 1852.

Alle Rechte vorbehalten
Copyright © 1977 by
Diogenes Verlag AG Zürich
60/78/E/2
ISBN 3 257 20427 2

Inhalt

Erster Teilband

Vorwort	7
Skitze einer Geschichte der Lehre vom Idealen und Realen	9
Fragmente zur Geschichte der Philosophie	41
Ueber die Universitäts-Philosophie	155
Transscendente Spekulation über die anscheinende Absichtlichkeit im Schicksale des Einzelnen	219
Versuch über das Geistersehn und was damit zusammenhängt	247

Zweiter Teilband

Aphorismen zur Lebensweisheit	343

Vorwort.

Diese, meinen wichtigeren, systematischen Werken nachgesandten Nebenarbeiten bestehn theils aus einigen Abhandlungen über besondere, sehr verschiedenartige Themata, theils aus vereinzelten Gedanken über noch mannigfaltigere Gegenstände, – Alles hier zusammengebracht, weil es, meistens seines Stoffes halber, in jenen systematischen Werken keine Stelle finden konnte, Einiges jedoch nur weil es zu spät gekommen, um die ihm gebührende daselbst einzunehmen.

Hiebei nun habe ich zwar zunächst Leser im Auge gehabt, denen meine zusammenhängenden und inhaltsschwereren Werke bekannt sind; sogar werden solche vielleicht noch manche ihnen erwünschte Aufklärung hier finden: im Ganzen aber wird der Inhalt dieser Bände, mit Ausnahme weniger Stellen, auch Denen verständlich und genießbar seyn, welche eine solche Bekanntschaft nicht mitbringen. Jedoch wird der mit meiner Philosophie Vertraute immer noch etwas voraushaben; weil diese auf Alles, was ich denke und schreibe, stets ihr Licht, und sollte es auch nur aus der Ferne seyn, zurückwirft; wie denn auch andererseits sie selbst von Allem, was aus meinem Kopfe hervorgeht, immer noch einige Beleuchtung empfängt.

F r a n k f u r t a. M., im Dezember 1850.

Skitze einer Geschichte der Lehre vom Idealen und Realen.

Plurimi pertransibunt, et multiplex erit scientia.
[Sehr viele werden darüber (über das Buch)
kommen, und vielfältig wird das Wissen sein.]
Dan[iel] 12, 4.

Skitze einer Geschichte der
Lehre vom Idealen und Realen.

Cartesius gilt mit Recht für den Vater der neuern Philosophie, zunächst und im Allgemeinen, weil er die Vernunft angeleitet hat, auf eigenen Beinen zu stehn, indem er die Menschen lehrte, ihren eigenen Kopf zu gebrauchen, für welchen bis dahin die Bibel einerseits und der Aristoteles andererseits funktionirten; im besondern aber und engern Sinne, weil er zuerst sich das Problem zum Bewußtseyn gebracht hat, um welches seitdem alles Philosophiren sich hauptsächlich dreht: das Problem vom Idealen und Realen, d. h. die Frage, was in unserer Erkenntniß objektiv und was darin subjektiv sei, also was darin etwanigen, von uns verschiedenen Dingen, und was uns selber zuzuschreiben sei. – In unserm Kopfe nämlich entstehn, nicht auf innern, – etwan von der Willkür, oder dem Gedankenzusammenhange ausgehenden, – folglich auf äußern Anlaß, Bilder. Diese Bilder allein sind das uns unmittelbar Bekannte, das Gegebene. Welches Verhältniß mögen sie haben zu Dingen, die völlig gesondert und unabhängig von uns existirten und irgendwie Ursache dieser Bilder würden? Haben wir Gewißheit, daß überhaupt solche Dinge nur dasind? und geben, in diesem Fall, die Bilder uns auch über deren Beschaffenheit Aufschluß? – Dies ist das Problem, und in Folge desselben ist, seit 200 Jahren, das Hauptbestreben der Philosophen, das Ideale, d. h. Das, was unserer Erkenntniß allein und als solcher angehört, von dem Realen, d. h. dem unabhängig von ihr Vorhandenen, rein zu sondern, durch einen in der rechten Linie wohlgeführten Schnitt, und so das Verhältniß Beider zu einander festzustellen.

Wirklich scheinen weder die Philosophen des Alterthums, noch auch die Scholastiker, zu einem deutlichen Bewußtseyn dieses philosophischen Urproblems gekommen zu seyn; wiewohl sich eine Spur davon, als Idealismus, ja auch als Lehre von der Idealität der Zeit, im Plotinos findet, und zwar Enneas III, lib. 7. c. 10 [= 11], woselbst er lehrt, die Seele habe die Welt gemacht, indem sie aus der Ewigkeit in die Zeit getreten sei. Da heißt es z. B. ου γαρ τις αυτου τουδε του παντος τοπος, η ψυχη. *(neque datur alius hujus universi locus, quam anima.)* [Denn es gibt für dieses Weltall keinen anderen Ort als die Seele.] wie auch: δει δε ουκ εξωθεν της ψυχης λαμβανειν τον χρονον, ώσπερ ουδε τον αιωνα εχει εξω του οντος. *(oportet autem nequaquam extra animam tempus accipere, quemadmodum neque aeternitatem ibi extra id, quod ens appellatur.)* [Man darf die Zeit nicht außerhalb der Seele annehmen, und die Ewigkeit im Jenseits nicht außerhalb des Seienden.]; womit eigentlich schon Kants Idealität der Zeit ausgesprochen ist. Und im folgenden Kapitel: ούτος ό βιος τον χρονον γεννα· διο και ειρηται άμα τώδε τω παντι γεγονεναι, ότι ψυχη αυτον μετα τουδε του παντος εγεννησεν *(haec vita nostra tempus gignit: quamobrem dictum est, tempus simul cum hoc universo factum esse; quia anima tempus una cum hoc universo progenuit)* [Dieses Leben erzeugt die Zeit: weshalb es auch heißt, sie sei zugleich mit diesem Weltganzen entstanden; denn die Seele habe sie zugleich mit dem Weltganzen erzeugt]. Dennoch bleibt das deutlich erkannte und deutlich ausgesprochene Problem das charakteristische Thema der n e u e r n Philosophie, nachdem die hiezu nöthige Besonnenheit im C a r t e s i u s zuerst erwacht war, als welcher ergriffen wurde von der Wahrheit, daß wir zunächst auf unser eigenes Bewußtseyn beschränkt sind und die Welt uns allein als V o r s t e l l u n g gegeben ist: durch sein bekanntes *dubito, cogito, ergo sum* [Ich zweifle, ich denke, folglich bin ich: Descartes, *principia philosophiae*, 1, 7] wollte er das allein Gewisse des subjektiven Bewußtseyns, im Gegensatz des Problematischen alles Uebrigen, hervorheben und die große Wahrheit aussprechen, daß das Einzige wirklich und unbedingt G e g e b e n e das Selbstbewußtseyn ist. Genau betrachtet ist sein berühmter Satz das Aequivalent [Wertgleiche] dessen, von welchem ich ausgegangen bin: »Die Welt ist meine Vorstellung.« Der alleinige Unterschied ist, daß der seinige die Unmittelbarkeit des Subjekts, der meinige die Mittelbarkeit des Objekts hervorhebt. Beide Sätze drücken das Selbe von zwei Seiten aus, sind Kehrseiten von einander, stehn also in dem selben Verhältniß, wie das Gesetz der Trägheit und das der Kausalität, gemäß meiner Darlegung in der Vorrede zur Ethik *Die beiden Grundprobeleme der Ethik* [Bd. VI dieser Ausgabe, S. 21 f.]. Aller-

der Lehre vom Idealen und Realen.

dings hat man seitdem seinen Satz unzählige Mal nachgesprochen, im bloßen Gefühl seiner Wichtigkeit, und ohne vom eigentlichen Sinn und Zweck desselben ein deutliches Verständniß zu haben. (Siehe *Cartes[ius,] Meditationes. Med. II, p. 15.*) Er also deckte die Kluft auf, welche zwischen dem Subjektiven, oder Idealen, und dem Objektiven, oder Realen, liegt. Diese Einsicht kleidete er ein in den Zweifel an der Existenz der Außenwelt: allein durch seinen dürftigen Ausweg aus diesem, – daß nämlich der liebe Gott uns doch wohl nicht betrügen werde, – zeigte er, wie tief und schwer zu lösen das Problem sei. Inzwischen war durch ihn dieser Skrupel in die Philosophie gekommen und mußte fortfahren beunruhigend zu wirken, bis zu seiner gründlichen Erledigung. Das Bewußtseyn, daß ohne gründliche Kenntniß und Aufklärung des dargelegten Unterschiedes kein sicheres und genügendes System möglich sei, war von Dem an vorhanden, und die Frage konnte nicht mehr abgewiesen werden.

Sie zu erledigen, erdachte zunächst M a l e b r a n c h e das System der gelegentlichen Ursachen. Er faßte das Problem selbst, in seinem ganzen Umfange, deutlicher, ernstlicher, tiefer auf, als C a r t e s i u s. *(Recherches de la vérité, livre III, seconde partie.)* Dieser hatte die Realität der Außenwelt auf den Kredit Gottes angenommen; wobei es sich freilich wunderlich ausnimmt, daß, während die andern theistischen Philosophen aus der Existenz der Welt die Existenz Gottes zu erweisen bemüht sind, Cartesius umgekehrt erst aus der Existenz und Wahrhaftigkeit Gottes die Existenz der Welt beweist: es ist der umgekehrte kosmologische [von der Existenz der Welt auf einen Urheber schließende] Beweis. Auch hierin einen Schritt weiter gehend, lehrt M a l e b r a n c h e, daß wir alle Dinge unmittelbar in Gott selbst sehn. Dies heißt freilich ein Unbekanntes durch ein noch Unbekannteres erklären. Ueberdies sehn wir, nach ihm, nicht nur alle Dinge in Gott; sondern dieser ist auch das allein Wirkende in denselben, so daß die physischen Ursachen es bloß scheinbar, bloße *causes occasionelles* [Gelegenheits-Ursachen] sind. *(Rech. d. l. vér., liv. VI, seconde partie, ch. 3.)* So haben wir denn schon hier im Wesentlichen den Pantheismus des S p i n o z a, der mehr von M a l e b r a n c h e, als von C a r t e s i u s gelernt zu haben scheint.

Ueberhaupt könnte man sich wundern, daß nicht schon im 17. Jahrhundert der Pantheismus einen vollständigen Sieg über den

Theismus davon getragen hat; da die originellsten, schönsten und gründlichsten Europäischen Darstellungen desselben (denn gegen die Upanischaden der Veden gehalten ist freilich das Alles nichts) sämmtlich in jenem Zeitraum ans Licht traten: nämlich durch B r u n o , M a l e b r a n c h e , S p i n o z a und S k o - t u s E r i g e n a , welcher Letztere, nachdem er viele Jahrhundert hindurch vergessen und verloren gewesen war, zu Oxford wiedergefunden wurde und 1681, also 4 Jahre nach Spinoza's Tode, zum ersten Male gedruckt, an's Licht trat. Dies scheint zu beweisen, daß die Einsicht Einzelner sich nicht geltend machen kann, so lange der Geist der Zeit nicht reif ist, sie aufzunehmen; wie denn gegentheils in unsern Tagen der Pantheismus, obzwar nur in der eklektischen und konfusen Schellingischen Auffrischung dargelegt, zur herrschenden Denkungsart der Gelehrten und selbst der Gebildeten geworden ist; weil nämlich Kant mit der Besiegung des theistischen Dogmatismus vorangegangen war und ihm Platz gemacht hatte, wodurch der Geist der Zeit auf ihn vorbereitet war, wie ein gepflügtes Feld auf die Saat. Im 17. Jahrhundert hingegen verließ die Philosophie wieder jenen Weg und gelangte danach einerseits zu L o c k e , dem Bako und Hobbes vorgearbeitet hatten, und andererseits, durch L e i b - n i t z , zu Christian W o l f : diese Beiden herrschten sodann, im 18. Jahrhundert, vorzüglich in Deutschland, wenn gleich zuletzt nur noch sofern sie in den synkretistischen Eklektismus aufgenommen worden waren.

Des M a l e b r a n c h e tiefsinnige Gedanken aber haben den nächsten Anlaß gegeben zu L e i b n i t z e n s System der *harmonia praestabilita* [vorher bestimmten Harmonie], dessen zu seiner Zeit ausgebreiteter Ruhm und hohes Ansehn einen Beleg dazu giebt, daß das Absurde am leichtesten in der Welt Glück macht. Obgleich ich mich nicht rühmen kann, von Leibnitzens Monaden, die zugleich mathematische Punkte, körperliche Atome und Seelen sind, eine deutliche Vorstellung zu haben; so scheint mir doch soviel außer Zweifel, daß eine solche Annahme, wenn ein Mal festgestellt, dazu dienen könnte, alle ferneren Hypothesen zur Erklärung des Zusammenhangs zwischen Idealem und Realem sich zu ersparen und die Frage dadurch abzufertigen, daß Beide schon in den Monaden völlig identificirt seien, (weshalb auch in unseren Tagen S c h e l l i n g , als Urheber des Identitätssystems, sich wieder daran geletzt hat). Den-

der Lehre vom Idealen und Realen.

noch hat es dem berühmten philosophirenden Mathematikus, Polyhistor und Politikus nicht gefallen, sie dazu zu benutzen; sondern er hat, zum letzteren Zweck, eigens die prästabilirte Harmonie formulirt. Diese nun liefert uns zwei gänzlich verschiedene Welten, jede unfähig, auf die andere irgend zu wirken *(principia philos. § 84. und examen du sentiment du P. Malebranche, p. 500 sq. der Œuvres de Leibnitz, publ. p. Raspe),* jede die völlig überflüssige Doublette der andern, welche nun aber doch ein Mal beide daseyn, genau einander parallel laufen und auf ein Haar mit einander Takt halten sollen; daher der Urheber beider, gleich Anfangs, die genaueste Harmonie zwischen ihnen stabilirt [festgesetzt] hat, in welcher sie nun schönstens neben einander fortlaufen. Beiläufig gesagt, ließe sich die *harmonia praestabilita* vielleicht am besten durch die Vergleichung mit der Bühne faßlich machen, als woselbst sehr oft der *influxus physicus* [physische Einfluß] nur scheinbar vorhanden ist, indem Ursache und Wirkung bloß mittelst einer vom Regisseur prästabilirten Harmonie zusammenhängen, z. B. wann der Eine schießt und der Andere *a tempo* [sogleich] fällt. Am krassesten, und in der Kürze, hat L e i b n i t z die Sache in ihrer monstrosen Absurdität dargestellt in §§ 62, 63 seiner Theodicee. Und dennoch hat er bei dem ganzen Dogma nicht ein Mal das Verdienst der Originalität, indem schon Spinoza die *harmonia praestabilita* deutlich genug dargelegt hat im zweiten Theil seiner Ethik, nämlich in der 6ten und 7ten Proposition, nebst deren Korollarien, und wieder im fünften Theil, *prop. 1,* nachdem er in der 5ten Proposition des zweiten Theils die so sehr nahe verwandte Lehre des M a l e b r a n c h e , daß wir alles in Gott sehn, auf seine Weise ausgesprochen hatte.† Also ist Malebranche allein der Urheber dieses ganzen Gedankenganges, den sowohl Spinoza als Leibnitz, jeder auf seine Art, benutzt und zurechtgeschoben haben. Leibnitz hätte sogar der Sache wohl entrathen können, denn er hat hiebei die bloße Thatsache,

---

† *Eth. P. II., prop. 7: Ordo et connexio idearum idem est, ac ordo et connexio rerum.* [Die Ordnung und Verbindung der Ideen ist die gleiche wie die Ordnung und Verbindung der Dinge.] – *P. V, prop. 1: Prout cogitationes rerumque ideae concatenantur in Mente, ita corporis affectiones, seu rerum imagines ad amussim ordinantur et concatenantur in Corpore.* [Wie die Gedanken und Ideen der Dinge im Geist verknüpft sind, genau so sind die Erregungen des Körpers oder die Bilder der Dinge geordnet und verknüpft im Körper.] – *P. II, prop. 5: Esse formale idearum Deum, quatenus tantum ut res cogitans consideratur, pro causa agnoscit, et non quatenus*

welche das Problem ausmacht, daß nämlich die Welt uns unmittelbar bloß als unsere Vorstellung gegeben ist, schon verlassen, um ihr das Dogma von einer Körperwelt und einer Geisterwelt, zwischen denen keine Brücke möglich sei, zu substituiren; indem er die Frage nach dem Verhältniß der Vorstellungen zu den Dingen an sich selbst zusammenflicht mit der nach der Möglichkeit der Bewegungen des Leibes durch den Willen, und nun beide zusammen auflöst, durch seine *harmonia praestabilita* (S. *Système nouveau de la nature*, in *Leibnitz. Opp. ed. Erdmann, p. 125. – Brucker hist. ph. Tom. IV. P. II, p. 425).* Die monstrose Absurdität seiner Annahme wurde schon durch einige seiner Zeitgenossen, besonders B a y l e , mittelst Darlegung der daraus fließenden Konsequenzen, ins hellste Licht gestellt. (Siehe, in Leibnitzens kleinen Schriften, übersetzt von Huth *anno 1740*, die Anmerkung zu S. 79, in welcher Leibnitz selbst die empörenden Folgen seiner Behauptung darzulegen sich genöthigt sieht.) Jedoch beweist gerade die Absurdität der Annahme, zu der ein denkender Kopf, durch das vorliegende Problem, getrieben wurde, die Größe, die Schwierigkeit, die Perplexität desselben und wie wenig man es durch bloßes Wegleugnen, wie in unsern Tagen gewagt worden ist, beseitigen und so den Knoten zerhauen kann. –

S p i n o z a geht wieder unmittelbar vom C a r t e s i u s aus: daher behielt er Anfangs, als Cartesianer auftretend, sogar den Dualismus seines Lehrers bei, setzte demnach eine *substantia cogitans* [denkende Substanz] und eine *substantia extensa* [ausgedehnte Substanz], jene als Subjekt, diese als Objekt der Erkenntniß. Später hingegen, als er auf eigenen Füßen stand, fand er, daß beide eine und die selbe Substanz wären, von verschiedenen Seiten angesehn, also Ein Mal als *substantia extensa*, das andere als *substantia cogitans* aufgefaßt. Dies heißt nun eigentlich, daß die Unterscheidung von Denkendem und Ausgedehntem, oder Geist und Körper, eine ungegründete, also unstatthafte sei; daher nun nicht weiter von ihr hätte geredet

---

alio attributo explicatur. Hoc est, tam Dei attributorum, quam rerum singularium ideae non ipsa ideata, sive res perceptas pro causa efficiente agnoscunt: sed ipsum Deum, quatenus est res cogitans. [Das formale Sein der Ideen hat Gott zur Ursache, sofern er als denkendes Wesen betrachtet, und nicht, sofern er durch ein anderes Attribut entwickelt wird. Das heißt: Die Ideen der Attribute Gottes wie der einzelnen Dinge haben nicht die Objekte dieser Ideen, d. h. die wahrgenommenen Dinge, zu ihrer Ursache; sondern Gott selbst, sofern er ein denkendes Wesen ist.]

der Lehre vom Idealen und Realen.

werden sollen. Allein er behält sie insofern immer noch bei, als er unermüdlich wiederholt, daß Beide Eins seien. Hieran knüpft er nun noch, durch ein bloßes *Sic etiam* [So auch], daß *modus extensionis et idea illius modi una eademque est res* [die Art der Ausdehnung und die Idee jener Art eines und dasselbe ist] *(Eth. P. II, prop. 7 schol.); womit gemeint ist, daß unsere Vorstellung von Körpern und diese Körper selbst Eins und das Selbe seien. Hiezu ist jedoch das *Sic etiam* ein ungenügender Uebergang: denn daraus, daß der Unterschied zwischen Geist und Körper oder zwischen dem Vorstellenden und dem Ausgedehnten, ungegründet ist, folgt keineswegs, daß der Unterschied zwischen unserer Vorstellung und einem außerhalb derselben vorhandenen Objektiven und Realen, dieses von Cartesius aufgeworfene Ur-Problem, auch ungegründet sei. Das Vorstellende und das Vorgestellte mögen immerhin gleichartig seyn; so bleibt dennoch die Frage, ob aus Vorstellungen in meinem Kopf auf das Daseyn von mir verschiedener, an sich selbst, d. h. unabhängig davon, existirender Wesen sicher zu schließen sei. Die Schwierigkeit ist nicht die, wozu vorzüglich L e i b n i t z (z. B. *Theodic. Part. I, § 59)* sie verdrehn möchte, daß zwischen den angenommenen Seelen und der Körperwelt, als zweien ganz heterogenen Arten von Substanzen, gar keine Einwirkung und Gemeinschaft Statt haben könne, weshalb er den physischen Einfluß leugnete: denn diese Schwierigkeit ist bloß eine Folge der rationalen Psychologie, braucht also nur, wie von Spinoza geschieht, als eine Fiktion bei Seite geschoben zu werden: und überdies ist gegen die Behaupter derselben, als *argumentum ad hominem* [persönlicher Beweisgrund], ihr Dogma geltend zu machen, daß ja Gott, der doch ein Geist sei, die Körper-Welt geschaffen habe und fortwährend regiere, also ein Geist unmittelbar auf Körper wirken könne. Vielmehr ist und bleibt die Schwierigkeit bloß die Cartesianische, daß die Welt, welche allein uns unmittelbar gegeben ist, schlechterdings nur eine ideale, d. h. aus bloßen Vorstellungen in unserm Kopf bestehende ist; während wir, über diese hinaus, von einer realen, d. h. von unserm Vorstellen unabhängig daseienden Welt zu urtheilen unternehmen. Dieses Problem also hat S p i n o z a , dadurch daß er den Unterschied zwischen *substantia cogitans* und *substantia extensa* aufhebt, noch nicht gelöst, sondern allenfalls den physischen Einfluß jetzt wieder zulässig gemacht. Dieser aber taugt doch nicht, die

Skitze einer Geschichte

Schwierigkeit zu lösen: denn das Gesetz der Kausalität ist erwiesenermaaßen subjektiven Ursprungs; aber auch wenn es umgekehrt aus der äußern Erfahrung stammte, dann würde es eben mit zu jener in Frage gestellten, uns bloß ideell gegebenen Welt gehören; so daß es keinen Falls eine Brücke zwischen dem absolut Objektiven und dem Subjektiven abgeben kann, vielmehr bloß das Band ist, welches die Erscheinungen unter einander verknüpft. (Siehe Welt als W. und V. Bd. 2. S. 12 [Bd. III uns. Ausg., S. 18].)

Um jedoch die oben angeführte Identität der Ausdehung und der Vorstellung von ihr näher zu erklären, stellt S p i n o z a etwas auf, welches die Ansicht des M a l e b r a n c h e und die des L e i b n i t z zugleich in sich faßt. Ganz gemäß nämlich dem M a l e b r a n c h e, sehn wir alle Dinge in Gott: *rerum singularium ideae non ipsa ideata, sive res perceptas, pro causa agnoscunt, sed ipsum Deum, quatenus est res cogitans.* [Die Ideen der einzelnen Dinge erkennen nicht die Objekte dieser Ideen, d. h. die wahrgenommenen Dinge, als ihre Ursache, sondern Gott selbst, soweit er ein denkendes Wesen ist.] *Eth. P. II, pr. 5;* und dieser Gott ist auch zugleich das Reale und Wirkende in ihnen, eben wie bei M a l e b r a n c h e. Da jedoch S p i - n o z a mit dem Namen *Deus* die Welt bezeichnet; so ist dadurch am Ende nichts erklärt. Zugleich nun aber ist bei ihm, wie bei L e i b n i t z, ein genauer Parallelismus zwischen der ausgedehnten und der vorgestellten Welt: *ordo et connexio idearum idem est, ac ordo et connexio rerum.* [Die Ordnung und Verbindung der Ideen ist dieselbe wie die Ordnung und Verbindung der Dinge.] *P. II, pr. 7* und viele ähnliche Stellen. Dies ist die *harmonia praestabilita* des L e i b n i t z ; nur daß hier nicht, wie bei diesem, die vorgestellte und die objektiv seiende Welt völlig getrennt bleiben, bloß vermöge einer zum voraus und von außen regulirten *harmonia* einander entsprechend; sondern wirklich Eines und das Selbe sind. Wir haben hier also zuvörderst einen gänzlichen R e a l i s m u s, sofern das Daseyn der Dinge ihrer Vorstellung in uns ganz genau entspricht, indem ja Beide Eins sind;† demnach erkennen wir die

---

† Im *Tractatus de emend. intell.*, p. *414/25* legt er entschiedenen R e a l i s m u s an den Tag und zwar so, daß *idea vera est diversum quid a suo ideato* [die wahre Idee etwas von ihrem Objekt Verschiedenes ist]; *etc.* Jedoch ist dieser Traktat ohne Zweifel älter als seine Ethik.

der Lehre vom Idealen und Realen.

Dinge an sich: sie sind an sich selbst *extensa,* wie sie auch, sofern sie als *cogitata* auftreten, d. h. in unserer Vorstellung von ihnen, sich als *extensa* darstellen. (Beiläufig bemerkt, ist hier der Ursprung der Schellingischen Identität des Realen und Idealen.) Begründet wird nun alles Dieses eigentlich nur durch bloße Behauptung. Die Darstellung ist schon durch die Zweideutigkeit des in einem ganz uneigentlichen Sinne gebrauchten Wortes *Deus* [Gott], und auch noch außerdem, undeutlich; daher er sich in Dunkelheit verliert und es am Ende heißt: *nec impraesentiarum haec clarius possum explicare* [und ich kann dies vorderhand nicht deutlicher erklären: *Eth.* II, prop. 7, Schol.]. Undeutlichkeit der Darstellung entspringt aber immer aus Undeutlichkeit des eigenen Verstehns und Durchdenkens der Philospheme. Sehr treffend hat V a u v e n a r g u e s gesagt: *La clarté est la bonne foi des philosophes* [Die Klarheit ist der Kreditbrief der Philosophen]. (S. *Revue des deux Mondes 1853, 15 Août p. 635.)* Was in der Musik der »reine Satz«, das ist in der Philosophie die vollkommene Deutlichkeit, sofern sie die *conditio sine qua non* [unerläßliche Bedingung] ist, ohne deren Erfüllung Alles seinen Werth verliert und wir sagen müssen: *quodcunque ostendis mihi sic incredulus odi* [Alles was du mir so zeigst, ist mir unglaubwürdig und verhaßt: Horaz, *ars poetica,* 188]. Muß man doch sogar in Angelegenheiten des gewöhnlichen, praktischen Lebens sorgfältig, durch Deutlichkeit, möglichen Mißverständnissen vorbeugen; wie denn sollte man im schwierigsten, abstrusesten, kaum erreichbaren Gegenstande des Denkens, den Aufgaben der Philosophie, sich unbestimmt, ja räthselhaft ausdrücken dürfen? Die gerügte Dunkelheit in der Lehre des Spinoza entspringt daraus, daß er nicht, unbefangen, von der Natur der Dinge, wie sie vorliegt, ausgieng, sondern vom Cartesianismus, und demnach von allerlei überkommenen Begriffen, wie *Deus, substantia, perfectio* [Gott, Substanz, Vollkommenheit] *etc.,* die er nun, durch Umwege, mit seiner Wahrheit in Einklang zu setzen bemüht war. Er drückt, besonders im 2ten Theil der Ethik, das Beste sehr oft nur indirekt aus, indem er stets *per ambages* [durch Umschweife] und fast allegorisch redet. Andererseits nun wieder legt Spinoza einen unverkennbaren t r a n s s c e n d e n t a l e n I d e a l i s m u s an den Tag, nämlich eine wenn auch nur allgemeine Erkenntniß der von Locke und zumal von Kant deutlich dargelegten Wahrheiten, also eine wirkliche Unterscheidung der Erscheinung vom Ding an sich und Anerkennung, daß nur Erstere uns zugänglich ist. Man sehe *Eth. P. II, prop. 16* mit dem 2ten *Coroll.; prop. 17, Schol.; prop. 18, Schol.; prop. 19; prop. 23,* die es auf die Selbsterkenntniß ausdehnt; *prop. 25,* die es deutlich ausspricht, und endlich als *résumé* das *Coroll.* zu *prop. 29,* welches deutlich besagt, daß wir weder uns selbst noch die Dinge erkennen, wie sie an sich sind, sondern bloß, wie sie erscheinen. Die Demonstration der *prop. 17, P. III* spricht, gleich am Anfang, die Sache am deutlichsten aus. Hinsichtlich des Verhältnisses der Lehre Spinoza's zu der des Cartesius erinnere ich hier an Das, was ich in der »Welt als W. und V.«, Bd. 2. S. 639 [Bd. IV uns. Ausgabe, S. 756], darüber gesagt habe. Aber durch jenes Ausgehn von den Begriffen der Cartesianischen Philosophie ist nicht nur viel Dunkelheit und Anlaß zum Mißverstehn in die Darstellung des Spinoza gekommen; sondern er ist dadurch auch in viele schreiende Paradoxien, offenbare Falschheiten, ja Absurditäten und Widersprüche gerathen, wodurch das viele Wahre und Vortreffliche seiner Lehre eine höchst unangenehme Beimischung von schlechterdings Unverdaulichem erhalten hat und der Leser zwischen Bewunderung und Verdruß hin und her geworfen wird. In der hier zu betrachtenden Rücksicht aber ist der Grundfehler des Spinoza, daß er die Durchschnittslinie zwischen dem Idealen und Realen, oder der subjektiven und objektiven Welt, vom unrechten Punkte aus gezogen hat. Die A u s d e h n u n g nämlich ist keineswegs der Gegensatz der V o r s t e l l u n g , sondern liegt ganz innerhalb dieser. Als ausgedehnt stellen wir die Dinge vor, und sofern sie ausgedehnt sind, sind sie unsere Vorstellung: ob aber, unabhängig von unserm Vorstellen, irgend etwas ausgedehnt, ja überhaupt irgend etwas vorhanden sei, ist die Frage und das ursprüngliche Problem. Dieses wurde später, durch K a n t , soweit unleugbar richtig, gelöst, daß die Ausdehnung, oder Räumlichkeit, einzig und allein in der Vorstellung liege, also dieser anhänge, indem der ganze Raum die bloße Form derselben sei; wonach denn unabhängig von unserm Vorstellen kein Ausgedehntes vorhanden seyn kann, und auch ganz gewiß nicht ist. Die Durchschnittslinie des Spinoza ist demnach ganz in die ideale Seite gefallen und er ist bei der v o r g e - s t e l l t e n Welt stehn geblieben: diese also, bezeichnet durch ihre Form der Ausdehnung, hält er für das Reale, mithin für *der Lehre vom Idealen und Realen.* 21

unabhängig vom Vorgestelltwerden, d. h. an sich, vorhanden. Da hat er dann freilich Recht zu sagen, daß Das, was ausgedehnt ist, und Das, was vorgestellt wird, – d. h. unsere Vorstellung von Körpern und diese Körper selbst, – Eines und das Selbe sei *(P. II, pr. 7, schol.).* Denn allerdings sind die Dinge nur als Vorgestellte ausgedehnt und nur als Ausgedehnte vorstellbar: die Welt als Vorstellung und die Welt im Raume ist *una eademque res* [ein und dieselbe Sache]: dies können wir ganz und gar zugeben. Wäre nun die Ausdehnung eine Eigenschaft der Dinge an sich; so wäre unsere Anschauung eine Erkenntniß der Dinge an sich: er nimmt es auch so an, und hierin besteht sein Realismus. Weil er aber diesen nicht begründet, nicht nachweist, daß unserer Anschauung einer räumlichen Welt eine von dieser Anschauung unabhängige räumliche Welt entspricht; so bleibt das Grundproblem ungelöst. Dies aber kommt eben daher, daß die Durchschnittslinie zwischen dem Realen und Idealen, dem Objektiven und Subjektiven, dem Ding an sich und der Erscheinung, nicht richtig getroffen ist: vielmehr führt er, wie gesagt, den Schnitt mitten durch die ideale, subjektive, erscheinende Seite der Welt, also durch die Welt als Vorstellung, zerlegt diese in das Ausgedehnte oder Räumliche, und unsere Vorstellung von demselben, und ist dann sehr bemüht zu zeigen, daß Beide nur Eines sind; wie sie es auch in der That sind. Eben weil Spinoza ganz auf der idealen Seite der Welt bleibt, da er in dem zu ihr gehörigen Ausgedehnten schon das Reale zu finden vermeinte, und wie ihm demzufolge die anschauliche Welt das einzige Reale a u ß e r uns und das Erkennende *(cogitans)* das einzige Reale i n uns ist; – so verlegt er auch andererseits das alleinige wahrhafte Reale, den Willen, ins Ideale, indem er ihn einen bloßen *modus cogitandi* [Modus des Erkennens] seyn läßt, ja, ihn mit dem U r t h e i l identificirt. Man sehe *Eth. II.* die Beweise der *prop. 48* [schol.] *et 49,* wo es heißt: *per v o l u n t a t e m intellego affirmandi et negandi facultatem* [Unter W i l l e n verstehe ich die Fähigkeit des Bejahens und Verneinens], – und wieder: *concipiamus singularem aliquam v o l i t i o n e m , nempe modum cogitandi, quo mens affirmat, tres angulos trianguli aequales esse duobus rectis* [Denken wir uns einen bestimmten Willensakt, nämlich die Denkweise, durch die der Geist bejaht, daß die Summe der 3 Winkel eines Dreiecks 2 rechten Winkeln gleich seien], worauf das Korollarium folgt: *Voluntas et intel-*

lectus unum et idem sunt [Wille und Intellekt sind eines und dasselbe]. – Ueberhaupt hat Spinoza den großen Fehler, daß er absichtlich die Worte mißbraucht zur Bezeichnung von Begriffen, welche in der ganzen Welt andere Namen führen, und dagegen ihnen die Bedeutung nimmt, die sie überall haben: so nennt er »Gott«, was überall »die Welt« heißt; »das Recht«, was überall »die Gewalt« heißt; und »den Willen«, was überall »das Urtheil« heißt. Wir sind ganz berechtigt, hiebei an den Hetman der Kosaken in Kotzebue's [Schauspiel] Benjowsky zu erinnern. –

B e r k e l e y, wenn gleich später und schon mit Kenntniß L o c k e ' s, gieng auf diesem Wege der Cartesianer konsequent weiter und wurde dadurch der Urheber des eigentlichen und wahren I d e a l i s m u s, d. h. der Erkenntniß, daß das im Raum Ausgedehnte und ihn Erfüllende, also die anschauliche Welt überhaupt, sein Daseyn als ein solches schlechterdings nur in unserer V o r s t e l l u n g haben kann, und daß es absurd, ja widersprechend ist, ihm als einem solchen noch ein Daseyn außerhalb aller Vorstellung und unabhängig vom erkennenden Subjekt beizulegen und demnach eine an sich selbst existirende Materie anzunehmen.† Dies ist eine sehr richtige und tiefe Einsicht: in ihr besteht aber auch seine ganze Philosophie. Das Ideale hatte er getroffen und rein gesondert; aber das Reale wußte er nicht zu finden, bemüht sich auch nur wenig darum und erklärt sich nur gelegentlich, stückweise und unvollständig darüber. Gottes Wille und Allmacht ist ganz unmittelbar Ursache aller Erscheinungen der anschaulichen Welt, d. h. aller unserer Vorstellungen. Wirkliche Existenz kommt nur den erkennenden und wollenden Wesen zu, dergleichen wir selbst sind: diese also machen, neben Gott, das Reale aus. Sie sind Geister, d. h. eben erkennende und wollende Wesen: denn Wollen

---

† Den Laien in der Philosophie, zu denen viele Doktoren derselben gehören, sollte man das Wort »I d e a l i s m u s« ganz aus der Hand nehmen; weil sie nicht wissen, was es heißt, und allerlei Unfug damit treiben: sie denken sich unter Idealismus bald Spiritualismus, bald so ungefähr das Gegentheil der Philisterei, und werden in solcher Ansicht von den vulgären Litteraten bestärkt und bestätigt. Die Worte »Idealismus und Realismus« sind nicht herrenlos, sondern haben ihre feststehende philosophische Bedeutung; wer etwas Anderes meint, soll eben ein anderes Wort gebrauchen. – Der Gegensatz von I d e a l i s m u s und R e a l i s m u s betrifft das E r k a n n t e, das Objekt, hingegen der zwischen S p i r i t u a l i s m u s und M a t e r i a l i s - m u s das E r k e n n e n d e, das Subjekt. (Die heutigen unwissenden Schmierer verwechseln Idealismus und Spiritualismus.)

der Lehre vom Idealen und Realen.

und Erkennen hält auch er für schlechterdings unzertrennlich. Er hat mit seinen Vorgängern auch Dies gemein, daß er Gott für bekannter, als die vorliegende Welt, und daher eine Zurückführung auf ihn für eine Erklärung hält. Ueberhaupt legte sein geistlicher, sogar bischöflicher Stand ihm zu schwere Fesseln an und beschränkte ihn auf einen beengenden Gedankenkreis, gegen den er nirgends anstoßen durfte; daher er denn nicht weiter konnte, sondern, in seinem Kopfe, Wahres und Falsches lernen mußte, sich zu vertragen, so gut es gehn wollte. Dies läßt sich sogar auf die Werke aller dieser Philosophen, mit Ausnahme des Spinoza, ausdehnen: sie alle verdirbt der jeder Prüfung unzugängliche, jeder Untersuchung abgestorbene, mithin wirklich als eine fixe Idee auftretende jüdische Theismus, der bei jedem Schritte sich der Wahrheit in den Weg stellt; so daß der Schaden, den er hier im Theoretischen anrichtet, als Seitenstück desjenigen auftritt, den er, ein Jahrtausend hindurch, im Praktischen, ich meine in Religionskriegen, Glaubenstribunalen und Völkerbekehrungen durch das Schwerdt, angerichtet hat.

Die genaueste Verwandtschaft zwischen M a l e b r a n c h e , S p i n o z a und B e r k e l e y ist nicht zu verkennen: auch sehn wir sie sämmtlich ausgehn vom C a r t e s i u s , sofern sie das von ihm in der Gestalt des Zweifels an der Existenz der Außenwelt dargelegte Grundproblem festhalten und zu lösen suchen, indem sie die Trennung und Beziehung der idealen, subjektiven, d. h. in unserer Vorstellung allein gegebenen, und der realen, objektiven, unabhängig davon, also an sich bestehenden Welt zu erforschen bemüht sind. Daher ist, wie gesagt, dieses Problem die Axe, um welche die ganze Philosophie neuerer Zeit sich dreht.

Von jenen Philosophen unterscheidet nun L o c k e sich dadurch, daß er, wahrscheinlich weil er unter Hobbes' und Bako's Einfluß steht, sich so nahe als möglich an die Erfahrung und den gemeinen Verstand anschließt, hyperphysische [übernatürliche] Hypothesen möglichst vermeidend. Das R e a l e ist ihm die M a t e r i e , und ohne sich an den Leibnitzischen Skrupel über die Unmöglichkeit einer Kausalverbindung zwischen der immateriellen, denkenden, und der materiellen, ausgedehnten Substanz zu kehren, nimmt er zwischen der Materie und dem erkennenden Subjekt geradezu physischen Einfluß an. Hiebei aber geht er, mit seltener Besonnenheit und Redlichkeit, so weit, zu bekennen, daß möglicherweise das Erkennende und Denkende selbst auch Materie seyn könne *(on hum. underst. L. IV, c. 3, § 6)*; was ihm später das wiederholte Lob des großen V o l t a i r e , zu seiner Zeit hingegen die boshaften Angriffe eines verschmitzten anglikanischen Pfaffen, des Bischofs v. Worcester, zugezogen hat.* Bei ihm nun erzeugt das R e a l e , d. i. die Materie, im Erkennenden, durch »Impuls«, d. i. Stoß, Vorstellungen, oder das I d e a l e *(ibid. L. I, c. 8, § 11)*. Wir haben also hier einen recht massiven Realismus, der, eben durch seine Exorbitanz den Widerspruch hervorrufend, den Berkeley'schen Idealismus veranlaßte, dessen spezieller Entstehungspunkt vielleicht Das ist, was L o c k e , am Ende des 2. § des 21. Kap. des 2. Buchs, mit so auffallend geringer Besonnenheit vorbringt und unter Anderm sagt: *solidity, extention, figure, motion and rest, would be really in the world, as they are, whether there were any sensible being to perceive them, or not.* (Undurchdringlichkeit, Ausdehnung, Gestalt, Bewegung und Ruhe würden, wie sie sind, wirklich in der Welt seyn, gleichviel ob es irgend ein empfindendes Wesen, sie wahrzunehmen, gäbe, oder nicht.) Sobald man nämlich sich hierüber besinnt, muß man es als falsch

---

* Es giebt keine lichtscheuere Kirche, als die englische; weil eben keine andere so große pekuniäre Interessen auf dem Spiel hat, wie sie, deren Einkünfte 5 Millionen Pfund Sterling betragen, welches 40 000 Pfd. St. mehr seyn soll, als die des gesammten übrigen Christlichen Klerus beider Hemisphären zusammen genommen. Andererseits giebt es keine Nation, welche es so schmerzlich ist, durch den degradirendesten Köhlerglauben methodisch verdummt zu sehn, wie die an Intelligenz alle übrigen übertreffende englische. Die Wurzel des Uebels ist, daß es in England kein Ministerium des öffentlichen Unterrichts giebt, daher dieser bisher ganz in den Händen der Pfaffenschaft geblieben ist, welche dafür gesorgt hat, daß $^2/_3$ der Nation nicht lesen und schreiben können, ja sogar sich gelegentlich erfrecht, mit der lächerlichsten Vermessenheit gegen die Naturwissenschaften zu belfern. Es ist daher Menschenpflicht, Licht, Aufklärung und Wissenschaft durch alle nur ersinnliche Kanäle nach England einzuschwärzen, damit jenen wohlgemästetesten aller Pfaffen ihr Handwerk endlich gelegt werde. Engländern von Bildung auf dem Festlande soll man, wenn sie ihren jüdischen Sabbatsaberglauben und sonstige stupide Bigotterie zur Schau tragen, mit unverhohlenem Spotte begegnen, – *until they be shamed into common sense* [bis sie vor Scham gesunden Menschenverstand annehmen]. Denn Dergleichen ist ein Skandal für Europa und darf nicht länger geduldet werden. Daher soll man niemals, auch nur im gemeinen Leben, der englischen Kirchensuperstition die mindeste Koncession machen, sondern wo immer sie laut werden will, ihr sofort auf das Schneidendeste entgegen treten: Denn keine Arroganz geht über Englischer Pfaffen Arroganz: diese muß daher auf dem Festlande so viel Demüthigung erfahren, daß sie eine Portion davon mit nach Hause trägt, als wo es daran fehlt. Denn die Dreistigkeit Anglikanischer Pfaffen und Pfaffenknechte ist, bis auf den heutigen Tag, ganz unglaublich, soll daher auf ihre Insel gebannt bleiben und, wenn sie es wagt, sich auf dem Festlande sehn zu lassen, sofort die Rolle der Eule bei Tage spielen müssen.

der Lehre vom Idealen und Realen.

erkennen: dann aber steht der Berkeley'sche Idealismus da und ist unleugbar. Inzwischen übersieht auch L o c k e nicht jenes Grundproblem, die Kluft zwischen den Vorstellungen in uns und den unabhängig von uns existirenden Dingen, also den Unterschied des Idealen und Realen: in der Hauptsache fertigt er es jedoch ab durch Argumente des gesunden, aber rohen Verstandes und durch Berufung auf das Zureichende unserer Erkenntniß von den Dingen für praktische Zwecke *(ibid. L. IV, c. 4 et 9)*; was offenbar nicht zur Sache ist und nur zeigt, wie tief hier der Empirismus unter dem Problem bleibt. Nun aber führt eben sein Realismus ihn dahin, das in unserer Erkenntniß dem R e a l e n Entsprechende zu beschränken auf die den Dingen, w i e s i e a n s i c h s e l b s t s i n d, inhärirenden Eigenschaften und diese zu unterscheiden von den bloß unserer E r k e n n t n i ß derselben, also allein dem I d e a l e n, angehörenden: demgemäß nennt er nun diese die s e k u n d ä r e n, jene ersteren aber die p r i m ä r e n Eigenschaften. Dieses ist der Ursprung des später, in der Kantischen Philosophie, so höchst wichtig werdenden Unterschiedes zwischen Ding an sich und Erscheinung. Hier also ist der wahre genetische Anknüpfungspunkt der Kantischen Lehre an die frühere Philosophie, nämlich an L o c k e. Befördert und näher veranlaßt wurde jene durch H u m e ' s skeptische Einwürfe gegen L o c k e ' s Lehre: hingegen hat sie zur Leibnitz-Wolfischen Philosophie nur ein polemisches Verhältniß.

Als jene p r i m ä r e n Eigenschaften nun, welche ausschließlich Bestimmungen der Dinge an sich selbst seyn, mithin ihnen auch außerhalb unserer Vorstellung und unabhängig von dieser zukommen sollen, ergeben sich lauter solche, welche man an ihnen n i c h t w e g d e n k e n kann: nämlich Ausdehnung, Undurchdringlichkeit, Gestalt, Bewegung, oder Ruhe, und Zahl. Alle übrigen werden als s e k u n d ä r erkannt, nämlich als Erzeugnisse der Einwirkung jener primären Eigenschaften auf unsere Sinnesorgane, folglich als bloße Empfindungen in diesen: dergleichen sind Farbe, Ton, Geschmack, Geruch, Härte, Weiche, Glätte, Rauhigkeit u. s. w. Diese haben demnach mit der sie erregenden Beschaffenheit in den D i n g e n a n s i c h nicht die mindeste Aehnlichkeit, sondern sind zurückzuführen auf jene primären Eigenschaften als ihre Ursachen, und diese allein sind rein objektiv und wirklich in den Dingen vorhanden. *(ibid. L. I, c. 8, § 7, seqq.)* Von diesen sind daher unsere Vorstellungen derselben wirklich getreue Kopien, welche genau die Eigenschaften wiedergeben, die in den Dingen an sich selbst vorhanden sind *(L. c. § 15.* Ich wünsche dem Leser Glück, welcher hier das Possirlichwerden des Realismus wirklich empfindet). Wir sehn also, daß L o c k e von der Beschaffenheit der Dinge an sich, deren Vorstellungen wir von außen empfangen, in Abrechnung bringt, was Aktion der Nerven der S i n n e s o r g a n e ist: eine leichte, faßliche, unbestreitbare Betrachtung. Auf diesem Wege aber that später K a n t den unermeßlich größern Schritt, auch in Abrechnung zu bringen was Aktion unsers G e h i r n s (dieser ungleich größern Nervenmasse) ist; wodurch alsdann alle jene angeblich primären Eigenschaften zu sekundären und die vermeintlichen Dinge an sich zu bloßen Erscheinungen herabsinken, das wirkliche Ding an sich aber, jetzt auch von jenen Eigenschaften entblößt, als eine ganz unbekannte Größe, ein bloßes *x,* übrig bleibt. Dies erforderte nun freilich eine schwierige, tiefe, gegen Anfechtungen des Mißverstandes und Unverstandes lange zu vertheidigende Analyse.

L o c k e deducirt seine primären Eigenschaften der Dinge nicht, giebt auch weiter keinen Grund an, warum gerade diese und keine andern rein objektiv seien, als nur den, daß sie unvertilgbar sind. Forschen wir nun selbst, warum er diejenigen Eigenschaften der Dinge, welche ganz unmittelbar auf die Empfindung wirken, folglich geradezu von außen kommen, für n i c h t objektiv vorhanden erklärt, hingegen Dies denen zugesteht, welche (wie seitdem erkannt worden) aus den selbsteigenen Funktionen unsers Intellekts entspringen; so ist der Grund hievon dieser, daß das objektiv anschauende Bewußtseyn (das Bewußtseyn anderer Dinge) nothwendig eines komplicirten Apparats bedarf, als dessen Funktion es auftritt, folglich seine wesentlichsten Grundbestimmungen schon von innen festgestellt sind, weshalb die allgemeine Form, d. i. Art und Weise, der Anschauung, aus der allein das *a priori* Erkennbare hervorgehn kann, sich darstellt als das Grundgewebe der angeschauten Welt und demnach auftritt als das schlechthin Nothwendige, Ausnahmslose und auf keine Weise je Wegzubringende, so daß es als Bedingung alles Uebrigen und seiner mannigfaltigen Verschiedenheit schon zum Voraus feststeht. Bekanntlich ist Dies zunächst Zeit und Raum und was aus ihnen folgt und nur durch

der Lehre vom Idealen und Realen.

sie möglich ist. An sich selbst sind Zeit und Raum leer: soll nun etwas hineinkommen; so muß es auftreten als M a t e r i e , d. h. aber als ein W i r k e n d e s , mithin als Kausalität: denn die Materie ist durch und durch lautere Kausalität: ihr Seyn besteht in ihrem Wirken, und umgekehrt: sie ist eben nur die objektiv aufgefaßte Verstandesform der Kausalität selbst. (Ueb. die vierf. Wurzel d. Satzes v. Grunde, 2. Aufl., S. 77 [Bd. v uns. Ausg., S. 99]; wie auch Welt als W. und V., Bd. 1, S. 9 und Bd. 2, S. 48 und 49 [Bd. 1 uns. Ausg., S. 35, und Bd. iii, S. 57 f.]. Daher also kommt es, daß L o c k e ' s primäre Eigenschaften lauter solche sind, die sich nicht wegdenken lassen, – welches eben deutlich genug ihren subjektiven Ursprung anzeigt, indem sie unmittelbar aus der Beschaffenheit des Anschauungsapparats selbst hervorgehn, – daß er mithin gerade Das, was, als Gehirnfunktion, noch viel subjektiver ist, als die direkt von außen veranlaßte, oder doch wenigstens näher bestimmte Sinnesempfindung, für schlechthin objektiv hält.

Inzwischen ist es schön zu sehn, wie, durch alle diese verschiedenen Auffassungen und Erklärungen, das von C a r t e s i u s aufgeworfene Problem des Verhältnisses zwischen dem Idealen und dem Realen immer mehr entwickelt und aufgehellt, also die Wahrheit gefördert wird. Freilich geschah Dies unter Begünstigung der Zeitumstände, oder richtiger der Natur, als welche in dem kurzen Zeitraum zweier Jahrhunderte über ein halbes Dutzend denkender Köpfe in Europa geboren werden und zur Reife gedeihen ließ; wozu, als Angebinde des Schicksals, noch kam, daß diese, mitten in einer nur dem Nutzen und Vergnügen fröhnenden, also niedrig gesinnten Welt, ihrem erhabenen Berufe folgen durften, unbekümmert um das Belfern der Pfaffen und das Faseln, oder absichtsvolle Treiben, der jedesmaligen Philosophieprofessoren.

Da nun L o c k e , seinem strengen Empirismus gemäß, auch das Kausalitätsverhältniß uns erst durch die Erfahrung bekannt werden ließ, bestritt H u m e nicht, wie Recht gewesen wäre, diese falsche Annahme; sondern, indem er sofort das Ziel überschoß, die Realität des Kausalitätsverhältnisses selbst, und zwar durch die an sich richtige Bemerkung, daß die Erfahrung doch nie mehr, als ein bloßes Folgen der Dinge auf einander, nicht aber ein eigentliches Erfolgen und Bewirken, einen nothwendigen Zusammenhang, sinnlich und unmittelbar, geben könne. Es ist allbekannt, wie dieser skeptische Einwurf H u m e ' s der Anlaß wurde zu K a n t s ungleich tieferen Untersuchungen der Sache, welche ihn zu dem Resultat geführt haben, daß die Kausalität, und dazu auch noch Raum und Zeit, *a priori* von uns erkannt werden, d. h. vor aller Erfahrung in uns liegen, und daher zum s u b j e k t i v e n Antheil der Erkenntniß gehören; woraus dann weiter folgt, daß alle jene primären, d. i. absoluten Eigenschaften der Dinge, welche L o c k e festgestellt hatte, da sie sämmtlich aus reinen Bestimmungen der Zeit, des Raums und der Kausalität zusammengesetzt sind, nicht den Dingen an sich selbst eigen seyn können, sondern unserer Erkenntnißweise derselben inhäriren [innewohnen], folglich nicht zum Realen, sondern zum Idealen zu zählen sind; woraus dann endlich sich ergiebt, daß wir die Dinge in keinem Betracht erkennen, wie sie a n s i c h sind, sondern einzig und allein in ihren E r s c h e i n u n g e n . Hienach nun aber bleibt das Reale, das Ding an sich selbst, als ein völlig Unbekanntes, ein bloßes *x*, stehn, und fällt die ganze anschauliche Welt dem Idealen zu, als eine bloße Vorstellung, eine Erscheinung, der jedoch, eben als solcher, irgendwie ein Reales, ein Ding an sich, entsprechen muß. –

Von diesem Punkte aus habe endlich ich noch einen Schritt gethan und glaube, daß es der letzte seyn wird; weil ich das Problem, um welches seit C a r t e s i u s alles Philosophiren sich dreht, dadurch gelöst habe, daß ich alles Seyn und Erkennen zurückführe auf die beiden Elemente unsers Selbstbewußtseyns, also auf etwas, worüber hinaus es kein Erklärungsprincip mehr geben kann; weil es das Unmittelbarste und also Letzte ist. Ich habe nämlich mich darauf besonnen, daß zwar, wie sich aus den hier dargelegten Forschungen aller meiner Vorgänger ergiebt, das absolut Reale, oder das Ding an sich selbst, uns nimmermehr geradezu von außen, auf dem Wege der bloßen V o r s t e l l u n g , gegeben werden kann, weil es unvermeidlich im Wesen dieser liegt, stets nur das Ideale zu liefern; daß hingegen, weil doch wir selbst unstreitig real sind, aus dem Innern unsers eigenen Wesens die Erkenntniß des Realen irgendwie zu schöpfen seyn muß. In der That nun tritt es hier, auf eine unmittelbare Weise, in's Bewußtseyn, nämlich als W i l l e . Danach fällt nunmehr bei mir die Durchschnittslinie zwischen dem Realen und Idealen so aus, daß die ganze anschauliche und objektiv sich darstellende Welt, mit Einschluß des eigenen Leibes eines Jeden,

der Lehre vom Idealen und Realen.

sammt Raum und Zeit und Kausalität, mithin sammt dem Ausgedehnten des Spinoza und der Materie des Locke, als Vorstellung, dem Idealen angehört; als das Reale aber allein der Wille übrig bleibt, welchen meine sämmtlichen Vorgänger unbedenklich und unbesehens, als ein bloßes Resultat der Vorstellung und des Denkens, ins Ideale, geworfen hatten, ja, welchen Cartesius und Spinoza sogar mit dem Urtheil identificirten.* Dadurch ist nun auch bei mir die Ethik ganz unmittelbar und ohne allen Vergleich fester mit der Metaphysik verknüpft, als in irgend einem andern Systeme, und so die moralische Bedeutung der Welt und des Daseyns fester gestellt, als jemals. Wille und Vorstellung allein sind von Grund aus verschieden, sofern sie den letzten und fundamentalen Gegensatz in allen Dingen der Welt ausmachen und nichts weiter übrig lassen. Das vorgestellte Ding und die Vorstellung von ihm ist das Selbe, aber auch nur das vorgestellte Ding, nicht das Ding an sich selbst: dieses ist stets Wille, unter welcher Gestalt auch immer er sich in der Vorstellung darstellen mag.

---

* *Spinoza, l. c. – Cartesius, in meditationibus de prima philosophia, Medit. 4, p. 28.*

Anhang.

Leser, welche mit Dem, was im Laufe dieses Jahrhunderts in Deutschland für Philosophie gegolten hat, bekannt sind, könnten vielleicht sich wundern, in dem Zwischenraume zwischen K a n t und mir, weder den Fichte'schen Idealismus noch das System der absoluten Identität des Realen und Idealen erwähnt zu sehn, als welche doch unserm Thema ganz eigentlich anzugehören scheinen. Ich habe sie aber deswegen nicht mit aufzählen können, weil, meines Erachtens, F i c h t e , S c h e l l i n g und H e g e l keine Philosophen sind, indem ihnen das erste Erforderniß hiezu, Ernst und Redlichkeit des Forschens, abgeht. Sie sind bloße Sophisten: sie wollten scheinen, nicht seyn, und haben nicht die Wahrheit, sondern ihr eigenes Wohl und Fortkommen in der Welt gesucht. Anstellung von den Regierungen, Honorar von Studenten und Buchhändlern und, als Mittel zu diesem Zweck, möglichst viel Aufsehn und Spektakel mit ihrer Scheinphilosophie, – Das waren die Leitsterne und begeisternden Genien dieser Schüler der Weisheit. Daher bestehn sie nicht die Eintrittskontrole und können nicht eingelassen werden in die ehrwürdige Gesellschaft der Denker für das Menschengeschlecht.

Inzwischen haben sie in Einer Sache excellirt, nämlich in der Kunst, das Publikum zu berücken und sich für Das, was sie nicht waren, geltend zu machen; wozu unstreitig Talent gehört, nur nicht philosophisches. Daß sie hingegen in die Philosophie nichts Wirkliches leisten konnten, lag, im letzten Grunde, daran, daß i h r I n t e l l e k t n i c h t f r e i g e w o r d e n , sondern im Dienste des W i l l e n s geblieben war: da kann er zwar für diesen und dessen Zwecke außerordentlich viel leisten, für die Philosophie hingegen, wie für die Kunst, nichts. Denn diese machen gerade zur ersten Bedingung, daß der Intellekt bloß aus eigenem Antriebe thätig sei und, für die Zeit dieser Thätigkeit, aufhöre, dem Willen dienstbar zu seyn, d. h. die Zwecke der eigenen Person im Auge zu haben. Er selbst aber, wenn allein

Anhang. 31

aus eigenem Triebe thätig, kennt, seiner Natur nach, keinen andern Zweck, als eben nur die Wahrheit. Daher reicht es, um ein Philosoph, d. h. ein Liebhaber der Weisheit (die keine andere als die Wahrheit ist) zu seyn, nicht hin, daß man die Wahrheit liebe, soweit sie mit dem eigenen Interesse, oder dem Willen der Vorgesetzten, oder den Satzungen der Kirche, oder den Vorurtheilen und dem Geschmack der Zeitgenossen, vereinbar ist: so lange man es dabei bewenden läßt, ist man nur ein φιλαυτος [Freund des eigenen Ichs], kein φιλοσοφος [Freund der Weisheit]. Denn dieser Ehrentitel ist eben dadurch schön und weise ersonnen, daß er besagt, man liebe die Wahrheit ernstlich und von ganzem Herzen, also unbedingt, ohne Vorbehalt, über Alles, ja, nöthigenfalls, Allem zum Trotz. Hievon nun aber ist der Grund eben der oben angegebene, daß der Intellekt f r e i geworden ist, in welchem Zustande er gar kein anderes Interesse auch nur kennt und versteht, als das der Wahrheit: die Folge aber ist, daß man alsdann gegen allen Lug und Trug, welches Kleid er auch trage, einen unversöhnlichen Haß faßt. Damit wird man freilich es in der Welt nicht weit bringen; wohl aber in der Philosophie. – Hingegen ist es, für diese, ein schlimmes Auspicium [Vorzeichen], wenn man, angeblich auf die Erforschung der Wahrheit ausgehend, damit anfängt, aller Aufrichtigkeit, Redlichkeit, Lauterkeit, Lebewohl zu sagen, und nur darauf bedacht ist, sich für Das geltend zu machen, was man nicht ist. Dann nimmt man, eben wie jene drei Sophisten, bald ein falsches Pathos, bald einen erkünstelten hohen Ernst, bald die Miene unendlicher Ueberlegenheit an, um zu imponiren, wo man überzeugen zu können verzweifelt, schreibt unüberlegt, weil man, nur um zu schreiben denkend, das Denken bis zum Schreiben aufgespart hatte, sucht jetzt palpable [greifbare] Sophismen als Beweise einzuschwärzen, hohlen und sinnleeren Wortkram für tiefe Gedanken auszugeben, beruft sich auf intellektuelle Anschauung, oder auf absolutes Denken und Selbstbewegung der Begriffe, perhorrescirt [verabscheut] ausdrücklich den Standpunkt der »Reflexion«, d. h. der vernünftigen Besinnung, unbefangenen Ueberlegung und redlichen Darstellung, also überhaupt den eigentlichen, normalen Gebrauch der Vernunft, deklarirt demgemäß eine unendliche Verachtung gegen die »Reflexionsphilosophie«, mit welchem Namen man jeden zusammenhängenden, Folgen aus Gründen ableitenden Gedankengang, wie er alles frühere Philosophiren ausmacht, bezeichnet, und wird demnach, wenn man dazu mit genugsamer und durch die Erbärmlichkeit des Zeitalters ermuthigter Frechheit ausgestattet ist, sich etwan so darüber auslassen: »Es ist nicht schwer einzusehn, daß die M a n i e r, einen Satz aufzustellen, Gründe für ihn anzuführen, und den entgegengesetzten durch Gründe eben so zu widerlegen, nicht die Form ist, in der die Wahrheit auftreten kann. Die Wahrheit ist die Bewegung ihrer an sich selbst« u. s. w. (Hegel, Vorrede zur Phänomenologie des Geistes, S. *LVII*, in der Gesammtausgabe S. 36). Ich denke, es ist nicht schwer einzusehn, daß wer Dergleichen voranschickt, ein unverschämter Scharlatan ist, der die Gimpel bethören will und merkt, daß er an den Deutschen des 19. Jahrhunderts seine Leute gefunden hat.

Wenn man also demgemäß, angeblich dem Tempel der Wahrheit zueilend, die Zügel dem Interesse der eigenen Person übergiebt, welches seitabwärts und nach ganz andern Leitsternen blickt, etwan nach dem Geschmack und den Schwächen der Zeitgenossen, nach der Religion des Landes, besonders aber nach den Absichten und Winken der Regierenden, – o wie sollte man da den auf hohen, abschüssigen, kahlen Felsen gelegenen Tempel der Wahrheit erreichen! – Wohl mag man dann, durch das sichere Band des Interesses, eine Schaar recht eigentlich hoffnungsvoller, nämlich Protektion und Anstellungen hoffender Schüler an sich knüpfen, die zum Schein eine Sekte, in der That eine Faktion bilden, von deren vereinigten Stentorstimmen man nunmehr als ein Weiser ohne Gleichen in alle vier Winde ausgeschrien wird: das Interesse der Person wird befriedigt, das der Wahrheit ist verrathen.

Aus diesem Allen erklärt sich die peinliche Empfindung, von der man ergriffen wird, wenn man, nach dem Studio der im Obigen durchmusterten wirklichen Denker, an die Schriften Fichtes und Schellings, oder gar an den, mit gränzenlosem, aber gerechtem Vertrauen zur deutschen Niaiserie [Albernheit], frech hingeschmierten Unsinn Hegels geht.* Bei Jenen hatte man

---

* Die Hegel'sche Afterweisheit ist recht eigentlich jener Mühlstein im Kopfe des Schülers im Faust. Wenn man einen Jüngling absichtlich verdummen und zu allem Denken völlig unfähig machen will; so giebt es kein probateres Mittel, als das fleißige Studium Hegelscher Originalwerke: denn diese monstrosen Zusammenfügungen von Worten, die sich aufheben und widersprechen, so daß der Geist irgend etwas dabei zu

Anhang. 33

überall ein r e d l i c h e s Forschen nach Wahrheit und ein eben
so r e d l i c h e s Bemühen, ihre Gedanken Andern mitzutheilen, gefunden. Daher fühlt wer im Kant, Locke, Hume, Malebranche, Spinoza, Cartesius liest sich erhoben und von Freude
durchdrungen: dies wirkt die Gemeinschaft mit einem edlen
Geiste, welcher Gedanken hat und Gedanken erweckt, denkt
und zu denken giebt. Das Umgekehrte von diesem Allen findet
Statt, beim Lesen der oben genannten drei deutschen Sophisten.
Ein Unbefangener, der ein Buch von ihnen aufmacht und dann
sich frägt, ob Dies der Ton eines Denkers, der belehren, oder der
eines Scharlatans, der täuschen will, sei, kann nicht fünf Minuten
darüber in Zweifel bleiben: so sehr athmet hier Alles U n r e d -
l i c h k e i t. Der Ton ruhiger Untersuchung, der alle bisherige
Philosophie charakterisirt hatte, ist vertauscht gegen den der
unerschütterlichen Gewißheit, wie er der Scharlatanerie in jeder
Art und jeder Zeit eigen ist, die aber hier beruhen soll auf vor-
geblich unmittelbarer, intellektualer Anschauung, oder absolu-
tem, d. h. vom Subjekt, also auch seiner Fehlbarkeit, unabhängi-
gem Denken. Aus jeder Seite, jeder Zeile spricht das Bemühen,
den Leser zu berücken, zu betrügen, bald ihn durch Imponiren
zu verdutzen, bald ihn durch unverständliche Phrasen, ja durch
baaren Unsinn, zu betäuben, bald ihn durch die Frechheit im
Behaupten zu verblüffen, kurz, ihm Staub in die Augen zu
streuen und ihn nach Möglichkeit zu mystificiren. Daher kann
die Empfindung, welche man bei dem in Rede stehenden Ueber-
gange, in Hinsicht auf das Theoretische spürt, derjenigen verglichen werden, welche, in Hinsicht auf das Praktische, Einer haben
mag, der, aus einer Gesellschaft von Ehrenmännern kommend,
in eine Gaunerherberge gerathen wäre. Welch ein würdiger
Mann ist doch der von eben jenen drei Sophisten so gering
geschätzte und verspottete C h r i s t i a n W o l f, in Vergleich
mit ihnen! Er hatte und gab doch wirkliche Gedanken: sie aber
bloße Wortgebilde, Phrasen, in der Absicht zu täuschen. Dem-

---

denken vergeblich sich abmartert, bis er endlich ermattet zusammensinkt, vernichten
in ihm allmälig die Fähigkeit zum Denken so gänzlich, daß, von Dem an, hohle,
leere Floskeln ihm für Gedanken gelten. Dazu nun noch die durch Wort und Beispiel
aller Respektpersonen dem Jünglinge beglaubigte Einbildung, jener Wortkram sei die
wahre, hohe Weisheit! – Wenn ein Mal ein Vormund besorgen sollte, sein Mündel
könnte für seine Pläne zu klug werden; so ließe sich durch ein fleißiges Studium der
Hegel'schen Philosophie diesem Unglück vorbeugen.

nach ist der wahre, unterscheidende Charakter der Philosophie dieser ganzen, sogenannten Nachkantischen Schule U n r e d - l i c h k e i t , ihr Element blauer Dunst und persönliche Zwecke ihr Ziel. Ihre Koryphäen waren bemüht, zu s c h e i n e n , nicht zu s e y n : sie sind daher Sophisten, nicht Philosophen. Spott der Nachwelt, der sich auf ihre Verehrer erstreckt, und dann Vergessenheit warten ihrer. Mit der angegebenen Tendenz dieser Leute hängt, beiläufig gesagt, auch der zankende, scheltende Ton zusammen, der, als obligate Begleitung, überall Schellings Schriften durchzieht. – Wäre nun diesem Allen nicht so, wäre mit Redlichkeit, statt mit Imponiren und Windbeuteln zu Werke gegangen worden; so könnte S c h e l l i n g , als welcher entschieden der Begabteste unter den Dreien ist, in der Philosophie doch den untergeordneten Rang eines vor der Hand nützlichen Eklektikers einnehmen; sofern er aus den Lehren des Plotinos, des Spinoza, Jakob Böhmes, Kants und der Naturwissenschaft neuerer Zeit ein Amalgam [innige Verbindung] bereitet hat, das die große Leere, welche die negativen Resultate der Kantischen Philosophie herbeigeführt hatten, einstweilen ausfüllen konnte, bis ein Mal eine wirklich neue Philosophie herankäme und die durch jene geforderte Befriedigung eigentlich gewährte. Namentlich hat er die Naturwissenschaft unsers Jahrhunderts dazu benutzt, den Spinoza'schen abstrakten Pantheismus zu beleben. Spinoza nämlich, ohne alle Kenntniß der Natur, hatte bloß aus abstrakten Begriffen in den Tag hinein philosophirt und daraus, ohne die Dinge selbst eigentlich zu kennen, sein Lehrgebäude aufgeführt. Dieses dürre Skelett mit Fleisch und Farbe bekleidet, ihm, so gut es gehn wollte, Leben und Bewegung ertheilt zu haben, mittelst Anwendung der unterdessen herangereiften Naturwissenschaft auf dieselbe, wenn gleich oft mit falscher Anwendung, dies ist das nicht abzuleugnende Verdienst Schellings in seiner Naturphilosophie, die eben auch das Beste unter seinen mannigfachen Versuchen und neuen Anläufen ist.

Wie Kinder mit den zu ernsten Zwecken bestimmten Waffen, oder sonstigem Geräthe der Erwachsenen spielen, so haben die hier in Betracht genommenen drei Sophisten es mit dem Gegenstande, über dessen Behandlung ich hier referire, gemacht, indem sie zu den mühsäligen, zweihundertjährigen Untersuchungen grübelnder Philosophen das komische Widerspiel lieferten.

Anhang. 35

Nachdem nämlich K a n t das große Problem des Verhältnisses zwischen dem an sich Existirenden und unsern Vorstellungen mehr als je auf die Spitze gestellt und dadurch es der Lösung um ein Vieles näher gebracht hatte, tritt F i c h t e auf mit der Behauptung, daß hinter den Vorstellungen weiter nichts stäke; sie wären eben nur Produkte des erkennenden Subjekts, des Ich. Während er hiedurch K a n t e n zu überbieten suchte, brachte er bloß eine Karikatur der Philosophie desselben zu Tage, indem er, unter beständiger Anwendung der jenen drei Pseudophilosophen bereits nachgerühmten Methode, das Reale ganz aufhob und nichts als das Ideale übrig ließ. Dann kam S c h e l l i n g, der, in seinem System der absoluten Identität des Realen und Idealen, jenen ganzen Unterschied für nichtig erklärte, und behauptete, das Ideale sei auch das Reale, es sei eben Alles Eins; wodurch er das so mühsam, mittelst der allmälig und schrittweise sich entwickelnden Besonnenheit, Gesonderte wieder wild durch einander zu werfen und Alles zu vermischen trachtete (Schelling, vom Verhältniß der Naturphil. zur Fichte'schen, S. 14–21). Der Unterschied des Idealen und Realen wird eben dreist weggeleugnet, unter Nachahmung der oben gerügten Fehler Spinoza's. Dabei werden sogar Leibnitzens Monaden, diese monstrose Identifikation zweier Undinge, nämlich der Atome und der untheilbaren, ursprünglich und wesentlich erkennenden Individuen, genannt Seelen, wieder hervorgeholt, feierlich apotheosirt [vergöttert] und zu Hülfe genommen (Schelling, Ideen z. Naturphil. 2. Aufl. S. 38 u. 82). Den Namen der Identitätsphilosophie führt die Schelling'sche Naturphilosophie, weil sie, in Spinoza's Fußstapfen tretend, drei Unterschiede, die dieser aufgehoben hatte, ebenfalls aufhebt, nämlich den zwischen Gott und Welt, den zwischen Leib und Seele, und endlich auch den zwischen dem Idealen und Realen in der angeschauten Welt. Dieser letztere Unterschied aber hängt, wie oben, bei Betrachtung Spinoza's, gezeigt worden, keineswegs von jenen beiden andern ab; so wenig, daß, je mehr man ihn hervorgehoben hat, desto mehr jene beiden andern dem Zweifel unterlegen sind: denn sie sind auf dogmatische Beweise (die Kant umgestoßen hat) gegründet, er hingegen auf einen einfachen Akt der Besinnung. Dem Allen entsprechend wurde von Schelling auch die Metaphysik mit der Physik identificirt, und demgemäß auf eine bloße physikalisch-chemische Diatribe [Abhandlung] der hohe

Titel »von der Weltseele« gesetzt. Alle eigentlich metaphysischen Probleme, wie sie dem menschlichen Bewußtseyn sich unermüdlich aufdringen, sollten durch ein dreistes Wegleugnen, mittelst Machtsprüchen, beschwichtigt werden. Hier ist die Natur eben weil sie ist, aus sich selbst und durch sich selbst, wir ertheilen ihr den Titel Gott, damit ist sie abgefunden und wer mehr verlangt ist ein Narr: der Unterschied zwischen Subjektivem und Objektivem ist eine bloße Schulfakse, so auch die ganze Kantische Philosophie, deren Unterscheidung von *a priori* und *a posteriori* nichtig ist: unsere empirische Anschauung liefert ganz eigentlich die Dinge an sich u. s. w. Man sehe »Ueber das Verhältniß der Naturphilosophie zur Fichte'schen« S. 51 und 67, woselbst auch S. 61 ausdrücklich gespottet wird über Die, »welche recht eigentlich darüber erstaunen, daß nicht nichts ist, und sich nicht satt darüber wundern können, daß wirklich etwas existirt«. So sehr also scheint dem Herrn von Schelling sich Alles von selbst zu verstehn. Im Grunde aber ist ein dergleichen Gerede eine in vornehme Phrasen gehüllte Appellation an den sogenannten gesunden, d. h. rohen Verstand. Uebrigens erinnere ich hier an das im 2. Bande meines Hauptwerks, Kap. 17 gleich Anfangs, Gesagte. Für unsern Gegenstand bezeichnend und gar naiv ist im angeführten Buche Schellings noch die Stelle S. 69: »Hätte die Empirie ihren Zweck vollkommen erreicht; so würde ihr Gegensatz mit der Philosophie und mit diesem die Philosophie selbst, als eigene Sphäre oder Art der Wissenschaft, verschwinden: alle Abstraktionen lösten sich auf in die unmittelbare ›freundliche‹ Anschauung: das Höchste wäre ein Spiel der Lust und der E i n f a l t , das Schwerste leicht, das Unsinnlichste sinnlich, und der Mensch dürfte froh und frei im Buche der Natur lesen.« – Das wäre freilich allerliebst! Aber so steht es nicht mit uns: dem Denken läßt sich nicht so die Thüre weisen. Die ernste, alte Sphinx mit ihrem Räthsel liegt unbeweglich da und stürzt sich darum, daß ihr sie für ein Gespenst erklärt, nicht vom Felsen. Als, eben deshalb, Schelling später selbst merkte, daß die metaphysischen Probleme sich nicht durch Machtsprüche abweisen lassen, lieferte er einen eigentlich metaphysischen Versuch, in seiner Abhandlung über die Freiheit, welche jedoch ein bloßes Phantasiestück, ein *conte bleu* [Ammenmärchen], ist, daher es eben kommt, daß der Vortrag, so oft er den demonstrirenden Ton annimmt (z. B. S. 453 ff.), eine entschieden komische Wirkung hat.

Anhang. 37

Durch seine Lehre von der Identität des Realen und Idealen hatte demnach S c h e l l i n g das Problem, welches, seit Cartesius es auf die Bahn gebracht, von allen großen Denkern behandelt und endlich von Kant auf die äußerste Spitze getrieben war, dadurch zu lösen gesucht, daß er den Knoten zerhaute, indem er den Gegensatz zwischen Beiden ableugnete. Mit Kanten, von dem er auszugehn vorgab, trat er dadurch eigentlich in geraden Widerspruch. Inzwischen hatte er wenigstens den ursprünglichen und eigentlichen Sinn des Problems festgehalten, als welcher das Verhältniß zwischen unserer A n s c h a u u n g und dem Seyn und Wesen, an sich selbst, der in dieser sich darstellenden Dinge betrifft: allein, weil er seine Lehre hauptsächlich aus dem S p i n o z a schöpfte, nahm er bald von Diesem die Ausdrücke D e n k e n und S e y n auf, welche das in Rede stehende Problem sehr schlecht bezeichnen und später Anlaß zu den tollsten Monstrositäten wurden. S p i n o z a hatte mit seiner Lehre, daß *substantia cogitans et substantia extensa una eademque est substantia, quae jam sub hoc jam sub illo attributo comprehenditur* [Die denkende Substanz und die ausgedehnte Substanz sind eine und dieselbe Substanz, die bald unter dieser, bald unter jener Eigenschaft begriffen wird] *(II, 7. sch.); oder scilicet mens et corpus una eademque est res, quae jam sub cogitationis, jam sub extensionis attributo concipitur* [Geist und Körper sind nämlich eine und dieselbe Sache, die bald unter der Eigenschaft des Denkens, bald unter der der Ausdehnung aufgefaßt wird] *(III, 2. sch.),* zunächst den Cartesianischen Gegensatz von Leib und Seele aufheben wollen: auch mag er erkannt haben, daß das empirische Objekt von unserer Vorstellung desselben nicht verschieden ist. S c h e l l i n g nahm nun von ihm die Ausdrücke D e n k e n und S e y n an, welche er allmälig denen von A n s c h a u e n , oder vielmehr Angeschautem, und Ding an sich substituirte. (Neue Zeitschrift für spekul. Physik, ersten Bandes erstes Stück: »Fernere Darstellungen« u. s. w.) Denn das Verhältniß unserer A n s c h a u u n g der Dinge zum S e y n und W e s e n a n s i c h derselben ist das große Problem, dessen Geschichte ich hier skitzire; nicht aber das unserer G e d a n k e n , d. h. B e g r i f f e ; da diese ganz offenbar und unleugbar bloße Abstraktionen aus dem anschaulich Erkannten sind, entstanden durch beliebiges Wegdenken, oder Fallenlassen, einiger Eigenschaften und Beibehalten anderer;

woran zu zweifeln keinem vernünftigen Menschen einfallen kann.* Diese B e g r i f f e und G e d a n k e n , welche die Klasse der n i c h t a n s c h a u l i c h e n Vorstellungen ausmachen, haben daher zum W e s e n u n d S e y n a n s i c h der Dinge nie ein u n m i t t e l b a r e s Verhältniß, sondern allemal nur ein m i t t e l b a r e s , nämlich unter Vermittelung der A n s c h a u u n g : diese ist es, welche einerseits ihnen den Stoff liefert, und andererseits in Beziehung zu den Dingen an sich, d. h. zu dem unbekannten, in der Anschauung sich objektivirenden, selbsteigenen Wesen der Dinge steht.

Der von Schelling dem Spinoza entnommene, ungenaue Ausdruck gab nun später dem geist- und geschmacklosen Scharlatan H e g e l , welcher in dieser Hinsicht als der Hanswurst Schellings auftritt, Anlaß, die Sache dahin zu verdrehn, daß das D e n k e n selbst und im eigentlichen Sinn, also die B e g r i f f e , identisch seyn sollten mit dem Wesen an sich der Dinge: also das *in abstracto* Gedachte als solches und unmittelbar sollte Eins seyn mit dem objektiv Vorhandenen an sich selbst, und demgemäß sollte denn auch die Logik zugleich die wahre Metaphysik seyn: demnach brauchten wir nur zu denken, oder die Begriffe walten zu lassen, um zu wissen, wie die Welt da draußen absolut beschaffen sei. Danach wäre Alles, was in einem Hirnkasten spukt, sofort wahr und real. Weil nur ferner »je toller je besser« der Wahlspruch der Philosophaster dieser Periode war; so wurde diese Absurdität durch die zweite gestützt, daß nicht w i r dächten, sondern die Begriffe allein und ohne unser Zuthun den Gedankenproceß vollzögen, welcher daher die dialektische Selbstbewegung des Begriffs genannt wurde und nun eine Offenbarung aller Dinge *in et extra naturam* [in und außerhalb der Natur] seyn sollte. Dieser Fratze lag nun aber eigentlich noch eine andere zum Grunde, welche ebenfalls auf Mißbrauch der Wörter beruhte und zwar nie deutlich ausgesprochen wurde, jedoch unzweifelhaft dahinter steckt. S c h e l l i n g hatte, nach Spinoza's Vorgang, die Welt G o t t betitelt. H e g e l nahm Dies nach dem Wortsinn. Da nun das Wort eigentlich ein persönliches Wesen, welches, unter andern mit der Welt durchaus inkompatibeln [unvereinbaren] Eigenschaften, auch die der A l l w i s s e n h e i t hat, bedeutet; so

---

* Ueber die vierfache Wurzel des Satzes vom Grunde, 2. Aufl. § 26.

Anhang. 39

wurde von ihm nun auch d i e s e auf die W e l t übertragen, woselbst sie natürlich keine andere Stelle erhalten konnte, als unter der albernen Stirn des Menschen; wonach denn dieser nur seinen Gedanken freien Lauf (dialektische Selbstbewegung) zu lassen brauchte, um alle Mysterien Himmels und der Erde zu offenbaren, nämlich in dem absoluten Gallimathias der Hegelschen Dialektik. E i n e Kunst hat dieser Hegel wirklich verstanden, nämlich die, die Deutschen bei der Nase zu führen. Das ist aber keine große. Wir sehn ja, mit welchen Possen er die deutsche Gelehrtenwelt 30 Jahre lang in Respekt halten konnte. Daß die Philosophieprofessoren es noch immer mit diesen drei Sophisten ernstlich nehmen und wichtig damit thun, ihnen eine Stelle in der Geschichte der Philosophie einzuräumen, geschieht eben nur, weil es zu ihrem *gagne-pain* [Broterwerb] gehört, indem sie daran Stoff haben zu ausführlichen, mündlichen und schriftlichen Vorträgen der Geschichte der sogenannten Nach-Kantischen Philosophie, in welcher die Lehrmeinungen dieser Sophisten ausführlich dargelegt und ernsthaft erwogen worden; – während man, vernünftigerweise, sich nicht darum bekümmern sollte, was diese Leute, um etwas zu scheinen, zu Markte gebracht haben; es wäre denn, daß man die Schreibereien des Hegel für offizinell [arzneilich] erklären und in den Apotheken vorräthig haben wollte, als psychisch wirkendes Vomitiv [Brechmittel]; indem der Ekel, den sie erregen, wirklich ganz specifisch ist. Doch genug von ihnen und ihrem Urheber, dessen Verehrung wir der Dänischen Akademie der Wissenschaften überlassen wollen, als welche in ihm einen *summus philosophus* [hervorragenden Philosophen] nach ihrem Sinn erkannt hat und daher Respekt vor ihm fordert, in ihrem, meiner Preisschrift über das Fundament der Moral, zu bleibendem Andenken, beigedrucktem Urtheile [Bd. vi, S. 316], welches eben so sehr wegen seines Scharfsinns, als wegen seiner denkwürdigen Redlichkeit, der Vergessenheit entzogen zu werden verdiente, wie auch, weil es einen lukulenten [erhellenden] Beleg liefert zu L a b r u y è r e ' s gar schönem Ausspruch: *du même fonds, dont on néglige un homme de mérite, l'on sait encore admirer un sot* [Aus demselben Grunde, aus dem man einen Mann von Verdienst links liegen läßt, vermag man auch einen Dummkopf zu bewundern: Labruyère, *Les Caractères,* chapitre des jugements (fragment)].

*Fragmente zur
Geschichte der Philosophie.*

Fragmente zur
Geschichte der Philosophie.

§ 1.
Ueber dieselbe.

Statt der selbsteigenen Werke der Philosophen allerlei Darlegungen ihrer Lehren, oder überhaupt Geschichte der Philosophie zu lesen, ist wie wenn man sich sein Essen von einem Andern kauen lassen wollte. Würde man wohl Weltgeschichte lesen, wenn es Jedem freistände, die ihn interessirenden Begebenheiten der Vorzeit mit eigenen Augen zu schauen? Hinsichtlich der Geschichte der Philosophie nun aber ist ihm eine solche Autopsie [eigene Schau] ihres Gegenstandes wirklich zugänglich, nämlich in den selbsteigenen Schriften der Philosophen; woselbst er dann immerhin, der Kürze halber, sich auf wohlgewählte Hauptkapitel beschränken mag; um so mehr, als sie alle von Wiederholungen strotzen, die man sich ersparen kann. Auf diese Weise also wird er das Wesentliche ihrer Lehren authentisch und unverfälscht kennen lernen, während er aus den, jetzt jährlich zu halben Dutzenden erscheinenden Geschichten der Philosophie bloß empfängt, was davon in den Kopf eines Philosophieprofessors gegangen ist und zwar so, wie es sich daselbst ausnimmt; wobei es sich von selbst versteht, daß die Gedanken eines großen Geistes bedeutend einschrumpfen müssen, um im drei-pfund-Gehirn so eines Parasiten der Philosophie Platz zu finden, aus welchem sie nun wieder, in den jedesmaligen Jargon des Tages gekleidet, hervorkommen sollen, begleitet von seiner altklugen Beurtheilung. – Ueberdies läßt sich berechnen, daß so ein geldverdienender Geschichtschreiber der Philosophie kaum den zehnten Theil der Schriften, darüber er Bericht erstattet, auch nur gelesen haben kann: ihr wirkliches Studium erfordert ein ganzes, langes und arbeitsames Leben, wie es ehemals, in den alten, fleißigen Zeiten, der wackere B r u c k e r daran gesetzt hat. Was hingegen können wohl solche Leutchen, die, abgehalten durch beständige Vorlesungen, Amtsgeschäfte, Ferienreisen und Zerstreuungen, meistens schon in ihren früheren Jahren mit Geschichten der Philosophie auftreten, Gründliches erforscht haben? Dazu aber wollen sie auch noch pragmatisch seyn [die ursächlichen Zusammenhänge darlegen], die Nothwendigkeit des Entstehns und der Folge der Systeme ergründet haben und darthun, und nun gar noch jene ernsten, ächten Philosophen der Vorzeit beurtheilen, zurechtweisen und meistern. Wie kann es anders kommen, als daß sie die älteren, und Einer den Andern, ausschreiben, dann aber, um Dies zu verbergen, die Sachen mehr und mehr verderben, indem sie ihnen die moderne Tournüre [Vortragsart] des laufenden Quinquenniums [Jahrfünfts] zu geben bestrebt sind, wie sie denn auch nach dem Geiste desselben solche beurtheilen. – Sehr zweckmäßig dagegen würde eine von redlichen und einsichtigen Gelehrten gemeinschaftlich und gewissenhaft gemachte Sammlung der wichtigen Stellen und wesentlichen Kapitel sämmtlicher Hauptphilosophen seyn, in chronologisch-pragmatischer Ordnung zusammengestellt, ungefähr in der Art, wie zuerst G e d i c k e , und später R i t t e r und P r e l l e r es mit der Philosophie des Alterthums gemacht haben; jedoch viel ausführlicher: also eine mit Sorgfalt und Sachkenntniß verfertigte große und allgemeine Chrestomathie [Auswahl].

Die Fragmente, welche nun ich hier gebe, sind wenigstens nicht traditionell, d. h. abgeschrieben; vielmehr sind es Gedanken, veranlaßt durch das eigene Studium der Originalwerke.

§ 2.
Vorsokratische Philosophie.

Die E l e a t i s c h e n P h i l o s o p h e n sind wohl die ersten, welche des Gegensatzes inne geworden sind, zwischen dem Angeschauten und dem Gedachten, φαινομενα und νοουμενα. Das Letztere allein war ihnen das wahrhaft Seiende, das οντως ον. – Von diesem behaupteten sie sodann, daß es Eines, unveränderlich und unbeweglich sei; nicht aber eben so von den φαινομενοις, d. i. dem Angeschauten, Erscheinenden, empirisch Gegebenen, als von welchem so etwas zu behaupten geradezu lächerlich gewesen wäre; daher denn einst der so mißverstandene Satz, auf die bekannte Art, vom Diogenes widerlegt wurde. Sie unterschieden also eigentlich schon zwischen E r s c h e i n u n g , φαινομενον, und D i n g a n s i c h , οντως ον. Letzteres

Vorsokratische Philosophie. 45

konnte nicht sinnlich angeschaut, sondern nur denkend erfaßt werden, war demnach voouμενov. *(Arist. metaph. I, 5, p. 986 et Scholia edit. Berol. p. p. 429, 430 et 509.)* In den Scholien zum Aristoteles *(p. 460, 536, 544 et 798)* wird des Parmenides Schrift τα κατα δοξαν [die Lehre von der Meinung] erwähnt: das wäre also die Lehre von der E r s c h e i n u n g , die Physik, gewesen: ihr wird ohne Zweifel ein anderes Werk, τα κατ' αληθειαν [die Lehre von der Wahrheit], die Lehre vom D i n g a n s i c h , also die Metaphysik, entsprochen haben. Von M e l i s - s o s sagt ein Scholion [Kommentar] des Philoponos geradezu: εν τοις π ρ ο ς α λ η θ ε ι α ν έν ειναι λεγων το ον, εν τοις π ρ ο ς δ ο ξ α ν δυο (müßte heißen πολλα) φησιν ειναι [Während er in der Lehre von der Wahrheit erklärt, daß das Seiende Eines sei, behauptet er in der Lehre von der Meinung, daß deren zwei (. . . viele) seien.] – Der Gegensatz der Eleaten, und wahrscheinlich auch durch sie hervorgerufen, ist H e r a k l e i t o s , sofern er unaufhörliche Bewegung aller Dinge lehrte, wie s i e die absolute Unbeweglichkeit: er blieb demnach beim φαινομενον stehn. *(Arist. de coelo, III, 1, p. 298. edit. Berol.)* Dadurch nun wieder rief er, als s e i n e n Gegensatz, die Ideenlehre P l a t o ' s hervor; wie dies aus der Darstellung des Aristoteles *(Metaph. p. 1078)* sich ergiebt.

Es ist bemerkenswerth, daß wir die leicht zu zählenden Haupt-Lehrsätze der vorsokratischen Philosophen, welche sich erhalten haben, in den Schriften der Alten unzählige Mal wiederholt finden; darüber hinaus jedoch sehr wenig: so z. B. die Lehren des Anaxagoras vom νους [Geist] und den ὁμοιομεριαι [gleichartigen Grundstoffen], – die des Empedokles von φιλια και νεικος [Liebe und Haß] und den vier Elementen, – die des Demokritos und Leukippos von den Atomen und den ειδωλοις [Abbildern], – die des Herakleitos vom beständigen Fluß der Dinge, – die der Eleaten, wie oben auseinandergesetzt, – die der Pythagoreer von den Zahlen, der Metempsychose [Seelenwanderung] u. s. f. Indessen kann es wohl seyn, daß dieses die Summa alles ihres Philosophirens gewesen; denn wir finden auch in den Werken der Neueren, z. B. des Cartesius, Spinoza's, Leibnitzens und selbst Kants die wenigen Fundamentalsätze ihrer Philosophien zahllose Male wiederholt; so daß diese Philosophen sämmtlich den Waidspruch des Empedokles, der auch schon ein Liebhaber des Repetitionszeichens gewesen seyn mag, δις και τρις τα καλα

[Das Gute kann man zweimal und dreimal sagen] (S. *Sturz, Empedocl. Agrigent. p. 504*), adoptirt zu haben scheinen.

Die erwähnten beiden Dogmen des A n a x a g o r a s stehn übrigens in genauer Verbindung. – Nämlich παντα εν πασιν [Alles ist in allem] ist eine symbolische Bezeichnung des Homoiomeriendogma's [der Lehre von den gleichartigen Grundstoffen]. In der chaotischen Urmasse staken demnach, ganz fertig vorhanden, die *partes similares* [gleichartigen Bestandteile] (im physiologischen Sinne) aller Dinge. Um sie auszuscheiden und zu specifisch verschiedenen Dingen (*partes dissimilares* [verschiedenartigen Teilen]) zusammenzusetzen, zu ordnen und zu formen, bedurfte es eines νους, der, durch Ausle-sen der Bestandtheile, die Konfusion in Ordnung brächte; da ja das Chaos die vollständigste Mischung aller Substanzen enthielt (*Scholia in Aristot. p. 337*). Jedoch hatte der νους diese erste Scheidung nicht vollkommen zu Stande gebracht; daher in jedem Dinge noch immer die Bestandtheile aller übrigen, wenn gleich in geringerem Maaße, anzutreffen waren: παλιν γαρ παν εν παντι μεμιχται [Denn es ist alles allem beigemischt] (*ibid.*) –

E m p e d o k l e s hingegen hatte, statt zahlloser Homoiome-rien, nur vier Elemente, – aus welchen nunmehr die Dinge als Produkte, nicht, wie beim Anaxagoras, als Edukte [Ausscheidun-gen] hervorgehn sollten. Die vereinende und scheidende, also ordnende Rolle des νους aber spielen bei ihm φιλια και νεικος, Liebe und Haß. Das ist Beides gar sehr viel gescheuter. Nicht dem I n t e l l e k t (νους) nämlich, sondern dem W i l - l e n (φιλια και νεικος) [Liebe und Haß] überträgt er die Anordnung der Dinge, und die verschiedenartigen Substanzen sind nicht, wie beim Anaxagoras, bloße Edukte; sondern wirk-liche Produkte. Ließ Anaxagoras sie durch einen sondernden Verstand, so läßt sie hingegen Empedokles durch blinden Trieb, d. i. erkenntnißlosen Willen, zu Stande gebracht werden.

Ueberhaupt ist E m p e d o k l e s ein ganzer Mann, und sei-nem φιλια και νεικος liegt ein tiefes und wahres *aperçu* zum Grunde. Schon in der unorganischen Natur sehn wir die Stoffe, nach den Gesetzen der Wahlverwandtschaft, einander suchen oder fliehn, sich verbinden und trennen. Die aber, welche sich chemisch zu verbinden die stärkste Neigung zeigen, welche jedoch nur im Zustande der Flüssigkeit befriedigt werden kann, treten in den entschiedensten elektrischen Gegensatz, wenn sie

Vorsokratische Philosophie.   47

im festen Zustande in Berührung mit einander kommen: sie
gehn jetzt in entgegengesetzte Polaritäten feindlich aus einander, um sich sodann wieder zu suchen und zu umarmen. Und
was ist denn überhaupt der in der ganzen Natur unter den ver-
schiedensten Formen durchgängig auftretende polare Gegensatz
Anderes, als eine stets erneuerte Entzweiung, auf welche die
inbrünstig begehrte Versöhnung folgt? So ist denn wirklich
φιλια και νεικος überall vorhanden und nur nach Maaßgabe
der Umstände wird jedesmal das Eine, oder das Andere hervor-
treten. Demgemäß können auch wir selbst mit jedem Menschen,
der uns nahe kommt, augenblicklich befreundet, oder verfeindet
seyn: die Anlage zu Beidem ist da und wartet auf die
Umstände. Bloß die Klugheit heißt uns, auf dem Indifferenz-
punkt der Gleichgültigkeit verharren; wiewohl er zugleich der
Gefrierpunkt ist. Eben so ist auch der fremde Hund, dem wir
uns nähern, augenblicklich bereit, das freundliche, oder das
feindliche Register zu ziehn und springt leicht vom Bellen und
Knurren zum Wedeln über; wie auch umgekehrt. Was diesem
durchgängigen Phänomene des φιλια και νεικος zum Grunde
liegt ist allerdings zuletzt der große Urgegensatz zwischen der
Einheit aller Wesen, nach ihrem Seyn an sich, und ihrer gänzlichen Verschiedenheit in der Erscheinung, als welche das *principium individuationis* zur Form hat. Imgleichen hat Empedokles
die schon ihm bekannte Atomenlehre als falsch erkannt und
dagegen unendliche Theilbarkeit der Körper gelehrt; wie uns
Lukretius berichtet [*De rerum natura*] *Lib. I, v. 749 ff.*

Vor Allem aber ist, unter den Lehren des Empedokles, sein
entschiedener Pessimismus beachtenswerth. Er hat das Elend
unsers Daseyns vollkommen erkannt und die Welt ist ihm, so
gut wie den wahren Christen, ein Jammerthal, – Ατης λειμων
[ein Gefilde des Unheils]. Schon er vergleicht sie, wie später
Plato, mit einer finstern Höhle, in der wir eingesperrt wären. In
unserm irdischen Daseyn sieht er einen Zustand der Verbannung
und des Elends, und der Leib ist der Kerker der Seele. Diese
Seelen haben einst sich in einem unendlich glücklichen Zustande
befunden und sind durch eigene Schuld und Sünde in das gegenwärtige Verderben gerathen, in welches sie, durch sündigen
Wandel, sich immer mehr verstricken und in den Kreislauf der
Metempsychose gerathen, hingegen durch Tugend und Sitten-
reinheit, zu welcher auch die Enthaltung von thierischer Nah-

rung gehört, und durch Abwendung von den irdischen Genüssen und Wünschen wieder in den ehemaligen Zustand zurückgelangen können. – Also die selbe Urweisheit, die den Grundgedanken des Brahmanismus und Buddhaismus, ja, auch des wahren Christenthums (darunter nicht der optimistische, jüdisch-protestantische Rationalismus zu verstehn ist) ausmacht, hat auch dieser uralte Grieche sich zum Bewußtseyn gebracht; wodurch der *consensus gentium* [Übereinstimmung der Völker] darüber sich vervollständigt. Daß Empedokles, den die Alten durchgängig als einen Pythagoreer bezeichnen, diese Ansicht vom Pythagoras überkommen habe, ist wahrscheinlich; zumal, da im Grunde auch Plato sie theilt, der ebenfalls noch unter dem Einflusse des Pythagoras steht. Zur Lehre von der Metempsychose, die mit dieser Weltansicht zusammenhängt, bekennt Empedokles sich auf das Entschiedenste. – Die Stellen der Alten, welche, nebst seinen eigenen Versen, von jener Weltauffassung des Empedokles Zeugniß ablegen, findet man mit großem Fleiße zusammengestellt in *Sturzii Empedocles Agrigentinus,* S. S. 448–458. – Die Ansicht, daß der Leib ein Kerker, das Leben ein Zustand des Leidens und der Läuterung sei, aus welchem der Tod uns erlöst, wenn wir der Seelenwanderung quitt werden, theilen Aegypter, Pythagoreer, Empedokles, mit Hindu und Buddhaisten. Mit Ausnahme der Metempsychose ist sie auch im Christenthum enthalten. Jene Ansicht der Alten bezeugen Diodorus Sikulus, Cicero, u. a. (S. Wernsdorf, *de metempsychosi Veterum* [Über die Seelenwanderung bei den Alten], *p. 31* und *Cic. fragmenta, p. 229 [somnium Scipionis], 316, 319, ed. Bip.)* Cicero giebt an diesen Stellen nicht an, welcher Philosophenschule solche angehören; doch scheinen es Ueberreste Pythagorischer Weisheit zu seyn.

Auch in den übrigen Lehrmeinungen dieser vorsokratischen Philosophen läßt sich viel Wahres nachweisen, davon ich einige Beispiele geben will.

Nach K a n t s und L a p l a c e ' s Kosmogonie, welche durch H e r s c h e l s Beobachtungen noch eine faktische Bestätigung *a posteriori* erhalten hat, die nun wieder wankend zu machen, Lord R o s s e mit seinem Riesenreflektor, zum Trost des Englischen Klerus, bemüht ist, – gestalten sich aus langsam gerinnenden und dann kreisenden, leuchtenden Nebeln, durch Kondensation, die Planetensysteme: da behält, nach Jahrtausen-

Vorsokratische Philosophie. 49

den, wieder A n a x i m e n e s Recht, welcher Luft und Dunst
für den Grundstoff aller Dinge erklärte *(Schol. in Arist. p. 514).*
Zugleich aber auch erhalten E m p e d o k l e s und D e m o -
k r i t o s Bestätigung; da schon sie, eben wie L a p l a c e,
Ursprung und Bestand der Welt aus einem Wirbel, δινη, erklär-
ten *(Arist. op. ed. Berol. p. 295, et Scholia p. 351),* worüber, als
eine Gottlosigkeit, auch schon A r i s t o p h a n e s *(Nubes,
v. 820)* spottet; eben wie heut zu Tage über die Laplace'sche
Theorie die englischen Pfaffen, denen dabei, wie bei jeder zu
Tage kommenden Wahrheit, unwohl zu Muthe, nämlich um ihre
Pfründen Angst wird. – Ja, sogar führt gewissermaaßen unsere
chemische Stöchiometrie [Lehre von den Gewichtsverhältnissen]
auf die Pythagorische Zahlenphilosophie zurück: τα γαρ παθη
και αἱ ἑξεις των αριθμων των εν τοις ουσι παθων τε και
ἑξεων αιτια, οἱον το διπλασιον, το επιτριτον, και ἡμιολιον
[Denn die Eigenschaften und Verhältnisse der Zahlen sind
die Ursache für die Eigenschaften und Verhältnisse der Dinge,
wie z. B. das Doppelte, Vierdrittelfache, Anderthalbfache]
(Schol. in Arist. p. 543 et 829). – Daß das Kopernikanische
System von den P y t h a g o r e e r n anticipirt worden war
ist bekannt; ja, es war dem Kopernikus bekannt, der seinen
Grund-Gedanken geradezu geschöpft hat aus der bekannten
Stelle über *Hicetas* in Cicero's *quaestionibus acad. (II, 39)* und
über P h i l o l a o s im Plutarch *de placitis philosophorum,
L. III, c. 13* (nach *Mac Laurin, on Newton, p. 45).* Diese alte
und wichtige Erkenntniß hat nachher Aristoteles verworfen, um
seine Flausen an deren Stelle zu setzen, wovon weiter unten §5.
(Vergl. Welt als Wille und Vorstellung, *II, p. 342* [Bd. III uns.
Ausgabe, S. 400].) Aber selbst F o u r i e r ' s und C o r -
d i e r ' s Entdeckungen über die Wärme im Innern der Erde
sind Bestätigungen der Lehre Jener: ελεγον δε Πυθαγορειοι
πυρ ειναι δημιουργικον περι το μεσον και κεντρον της γης, το
αναθαλπον την γην και ζωοποιουν. [Die Pythagoreer sagten,
daß in der Mitte und im Zentrum der Erde sich ein Feuer
befinde, das die Erde erwärme und belebe.] *Schol. in Arist.
p. 504.* Und wenn, in Folge eben jener Entdeckungen, die Erd-
rinde heut zu Tage angesehn wird als eine dünne Schichte zwischen zwei Medien (Atmosphäre und heiße, flüssige Metalle und
Metalloide), deren Berührung einen Brand verursachen muß, der
jene Rinde vernichtet; so bestätigt Dies die Meinung, daß die

Welt zuletzt durch Feuer verzehrt werden wird; in welcher alle alten Philosophen übereinstimmen und welche auch die H i n d u theilen *(lettres édifiantes édit. de 1819. Vol. 7, p. 114).* – Bemerkt zu werden verdient auch noch, daß, wie aus Aristoteles *(Metaph. I, 5. p. 986)* zu ersehn, die Pythagoreer, unter dem Namen der δεκα αρχαι [zehn Prinzipien], gerade das Y i n und Y a n g der Chinesen aufgefaßt hatten.

Daß die Metaphysik der Musik, wie ich solche in meinem Hauptwerke (Bd. 1, § 52 und Bd. 2, Kap. 39) dargelegt habe, als eine Auslegung der Pythagorischen Zahlenphilosophie angesehn werden kann, habe ich schon dort kurz angedeutet und will es hier noch etwas näher erläutern; wobei ich nun aber die eben angeführten Stellen als dem Leser gegenwärtig voraussetze. – Demzufolge also drückt die M e l o d i e alle Bewegungen des Willens, wie er sich im menschlichen Selbstbewußtseyn kund giebt, d. h. alle Affekte, Gefühle u. s. w. aus; die H a r m o n i e hingegen bezeichnet die Stufenleiter der Objektivation des Willens in der übrigen Natur. Die Musik ist, in diesem Sinn, eine zweite Wirklichkeit, welche der ersten völlig parallel geht, übrigens aber ganz anderer Art und Beschaffenheit ist; also vollkommene Analogie, jedoch gar keine Aehnlichkeit mit ihr hat. Nun aber ist die Musik, a l s s o l c h e , nur in unserm Gehörnerven und Gehirn vorhanden: außerhalb, oder a n s i c h (im L o c k i s c h e n Sinne verstanden), besteht sie aus lauter Zahlenverhältnissen: nämlich zunächst, ihrer Quantität nach, hinsichtlich des Takts; und dann, ihrer Qualität nach, hinsichtlich der Stufen der Tonleiter, als welche auf den arithmetischen Verhältnissen der Vibrationen beruhen; oder, mit andern Worten, wie in ihrem rhythmischen, so auch in ihrem harmonischen Element. Hienach also ist das ganze Wesen der Welt, sowohl als Mikrokosmos, wie als Makrokosmos, allerdings durch bloße Zahlenverhältnisse auszudrücken, mithin gewissermaaßen auf sie zurückzuführen: in diesem Sinne hätte dann Pythagoras Recht, das eigentliche Wesen der Dinge in die Zahlen zu setzen. – Was sind nun aber Zahlen? – Successionsverhältnisse, deren Möglichkeit auf d e r Z e i t beruht.

Wenn man liest was über die Zahlenphilosophie der Pythagoreer in den Scholien zum Aristoteles *(p. 829 ed. Berol.)* gesagt wird; so kann man auf die Vermuthung gerathen, daß der so seltsame und geheimnißvolle, an das Absurde streifende

Vorsokratische Philosophie. 51

Gebrauch des Wortes λογος [Wort] im Eingang des dem Johannes zugeschriebenen Evangeliums, wie auch die früheren Analoga desselben beim Philo, von der Pythagorischen Zahlenphilosophie abstammen, nämlich von der Bedeutung des Wortes λογος im arithmetischen Sinn, als Zahlenverhältniß, *ratio numerica;* da ein solches Verhältniß, nach den Pythagoreern, die innerste und unzerstörbare Essenz jedes Wesens ausmacht, also dessen erstes und ursprüngliches Principium, αρχη, ist; wonach denn von jedem Dinge gälte εν αρχη ην ὁ λογος [im Anfang war das Wort]. Man berücksichtige dabei, daß Aristoteles *(de anima I, 1)* sagt: τα παθη λογοι ενυλοι εισι, *et mox:* ὁ μεν γαρ λογος ειδος του πραγματος [Die Gemütsbewegungen sind stoffliche Zahlenverhältnisse; und bald darauf: denn das Zahlenverhältnis ist die Form der Sache]. Auch wird man dadurch an den λογος σπερματικος [schöpferische Vernunft] der Stoiker erinnert, auf welchen ich bald zurückkommen werde.

Nach der Biographie des P y t h a g o r a s von Jamblichos hat derselbe seine Bildung hauptsächlich in Aegypten, wo er von seinem 22. bis zum 56. Jahre geweilt, und zwar von den Priestern daselbst, erhalten. Im 56. Jahre zurückgekehrt, hatte er wohl eigentlich die Absicht, eine Art Priesterstaat, eine Nachahmung der Aegyptischen Tempelhierarchien, wiewohl unter den bei Griechen nothwendigen Modifikationen, zu gründen: dies gelang ihm nicht im Vaterlande Samos, doch gewissermaaßen in Kroton. Da nun Aegyptische Kultur und Religion ohne Zweifel aus Indien stammte, wie Dies die Heiligkeit der Kuh *(Herod. II, 41),* nebst hundert andern Dingen, beweiset; so erklärt sich hieraus des Pythagoras Vorschrift der Enthaltung von thierischer Nahrung, namentlich das Verbot Rinder zu schlachten *(Jambl. vit. Pyth. c. 28, § 150),* wie auch die anbefohlene Schonung aller Thiere, desgleichen seine Lehre von der Metempsychose, seine weißen Gewänder, seine ewige Geheimnißkrämerei, welche die symbolischen Sprüche veranlaßte und sich sogar auf mathematische Theoreme erstreckte, ferner die Gründung einer Art Priesterkaste, mit strenger Disciplin und vielem Ceremoniell, das Anbeten der Sonne *(c. 35, § 256)* und viel Anderes. Auch seine wichtigeren astronomischen Grund-Begriffe hatte er von den Aegyptern. Daher wurde die Priorität der Lehre von der Schiefe der Ekliptik ihm streitig gemacht von O e n o p i - d e s , der mit ihm in Aegypten gewesen war. (Man sehe

darüber den Schluß des 24. Kap. des ersten Buches der Eklogen
des Stobäos mit Heerens Note aus dem Diodorus.) Ueberhaupt
aber, wenn man die von Stobäos (besonders *Lib. I, c. 25 ff.*)
zusammengestellten astronomischen Elementarbegriffe sämmtlicher Griechischer Philosophen durchmustert; so findet man, daß
sie durchgängig Absurditäten zu Markte gebracht haben; mit
alleiniger Ausnahme der Pythagoreer, welche in der Regel das
ganz Richtige haben. Daß dieses nicht aus eigenen Mitteln, sondern aus Aegypten sei, ist nicht zu bezweifeln.

Des Pythagoras bekanntes Verbot der Bohnen ist rein Aegyp-
tischen Ursprungs und bloß ein von dort herüber genommener
Aberglaube, da Herodot *(II, 37)* berichtet, daß in Aegypten die
Bohne als unrein betrachtet und verabscheuet werde, so daß die
Priester nicht ein Mal ihren Anblick ertrügen.

Daß übrigens des Pythagoras Lehre entschiedener Pantheismus war, bezeugt, so bündig wie kurz, eine von Clemens Alexandrinus, in der *Cohortatio ad gentes,* uns aufbehaltene Sentenz
der Pythagoreer, deren Dorischer Dialekt auf Aechtheit deutet;
sie lautet: Οὐκ ἀποκρυπτεον οὐδε τους ἀμφι τον Πυθαγοραν, οἱ
φασιν· Ὁ μεν θεος εἷς· χ᾽ οὗτος δε οὐχ, ὡς τινες ὑπονοουσιν,
ἐκτος τας διακοσμησιος, ἀλλ᾽ ἐν αὐτᾳ, ὁλος ἐν ὁλῳ τῳ κυκλῳ,
ἐπισκοπος πασας γενεσιος, κρασις των ὁλων· ἀει ὢν, και ἐργατας
των αὐτου δυναμιων και ἐργων ἁπαντων ἐν οὐρανῳ φωστηρ, και
παντων πατηρ, νους και ψυχωσις τῳ ὁλῳ κυκλῳ, παντων κινασις.
[Wir dürfen aber auch die Anhänger des Pythagoras nicht mit
Stillschweigen übergehen, wenn sie sagen: Gott ist Einer; derselbe ist aber nicht, wie einige wähnen, außerhalb des Weltganzen,
sondern in demselben, ganz im ganzen Umkreise, als Aufseher
über alles Entstehen, als Durchdringer von allem; ewig seiend
und ein Werkmeister aller seiner eigenen Kräfte und Werke,
eine Leuchte im Himmel, Vater des Weltalls, Geist und Beseе-
lung des ganzen Weltkreises, Bewegung des Weltalls.] (S. *Clem.
Alex. Opera Tom. I, p. 118* in *Sanctorum Patrum oper. polem.
Vol. IV., Wirceburgi 1778.)* Es ist nämlich gut sich bei jeder
Gelegenheit zu überzeugen, daß eigentlicher Theismus und
Judenthum Wechselbegriffe sind.

Nach dem Apulejus wäre Pythagoras sogar bis Indien gekommen und von den Brahmanen selbst unterrichtet worden. (S.
Apulej. Florida, p. 130 ed. Bip.) Ich glaube demnach, daß die
allerdings hoch anzuschlagende Weisheit und Erkenntniß des

Pythagoras nicht sowohl in Dem bestanden hat, was er gedacht, als in Dem, was er gelernt hatte; also weniger eigene, als fremde war. Dies bestätigt ein Ausspruch des Herakleitos über ihn. *(Diog. Laert. Lib. VIII, c. 1, § 5.)* Sonst würde er sie auch aufgeschrieben haben, um seine Gedanken vom Untergange zu retten: hingegen das erlernte Fremde blieb an der Quelle gesichert.

§ 3.
Sokrates.

Die Weisheit des S o k r a t e s ist ein philosophischer Glaubensartikel. Daß der Platonische Sokrates eine ideale, also poetische Person sei, die Platonische Gedanken ausspricht, liegt am Tage; am Xenophontischen hingegen ist nicht gerade viel Weisheit zu finden. Nach Lukianos (Philopseudes, 24) hätte Sokrates einen dicken Bauch gehabt; welches eben nicht zu den Abzeichen des Genies gehört. – Eben so zweifelhaft jedoch steht es, hinsichtlich der hohen Geistesfähigkeiten, mit allen Denen, welche nicht geschrieben haben, also auch mit dem Pythagoras. Ein großer Geist muß doch allmälig seinen Beruf und seine Stellung zur Menschheit erkennen, folglich zu dem Bewußtseyn gelangen, daß er nicht zur Heerde, sondern zu den Hirten, ich meine zu den Erziehern des Menschengeschlechtes, gehört: hieraus aber wird ihm die Verpflichtung klar werden, seine unmittelbare und gesicherte Einwirkung nicht auf die Wenigen, welche der Zufall in seine Nähe bringt, zu beschränken; sondern sie auf die Menschheit auszudehnen, damit sie, in dieser, die Ausnahmen von ihr, die Vorzüglichen, also Seltenen, erreichen könne. Das Organ aber, womit man z u r M e n s c h h e i t redet, ist allein die Schrift: mündlich redet man bloß zu einer Anzahl Individuen; daher was so gesagt wird, im Verhältniß zum Menschengeschlechte, Privatsache bleibt. Denn solche Individuen sind für die edle Saat meistens ein schlechter Boden, in welchem sie entweder gar nicht treibt, oder in ihren Erzeugnissen schnell degenerirt: die Saat selbst also muß bewahrt werden. Dies aber geschieht nicht durch Tradition, als welche bei jedem Schritte verfälscht wird, sondern allein durch die Schrift, dieser einzigen treuen Aufbewahrerin der Gedanken. Zudem hat nothwendig jeder tiefdenkende Geist den Trieb, zu seiner eigenen Befriedigung, seine Gedanken festzuhalten und sie zu möglichster Deutlichkeit und Bestimmtheit zu bringen, folglich sie in Worten zu verkörpern. Dies aber geschieht vollkommen allererst durch die Schrift: denn der schriftliche Vortrag ist ein wesentlich anderer, als der mündliche; indem er allein die höchste Präcision, Koncision und prägnante Kürze zuläßt, folglich zum reinen Ektypos [Nachbild] des Gedankens wird. Diesem Allen zufolge wäre es in einem Denker ein wunderlicher Uebermuth, die wichtigste Erfindung des Menschengeschlechts unbenutzt lassen zu wollen. Sonach wird es mir schwer, an den eigentlich großen Geist Derer zu glauben, die nicht geschrieben haben: vielmehr bin ich geneigt, sie für hauptsächlich praktische Helden zu halten, die mehr durch ihren Charakter, als durch ihren Kopf wirkten. Die erhabenen Urheber des Upanischads der Veden haben geschrieben: wohl aber mag die Sanhita der Veden, aus bloßen Gebeten bestehend, sich Anfangs nur mündlich fortgepflanzt haben.

Zwischen S o k r a t e s und K a n t lassen sich gar manche Aehnlichkeiten nachweisen. Beide verwerfen allen Dogmatismus: Beide bekennen eine völlige Unwissenheit in Sachen der Metaphysik und setzen ihre Eigenthümlichkeit in das deutliche Bewußtseyn dieser Unwissenheit. Beide behaupten, daß hingegen das Praktische, Das, was der Mensch zu thun und zu lassen habe, völlig gewiß sei und zwar durch sich selbst, ohne fernere theoretische Begründung. Beide hatten das Schicksal, daß ihre nächsten Nachfolger und deklarirten Schüler dennoch in eben jenen Grundlagen von ihnen abwichen und, die Metaphysik bearbeitend, völlig dogmatische Systeme aufstellten; daß ferner diese Systeme höchst verschieden ausfielen, jedoch alle darin übereinstimmten, daß sie von der Lehre des Sokrates, respective Kants, ausgegangen zu seyn behaupteten. – Da ich selbst Kantianer bin, will ich hier mein Verhältniß zu ihm mit Einem Worte bezeichnen. Kant lehrt, daß wir über die Erfahrung und ihre Möglichkeit hinaus nichts wissen können: ich gebe Dies zu, behaupte jedoch, daß die Erfahrung selbst, in ihrer Gesammtheit, einer Auslegung fähig sei, und habe diese zu geben versucht, indem ich sie wie eine Schrift entzifferte, nicht aber wie alle früheren Philosophen, mittelst ihrer bloßen Formen über sie hinauszugehn unternahm, was eben Kant als unstatthaft nachgewiesen hatte. –

Der Vortheil der S o k r a t i s c h e n M e t h o d e, wie wir

Sokrates. – Plato.

sie aus dem Plato kennen lernen, besteht darin, daß man sich die Gründe der Sätze, welche man zu beweisen beabsichtigt, vom Kollokutor [Gesprächspartner] oder Gegner, einzeln zugeben läßt, ehe er die Folgen derselben übersehn hat; da er hingegen aus einem didaktischen Vortrage, in fortlaufender Rede, Folgen und Gründe gleich als solche zu erkennen Gelegenheit haben und daher diese angreifen würde, wenn ihm jene nicht gefielen. – Inzwischen gehört zu den Dingen, die Plato uns aufbinden möchte, auch dieses, daß, mittelst Anwendung jener Methode, die Sophisten und andere Narren sich so in aller Gelassenheit hätten vom Sokrates darthun lassen, daß sie es sind. Daran ist nicht zu denken; sondern etwan beim letzten Viertel des Wegs, oder überhaupt sobald sie merkten wo es hinaus sollte, hätten sie, durch Abspringen, oder Leugnen des vorher Gesagten, oder absichtliche Mißverständnisse, und was noch sonst für Schliche und Schikanen die rechthaberische Unredlichkeit instinktmäßig anwendet, dem Sokrates sein künstlich angelegtes Spiel verdorben und sein Netz zerrissen; oder aber sie wären so grob und beleidigend geworden, daß er bei Zeiten seine Haut in Sicherheit zu bringen rathsam gefunden haben würde. Denn, wie sollte nicht auch den Sophisten das Mittel bekannt gewesen seyn, durch welches Jeder sich Jedem gleich setzen und selbst die größte intellektuelle Ungleichheit augenblicklich ausgleichen kann: es ist die Beleidigung. Zu dieser fühlt daher die niedrige Natur eine sogar instinktive Aufforderung, sobald sie geistige Ueberlegenheit zu spüren anfängt. –

§ 4.
Plato.

Schon beim P l a t o finden wir den Ursprung einer gewissen falschen Dianoiologie [Denklehre], welche in heimlich metaphysischer Absicht, nämlich zum Zweck einer rationalen Psychologie und daran hängender Unsterblichkeitslehre, aufgestellt wird. Dieselbe hat sich nachmals als eine Truglehre vom zähesten Leben erwiesen; da sie, durch die ganze alte, mittlere und neue Philosophie hindurch, ihr Daseyn fristete, bis K a n t , der Alleszermalmer, ihr endlich auf den Kopf schlug. Die hier gemeinte Lehre ist der Rationalismus der Erkenntnißtheorie, mit metaphysischem Endzweck. Sie läßt sich, in der Kürze, so resu-

miren. Das Erkennende in uns ist eine, vom Leibe grundverschiedene immaterielle Substanz, genannt Seele: der Leib hingegen ist ein Hinderniß der Erkenntniß. Daher ist alle durch die
Sinne vermittelte Erkenntniß trüglich: die allein wahre, richtige
und sichere hingegen ist die von aller Sinnlichkeit (also aller
Anschauung) freie und entfernte, mithin das r e i n e D e n -
k e n , d. h. das Operiren mit abstrakten Begriffen ganz allein.
Denn dieses verrichtet die S e e l e ganz aus eigenen Mitteln:
folglich wird es am besten, nachdem sie sich vom Leibe getrennt
hat, also wenn wir todt sind, von Statten gehn. – Dergestalt also
spielt hier die Dianoiologie der rationalen Psychologie, zum
Behuf ihrer Unsterblichkeitslehre, in die Hände. Diese Lehre,
wie ich sie hier resumirt habe, findet man ausführlich und deutlich im Phädo Kap. 10. Etwas anders gefaßt ist sie im Timäus,
aus welchem Sextus Empirikus sie sehr präcis und klar mit folgenden Worten referirt: Παλαια τις παρα τοις φυσικοις κυλιεται
δοξα περι του τα ομοια των ομοιων ειναι γνωριστικα. *Mox:*
Πλατων δε, εν τω Τιμαιω, προς παραστασιν του ασωματον ειναι
την ψυχην, τω αυτω γενει της αποδειξεως κεχρηται. Ει γαρ η μεν
ορασις, φησι, φωτος αντιλαμβανομενη, ευθυς εστι φωτοειδης, η
δε ακοη αερα πεπληγμενον κρινουσα, οπερ εστι την φωνην, ευθυς
αεροειδης θεωρειται, η δε οσφρησις ατμους γνωριζουσα παντως
εστι ατμοειδης, και η γευσις, χυλους, χυλοειδης· κατ᾽ αναγκην
και η ψυχη τας ασωματους ιδεας λαμβανουσα, καθαπερ τας εν
τοις αριθμοις και τας εν τοις περασι των σωματων (also reine
Mathematik) γινεται τις ασωματος *(adv. Math. VII, 116 et 119).*
(vetus quaedam, a physicis usque probata, versatur opinio, quod
similia similibus cognoscantur. – – Mox: Plato, in Timaeo, ad
probandum, animam esse incorpoream, usus est eodem genere
demonstrationis: »nam si visio«, inquit, »apprehendens lucem
statim est luminosa, auditus autem aërem percussum judicans,
nempe vocem, protinus cernitur ad aëris accedens speciem, odora-
tus autem cognoscens vapores, est omnino vaporis aliquam
habens formam, et gustus, qui humores, humoris habens speciem;
necessario et anima, ideas suscipiens incorporeas, ut quae sunt
in numeris et in finibus corporum, est incorporea.«) [Eine alte
Meinung ist bei den Naturphilosophen im Umlauf, daß das
Gleichartige erkennbar sei für das Gleichartige. – Bald darauf:
Platon aber bedient sich im *Timäus*, um die Körperlosigkeit
der Seele darzulegen, eben dieser Beweisart. Denn wenn, sagt

Plato. 57

er, das Gesicht, weil es für das Licht empfänglich ist, lichtartig ist, und das Gehör, weil es die Erschütterung der Luft, nämlich den Ton, vernimmt, luftartig ist, und der Geruch, da er die Dünste wahrnimmt, jedenfalls dunstartig ist, und der Geschmack, weil er die Säfte schmeckt, saftartig, so muß notwendigerweise auch die Seele, weil sie die körperlosen Ideen erkennt, wie z. B. die in den Zahlen und die in den Formen der Körper liegenden, ein körperloses Wesen sein.]

Selbst Aristoteles läßt, wenigstens hypothetisch, diese Argumentation gelten, da er im ersten Buch *de anima (c. 1)* sagt, daß die gesonderte Existenz der Seele danach auszumachen wäre, ob dieser irgend eine Aeußerung zukäme, an welcher der Leib nicht Theil hätte: eine solche schiene vor Allem das Denken zu seyn. Sollte aber selbst d i e s e s nicht ohne Anschauung und Phantasie möglich seyn; dann könne dasselbe auch nicht ohne den Leib Statt finden. (ει δε εστι και το νοειν φαντασια τις, η μη ανευ φαντασιας, ουκ ενδεχοιτ᾽ αν ουδε τουτο ανευ σωματος ειναι [Wenn aber das Denken eine Art Phantasie ist oder nicht ohne Phantasie vor sich geht, so kann etwas derartiges nicht ohne Körper geschehen.]) Eben jene oben gestellte Bedingung nun aber, also die Prämisse der Argumentation, läßt Aristoteles nicht gelten, sofern er nämlich Das lehrt, was man später in dem Satz *nihil est in intellectu, quod non prius fuerit in sensibus* [Nichts ist im Intellekt, was nicht vorher in den Sinnen gewesen ist: Thomas Aquinas, *Quaestiones de veritate fidei catholicae*, q. II, art. III, 19] formulirt hat: man sehe hierüber *de anima III, 8.* Schon er also sah ein, daß alles rein und abstrakt Gedachte seinen ganzen Stoff und Inhalt doch erst vom Angeschauten erborgt hat. Dies hat auch die Scholastiker beunruhigt. Deshalb bemühte man sich schon im Mittelalter darzuthun, daß es r e i n e V e r n u n f t e r k e n n t n i s s e gäbe, d. h. Gedanken, die auf keine Bilder Bezug hätten, also ein Denken, welches allen Stoff aus sich selbst nähme. Die Bemühungen und Kontroverse über diesen Punkt findet man im *Pomponatius, de immortalitate animi,* zusammengestellt, da dieser eben sein Hauptargument daher nimmt. – Dem besagten Erforderniß zu genügen sollten nun die *Universalia* [Allgemeinbegriffe] und die Erkenntnisse *a priori,* als *aeternae veritates* [ewige Wahrheiten] aufgefaßt, dienen. Welche Ausführung die Sache sodann durch C a r t e s i u s und seine Schule erhalten hat, habe ich bereits

dargelegt in der dem § 6 meiner Preisschrift über die Grundlage
der Moral beigefügten ausführlichen Anmerkung, in welcher ich
auch die lesenswerthen eigenen Worte des Cartesianers d e l a
F o r g e beigebracht habe. Denn gerade die falschen Lehren
jedes Philosophen findet man, in der Regel, am deutlichsten von
seinen Schülern ausgedrückt; weil diese nicht, wie wohl der Meister selbst, bemüht sind, diejenigen Seiten seines Systems, welche
die Schwäche desselben verrathen könnten, möglichst dunkel zu
halten; da sie noch kein Arg daraus haben. S p i n o z a nun
aber stellte bereits dem ganzen Cartesianischen Dualismus seine
Lehre *Substantia cogitans et substantia extensa una eademque est
substantia, quae jam sub hoc, jam sub illo attributo comprehenditur* [Die denkende Substanz und die ausgedehnte Substanz
sind eine und dieselbe Substanz, die bald unter dieser, bald unter
jener Eigenschaft begriffen wird] entgegen, und zeigte dadurch
seine große Ueberlegenheit. L e i b n i t z hingegen blieb fein
artig auf dem Wege des Cartesius und der Orthodoxie. Dies
aber eben rief sodann das der Philosophie so überaus heilsame
Streben des vortrefflichen L o c k e hervor, als welcher endlich
auf Untersuchung des U r s p r u n g s d e r B e g r i f f e drang
und den Satz *no innate ideas* (keine angeborene Begriffe), nachdem er ihn ausführlich dargethan, zur Grundlage seiner Philosophie machte. Die Franzosen, für welche seine Philosophie durch
C o n d i l l a c bearbeitet wurde, giengen, wiewohl aus dem selben Grunde, in der Sache bald zu weit, indem sie den Satz *penser
est sentir* [Denken ist Empfinden] aufstellten und ihn urgirten
[nachdrücklich betonten]. Schlechthin genommen ist dieser Satz
falsch: jedoch liegt das Wahre darin, daß jedes Denken theils
das Empfinden, als Ingredienz der Anschauung, die ihm seinen
Stoff liefert, voraussetzt, theils selbst, eben so wohl wie das
Empfinden, durch körperliche Organe bedingt ist; nämlich wie
dieses durch die Sinnennerven, so jenes durch das Gehirn, und
Beides ist Nerventhätigkeit. Nun aber hielt auch die französische
Schule jenen Satz nicht seiner selbst wegen so fest, sondern ebenfalls in metaphysischer, und zwar materialistischer, Absicht;
eben wie die Platonisch-Cartesianisch-Leibnitzischen Gegner den
falschen Satz, daß die allein richtige Erkenntniß der Dinge im
reinen Denken bestehe, auch nur in metaphysischer Absicht festgehalten hatten, um daraus die Immaterialität der Seele zu
beweisen. – K a n t allein führt zur Wahrheit aus diesen beiden

Plato. – Aristoteles.

Irrwegen und aus einem Streit, in welchem beide Parteien eigentlich nicht redlich verfahren; da sie Dianoiologie vorgeben, aber auf Metaphysik gerichtet sind und deshalb die Dianoiologie verfälschen. K a n t also sagt: allerdings giebt es reine Vernunfterkenntniß, d. h. Erkenntnisse *a priori,* die aller Erfahrung vorhergängig sind, folglich auch ein Denken, das seinen Stoff keiner durch die Sinne vermittelten Erkenntniß verdankt: aber eben diese Erkenntniß *a priori,* obwohl a u s der Erfahrung geschöpft, hat doch nur z u m B e h u f der Erfahrung Werth und Gültigkeit: denn sie ist nichts Anderes als das Innewerden unsers eigenen E r k e n n t n i ß a p p a r a t s und seiner Einrichtung (Gehirnfunktion), oder wie Kant es ausdrückt, die F o r m des erkennenden Bewußtseyns selbst, die ihren S t o f f allererst durch die, mittelst der Sinnesempfindung, hinzukommende empirische Erkenntniß erhält, ohne diese aber leer und unnütz ist. Dieserhalb eben nennt sich seine Philosophie die K r i t i k d e r r e i n e n V e r n u n f t. Hiedurch nun fällt alle jene metaphysische Psychologie und fällt mit ihr alle reine Seelenthätigkeit des Plato. Denn wir sehn, daß die Erkenntniß, ohne die Anschauung, welche der Leib vermittelt, keinen Stoff hat, daß mithin das Erkennende, als solches, ohne Voraussetzung des Leibes, nichts ist, als eine leere Form; noch zu geschweigen, daß jedes Denken eine physiologische Funktion des Gehirns ist, eben wie das Verdauen eine des Magens.

Wenn nun demnach P l a t o ' s Anweisung, das Erkennen abzuziehn und rein zu halten von aller Gemeinschaft mit dem Leibe, den Sinnen und der Anschauung, sich als zweckwidrig, verkehrt, ja unmöglich ergiebt; so können wir jedoch als das berichtigte Analogon derselben meine Lehre betrachten, daß nur das von aller Gemeinschaft mit dem W i l l e n rein gehaltene, und doch intuitive Erkennen die höchste Objektivität und deshalb Vollkommenheit erreicht; – worüber ich auf das dritte Buch meines Hauptwerks verweise.

§ 5.

Aristoteles.

Als Grundcharakter des A r i s t o t e l e s ließe sich angeben der allergrößte Scharfsinn, verbunden mit Umsicht, Beobachtungsgabe, Vielseitigkeit und Mangel an Tiefsinn. Seine Weltansicht ist flach, wenn auch scharfsinnig durchgearbeitet. Der Tiefsinn findet seinen Stoff in uns selbst; der Scharfsinn muß ihn von außen erhalten, um Data zu haben. Nun aber waren zu jener Zeit die empirischen Data theils ärmlich, theils sogar falsch. Daher ist heut zu Tage das Studium des Aristoteles nicht sehr belohnend, während das des Plato es im höchsten Grade bleibt. Der gerügte Mangel an Tiefsinn beim Aristoteles wird natürlich am sichtbarsten in der Metaphysik, als wo der bloße Scharfsinn nicht, wie wohl anderwärts, ausreicht; daher er dann in dieser am allerwenigsten befriedigt. Seine M e t a p h y s i k ist größtentheils ein Hin- und Her-Reden über die Philosopheme seiner Vorgänger, die er von seinem Standpunkt aus, meistens nach vereinzelten Aussprüchen derselben, kritisirt und widerlegt, ohne eigentlich in ihren Sinn einzugehn, vielmehr wie Einer, der von außen die Fenster einschlägt. Eigene Dogmen stellt er wenige, oder keine, wenigstens nicht im Zusammenhange, auf. Daß wir seiner Polemik einen großen Theil unserer Kenntniß der älteren Philosopheme verdanken ist ein zufälliges Verdienst. Den Plato feindet er am meisten gerade hier an, wo dieser so ganz an seinem Platz ist. Die »Ideen« desselben kommen ihm, wie etwas, das er nicht verdauen kann, immer wieder in den Mund: er ist entschlossen, sie nicht gelten zu lassen. – Scharfsinn reicht in den Erfahrungswissenschaften aus: daher hat Aristoteles eine vorwaltend empirische Richtung. Da nun aber, seit jener Zeit, die Empirie solche Fortschritte gemacht hat, daß sie zu ihrem damaligen Zustande sich verhält wie das männliche Alter zu den Kinderjahren; so können die Erfahrungswissenschaften heut zu Tage direkte nicht sehr durch sein Studium gefördert werden, wohl aber indirekte, durch die Methode und das eigentlich Wissenschaftliche, was ihn charakterisirt und durch ihn in die Welt gesetzt wurde. In der Zoologie jedoch ist er auch noch jetzt, wenigstens im Einzelnen, von direktem Nutzen. Ueberhaupt nun aber giebt seine empirische Richtung ihm den Hang, stets in die Breite zu gehn; wodurch er von dem Gedankenfaden, den er aufgenommen, so leicht und so oft seitwärts abspringt, daß er fast unfähig ist, irgend einen Gedankengang auf die Länge und bis ans Ende zu verfolgen: nun aber besteht gerade hierin das t i e f e Denken. Er hingegen jagt überall die Probleme auf, berührt sie jedoch nur und geht, ohne sie zu lösen, oder auch nur gründlich zu diskutiren, sofort zu etwas Anderm

Aristoteles. 61

über. Daher denkt sein Leser so oft »jetzt wird's kommen«; aber es kommt nichts: und daher scheint, wann er ein Problem angeregt hat und auf eine kurze Strecke es verfolgt, so häufig die Wahrheit ihm auf der Zunge zu schweben; aber plötzlich ist er bei etwas Anderm und läßt uns im Zweifel stecken. Denn er kann nichts festhalten, sondern springt von Dem, was er vorhat, zu etwas Anderm, das ihm eben einfällt, über, wie ein Kind ein Spielzeug fallen läßt, um ein anderes, welches es eben ansichtig wird, zu ergreifen: Dies ist die schwache Seite seines Geistes: es ist die Lebhaftigkeit der Oberflächlichkeit. Hieraus erklärt es sich, daß, obwohl Aristoteles ein höchst systematischer Kopf war, da von ihm die Sonderung und Klassifikation der Wissenschaften ausgegangen ist, es dennoch seinem Vortrage durchgängig an systematischer Anordnung fehlt und wir den methodischen Fortschritt, ja die Trennung des Ungleichartigen und Zusammenstellung des Gleichartigen darin vermissen. Er handelt die Dinge ab, wie sie ihm einfallen, ohne sie vorher durchdacht und sich ein deutliches Schema entworfen zu haben: er denkt mit der Feder in der Hand, was zwar eine große Erleichterung für den Schriftsteller, aber eine große Beschwerde für den Leser ist. Daher das Planlose und Ungenügende seiner Darstellung; daher kommt er hundert Mal auf das Selbe zu reden, weil ihm Fremdartiges dazwischen gelaufen war; daher kann er nicht bei einer Sache bleiben, sondern geht vom Hundertsten ins Tausendste; daher führt er, wie oben beschrieben, den auf die Lösung der angeregten Probleme gespannten Leser bei der Nase herum; daher fängt er, nachdem er einer Sache mehrere Seiten gewidmet hat, seine Untersuchung derselben plötzlich von vorne an mit λαβωμεν ουν αλλην αρχην της σκεψεως [Nehmen wir nun einen anderen Ausgangspunkt für die Betrachtung], und Das sechs Mal in einer Schrift; daher paßt auf so viele Exordien [Einleitungen] seiner Bücher und Kapitel das *quid feret hic tanto dignum promissor hiatu* [Welch Wichtiges wird von solchem Mundaufsperren geboten? Horaz, *de arte poetica,* 138]; daher, mit Einem Wort, ist er so oft konfus und ungenügend. Ausnahmsweise hat er es freilich anders gehalten; wie denn z. B. die drei Bücher Rhetorik durchweg ein Muster wissenschaftlicher Methode sind, ja, eine architektonische Symmetrie zeigen, die das Vorbild der Kantischen gewesen seyn mag.

Der radikale Gegensatz des Aristoteles, wie in der Denkungs-

art, so auch in der Darstellung, ist P l a t o. Dieser hält seinen
Hauptgedanken fest, wie mit eiserner Hand, verfolgt den Faden
desselben, werde er auch noch so dünn, in alle Verzweigungen,
durch die Irrgänge der längsten Gespräche, und findet ihn wieder nach allen Episoden. Man sieht daran, daß er seine Sache,
ehe er an's Schreiben ging, reiflich und ganz durchdacht, und zu
ihrer Darstellung eine künstliche Anordnung entworfen hatte.
Daher ist jeder Dialog ein planvolles Kunstwerk, dessen sämmtliche Theile wohlberechneten, oft absichtlich auf eine Weile sich
verbergenden Zusammenhang haben und dessen häufige Episoden von selbst und oft unerwartet zurückleiten auf den, durch
sie nunmehr aufgehellten Hauptgedanken. Plato wußte stets, im
ganzen Sinne des Worts, was er wollte und beabsichtigte; wenn
er gleich meistens die Probleme nicht zu einer entschiedenen
Lösung führt, sondern es bei der gründlichen Diskussion derselben bewenden läßt. Es darf uns daher nicht so sehr wundern,
wenn, wie einige Berichte, besonders im Aelian *(var. hist. III,
19. IV, 9 etc.)*, angeben, zwischen dem Plato und dem Aristoteles sich bedeutende persönliche Disharmonie gezeigt hat, auch
wohl Plato hin und wieder etwas geringschätzend vom Aristoteles geredet haben mag, dessen Herumflankiren, Irrlichterliren
und Abspringen eben mit seiner Polymathie [vielseitigen
Gelehrsamkeit] verwandt, dem Plato aber ganz antipathisch ist.
Schillers Gedicht »Breite und Tiefe« kann auch auf den Gegensatz zwischen Aristoteles und Plato angewandt werden.

Trotz dieser empirischen Geistesrichtung war dennoch Aristoteles kein konsequenter und methodischer Empiriker; daher er
vom wahren Vater des Empirismus, dem B a k o v o n V e r u -
l a m, gestürzt und ausgetrieben werden mußte. Wer recht
eigentlich verstehn will, in welchem Sinn und warum dieser der
Gegner und Ueberwinder des Aristoteles und seiner Methode ist,
der lese die Bücher des Aristoteles *de generatione et corruptione.*
Da findet er so recht das Räsonniren *a priori* über die Natur,
welches ihre Vorgänge aus bloßen Begriffen verstehn und erklären will: ein besonders grelles Beispiel liefert *L. II, c. 4,* als wo
eine Chemie *a priori* konstruirt wird. Dagegen trat Bako auf,
mit dem Rath, nicht das Abstrakte, sondern das Anschauliche,
die Erfahrung, zur Quelle der Erkenntniß der Natur zu machen.
Der glänzende Erfolg desselben ist der gegenwärtige hohe Stand
der Naturwissenschaften, von welchem aus wir mitleidig

lächelnd auf diese Aristotelischen Quälereien herabsehn. In der besagten Hinsicht ist es sehr merkwürdig, daß die eben erwähnten Bücher des Aristoteles sogar den Ursprung der Scholastik ganz deutlich erkennen lassen, ja, die spitzfindige, wortkramende Methode dieser schon darin anzutreffen ist. – Zu dem selben Zweck sind auch die Bücher *de coelo* sehr brauchbar und daher lesenswerth. Gleich die ersten Kapitel sind ein rechtes Muster der Methode aus bloßen Begriffen das Wesen der Natur erkennen und bestimmen zu wollen, und das Mißlingen liegt hier zu Tage. Da wird uns Kap. 8 aus bloßen Begriffen und *locis communibus* [Gemeinplätzen] bewiesen, daß es nicht mehrere Welten gebe, und Kap. 12, eben so über den Lauf der Gestirne spekulirt. Es ist ein konsequentes Vernünfteln aus falschen Begriffen, eine ganz eigene Natur-Dialektik, welche es unternimmt, aus gewissen allgemeinen Grundsätzen, die das Vernünftige und Schickliche ausdrücken sollen, *a priori* zu entscheiden, wie die Natur seyn und verfahren müsse. Indem wir nun einen so großen, ja stupenden Kopf, wie bei dem Allen Aristoteles doch ist, so tief in Irrthümern dieser Art verstrickt sehn, die ihre Gültigkeit bis noch vor ein Paar hundert Jahren behauptet haben, wird uns zuvörderst deutlich, wie sehr viel die Menschheit dem Kopernikus, Kepler, Galilei, Bako, Robert Hooke und Neuton verdankt. Im Kap. 7 und 8 des zweiten Buchs legt Aristoteles uns seine ganz absurde Anordnung des Himmels dar: die Sterne stecken fest auf der sich drehenden Hohlkugel, Sonne und Planeten auf ähnlichen näheren: die Reibung beim Drehn verursacht Licht und Wärme: die Erde steht ausdrücklich still. Das Alles möchte hingehn, wenn vorher nichts Bessers dagewesen wäre: aber wenn er selbst uns, Kap. 13, die ganz richtigen Ansichten der Pythagoreer über Gestalt, Lage und Bewegung der Erde vorführt, um sie zu verwerfen; so muß dies unsere Indignation erregen. Sie wird steigen, wenn wir aus seiner häufigen Polemik gegen Empedokles, Herakleitos und Demokritos sehn, wie alle diese sehr viel richtigere Einsichten in die Natur gehabt, auch die Erfahrung besser beachtet haben, als der seichte Schwätzer, den wir hier vor uns haben. E m p e d o - k l e s hatte sogar schon eine durch den Umschwung entstehende und der Schwere entgegenwirkende Tangentialkraft gelehrt (II, 1 et 13, dazu die Scholien, *p. 491*). Weit entfernt dergleichen gehörig schätzen zu können, läßt Aristoteles nicht ein Mal die richtigen Ansichten jener Aelteren über die wahre Bedeutung des Oben und Unten gelten, sondern tritt auch hierin der, dem oberflächlichen Scheine folgenden Meinung des großen Haufens bei (IV, 2). Nun aber kommt in Betracht, daß diese seine Ansichten Anerkennung und Verbreitung fanden, alles Frühere und Bessere verdrängten und so späterhin die Grundlage des Hipparchus und dann des Ptolemäischen Weltsystems wurden, mit welchem die Menschheit sich bis zum Anfang des 16. Jahrhunderts hat schleppen müssen, allerdings zum großen Vortheil der jüdisch-christlichen Religionslehren, als welche mit dem Kopernikanischen Weltsystem im Grunde unverträglich sind; denn wie soll ein Gott im Himmel seyn, wenn kein Himmel daist? Der ernstlich gemeinte T h e i s m u s setzt nothwendig voraus, daß man die Welt eintheile in H i m m e l und E r d e : auf d i e s e r laufen die Menschen herum; in j e n e m sitzt der Gott, der sie regiert. Nimmt nun die Astronomie den Himmel weg; so hat sie den Gott m i t weggenommen: sie hat nämlich die Welt so ausgedehnt, daß für den Gott kein Raum übrig bleibt. Aber ein persönliches Wesen, wie jeder Gott unumgänglich ist, das keinen O r t hätte, sondern überall und nirgends wäre, läßt sich bloß sagen, nicht imaginiren, und darum nicht glauben. Demnach muß, in dem Maaße, als die physische Astronomie popularisirt wird, der Theismus schwinden, so fest er auch durch unablässiges und feierlichstes Vorsagen den Menschen eingeprägt worden; wie denn auch die katholische Kirche dies sofort richtig erkannt und demgemäß das Kopernikanische System verfolgt hat; worüber daher sich so sehr und mit Zetergeschrei über die Bedrängniß des Galilei zu verwundern einfältig ist: denn *omnis natura vult esse conservatrix sui* [Jedes Naturwesen ist bestrebt, sich selbst zu erhalten: nach Cicero, *De finibus*, v, 9, 26]. Wer weiß, ob nicht irgend eine stille Erkenntniß, oder wenigstens Ahndung, dieser Kongenialität des Aristoteles mit der Kirchenlehre, und der durch ihn beseitigten Gefahr, zu seiner übermäßigen Verehrung im Mittelalter beigetragen hat?† Wer weiß, ob nicht Mancher, angeregt durch die Berichte desselben über die älteren astronomischen Systeme, im Stillen, lange vor Koperni-

---

† Die älteren Schriftsteller, welche dem Aristoteles wirklichen T h e i s m u s zuschreiben, nehmen ihre Belege aus den Büchern *de mundo*, die entschieden nicht von ihm sind; welches freilich jetzt allgemein angenommen ist.

Aristoteles. – Stoiker.

kus, die Wahrheiten eingesehn hat, die dieser, nach vieljährigem Zaudern und im Begriff aus der Welt zu scheiden, endlich zu proklamiren wagte?

§ 6.
Stoiker.

Ein gar schöner und tiefsinniger Begriff bei den S t o i k e r n ist der des λογος σπερματικος [der schöpferischen Vernunft], wiewohl ausführlichere Berichte über ihn, als uns zugekommen, zu wünschen wären *(Diog. Laert. VII, 136. – Plut. de plac. phil. I, 7. – Stob. ecl. I, p. 372).* Doch ist soviel klar, daß dadurch Das gedacht wird, was in den successiven Individuen einer Gattung, die identische Form derselben behauptet und erhält, indem es vom Einen auf das Andere übergeht; also gleichsam der im Saamen verkörperte Begriff der Gattung. Demnach ist der λογος σπερματικος das Unzerstörbare im Individuo, ist Das, wodurch es mit der Species Eins ist, sie vertritt und erhält. Er ist Das, welches macht, daß der Tod, der das Individuum vernichtet, die Gattung nicht anficht, vermöge welcher das Individuum stets wieder daist; dem Tode zum Trotz. Daher könnte man λογος σπερματικος übersetzen: die Zauberformel, welche zu jeder Zeit diese Gestalt zur Erscheinung ruft. – Ihm sehr nahe verwandt ist der Begriff der *forma substantialis* [wesentlichen Form] bei den Scholastikern, als durch welchen das innere Princip des Komplexes sämmtlicher Eigenschaften eines jeden Naturwesens gedacht wird: sein Gegensatz ist die *materia prima* [der Urstoff], die reine Materie, ohne alle Form und Qualität. Die Seele des Menschen ist eben seine *forma substantialis.* Was beide Begriffe unterscheidet ist, daß der λογος σπερματικος bloß lebenden und sich fortpflanzenden, die *forma substantialis* aber auch unorganischen Wesen zukommt; imgleichen, daß diese zunächst das Individuum, jener geradezu die Gattung im Auge hat: inzwischen sind offenbar beide der Platonischen Idee verwandt. Erklärungen der *forma substantialis* findet man im Skotus Erigena *de divis. nat. Lib. III, p. 139* der Oxforder Ausgabe; im *Giordano Bruno, della causa, dial. 3, p. 252 seqq.* und ausführlich in den *disputationibus metaphysicis* des S u a r e z *(Disp. 15, sect. 1)*, diesem ächten Kompendio der ganzen Scholastischen Weisheit, woselbst man ihre Bekanntschaft zu suchen hat, nicht aber in dem breiten Geträtsche geistloser deutscher Philosophieprofessoren, dieser Quintessenz aller Schaalheit und Langweiligkeit. –

Eine Hauptquelle unserer Kenntniß der Stoischen Ethik ist die uns von Stobäos *(Ecl. eth. L. II, c. 7)* aufbewahrte sehr ausführliche Darstellung derselben, in welcher man meistens wörtliche Auszüge aus dem Zeno und Chrysippos zu besitzen sich schmeichelt: wenn es sich so verhält, so ist sie nicht geeignet, uns vom Geiste dieser Philosophen eine hohe Meinung zu geben: vielmehr ist sie eine pedantische, schulmeisterhafte, überaus breite, unglaublich nüchterne, flache und geistlose Auseinandersetzung der Stoischen Moral, ohne Kraft und Leben, ohne werthvolle, treffende, feine Gedanken. Alles darin ist aus bloßen Begriffen abgeleitet, nichts aus der Wirklichkeit und Erfahrung geschöpft. Demgemäß wird die Menschheit eingetheilt in σπουδαιοι und φαυλοι, Tugendhafte und Lasterhafte, jenen alles Gute, diesen alles Schlechte beigelegt, wonach denn Alles schwarz und weiß ausfällt, wie ein Preußisches Schilderhaus. Daher halten diese platten Schulexercitien keinen Vergleich aus mit den so energischen, geistvollen und durchdachten Schriften des Seneka. –

Die ungefähr 400 Jahre nach dem Ursprung der Stoa abgefaßten Dissertationen A r r i a n ' s zur E p i k t e t e i s c h e n P h i l o s o p h i e geben uns auch keine gründliche Aufschlüsse über den wahren Geist und die eigentlichen Principien der S t o i s c h e n M o r a l : vielmehr ist dies Buch in Form und Gehalt unbefriedigend. Erstlich, die Form anlangend, vermißt man darin jede Spur von Methode, von systematischer Abhandlung, ja auch nur von regelmäßiger Fortschreitung. In Kapiteln, die ohne Ordnung und Zusammenhang an einander gereiht sind, wird unablässig wiederholt, daß man alles Das für nichts zu achten habe, was nicht Aeußerung unsers eigenen Willens ist, daß man mithin Alles, was Menschen sonst bewegt, durchaus antheilslos ansehn solle: Dies ist die Stoische αταραξια [unerschütterliche Gemütsruhe]. Nämlich, was nicht εφ' ημιν [von uns] ist, das wäre auch nicht προς ημας [auf uns bezüglich]. Dieses kolossale Paradoxon wird aber nicht abgeleitet, aus irgend welchen Grundsätzen; sondern die wunderlichste Gesinnung von der Welt wird uns zugemuthet, ohne daß zu derselben ein Grund angegeben würde. Statt dessen findet man endlose

Deklamationen, in unermüdlich wiederkehrenden Ausdrücken und Wendungen. Denn die Folgesätze aus jenen wunderlichen Maximen werden auf das Ausführlichste und Lebhafteste dargelegt, und wird demnach mannigfaltig geschildert, wie der Stoiker sich aus nichts in der Welt etwas mache. Dazwischen wird jeder anders Gesinnte beständig Sklav und Narr geschimpft. Vergebens aber hofft man auf die Angabe irgend eines deutlichen und triftigen Grundes zur Annahme jener seltsamen Denkungsart; da ein solcher doch viel mehr wirken würde, als alle Deklamationen und Schimpfwörter des ganzen dicken Buches. So aber ist dieses, mit seinen hyperbolischen [übertriebenen] Schilderungen des Stoischen Gleichmuthes, seinen unermüdlich wiederholten Lobpreisungen der heiligen Schutzpatrone Kleanthes, Chrysippos, Zeno, Krates, Diogenes, Sokrates, und seinem Schimpfen auf alle anders Denkenden eine wahre Kapuzinerpredigt. Einer solchen angemessen ist dann freilich auch das Planlose und Desultorische [Unbeständige] des ganzen Vortrags.

Was die Ueberschrift eines Kapitels angiebt, ist nur der Gegenstand des Anfangs desselben: bei erster Gelegenheit wird abgesprungen und nun, nach dem *nexus idearum* [Gedankenzusammenhang], vom Hundertsten aufs Tausendste übergegangen. Soviel von der F o r m.

Was nun den G e h a l t betrifft, so ist derselbe, auch abgesehn davon, daß das Fundament ganz fehlt, keineswegs ächt und rein stoisch; sondern hat eine starke fremde Beimischung, die nach einer christlich-jüdischen Quelle schmeckt. Der unleugbarste Beweis hievon ist der Theismus, der auf allen Seiten zu finden und auch Träger der Moral ist: der Kyniker und der Stoiker handeln hier im Auftrage Gottes, dessen Wille ist ihre Richtschnur, sie sind in denselben ergeben, hoffen auf ihn u. dgl. m. Der ächten, ursprünglichen Stoa ist dergleichen ganz fremd: da ist Gott und die Welt Eines, und so einen denkenden, wollenden, befehlenden, vorsorgenden Menschen von einem Gott kennt man gar nicht. Jedoch nicht nur im Arrian, sondern in den meisten heidnischen, philosophischen Schriftstellern der ersten Christlichen Jahrhunderte, sehn wir den jüdischen Theismus, der bald darauf, als Christenthum, Volksglaube werden sollte, bereits durchschimmern, gerade so wie heut zu Tage, in den Schriften der Gelehrten, der in Indien einheimische Pantheismus

durchschimmert, der auch erst später in den Volksglauben überzugehn bestimmt ist. *Ex oriente lux* [Aus dem Osten kommt das
Licht].

Aus dem angegebenen Grunde nun wieder ist auch die hier
vorgetragene Moral selbst nicht rein stoisch: sogar sind manche
Vorschriften derselben nicht mit einander zu vereinigen; daher
sich freilich keine gemeinsame Grundprincipien derselben aufstellen ließen. Eben so ist auch der Kynismus ganz verfälscht,
durch die Lehre, daß der Kyniker es hauptsächlich um Anderer
Willen seyn solle, nämlich, um durch sein Beispiel auf sie zu wirken, als ein Bote Gottes, und um, durch Einmischung in ihre
Angelegenheiten, sie zu lenken. Daher wird gesagt: »In einer
Stadt von lauter Weisen, würde gar kein Kyniker nöthig seyn«;
desgleichen, daß er gesund, stark und reinlich seyn solle, um die
Leute nicht abzustoßen. Wie fern liegt doch Dies vom Selbstge-
nügen der alten ächten Kyniker! Allerdings sind Diogenes und
Krates Hausfreunde und Rathgeber vieler Familien gewesen:
aber Das war sekundär und accidentell, keineswegs Zweck des
Kynismus.

Dem A r r i a n sind also die eigentlichen Grundgedanken
des Kynismus, wie der Stoischen Ethik, ganz abhanden gekommen: sogar scheint er nicht ein Mal das Bedürfniß derselben
gefühlt zu haben. Er predigt eben Selbstverleugnung, weil sie
ihm gefällt, und sie gefällt ihm vielleicht nur, weil sie schwer
und der menschlichen Natur entgegen, das Predigen inzwischen
leicht ist. Die Gründe zur Selbstverleugnung hat er nicht gesucht:
daher glaubt man bald einen Christlichen Asketen, bald wieder
einen Stoiker zu hören. Denn die Maximen Beider treffen allerdings oft zusammen; aber die Grundsätze, worauf sie beruhen,
sind ganz verschieden. Ich verweise in dieser Hinsicht auf mein
Hauptwerk, Bd. 1, § 16, und Bd. 2, Kap. 16, – woselbst, und
wohl zum ersten Male, der wahre Geist des Kynismus und der
Stoa, gründlich dargelegt ist.

Die Inkonsequenz des A r r i a n tritt sogar auf eine lächerliche Art hervor, in diesem Zuge, daß er, bei der unzählige Mal
wiederholten Schilderung des vollkommenen Stoikers, auch allemal sagt: »er tadelt Niemanden, klagt weder über Götter noch
Menschen, schilt Niemanden«, – dabei aber ist sein ganzes Buch
größtentheils im scheltenden Ton, der oft ins Schimpfen übergeht, abgefaßt.

Bei dem Allen sind in dem Buche hin und wieder ächt Stoische Gedanken anzutreffen, die Arrian, oder Epiktet, aus den alten Stoikern geschöpft hat: und eben so ist der Kynismus in einzelnen Zügen treffend und lebhaft geschildert. Auch ist stellenweise viel gesunder Verstand darin enthalten, wie auch treffende, aus dem Leben gegriffene Schilderungen der Menschen und ihres Thuns. Der Stil ist leicht und fließend, aber sehr breit.

Daß Epiktets Encheiridion ebenfalls vom Arrian abgefaßt sei, wie F. A. Wolf uns in seinen Vorlesungen versicherte, glaube ich nicht. Dasselbe hat viel mehr Geist in wenigeren Worten, als die Dissertationen, hat durchgängig gesunden Sinn, keine leere Deklamationen, keine Ostentation [Prahlerei], ist bündig und treffend, dabei im Ton eines wohlmeinend rathenden Freundes geschrieben; da hingegen die Dissertationen meistens im scheltenden und vorwerfenden Tone reden. Der Gehalt beider Bücher ist im Ganzen der selbe; nur daß das Encheiridion höchst wenig vom Theismus der Dissertationen hat. – Vielleicht war das Encheiridion das eigene Kompendium des Epiktet, welches er seinen Zuhörern diktirte; die Dissertationen aber, das seinen, jenes kommentirenden, freien Vorträgen vom Arrian nachgeschriebene Heft.

§ 7.
Neuplatoniker.

Die Lektüre der N e u p l a t o n i k e r erfordert viel Geduld; weil es ihnen sämmtlich an Form und Vortrag gebricht. Bei Weitem besser, als die andern, ist jedoch, in dieser Hinsicht, P o r - p h y r i u s : er ist der einzige, der deutlich und zusammenhängend schreibt; so daß man ihn ohne Widerwillen liest.

Hingegen ist der schlechteste J a m b l i c h o s in seinem Buche *de mysteriis Aegyptiorum:* er ist voll krassen Aberglaubens und plumper Dämonologie, und dazu eigensinnig. Zwar hat er noch eine andere, gleichsam esoterische Ansicht der Magie und Theurgie [Geisterbeschwörung]: doch sind seine Aufschlüsse über diese nur flach und unbedeutend. Im Ganzen ist er ein schlechter und unerquicklicher Skribent: beschränkt, verschroben, grob-abergläubisch, konfus und unklar. Man sieht deutlich, daß was er lehrt durchaus nicht aus seinem eigenen Nachdenken entsprungen ist; sondern es sind fremde, oft nur halb verstandene, aber desto hartnäckiger behauptete

Dogmen: daher auch ist er voll Widersprüche. Allein man will jetzt das genannte Buch dem Jamblichos absprechen, und ich möchte dieser Meinung beistimmen, wenn ich die langen Auszüge aus seinen verlorenen Werken lese, die Stobäos uns aufbehalten hat, als welche ungleich besser sind, als jenes Buch *de mysteriis* und gar manchen guten Gedanken der Neuplatonischen Schule enthalten.

P r o k l o s nun wieder ist ein seichter, breiter, fader Schwätzer. Sein Kommentar zu Plato's Alkibiades, einem der schlechtesten Platonischen Dialogen, der auch unächt seyn mag, ist das breiteste, weitschweifigste Gewäsche von der Welt. Da wird über jedes, auch das unbedeutendeste Wort Plato's endlos geschwätzt und ein tiefer Sinn darin gesucht. Das von Plato mythisch und allegorisch Gesagte wird im eigentlichen Sinne und streng dogmatisch genommen, und Alles in's Abergläubische und Theosophische verdreht. Dennoch ist nicht zu leugnen, daß in der ersten Hälfte jenes Kommentars einige sehr gute Gedanken anzutreffen sind, die aber wohl mehr der Schule, als dem Proklos, angehören mögen. Ein höchst gewichtiger Satz sogar ist es, der den *fasciculum primum partis primae* [erste Abteilung des ersten Teils] beschließt: αἱ των ψυχων εφεσεις τα μεγιστα συντελουσι προς τους βιους, και ου πλαττομενοις εξωθεν εοικαμεν, αλλ' εφ' ἑαυτων προβαλλομεν τας αἱρεσεις, καθ' ἁς διαζωμεν. *(animorum appetitus [ante hanc vitam concepti] plurimam vim habent in vitas eligendas, nec extrinsecus fictis similes sumus, sed nostra sponte facimus electiones, secundum quas deinde vitas transigimus).* [Die Begehrungen der Seelen (vor ihrer Geburt) tragen für die Gestaltung der Lebensläufe das Meiste bei, und wir sehen nicht aus, als wären wir von außen her geformt worden, sondern aus uns selbst heraus treffen wir die Wahlentscheidungen, nach denen wir leben: [*Proclus ad Alcibiadem*, I, 1.] Das hat freilich seine Wurzel im Plato, kommt aber auch nahe an Kants Lehre vom intelligibeln Charakter und steht gar hoch über den platten und bornirten Lehren von der Freiheit des individuellen Willens, der jedesmal so und auch anders kann, mit welchen unsere Philosophieprofessoren, stets den Katechismus vor Augen habend, sich bis auf den heutigen Tag schleppen. Augustinus und Luther ihrerseits hatten sich mit der Gnadenwahl geholfen. Das war gut für jene gottergebenen Zeiten, da man noch bereit war, wenn es Gott gefiele, in Gottes

Neuplatoniker.

Namen zum Teufel zu fahren: aber in unserer Zeit ist nur bei der Aseität [absoluten Selbständigkeit] des Willens Schutz zu finden, und muß erkannt werden, daß, wie Proklos es hat, ου πλαττομενοις εξωθεν εοικαμεν [wir nicht so aussehen, als seien wir von außen her geformt worden].

P l o t i n o s nun endlich, der wichtigste von Allen, ist sich selber sehr ungleich, und die einzelnen Enneaden sind von höchst verschiedenem Werth und Gehalt: die vierte ist vortrefflich. Darstellung und Stil sind jedoch auch bei ihm meistentheils schlecht: seine Gedanken sind nicht geordnet, nicht vorher überlegt; sondern er hat eben in den Tag hineingeschrieben, wie es kam. Von der liederlichen, nachlässigen Art, mit der er dabei zu Werke gegangen, berichtet, in seiner Biographie, Porphyrius. Daher übermannt seine breite, langweilige Weitschweifigkeit und Konfusion oft alle Geduld, so daß man sich wundert, wie nur dieser Wust hat auf die Nachwelt kommen können. Meistens hat er den Stil eines Kanzelredners, und wie dieser das Evangelium, so tritt er Platonische Lehren platt: wobei auch er was Plato mythisch, ja halb metaphorisch gesagt hat zum ausdrücklichen prosaischen Ernst herabzieht, und Stunden lang am selben Gedanken kaut, ohne aus eigenen Mitteln etwas hinzuzuthun. Dabei verfährt er revelirend [als verkünde er eine Offenbarung], nicht demonstrirend, spricht also durchgängig *ex tripode* [wie die Seherin auf dem Dreifuß], erzählt die Sachen, wie er sie sich denkt, ohne sich auf eine Begründung irgend einzulassen. Und dennoch sind bei ihm große, wichtige und tiefsinnige Wahrheiten zu finden, die er auch allerdings selbst verstanden hat: denn er ist keineswegs ohne Einsicht; daher er durchaus gelesen zu werden verdient und die hiezu erforderliche Geduld reichlich belohnt.

Den Aufschluß über diese widersprechenden Eigenschaften des Plotinos finde ich darin, daß er, und die Neuplatoniker überhaupt, nicht eigentliche Philosophen, nicht Selbstdenker sind; sondern was sie vortragen ist eine fremde, überkommene, jedoch von ihnen meistens wohl verdauete und assimilirte Lehre. Es ist nämlich Indo-Aegyptische Weisheit, die sie der Griechischen Philosophie haben einverleiben wollen und als hiezu passendes Verbindungsglied, oder Uebergangsmittel, oder *menstruum* [Lösungsmittel], die Platonische Philosophie, namentlich ihrem in's Mystische hinüberspielenden Theile nach, gebrauchen. Von diesem indischen, durch Aegypten vermittelten Ursprunge der Neuplatonischen Dogmen zeugt zunächst und unleugbar die ganze All-Eins-Lehre des Plotinos, wie wir sie vorzüglich in der 4. Enneade dargestellt finden. Gleich das erste Kapitel des ersten Buches derselben, περι ουσιας ψυχης [über das Wesen der Seele], giebt, in großer Kürze, die Grundlehre seiner ganzen Philosophie, von einer ψυχη, die ursprünglich Eine und nur mittelst der Körperwelt in viele zersplittert sei. Besonders interessant ist das 8. Buch dieser Enneade, welches darstellt, wie jene ψυχη durch ein sündliches Streben in diesen Zustand der Vielheit gerathen sei: sie trage demnach eine doppelte Schuld, erstlich, die ihres Herabkommens in diese Welt, und zweitens die ihrer sündhaften Thaten in derselben: für jene büße sie durch das zeitliche Daseyn überhaupt; für diese, welches die geringere, durch die Seelenwanderung *(c. 5)*. Offenbar der selbe Gedanke, wie die Christliche Erbsünde und Partikularsünde. Vor Allem lesenswerth aber ist das 9. Buch, woselbst, im Kap. 3, ει πασαι αι ψυχαι μια [ob alle Seelen eine sind], aus der Einheit jener Weltseele, unter Anderm, die Wunder des animalischen Magnetismus erklärt werden, namentlich die auch jetzt vorkommende Erscheinung, daß die Somnambule ein leise gesprochenes Wort in größter Entfernung vernimmt, – was freilich durch eine Kette mit ihr in Rapport stehender Personen vermittelt werden muß. – Sogar tritt beim Plotinos, wahrscheinlich zum ersten Male in der occidentalischen Philosophie, der dem Orient schon damals längst geläufige I d e a l i s m u s auf, da *(Enn. III, L. 7, c. 10* [= 11]) gelehrt wird, die Seele habe die Welt gemacht, indem sie aus der Ewigkeit in die Zeit trat; mit der Erläuterung: ου γαρ τις αυτου τουδε του παντος τοπος, η ψυχη *(neque est alter hujus universi locus, quam anima)* [Denn es gibt keinen anderen Ort für dieses Weltall als die Seele], ja, die Idealität der Zeit wird ausgesprochen, in den Worten: δει δε ουκ εξωθεν της ψυχης λαμβανειν τον χρονον, ωσπερ ουδε τον αιωνα εκει εξω του οντος *(oportet autem nequaquam extra animam tempus accipere)* [Man darf die Zeit nicht außerhalb der Seele annehmen, und die Ewigkeit im Jenseits nicht außerhalb des Seienden]. Jenes εκει (jenseits) ist der Gegensatz des ενθαδε (diesseits) und ein ihm sehr geläufiger Begriff, den er näher erklärt durch κοσμος νοητος und κοσμος αισθητος, *mundus intellegibilis et sensibilis* [Ideenwelt und Sinnenwelt], auch durch τα ανω, και τα

Neuplatoniker. 73

κατω [das da droben und das hier unten]. Die Idealität der Zeit erhält noch, in Kap. 11 und 12, sehr gute Erläuterungen. Daran knüpft sich die schöne Erklärung, daß wir in unserm zeitlichen Zustande nicht sind, was wir seyn sollen und möchten, daher wir von der Zukunft stets das Bessere erwarten und der Erfüllung unsers Mangels entgegen sehn, woraus denn die Zukunft und ihre Bedingung, die Zeit, entsteht *(c. 2 et 3)*. Einen ferneren Beleg des indischen Ursprungs giebt uns die vom J a m b l i - c h o s *(de mysteriis, Sect. 4, c. 4 et 5)*, vorgetragene Metempsychosenlehre, wie auch eben daselbst *(Sect. 5, c. 6)* die Lehre von der endlichen Befreiung und Erlösung aus den Banden des Geborenwerdens und Sterbens, ψυχης καθαρσις, και τελειωσις, και ἡ απο της γενεσεως απαλλαγη [der Seele Läuterung und Vollendung und die Befreiung vom Werden], und *(c. 12)* το εν ταις θυσιαις πυρ ἡμας απολυει των της γενεσεως δεσμων [Das Feuer bei den Opfern befreit uns von den Fesseln des Werdens], also eben jene, in allen indischen Religionsbüchern vorgetragene Verheißung, welche Englisch durch *final emancipation,* als Erlösung, bezeichnet wird. Hiezu kommt endlich noch (a. a. O. *Sect. 7, c. 2*) der Bericht von einem Aegyptischen Symbol, welches einen schaffenden Gott, der auf dem Lotus sitzt, darstellt: offenbar der weltschaffende Brahma, sitzend auf der Lotusblume, die dem Nabel des Wischnu entsprießt, wie er häufig abgebildet ist, z. B. in *Langlès, monuments de l'Hindoustan, Vol. 1, ad p. 175;* in *Coleman's Mythology of the Hindus, Tab. 5,* u. a. m. Dies Symbol ist, als sicherer Beweis des Hindostanischen Ursprungs der Aegyptischen Religion, höchst wichtig, wie, in der selben Hinsicht, auch die vom P o r p h y r i u s , *de abstinentia Lib. II,* gegebene Nachricht, daß in Aegypten die Kuh heilig war und nicht geschlachtet werden durfte. – Sogar der, von Porphyrius, in seinem Leben des Plotinos, erzählte Umstand, daß dieser, nachdem er mehrere Jahre Schüler des Ammonius Sackas gewesen, mit dem Heere Gordians nach Persien und Indien hat gehn wollen, was durch Gordians Niederlage und Tod vereitelt wurde, deutet darauf hin, daß die Lehre des Ammonius Indischen Ursprungs war und Plotinos sie jetzt aus der Quelle reiner zu schöpfen beabsichtigte. Der selbe Porphyrius hat eine ausführliche Theorie der Metempsychose geliefert, die ganz im Indischen Sinn, wiewohl mit Platonischer Psychologie verbrämt, ist: sie steht in des Stobäos Eklogen, *L. I., c. 52, § 54.*

§ 8.

Gnostiker.

Die Kabbalistische und die Gnostische Philosophie, bei deren Urhebern, als Juden und Christen, der Monotheismus vorweg feststand, sind Versuche, den schreienden Widerspruch zwischen der Hervorbringung der Welt durch ein allmächtiges, allgütiges und allweises Wesen, und der traurigen, mangelhaften Beschaffenheit eben dieser Welt aufzuheben. Sie führen daher, zwischen die Welt und jene Welturursache, eine Reihe Mittelwesen ein, durch deren Schuld ein Abfall und durch diesen erst die Welt entstanden sei. Sie wälzen also gleichsam die Schuld vom Souverän auf die Minister. Angedeutet war dies Verfahren freilich schon durch den Mythos vom Sündenfall, der überhaupt der Glanzpunkt des Judenthums ist. Jene Wesen nun also sind, bei den Gnostikern, das πλήρωμα [die Fülle = Gesamtheit des göttlichen Wesens], die Aeonen, die ὕλη [Materie], der Demiurgos [Weltbildner] u. s. w. Die Reihe wurde von jedem Gnostiker beliebig verlängert.

Das ganze Verfahren ist dem analog, daß, um den Widerspruch, den die angenommene Verbindung und wechselseitige Einwirkung einer materiellen und immateriellen Substanz im Menschen mit sich führt, zu mildern, physiologische Philosophen Mittelwesen einzuschieben suchten, wie Nervenflüssigkeit, Nervenäther, Lebensgeister und dergl. Beides verdeckt was es nicht aufzuheben vermag.

§ 9.

Skotus Erigena.

Dieser bewundernswürdige Mann gewährt uns den interessanten Anblick des Kampfes zwischen selbsterkannter, selbstgeschauter Wahrheit und lokalen, durch frühe Einimpfung fixirten, allem Zweifel, wenigstens allem direkten Angriff, entwachsenen Dogmen, nebst dem daraus hervorgehenden Streben einer edlen Natur, die so entstandene Dissonanz irgendwie zum Einklang zurückzuführen. Dies kann dann aber freilich nur dadurch geschehn, daß die Dogmen gewendet, gedreht und nöthigenfalls verdreht werden, bis sie sich der selbsterkannten Wahrheit *nolentes volentes* [wohl oder übel] anschmiegen, als welche das

Skotus Erigena.

dominirende Princip bleibt, jedoch genöthigt wird, in einem seltsamen und sogar beschwerlichen Gewande einherzugehn. Diese Methode weiß Erigena, in seinem großen Werke *de divisione naturae,* überall mit Glück durchzuführen, bis er endlich auch an den Ursprung des Uebels und der Sünde, nebst den angedrohten Quaalen der Hölle, sich damit machen will: hier scheitert sie, und zwar am Optimismus, der eine Folge des jüdischen Monotheismus ist. Er lehrt, im 5. Buch, die Rückkehr aller Dinge in Gott und die metaphysische Einheit und Untheilbarkeit der ganzen Menschheit, ja, der ganzen Natur. Nun frägt sich: wo bleibt die Sünde? sie kann nicht mit in den Gott; — wo ist die Hölle, mit ihrer endlosen Quaal, wie sie verheißen worden? — wer soll hinein? die Menschheit ist ja erlöst, und zwar ganz. — Hier bleibt das Dogma unüberwindlich. Erigena windet sich kläglich, durch weitläuftige Sophismen, die auf Worte hinauslaufen, wird endlich zu Widersprüchen und Absurditäten genöthigt, zumal da die Frage nach dem Ursprung der Sünde unvermeidlicherweise mit hineingekommen, dieser nun aber weder in Gott, noch auch in dem von ihm geschaffenen Willen liegen kann; weil sonst Gott der Urheber der Sünde wäre; welches Letztere er vortrefflich einsieht, S. 287 der Oxforder *editio princeps* von 1681. Nun wird er zu Absurditäten getrieben: da soll die Sünde weder eine Ursache noch ein Subjekt haben: *malum incausale est, ... penitus incausale et insubstantiale est* [Die Sünde ist ursachlos, ... sie ist ganz und gar ursachlos und wesenlos]: *ibid.* — Der tiefere Grund dieser Uebelstände ist, daß die Lehre von der E r l ö s u n g der Menschheit und der Welt, welche offenbar indischen Ursprungs ist, eben auch die indische Lehre voraussetzt, nach welcher der Ursprung der Welt (dieses Sansara der Buddhaisten) selbst schon vom Uebel, nämlich eine sündliche That des Brahma ist, welcher Brahma nun wieder wir eigentlich selbst sind: denn die indische Mythologie ist überall durchsichtig. Hingegen im Christenthum hat jene Lehre von der Erlösung der Welt gepfropft werden müssen auf den jüdischen Theismus, wo der Herr die Welt nicht nur gemacht, sondern auch nachher sie vortrefflich gefunden hat: παντα καλα λιαν [Alles war gut]. *Hinc illae lacrimae* [Daher diese Tränen: Horaz, *epistulae,* 1, 19, 41]: hieraus erwachsen jene Schwierigkeiten, die Erigena vollkommen erkannte, wiewohl er, in seinem Zeitalter, nicht wagen durfte, das Uebel an der Wurzel anzugreifen. Inzwischen ist er von Hindostanischer Milde: er verwirft die vom Christenthum gesetzte ewige Verdammniß und Strafe: alle Kreatur, vernünftige, thierische, vegetabilische und leblose, muß, ihrer innern Essenz nach, selbst durch den nothwendigen Lauf der Natur, zur ewigen Säligkeit gelangen: denn sie ist von der ewigen Güte ausgegangen. Aber den Heiligen und Gerechten allein wird die gänzliche Einheit mit Gott, *Deificatio.* Uebrigens ist Erigena so redlich, die große Verlegenheit, in welche ihn der Ursprung des Uebels versetzt, nicht zu verbergen: er legt sie, in der angeführten Stelle des 5. Buches, deutlich dar. In der That ist der Ursprung des Uebels die Klippe, an welcher, so gut wie der Pantheismus, auch der Theismus scheitert: denn Beide impliciren Optimismus. Nun aber sind das Uebel und die Sünde, Beide in ihrer furchtbaren Größe, nicht wegzuleugnen, ja, durch die verheißenen Strafen für die Letztere, wird das Erstere nur noch vermehrt. Woher nun alles Dieses, in einer Welt, die entweder selbst ein Gott, oder das wohlgemeinte Werk eines Gottes ist? Wenn die theistischen Gegner des Pantheismus diesem entgegen schreien: »Was? alle die bösen, schrecklichen, scheußlichen Wesen sollen Gott sein?« – so können die Pantheisten erwidern: »Wie? alle jene bösen, schrecklichen, scheußlichen Wesen soll ein Gott, *de gaieté de cœur* [mutwillig], hervorgebracht haben?« – In der selben Noth, wie hier, finden wir den Erigena auch noch in dem andern seiner auf uns gekommenen Werke, dem Buche *de praedestinatione,* welches jedoch dem *de divisione naturae* weit nachsteht; wie er denn in demselben auch nicht als Philosoph, sondern als Theolog auftritt. Auch hier also quält er sich erbärmlich mit jenen Widersprüchen, welche ihren letzten Grund darin haben, daß das Christenthum auf das Judenthum geimpft ist. Seine Bemühungen stellen solche aber nur in noch helleres Licht. Der Gott soll Alles, Alles, und in Allem Alles gemacht haben; das steht fest: – »folglich auch das Böse und das Uebel.« Diese unausweichbare Konsequenz ist wegzuschaffen und Erigena sieht sich genöthigt, erbärmliche Wortklaubereien vorzubringen. Da sollen das Uebel und das Böse gar nicht s e y n , sollen also nichts seyn. – Den Teufel auch! – Oder aber der f r e i e W i l l e soll an ihnen Schuld seyn: diesen nämlich habe der Gott zwar geschaffen, jedoch f r e i ; daher es ihn nicht angeht, was derselbe nachher vornimmt: denn er war ja eben f r e i , d. h. konnte so und auch

Skotus Erigena. 77

anders, konnte also gut, sowohl wie schlecht seyn. – Bravo! – Die Wahrheit aber ist, daß Freiseyn und Geschaffenseyn zwei einander aufhebende, also sich widersprechende Eigenschaften sind; daher die Behauptung, Gott habe Wesen geschaffen, und ihnen zugleich Freiheit des Willens ertheilt, eigentlich besagt, er habe sie geschaffen und zugleich nicht geschaffen. Denn *operari sequitur esse* [das Handeln folgt aus dem Sein], d. h. die Wirkungen, oder Aktionen, jedes irgend möglichen Dinges können nie etwas anders, als die Folge seiner Beschaffenheit seyn; welche selbst sogar nur an ihnen erkannt wird. Daher müßte ein Wesen, um in dem hier geforderten Sinne f r e i zu seyn, gar keine Beschaffenheit haben, d. h. aber gar n i c h t s seyn, also seyn und nicht seyn zugleich. Denn was ist muß auch e t w a s seyn: eine Existenz ohne Essenz läßt sich nicht ein Mal denken. Ist nun ein Wesen g e s c h a f f e n ; so ist es so geschaffen, wie es b e s c h a f f e n ist: mithin ist es schlecht g e s c h a f f e n , wenn es schlecht b e s c h a f f e n ist, und schlecht b e s c h a f - f e n , wenn es schlecht handelt, d. h. wirkt. Demzufolge wälzt die S c h u l d der Welt, eben wie ihr U e b e l , welches so wenig wie jene abzuleugnen ist, sich immer auf ihren Urheber zurück, von welchem es abzuwälzen, wie früher Augustinus, so hier Skotus Erigena sich jämmerlich abmühet.

Soll hingegen ein Wesen moralisch f r e i seyn; so darf es nicht geschaffen seyn, sondern muß Aseität haben, d. h. ein ursprüngliches, aus eigener Urkraft und Machtvollkommenheit existirendes seyn, und nicht auf ein anderes zurückweisen. Dann ist sein Daseyn sein eigener Schöpfungsakt, der sich in der Zeit entfaltet und ausbreitet, zwar eine ein für alle Mal entschiedene Beschaffenheit dieses Wesens an den Tag legt, welche jedoch sein eigenes Werk ist, für deren sämmtliche Aeußerungen die Verantwortlichkeit also auf ihm selbst haftet. – Soll nun ferner ein Wesen für sein Thun v e r a n t w o r t l i c h , also soll es z u r e c h n u n g s f ä h i g seyn; so muß es f r e i seyn. Also aus der Verantwortlichkeit und Imputabilität [Zurechnungsfähigkeit], die unser Gewissen aussagt, folgt sehr sicher, daß der Wille frei sei; hieraus aber wieder, daß er das Ursprüngliche selbst, mithin nicht bloß das Handeln, sondern schon das Daseyn und Wesen des Menschen sein eigenes Werk sei. Ueber alles Dieses verweise ich auf meine Abhandlung über die Freiheit des Willens, wo man es ausführlich und unwiderleglich auseinandergesetzt findet; daher eben die Philosophieprofessoren diese gekrönte Preisschrift durch das unverbrüchlichste Schweigen zu sekretiren [geheimzuhalten] gesucht haben. – Die Schuld der Sünde und des Uebels fällt allemal von der Natur auf ihren Urheber zurück. Ist nun dieser der in allen ihren Erscheinungen sich darstellende W i l l e selbst; so ist jene an den rechten Mann gekommen: soll es hingegen ein Gott seyn; so widerspricht die Urheberschaft der Sünde und des Uebels seiner Göttlichkeit. –

Beim Lesen des D i o n y s i u s A r e o p a g i t a , auf den Erigena sich so häufig beruft, habe ich gefunden, daß derselbe ganz und gar sein Vorbild gewesen ist. Sowohl der Pantheismus Erigena's, als seine Theorie des Bösen und des Uebels, findet sich, den Grundzügen nach, schon beim Dionysius: freilich aber ist bei Diesem nur angedeutet was Erigena entwickelt, mit Kühnheit ausgesprochen und mit Feuer dargestellt hat. Erigena hat unendlich mehr Geist, als Dionysius: allein den Stoff und die Richtung der Betrachtungen hat ihm Dionysius gegeben und ihm also mächtig vorgearbeitet. Daß Dionysius unächt sei, thut nichts zur Sache: es ist gleichviel, wie der Verfasser des Buches *de divinis nominibus* geheißen hat. Da er indessen wahrscheinlich in Alexandrien lebte, so glaube ich, daß er, auf eine anderweitige, uns unbekannte Art, auch der Kanal gewesen ist, durch welchen ein Tröpfchen indischer Weisheit bis zum Erigena gelangt seyn mag; da, wie C o l e b r o o k e in seiner Abhandlung über die Philosophie der Hindu (in *Colebrooke's miscellaneous essays Vol. I, p. 244*) bemerkt hat, der Lehrsatz III der K a r i k a des K a p i l a sich beim Erigena findet.

§ 10.
Die Scholastik.

Den eigentlich bezeichnenden Charakter der S c h o l a s t i k möchte ich darin setzen, daß ihr das oberste Kriterium der Wahrheit die heilige Schrift ist, an welche man demnach von jedem Vernunftschluß immer noch appelliren kann. – Zu ihren Eigenthümlichkeiten gehört, daß ihr Vortrag durchgängig einen polemischen Charakter hat: jede Untersuchung wird bald in eine Kontroverse verwandelt, deren *pro et contra* neues *pro et contra* erzeugt und ihr dadurch den Stoff giebt, der ihr außerdem bald ausgehn würde. Die verborgene, letzte Wurzel dieser Eigen-

Die Scholastik.   79

thümlichkeit liegt aber in dem Widerstreit zwischen Vernunft und Offenbarung. –

Die gegenseitige Berechtigung des R e a l i s m u s und N o m i n a l i s m u s und dadurch die Möglichkeit des so lange und hartnäckig geführten Streites darüber läßt sich folgendermaaßen recht faßlich machen.

Die verschiedenartigsten Dinge nenne ich r o t h , wenn sie diese Farbe haben. Offenbar ist r o t h ein bloßer Name, durch den ich diese Erscheinung bezeichne, gleichviel, woran sie vorkomme. Eben so nun sind alle Gemeinbegriffe bloße Namen, Eigenschaften zu bezeichnen, die an verschiedenen Dingen vorkommen: diese Dinge hingegen sind das Wirkliche und Reale. So hat der N o m i n a l i s m u s offenbar Recht.

Hingegen wenn wir beachten, daß alle jene wirklichen Dinge, welchen allein die Realität soeben zugesprochen wurde, zeitlich sind, folglich bald untergehn; während die Eigenschaften, wie Roth, Hart, Weich, Lebendig, Pflanze, Pferd, Mensch, welche es sind, die jene Namen bezeichnen, davon unangefochten fortbestehn und demzufolge allezeit dasind; so finden wir, daß diese Eigenschaften, welche eben durch Gemeinbegriffe, deren Bezeichnung jene Namen sind, gedacht werden, kraft ihrer unvertilgbaren Existenz, viel mehr Realität haben; daß mithin diese den B e g r i f f e n , nicht den Einzelwesen, beizulegen sei: demnach hat der R e a l i s m u s Recht.

Der Nominalismus führt eigentlich zum Materialismus: denn, nach Aufhebung sämmtlicher Eigenschaften, bleibt am Ende nur die Materie übrig. Sind nun die Begriffe bloße Namen, die Einzeldinge aber das Reale; ihre Eigenschaften, als einzelne an ihnen, vergänglich; so bleibt als das Fortbestehende, mithin Reale, allein die Materie.

Genau genommen nun aber kommt die oben dargelegte Berechtigung des Realismus eigentlich nicht ihm, sondern der Platonischen Ideenlehre zu, deren Erweiterung er ist. Die ewigen Formen und Eigenschaften der natürlichen Dinge, ειδη, sind es, welche unter allem Wechsel fortbestehn und denen daher eine Realität höherer Art beizulegen ist, als den Individuen, in denen sie sich darstellen. Hingegen den bloßen, nicht anschaulich zu belegenden Abstraktis ist Dies nicht nachzurühmen: was ist z. B. Reales an solchen Begriffen wie »Verhältniß, Unterschied, Sonderung, Nachtheil, Unbestimmtheit« u. dgl. m.?

Eine gewisse Verwandtschaft, oder wenigstens ein Parallelismus der Gegensätze, wird augenfällig, wenn man den Plato dem Aristoteles, den Augustinus dem Pelagius, die Realisten den Nominalisten gegenüberstellt. Man könnte behaupten, daß gewissermaßen ein polares Auseinandertreten der menschlichen Denkweise hierin sich kund gäbe, – welches, höchst merkwürdigerweise, zum ersten Male und am entschiedensten sich in zwei sehr großen Männern ausgesprochen hat, die zugleich und neben einander lebten.

§ 11.
Bako von Verulam.

In einem andern und specieller bestimmten Sinn, als der eben bezeichnete, war der ausdrückliche und absichtliche Gegensatz zum Aristoteles B a k o v o n V e r u l a m. Jener nämlich hatte zuvörderst die richtige Methode, um von allgemeinen Wahrheiten zu besondern zu gelangen, also den Weg abwärts, gründlich dargelegt; das ist die Syllogistik, das *Organum Aristotelis.* Dagegen zeigt B a k o den Weg aufwärts, indem er die Methode, von besondern Wahrheiten zu allgemeinen zu gelangen, darlegte: dies ist die Induktion, im Gegensatz der Deduktion, und ihre Darstellung ist das *novum organum,* welcher Ausdruck, im Gegensatz zum Aristoteles gewählt, besagen soll: »eine ganz andere Manier es anzugreifen.« – Des Aristoteles, aber noch viel mehr der Aristoteliker Irrthum lag in der Voraussetzung, daß sie eigentlich schon alle Wahrheit besäßen, daß diese nämlich enthalten sei in ihren Axiomen, also in gewissen Sätzen *a priori,* oder die für solche gelten, und daß es, um die besonderen Wahrheiten zu gewinnen, bloß der Ableitung aus jenen bedürfe. Ein Aristotelisches Beispiel hievon gaben seine Bücher *de coelo.* Dagegen nun zeigt Bako, mit Recht, daß jene Axiome solchen Gehalt gar nicht hätten, daß die Wahrheit noch gar nicht in dem damaligen System des menschlichen Wissens läge, vielmehr außerhalb, also nicht daraus zu entwickeln, sondern erst hineinzubringen wäre, und daß folglich erst durch I n d u k t i o n allgemeine und wahre Sätze, von großem und reichem Inhalt, gewonnen werden müßten.

Die Scholastiker, an der Hand des Aristoteles, dachten: wir wollen zuvörderst das Allgemeine feststellen: das Besondere wird daraus fließen, oder mag überhaupt nachher darunter Platz finden, wie es kann. Wir wollen demnach zuvörderst ausmachen, was dem *e n s,* dem D i n g e ü b e r h a u p t zukomme: das den einzelnen Dingen Eigenthümliche mag nachher allmälig, allenfalls auch durch die Erfahrung, herangebracht werden: am Allgemeinen kann Das nie etwas ändern. – Bako dagegen sagte: wir wollen zuvörderst die einzelnen Dinge so vollständig, wie nur immer möglich, kennen lernen: dann werden wir zuletzt erkennen, was das Ding überhaupt sei.

Inzwischen steht B a k o dem Aristoteles darin nach, daß seine Methode zum Wege aufwärts keineswegs so regelrecht, sicher und unfehlbar ist, wie die des Aristoteles zum Wege abwärts. Ja, Bako selbst hat, bei seinen physikalischen Untersuchungen, die im neuen Organon gegebenen Regeln seiner Methode bei Seite gesetzt.

B a k o war hauptsächlich auf Physik gerichtet. Was er für diese that, nämlich von vorne anfangen, das that, gleich darauf, für Metaphysik C a r t e s i u s.

§ 12.
Die Philosophie der Neueren.

In den Rechenbüchern pflegt die Richtigkeit der Lösung eines Exempels sich durch das Aufgehn desselben, d. h. dadurch, daß kein Rest bleibt, kund zu geben. Mit der Lösung des Räthsels der Welt hat es ein ähnliches Bewandtniß. Sämmtliche Systeme sind Rechnungen, die nicht aufgehn: sie lassen einen Rest, oder auch, wenn man ein chemisches Gleichniß vorzieht, einen unauflöslichen Niederschlag. Dieser besteht darin, daß, wenn man aus ihren Sätzen folgerecht weiter schließt, die Ergebnisse nicht zu der vorliegenden realen Welt passen, nicht mit ihr stimmen, vielmehr manche Seiten derselben dabei ganz unerklärlich bleiben. So z. B. stimmt zu den materialistischen Systemen, welche aus der mit bloß mechanischen Eigenschaften ausgestatteten Materie, und gemäß den Gesetzen derselben, die Welt entstehn lassen, nicht die durchgängige bewunderungswürdige Zweckmäßigkeit der Natur, noch das Daseyn der Erkenntniß, in welcher doch sogar jene Materie allererst sich darstellt. Dies also ist ihr Rest. – Mit den theistischen Systemen wiederum, nicht minder jedoch mit den pantheistischen sind die überwiegenden physischen Uebel und die moralische Verderbniß der Welt nicht in Uebereinstimmung zu bringen: diese also bleiben als Rest stehn, oder als unauflöslicher Niederschlag liegen. – Zwar ermangelt man in solchen Fällen nicht, dergleichen Reste mit Sophismen, nöthigenfalls auch mit bloßen Worten und Phrasen zuzudecken: allein auf die Länge hält das nicht Stich. Da wird dann wohl, weil doch das Exempel nicht aufgeht, nach einzelnen Rechnungsfehlern gesucht, bis man endlich sich gestehn muß, der Ansatz selbst sei falsch gewesen. Wenn hingegen die durchgängige Konsequenz und Zusammenstimmung aller Sätze eines Systems bei jedem Schritte begleitet ist von einer eben so durchgängigen Uebereinstimmung mit der Erfahrungswelt, ohne daß zwischen Beiden ein Mißklang je hörbar würde; – so ist Dies das Kriterium der Wahrheit desselben, das verlangte Aufgehn des Rechnungsexempels. Imgleichen, daß schon der Ansatz falsch gewesen sei, will sagen, daß man die Sache schon Anfangs nicht am rechten Ende angegriffen hatte, wodurch man nachher von Irrthum zu Irrthum geführt wurde. Denn es ist mit der Philosophie wie mit gar vielen Dingen: Alles kommt darauf an, daß man sie am rechten Ende angreife. Das zu erklärende Phänomen der Welt bietet nun aber unzählige Enden dar, von denen nur Eines das rechte seyn kann: es gleicht einem verschlungenen Fadengewirre, mit vielen daran hängenden, falschen Endfäden: nur wer den wirklichen herausfindet kann das Ganze entwirren. Dann aber entwickelt sich leicht Eines aus dem Andern, und daran wird kenntlich, daß es das rechte Ende gewesen sei. Auch einem Labyrinth kann man es vergleichen, welches hundert Eingänge darbietet, die in Korridore öffnen, welche alle, nach langen und vielfach verschlungenen Windungen, am Ende wieder hinausführen; mit Ausnahme eines einzigen, dessen Windungen wirklich zum Mittelpunkte leiten, woselbst das Idol steht. Hat man diesen Eingang getroffen, so wird man den Weg nicht verfehlen: durch keinen andern aber kann man je zum Ziele gelangen. – Ich verhehle nicht, der Meinung zu seyn, daß nur der Wille in uns das rechte Ende des Fadengewirres, der wahre Eingang des Labyrinthes, sei.

C a r t e s i u s hingegen gieng, nach dem Vorgang der Metaphysik des Aristoteles, vom Begriff der S u b s t a n z aus, und mit diesem sehn wir auch noch alle seine Nachfolger sich schleppen. Er nahm jedoch zwei Arten von Substanz an: die denkende und die ausgedehnte. Diese sollten nun durch *influxus physicus*

Die Philosophie der Neueren.   83

auf einander wirken; welcher sich aber bald als sein Rest aus-
wies. Derselbe hatte nämlich Statt, nicht bloß von außen nach
innen, beim Vorstellen der Körperwelt, sondern auch von innen
nach außen, zwischen dem Willen (der unbedenklich dem Denken zugezählt wurde) und den Leibesaktionen. Das nähere Verhältniß zwischen diesen beiden Arten der Substanz ward nun
das Hauptproblem, wobei so große Schwierigkeiten entstanden,
daß man in Folge derselben zum System der *causes occasionelles*
[Gelegenheitsursachen] und der *harmonia praestabilita* getrieben
wurde; nachdem die *spiritus animales* [Lebensgeister], die beim
Cartesius selbst die Sache vermittelt hatten, nicht ferner dienen
wollten.† M a l e b r a n c h e nämlich hielt den *influxus physicus* für undenkbar; wobei er jedoch nicht in Erwägung zog, daß
derselbe bei der Schöpfung und Leitung der Körperwelt durch
einen Gott, der ein Geist ist, ohne Bedenken angenommen wird.
Er setzte also an dessen Stelle die *causes occasionelles* und *nous
voyons tout en Dieu* [Wir sehen alles in Gott]: hier liegt sein
Rest. – Auch S p i n o z a , in seines Lehrers Fußstapfen tretend,
gieng noch von jenem Begriffe der S u b s t a n z aus; gleich als
ob derselbe ein Gegebenes wäre. Jedoch erklärte er beide Arten
der Substanz, die denkende und die ausgedehnte, für Eine und
die selbe; wodurch denn die obige Schwierigkeit vermieden war.
Dadurch nun aber wurde seine Philosophie hauptsächlich negativ, lief nämlich auf ein bloßes Negiren der zwei großen Carte-
sischen Gegensätze hinaus; indem er sein Identificiren auch auf
den andern von Cartesius aufgestellten Gegensatz, Gott und
Welt, ausdehnte. Dies Letztere war jedoch eigentlich bloße Lehr-
methode, oder Darstellungsform. Es wäre nämlich gar zu anstö-
ßig gewesen, geradezu zu sagen: »Es ist nicht wahr, daß ein
Gott diese Welt gemacht habe, sondern sie existirt aus eigener
Machtvollkommenheit«; daher wählte er eine indirekte Wendung und sagte: »Die Welt selbst ist Gott«; – welches zu
behaupten ihm nie eingefallen seyn würde, wenn er, statt vom
Judenthum, hätte unbefangen von der Natur selbst ausgehn

---

† Uebrigens kommen die *spiritus animales* schon vor bei *Vanini, de naturae arcanis,
Dial. 49,* – als bekannte Sache. Vielleicht ist ihr Urheber *Willisius (de anatome cerebri;
de anima brutorum, Genevae 1680, p. 35 sq.). Flourens, de la vie et de l'intelligence,
II. p. 72,* schreibt sie dem G a l e n u s zu. Ja, schon Jamblichos, bei Stobäos *(Eclog.
L. I, c. 52, § 29)* führt sie ziemlich deutlich, als Lehre der Stoiker, an.

können. Diese Wendung dient zugleich, seinen Lehrsätzen den Schein der Positivität zu geben, während sie im Grunde bloß negativ sind und er dabei die Welt eigentlich unerklärt läßt; indem seine Lehre hinausläuft auf: »Die Welt ist, weil sie ist; und ist, wie sie ist, weil sie so ist.« (Mit dieser Phrase pflegte Fichte seine Studenten zu mystificiren.) Die auf obigem Wege entstehende Deifikation [Vergottung] der Welt ließ nun aber keine wahre Ethik zu und war zudem in schreiendem Widerspruch mit den physischen Uebeln und der moralischen Ruchlosigkeit dieser Welt. Hier also ist sein Rest.

Den Begriff der S u b s t a n z , von welchem dabei auch S p i n o z a ausgeht, nimmt er, wie gesagt, als ein Gegebenes. Zwar definirt er ihn, seinen Zwecken gemäß: allein er kümmert sich nicht um dessen Ursprung. Denn erst L o c k e war es, der, bald nach ihm, die große Lehre aufstellte, daß ein Philosoph, der irgend etwas aus Begriffen ableiten oder beweisen will, zuvörderst den U r s p r u n g jedes solchen Begriffs zu untersuchen habe; da der Inhalt desselben, und was aus diesem folgen mag, gänzlich durch seinen Ursprung, als die Quelle aller mittelst desselben erreichbaren Erkenntniß, bestimmt wird. Hätte aber S p i n o z a nach dem Ursprung jenes Begriffs der Substanz geforscht; so hätte er zuletzt finden müssen, daß dieser ganz allein die M a t e r i e ist und daher der wahre Inhalt des Begriffs kein anderer, als eben die wesentlichen und *a priori* angebbaren Eigenschaften dieser. In der That findet Alles, was Spinoza seiner Substanz nachrühmt, seinen Beleg an der Materie, und nur da: sie ist unentstanden, also ursachlos, ewig, eine einzige und alleinige, und ihre Modifikationen sind Ausdehnung und Erkenntniß; Letztere nämlich als ausschließliche Eigenschaft des Gehirns, welches materiell ist. Spinoza ist demnach ein unbewußter Materialist: jedoch ist die Materie, welche, wenn man es ausführt, seinen Begriff realisirt und empirisch belegt, nicht die falsch gefaßte und atomistische des Demokritos und der spätern Französischen Materialisten, als welche keine andern, als mechanische Eigenschaften hat; sondern die richtig gefaßte, mit allen ihren unerklärlichen Qualitäten ausgestattete: über diesen Unterschied verweise ich auf mein Hauptwerk, Bd. 2, Kap. 24, S. 315 ff. [Bd. III uns. Ausg., S. 367 f.] – Diese Methode, den Begriff der S u b s t a n z unbesehn aufzunehmen, um ihn zum Ausgangspunkt zu machen, finden wir aber schon bei den E l e a -

Die Philosophie der Neueren.　　　　　　　　　　　85

t e n , wie besonders aus dem Aristotelischen Buche *de Xeno-
phane etc.* zu ersehn. Auch Xenophanes nämlich geht aus vom
ov [Seienden], d. i. der Substanz, und die Eigenschaften derselben werden demonstrirt, ohne daß vorher gefragt oder gesagt
würde, woher er denn seine Kenntniß von einem solchen Dinge
habe: geschähe hingegen Dieses, so würde deutlich zu Tage kommen, wovon er eigentlich redet, d. h. welche Anschauung es
zuletzt sei, die seinem Begriff zum Grunde liegt und ihm Realität ertheilt; und da würde am Ende wohl nur die Materie sich
ergeben, als von welcher alles Das gilt, was er sagt. In den folgenden Kapiteln, über Z e n o , erstreckt nun die Uebereinstimmung mit Spinoza sich bis auf die Darstellung und die Ausdrücke. Man kann daher kaum umhin anzunehmen, daß Spinoza diese Schrift gekannt und benutzt habe; da zu seiner Zeit
Aristoteles, wenn auch vom Bako angegriffen, noch immer in
hohem Ansehn stand, auch gute Ausgaben, mit Lateinischer Version, vorhanden waren. Danach wäre denn Spinoza ein bloßer
Erneuerer der Eleaten, wie Gassendi des Epikur. Wir aber
erfahren abermals, wie über die Maaßen selten, in allen Fächern
des Denkens und Wissens, das wirklich Neue und ganz
Ursprüngliche ist.

Uebrigens, und namentlich in formeller Hinsicht, beruht jenes
Ausgehn des Spinoza vom Begriff der S u b s t a n z auf dem
falschen Grundgedanken, den er von seinem Lehrer Cartesius
und dieser vom Anselmus von Kanterbury überkommen hatte,
nämlich auf diesem, daß jemals aus der *essentia* [Wesenheit] die
existentia [Wirklichkeit] hervorgehn könne, d. h. daß aus einem
bloßen Begriff ein Daseyn sich folgern lasse, welches demgemäß
ein nothwendiges seyn würde; oder, mit andern Worten, daß,
vermöge der Beschaffenheit, oder Definition, einer bloß
g e d a c h t e n Sache, es nothwendig werde, daß sie nicht mehr
eine bloß gedachte, sondern eine wirklich vorhandene sei.
C a r t e s i u s hatte diesen falschen Grundgedanken angewandt
auf den Begriff des *ens perfectissimum* [allervollkommensten
Wesens]; S p i n o z a aber nahm den der *substantia* oder *causa
sui* [Ursache ihrer selbst], (welches Letztere eine *contradictio in
adjecto* [Widersinnigkeit] ausspricht: man sehe seine erste Definition, die sein πρωτον ψευδος [erster Fehler] ist, am Eingang
der Ethik, und dann *prop. 7* des ersten Buchs). Der Unterschied
der Grundbegriffe beider Philosophen besteht beinahe nur im

Ausdruck: dem Gebrauche derselben aber als Ausgangspunkte, also als Gegebener, liegt beim Einen, wie beim Andern, die Verkehrtheit zum Grunde, aus der abstrakten Vorstellung die anschauliche entspringen zu lassen; während in Wahrheit alle abstrakte Vorstellung aus der anschaulichen entsteht und daher durch diese begründet wird. Wir haben also hier ein fundamentales ὕστερον πρότερον [Verwechslung von Grund und Folge].

Eine Schwierigkeit besonderer Art hat Spinoza sich dadurch aufgebürdet, daß er seine alleinige Substanz *Deus* [Gott] nannte; da dieses Wort zur Bezeichnung eines ganz andern Begriffs bereits eingenommen war und er nun fortwährend zu kämpfen hat gegen die Mißverständnisse, welche daraus entstehn, daß der Leser, statt des Begriffs, den es nach Spinoza's ersten Erklärungen bezeichnen soll, immer noch den damit verbindet, den es sonst bezeichnet. Hätte er das Wort nicht gebraucht, so wäre er langer und peinlicher Erörterungen im ersten Buche überhoben gewesen. Aber er that es, damit seine Lehre weniger Anstoß fände; welcher Zweck dennoch verfehlt wurde. So aber durchzieht eine gewisse Doppelsinnigkeit seinen ganzen Vortrag, den man deshalb einen gewissermaaßen allegorischen nennen könnte; zumal er es mit einem Paar anderer Begriffe auch so hält; – wie oben (in der ersten Abhandlung) bemerkt worden. Wie viel klarer, folglich besser, würde seine sogenannte Ethik ausgefallen seyn, wenn er geradezu, wie es ihm zu Sinn war, geredet und die Dinge bei ihrem Namen genannt hätte; und wenn er überhaupt seine Gedanken, nebst ihren Gründen, aufrichtig und naturgemäß dargelegt hätte, statt sie in die spanischen Stiefel der Propositionen, Demonstrationen, Scholien und Korollarien eingeschnürt auftreten zu lassen, in dieser der Geometrie abgeborgten Einkleidung, welche statt der Philosophie die Gewißheit jener zu geben, vielmehr alle Bedeutung verliert, sobald nicht die Geometrie mit ihrer Konstruktion der Begriffe selbst darin steckt; daher es auch hier heißt: *cucullus non facit monachum* [Die Kapuze macht nicht den Mönch].

Im zweiten Buche legt er die zwei Modi seiner alleinigen Substanz dar als Ausdehnung und Vorstellung *(extensio et cogitatio),* welches eine offenbar falsche Eintheilung ist, da die Ausdehnung durchaus nur für und in der Vorstellung daist, also dieser nicht entgegenzusetzen, sondern unterzuordnen war.

Daß S p i n o z a überall ausdrücklich und nachdrücklich die

Die Philosophie der Neueren.

laetitia [Fröhlichkeit] preist und sie als Bedingung und Kennzeichen jeder lobenswerthen Handlung aufstellt, dagegen alle *tristitia* [Traurigkeit] unbedingt verwirft, – obschon sein Altes Testament ihm sagte: »Es ist Trauern besser denn Lachen; denn durch Trauern wird das Herz gebessert« (Kohel[eth] 7, 4) – Dies alles thut er bloß aus Liebe zur Konsequenz: denn ist diese Welt ein Gott; so ist sie Selbstzweck und muß sich ihres Daseyns freuen und rühmen, also *saute, Marquis!* [Spring, Marquis!] *semper* [immer] lustig, *nunquam* [niemals] traurig! Pantheismus ist wesentlich und nothwendig Optimismus. Dieser obligate Optimismus nöthigt den Spinoza noch zu manchen andern falschen Konsequenzen, unter denen die absurden und sehr oft empörenden Sätze seiner Moralphilosophie oben an stehn, welche im 16. Kap. seines *tractatus theologico-politicus* bis zu eigentlichen Infamien anwachsen. Hingegen läßt er bisweilen die Konsequenz da aus den Augen, wo sie zu richtigen Ansichten geführt haben würde, z. B. in seinen so unwürdigen, wie falschen Sätzen über die Thiere. *(Eth. Pars IV, Appendicis cap. 26, et ejusdem Partis prop. 37, Scholion.)* Hier redet er eben wie ein Jude es versteht, gemäß den Kap. 1 und 9 der Genesis [1. Buch Mosis], so daß dabei uns Andere, die wir an reinere und würdigere Lehren gewöhnt sind, der *foetor judaicus* [Judengeruch] übermannt. Hunde scheint er ganz und gar nicht gekannt zu haben. Auf den empörenden Satz, mit dem besagtes Kap. 26 anhebt: *Praeter homines nihil singulare in natura novimus, cujus mente gaudere et quod nobis amicitia, aut aliquo consuetudinis genere jungere possumus* [Außer den Menschen kennen wir kein Einzelwesen in der Natur, an dessen Geist wir uns freuen und welchem wir uns in Freundschaft oder durch irgendeine andere Art des Umgangs verbinden können], ertheilt die beste Antwort ein Spanischer Belletrist unserer Tage (Larra, pseudonym Figaro, im *Doncel c. 33): El que no hat tenido un perro, no sabe lo que es querer y ser querido.* (Wer nie einen Hund gehalten hat, weiß nicht was lieben und geliebt seyn ist.) Die Thierquälereien, welche, nach Colerus, Spinoza, zu seiner Belustigung und unter herzlichem Lachen, an Spinnen und Fliegen zu verüben pflegte, entsprechen nur zu sehr seinen hier gerügten Sätzen, wie auch besagten Kapiteln der Genesis. Durch alles Dieses ist denn Spinoza's »*Ethica*« durchweg ein Gemisch von Falschem und Wahrem, Bewunderungswürdigem und Schlechtem. Gegen das Ende derselben, in der zweiten Hälfte des letzten Theils, sehn wir ihn vergeblich bemüht, sich selber klar zu werden: er vermag es nicht: ihm bleibt daher nichts übrig als m y s t i s c h zu werden, wie hier geschieht. Um demnach gegen diesen allerdings großen Geist nicht ungerecht zu werden, müssen wir bedenken, daß er noch zu wenig vor sich hatte, etwan nur den Cartesius, Malebranche, Hobbes, Jordanus Brunus. Die philosophischen Grundbegriffe waren noch nicht genugsam durchgearbeitet, die Probleme nicht gehörig ventilirt [geprüft].

L e i b n i t z gieng ebenfalls vom Begriff der S u b s t a n z als einem Gegebenen aus, faßte jedoch hauptsächlich ins Auge, daß eine solche u n z e r s t ö r b a r seyn müsse: zu diesem Behuf mußte sie e i n f a c h seyn; weil alles Ausgedehnte theilbar und somit zerstörbar wäre: folglich war sie ohne Ausdehnung: also immateriell. Da blieben für seine Substanz keine andere Prädikate übrig, als die geistigen, also Perception, Denken und Begehren. Solcher einfacher geistiger Substanzen nahm er nun gleich eine Unzahl an: diese sollten, obwohl sie selbst nicht ausgedehnt waren, doch dem Phänomen der Ausdehnung zum Grunde liegen; daher er sie als f o r m a l e A t o m e und e i n f a c h e S u b s t a n z e n (Opera ed. Erdmann, p. 124, 676) definirt und ihnen den Namen M o n a d e n ertheilt. Diese sollen also dem Phänomen der Körperwelt zum Grunde liegen, welches sonach eine bloße E r s c h e i n u n g ist, ohne eigentliche und unmittelbare Realität, als welche ja bloß den Monaden zukommt, die darin und dahinter stecken. Dieses Phänomen der Körperwelt wird nun aber doch andererseits, in der Perception der Monaden, (d. h. solcher, die wirklich percipiren, welches gar wenige sind, die meisten schlafen beständig) vermöge der prästabilirten Harmonie zu Stande gebracht, welche die Central-Monade ganz allein und auf eigene Kosten aufführt. Hier gerathen wir etwas ins Dunkle. Wie dem aber auch sei: die Vermittelung zwischen den bloßen Gedanken dieser Substanzen und dem wirklich und an sich selbst Ausgedehnten besorgt eine, von der Central-Monade prästabilirte Harmonie. – Hier, möchte man sagen, ist Alles Rest. Indessen muß man, um L e i b n i t z e n Gerechtigkeit widerfahren zu lassen, an die Betrachtungsweise der M a t e r i e , die damals Locke und Neuton geltend machten, erinnern, in welcher nämlich diese, als absolut todt, rein passiv und willenlos, bloß mit mechanischen

Die Philosophie der Neueren. 89

Kräften begabt und nur mathematischen Gesetzen unterworfen, dasteht. Leibnitz hingegen verwirft die A t o m e und die rein m e c h a n i s c h e Physik, um eine d y n a m i s c h e an ihre Stelle zu setzen; in welchem Allen er K a n t e n vorarbeitete. (Siehe *Opera, ed. Erdmann, p. 694.)* Er erinnerte dabei *(Opera, p. 124)* zuvörderst an die *formas substantiales* [wesentlichen Formen] der Scholastiker und gelangte danach zu der Einsicht, daß selbst die bloß mechanischen Kräfte der Materie, außer welchen man damals kaum noch andere kannte, oder gelten ließ, etwas Geistiges zur Unterlage haben mußten. Dieses nun aber wußte er sich nicht anders deutlich zu machen, als durch die höchst unbeholfene Fiktion, daß die Materie aus lauter Seelchen bestände, welche zugleich formale Atome wären und meistens im Zustande der Betäubung sich befänden, jedoch ein Analogon der *perceptio* [Wahrnehmung] und des *appetitus* [Begehrens] hätten. Hiebei führte ihn Dies irre, daß er, wie alle Andern, sammt und sonders, zur Grundlage und *conditio sine qua non* alles Geistigen die Erkenntniß machte, statt des Willens; welchem ich zu allererst das ihm gebührende Primat vindicirt [zugesprochen] habe; wodurch Alles in der Philosophie umgestaltet wird. Indessen verdient Leibnitzens Bestreben, dem Geiste und der Materie ein und das selbe Princip zum Grunde zu legen, Anerkennung. Sogar könnte man darin eine Vorahndung sowohl der Kantischen als auch meiner Lehre finden, aber *quas velut trans nebulam vidit* [welche er gleichsam durch den Nebel hindurch gesehen hat]. Denn seiner Monadologie liegt schon der Gedanke zum Grunde, daß die Materie kein Ding an sich, sondern bloße Erscheinung ist; daher man den letzten Grund ihres, selbst nur mechanischen, Wirkens nicht in dem rein Geometrischen suchen muß, d. h. in Dem, was bloß zur Erscheinung gehört, wie Ausdehnung, Bewegung, Gestalt; daher schon die Undurchdringlichkeit nicht eine bloß n e g a t i v e Eigenschaft ist, sondern die Aeußerung einer positiven Kraft. – Die belobte Grundansicht Leibnitzens ist am deutlichsten ausgesprochen in einigen kleinern Französischen Schriften, wie *système nouveau de la nature* u. a. m., die aus dem *Journal des savans* und der Ausgabe von D u t e n s in die Erdmann'sche Ausgabe aufgenommen sind, und in den Briefen u. s. w. bei Erdmann, *Opera p. 681–95.* Auch befindet sich eine wohlgewählte Zusammenstellung hieher gehöriger Stellen Leibnitzens S. 335–340 seiner »kleineren philosophischen Schriften, übersetzt von Köhler und revidirt von Huth.« Jena 1740.

Ueberhaupt aber sehn wir, bei dieser ganzen Verkettung seltsamer dogmatischer Lehren, stets e i n e Fiktion die andere als ihre Stütze herbeiziehn; gerade so wie im praktischen Leben e i n e Lüge viele andere nöthig macht. Zum Grunde liegt des Cartesius Spaltung alles Daseienden in Gott und Welt, und des Menschen in Geist und Materie: welcher Letzteren auch alles Uebrige zufällt. Dazu kommt der diesen und allen je gewesenen Philosophen gemeinsame Irrthum, unser Grundwesen in die Erkenntniß, statt in den Willen, zu setzen, also diesen das Sekundäre, jene das Primäre seyn zu lassen. Dies also waren die Ur-Irrthümer, gegen die bei jedem Schritt die Natur und Wirklichkeit der Dinge Protest einlegte und zu deren Rettung alsdann die *spiritus animales,* die Materialität der Thiere, die gelegentliche Ursache, das Alles-in-Gott-Sehn, die prästabilirte Harmonie, die Monaden, der Optimismus und was des Zeuges noch mehr ist, erdacht werden mußten. Bei mir hingegen, als wo die Sachen beim rechten Ende angegriffen sind, fügt sich Alles von selbst, Jedes tritt in's gehörige Licht, keine Fiktionen sind erfordert, und *simplex sigillum veri* [das Einfache ist das Kennzeichen des Wahren].

K a n t wurde von dem Substanzen-Problem nicht direkt berührt: er ist darüber hinaus. Bei ihm ist der Begriff der Substanz eine Kategorie, also eine bloße Denkform *a priori.* Durch diese, in ihrer nothwendigen Anwendung auf die sinnliche Anschauung, wird nun aber nichts so, wie es an sich selbst ist, erkannt: daher mag das Wesen, welches sowohl den Körpern, als den Seelen zum Grunde liegt, an sich selbst gar wohl Eines und das Selbe seyn. Dies ist seine Lehre. Sie bahnte mir den Weg zu der Einsicht, daß der eigene Leib eines Jeden nur die in seinem Gehirn entstehende Anschauung seines Willens ist, welches Verhältniß sodann auf alle Körper ausgedehnt die Auflösung der Welt in Wille und Vorstellung ergab.

Jener Begriff der S u b s t a n z nun aber, welchen C a r t e - s i u s , dem Aristoteles getreu, zum Hauptbegriff der Philosophie gemacht hatte, und mit dessen Definition demgemäß, jedoch nach Weise der Eleaten, auch S p i n o z a anhebt, ergiebt sich, bei genauer und redlicher Untersuchung, als ein höheres, aber unberechtigtes, Abstraktum des Begriffs der M a t e r i e , wel-

Die Philosophie der Neueren.

ches nämlich, neben dieser, auch das untergeschobene Kind i m m a t e r i e l l e S u b s t a n z befassen sollte; wie ich Dies ausführlich dargelegt habe in meiner »Kritik der Kantischen Philosophie« S. 550 ff. der 2. Aufl. [Bd. II uns. Ausgabe, S. 599 f.]. Hievon aber auch abgesehn, taugt der Begriff der S u b s t a n z schon darum nicht zum Ausgangspunkte der Philosophie, weil er jedenfalls ein o b j e k t i v e r ist. Alles Objektive nämlich ist für uns stets nur m i t t e l b a r ; das Subjektive allein ist das Unmittelbare: dieses darf daher nicht übergangen, sondern von ihm muß schlechterdings ausgegangen werden. Dies hat nun zwar C a r t e s i u s auch gethan, ja, er war der Erste, der es erkannte und that; weshalb eben mit ihm eine neue Haupt-Epoche der Philosophie anhebt: allein er thut es bloß präliminarisch [vorläufigerweise], beim allerersten Anlauf, nach welchem er sogleich die objektive, absolute Realität der Welt, auf den Kredit der Wahrhaftigkeit Gottes, annimmt und von nun an ganz objektiv weiter philosophirt. Hiebei läßt er überdies sich nun eigentlich noch einen bedeutenden *circulus vitiosus* [Zirkelschluß] zu Schulden kommen. Er beweist nämlich die objektive Realität der Gegenstände aller unserer anschaulichen Vorstellungen aus dem Daseyn Gottes, als ihres Urhebers, dessen Wahrhaftigkeit nicht zuläßt, daß er uns täusche: das Daseyn Gottes selbst aber beweist er aus der uns angeborenen Vorstellung, die wir von ihm, als dem allervollkommensten Wesen angeblich hätten. *Il commence par douter de tout, et finit par tout croire* [Er fängt damit an, daß er alles bezweifelt, und hört damit auf, daß er alles glaubt], sagt einer seiner Landsleute von ihm.

Mit dem subjektiven Ausgangspunkt hat also zuerst B e r k e l e y wahren Ernst gemacht und das unumgänglich Nothwendige desselben unumstößlich dargethan. Er ist der Vater des Idealismus: dieser aber ist die Grundlage aller wahren Philosophie, ist auch seitdem, wenigstens als Ausgangspunkt, durchgängig festgehalten worden, wenn gleich jeder folgende Philosoph andere Modulationen und Ausweichungen daran versucht hat. So nämlich gieng auch schon L o c k e vom Subjektiven aus, indem er einen großen Theil der Eigenschaften der Körper unserer Sinnesempfindung vindicirte. Jedoch ist zu bemerken, daß seine Zurückführung aller q u a l i t a t i v e n Unterschiede, als sekundärer Eigenschaften, auf bloß q u a n t i t a t i v e , nämlich der Größe, Gestalt, Lage u. s. w., als die allein primären,

d. h. objektiven Eigenschaften, im Grunde noch die Lehre des D e m o k r i t o s ist, der eben so alle Qualitäten zurückführte auf Gestalt, Zusammensetzung und Lage der Atome; wie Dieses besonders deutlich zu ersehn ist aus des Aristoteles Metaphysik, Buch I, Kap. 4, und aus Theophrastus *de sensu c. 61–65.* – Locke wäre insofern ein Erneuerer der Demokritischen Philosophie, wie Spinoza der Eleatischen. Auch hat er ja wirklich den Weg zum nachherigen Französischen Materialismus angebahnt. Unmittelbar jedoch hat er, durch diese vorläufige Unterscheidung des Subjektiven vom Objektiven der Anschauung, K a n - t e n vorgearbeitet, der nun, seine Richtung und Spur in viel höherem Sinne verfolgend, dahin gelangte, das Subjektive vom Objektiven rein zu sondern, bei welchem Proceß nun freilich dem Subjektiven so Vieles zufiel, daß das Objektive nur noch als ein ganz dunkler Punkt, ein nicht weiter erkennbares Etwas stehn blieb, – das Ding an sich. Dieses habe nun ich wieder auf das Wesen zurückgeführt, welches wir in unserm Selbstbewußtseyn als den Willen vorfinden, bin also auch hier abermals an die subjektive Erkenntnißquelle zurückgegangen. Anders konnte es aber auch nicht ausfallen; weil eben, wie gesagt, alles Objektive stets nur ein Sekundäres, nämlich eine Vorstellung ist. Daher also dürfen wir den innersten Kern der Wesen, das Ding an sich, durchaus nicht außerhalb, sondern nur in uns, also im Subjektiven suchen, als dem allein Unmittelbaren. Hiezu kommt, daß wir beim Objektiven nie zu einem Ruhepunkt, einem Letzten und Ursprünglichen gelangen können, weil wir daselbst im Gebiete der V o r s t e l l u n g e n sind, diese aber sämmtlich und wesentlich den S a t z v o m G r u n d e, in seinen vier Gestalten, zur Form haben, wonach der Forderung desselben jedes Objekt sogleich verfällt und unterliegt: z. B. auf ein angenommenes objektives Absolutum dringt sogleich die Frage Woher? und Warum? zerstörend ein, vor der es weichen und fallen muß. Anders verhält es sich, wenn wir uns in die stille, wiewohl dunkele Tiefe des Subjekts versenken. Hier aber droht uns freilich die Gefahr, in Mysticismus zu gerathen. Wir dürfen also aus dieser Quelle nur Das schöpfen, was als thatsächlich wahr, Allen und Jedem zugänglich, folglich durchaus unleugbar ist.

Die D i a n o i o l o g i e, welche, als Resultat der Forschungen seit Cartesius, bis vor K a n t gegolten hat, findet man *en résumé* [zusammengefaßt] und mit naiver Deutlichkeit dargelegt in *M u r a t o r i della fantasia*, Kap. 1–4 und 13. Locke tritt darin als Ketzer auf. Das Ganze ist ein Nest von Irrthümern, an welchen zu ersehn, wie ganz anders ich es gefaßt und dargestellt habe, nachdem ich Kant und Cabanis zu Vorgängern gehabt. Jene ganze Dianoiologie und Psychologie ist auf den falschen Cartesianischen Dualismus gebaut: nun muß im ganzen Werk Alles *per fas et nefas* [mit erlaubten wie mit unerlaubten Mitteln] auf ihn zurückgeführt werden, auch viele richtige und interessante Thatsachen, die er beibringt. Das ganze Verfahren ist als Typus interessant.

§ 13.
Noch einige Erläuterungen zur Kantischen Philosophie.

Zum Motto der Kritik der reinen Vernunft wäre sehr geeignet eine Stelle von P o p e *(Works, Vol. 6, p. 374,* Baseler Ausgabe), die dieser ungefähr 80 Jahre früher niedergeschrieben hat: *Since 'tis reasonable to doubt most things, we should most of all d o u b t t h a t r e a s o n o f o u r s which would d e m o n s t r a t e all things.* [Nachdem es vernünftig ist, das meiste anzuzweifeln, sollten wir vor allem an unserer eigenen Vernunft zweifeln, die alles beweisen möchte.]

Der eigentliche Geist der Kantischen Philosophie, ihr Grundgedanke und wahrer Sinn, läßt sich auf mancherlei Weise fassen und darstellen: dergleichen verschiedene Wendungen und Ausdrücke der Sache aber werden, der Verschiedenheit der Köpfe gemäß, die eine vor der andern geeignet seyn, Diesem oder Jenem das rechte Verständniß jener sehr tiefen und deshalb schwierigen Lehre zu eröffnen. Folgendes ist ein abermaliger Versuch dieser Art, welcher auf Kants Tiefe meine Klarheit zu werfen unternimmt.*

Der Mathematik liegen A n s c h a u u n g e n unter, auf welche ihre Beweise sich stützen: weil aber diese Anschauungen nicht empirisch, sondern *a priori* sind; so sind ihre Lehren apodiktisch. Die Philosophie hingegen hat, als das Gegebene, davon

---

* Ich bemerke hier, ein für alle Mal, daß die Seitenzahl der ersten Aufl. der Kritik der reinen Vernunft, nach der ich zu citiren pflege, auch der Rosenkranzischen Auflage beigefügt ist.

sie ausgeht und welches ihren Beweisen Nothwendigkeit (Apodikticität) ertheilen soll, bloße B e g r i f f e. Denn auf der bloß e m p i r i s c h e n Anschauung geradezu fußen, kann sie nicht; weil sie das Allgemeine der Dinge, nicht das Einzelne, zu erklären unternimmt, wobei ihre Absicht ist, über das empirisch Gegebene hinaus zu führen. Da bleiben ihr nun nichts, als die allgemeinen Begriffe, indem diese doch nicht das Anschauliche, rein Empirische, sind. Dergleichen Begriffe müssen also die Grundlage ihrer Lehren und Beweise abgeben, und von ihnen muß, als einem Vorhandenen und Gegebenen, ausgegangen werden. Demnach nun ist die Philosophie eine Wissenschaft aus bloßen B e g r i f f e n ; während die Mathematik eine aus der K o n - s t r u k t i o n (anschaulichen Darstellung) ihrer Begriffe ist. Genau genommen jedoch ist es nur die Beweisführung der Philosophie, welche von bloßen B e g r i f f e n ausgeht. Diese nämlich kann nicht, gleich der mathematischen, von einer A n s c h a u u n g ausgehn; weil eine solche entweder die reine *a priori*, oder die empirische seyn müßte: die letztere giebt keine Apodikticität; die erstere liefert nur Mathematik. Will sie daher irgendwie ihre Lehren durch Beweisführung stützen; so muß diese bestehn in der richtigen logischen Folgerung aus den zum Grunde gelegten Begriffen. – Hiemit war es denn auch recht gut von Statten gegangen, die ganze lange Scholastik hindurch und selbst noch in der von Cartesius begründeten neuen Epoche; so daß wir noch den S p i n o z a und L e i b n i t z e n diese Methode befolgen sehn. Endlich aber war es dem L o c k e eingefallen, den U r s p r u n g der Begriffe zu untersuchen, und da war das Resultat gewesen, daß alle Allgemein-Begriffe, so weit gefaßt sie auch seyn mögen, aus der Erfahrung, d. h. aus der vorliegenden, sinnlich anschaulichen, empirisch realen Welt, oder aber auch aus der innern Erfahrung, wie sie die empirische Selbstbeobachtung einem Jeden liefert, geschöpft sind, mithin ihren ganzen Inhalt nur von diesen Beiden haben, folglich auch nie mehr liefern können, als was äußere, oder innere Erfahrung hineingelegt hat. Hieraus hätte, der Strenge nach, schon geschlossen werden sollen, daß sie nie über die Erfahrung hinaus, d. h. nie zum Ziele führen können: allein L o c k e gieng, mit den aus der Erfahrung geschöpften Grundsätzen, über die Erfahrung hinaus.

Im weitergeführten Gegensatz zu den früheren und zur

zur Kantischen Philosophie 95

Berichtigung der Lockischen Lehre zeigte nun K a n t , daß es zwar einige Begriffe gebe, die eine Ausnahme von obiger Regel machen, also n i c h t aus der Erfahrung stammen; aber zugleich auch, daß eben diese theils aus der reinen, d. i. *a priori* gegebenen Anschauung des Raumes und der Zeit geschöpft sind, theils die eigenthümlichen Funktionen unsers Verstandes selbst, zum Behuf der, beim Gebrauch, nach ihnen sich richtenden Erfahrung, ausmachen; daß mithin ihre Gültigkeit sich nur auf mögliche, und allemal durch die Sinne zu vermittelnde, Erfahrung erstreckt, indem sie selbst bloß bestimmt sind, diese, mit sammt ihrem gesetzmäßigen Hergange, auf Anregung der Sinnesempfindung, in uns zu erzeugen; daß sie also, an sich selbst gehaltlos, allen Stoff und Gehalt allein von der S i n n l i c h - k e i t erwarten, um mit ihr alsdann die Erfahrung hervorzubringen, abgesehn von dieser aber keinen Inhalt, noch Bedeutung haben, indem sie nur unter Voraussetzung der auf Sinnesempfindung beruhenden Anschauung gültig sind und sich wesentlich auf diese beziehn. Hieraus nun folgt, daß sie nicht die Führer abgeben können, uns über alle Möglichkeit der Erfahrung hinaus zu leiten; und hieraus wieder, daß M e t a p h y - s i k , als Wissenschaft von Dem, was jenseits der Natur, d. h. eben über die Möglichkeit der Erfahrung hinaus, liegt, u n m ö g l i c h ist.

Weil nun also der eine Bestandtheil der Erfahrung, nämlich der allgemeine, formelle und gesetzmäßige, *a priori* erkennbar ist, eben deshalb aber auf den wesentlichen und gesetzmäßigen Funktionen unsers eigenen Intellekts beruht; der andere hingegen, nämlich der besondere, materielle und zufällige, aus der Sinnesempfindung entspringt; so sind ja beide s u b j e k t i - v e n Ursprungs. Hieraus folgt, daß die gesammte Erfahrung, nebst der in ihr sich darstellenden Welt, eine bloße E r s c h e i - n u n g , d. h. ein zunächst und unmittelbar nur für das es erkennende Subjekt Vorhandenes, ist: jedoch weist diese Erscheinung auf irgend ein ihr zum Grunde liegendes D i n g a n s i c h s e l b s t hin, welches jedoch, als solches, schlechthin unerkennbar ist. – Dies sind nun die negativen Resultate der Kantischen Philosophie.

Ich habe dabei zu erinnern, daß Kant thut, als ob wir bloß erkennende Wesen wären und also außer der V o r s t e l l u n g durchaus kein Datum hätten; während wir doch allerdings noch ein anderes, in dem von jener *toto genere* [ganz und gar] verschiedenen W i l l e n in uns, besitzen. Er hat diesen zwar auch in Betrachtung genommen, aber nicht in der theoretischen, sondern bloß in der bei ihm von dieser ganz gesonderten praktischen Philosophie, nämlich einzig und allein um die Thatsache der rein moralischen Bedeutsamkeit unsers Handelns festzustellen und darauf eine moralische Glaubenslehre, als Gegengewicht der theoretischen Unwissenheit, folglich auch Unmöglichkeit aller Theologie, welcher wir, laut Obigem, anheim fallen, zu gründen. –

Kants Philosophie wird auch, zum Unterschiede und sogar im Gegensatz aller andern, als T r a n s s c e n d e n t a l p h i l o - s o p h i e , näher, als t r a n s s c e n d e n t a l e r I d e a l i s - m u s , bezeichnet. Der Ausdruck »transscendent« ist nicht mathematischen, sondern philosophischen Ursprungs, da er schon den Scholastikern geläufig war. In die Mathematik wurde er allererst durch Leibnitz eingeführt, um zu bezeichnen *quod Algebrae vires transscendit* [was über das Vermögen der Algebra hinausgeht], also alle Operationen, welche zu vollziehn die gemeine Arithmetik und die Algebra nicht ausreichen, wie z. B. zu einer Zahl den Logarithmus, oder umgekehrt, zu finden; oder auch zu einem Bogen, rein arithmetisch, seine trigonometrischen Funktionen, oder umgekehrt; überhaupt alle Probleme, die nur durch einen ins Unendliche fortgesetzten Kalkul zu lösen sind. Die Scholastiker aber bezeichneten als t r a n s s c e n d e n t die alleroberrsten Begriffe, nämlich solche, welche noch allgemeiner, als die zehn Kategorien des Aristoteles wären: noch S p i - n o z a braucht das Wort in diesem Sinn. J o r d a n u s B r u - n u s *(della causa etc. dial. 4)* nennt t r a n s s c e n d e n t die Prädikate, welche allgemeiner sind, als der Unterschied der körperlichen und unkörperlichen Substanz, welche also der Substanz überhaupt zukommen: sie betreffen, nach ihm, jene gemeinschaftliche Wurzel, in der das Körperliche mit dem Unkörperlichen Eines sei, und welche die wahre, ursprüngliche Substanz ist, ja er sieht eben hierin einen Beweis, daß es eine solche geben müsse. K a n t nun endlich versteht zuvörderst unter t r a n s - s c e n d e n t a l die Anerkennung des Apriorischen und daher bloß Formalen in unserer Erkenntniß, a l s e i n e s s o l - c h e n ; d. h. die Einsicht, daß dergleichen Erkenntniß von der Erfahrung unabhängig sei, ja, dieser selbst die unwandelbare

zur Kantischen Philosophie.

Regel, nach der sie ausfallen muß, vorschreibe; verbunden mit dem Verständniß, warum solche Erkenntniß dies sei und vermöge; nämlich weil sie die F o r m unsers Intellekts ausmache; also in Folge ihres subjektiven Ursprungs: demnach ist eigentlich nur die Kritik der reinen Vernunft t r a n s s c e n d e n t a l. Im Gegensatz hiezu nennt er t r a n s s c e n d e n t den Gebrauch, oder vielmehr Mißbrauch, jenes rein Formalen in unserer Erkenntniß über die Möglichkeit der Erfahrung hinaus: Dasselbe benennt er auch hyperphysisch. Demnach heißt, kurz gesagt, t r a n s s c e n d e n t a l so viel, wie »vor aller Erfahrung«; t r a n s s c e n d e n t hingegen »über alle Erfahrung hinaus«. Demgemäß läßt Kant die Metaphysik nur als Transscendentalphilosophie gelten, d. h. als die Lehre von dem in unserm erkennenden Bewußtseyn enthaltenen Formalen, a l s e i n e m s o l c h e n, und von der dadurch herbeigeführten Beschränkung, vermöge welcher die Erkenntniß der Dinge an sich uns unmöglich ist, indem die Erfahrung nichts, als bloße Erscheinungen liefern kann. Das Wort »m e t a p h y s i s c h« ist jedoch bei ihm nicht ganz synonym mit »transscendental«: nämlich alles *a priori* Gewisse, aber die Erfahrung Betreffende heißt bei ihm m e t a p h y s i s c h ; hingegen die Belehrung darüber, daß es eben nur wegen seines subjektiven Ursprungs und als rein Formales *a priori* gewiß sei, heißt allein t r a n s s c e n d e n - t a l. T r a n s s c e n d e n t a l ist die Philosophie, welche sich zum Bewußtseyn bringt, daß die ersten und wesentlichsten Gesetze dieser sich uns darstellenden Welt in unserm Gehirn wurzeln und dieserhalb *a priori* erkannt werden. Sie heißt t r a n s s c e n d e n t a l, weil sie ü b e r die ganze gegebene Phantasmagorie h i n a u s g e h t, auf ihren Ursprung. Darum also ist, wie gesagt, allein die Kritik der reinen Vernunft, und überhaupt die kritische (d. h. Kantische) Philosophie, transscendental:† m e t a p h y s i s c h hingegen sind die »Anfangsgründe der Naturwissenschaft«, auch die der »Tugendlehre« u. s. w. –

Indessen läßt der Begriff einer Transscendentalphilosophie sich noch in tieferm Sinne fassen, wenn man den innersten Geist der Kantischen Philosophie darin zu koncentriren unternimmt, etwan in folgender Art. Daß die ganze Welt uns nur auf eine

---

† Die Kritik der reinen Vernunft hat die Ontologie in Dianoiologie verwandelt.

s e k u n d ä r e Weise, als Vorstellung, Bild in unserm Kopfe, Gehirnphänomen, hingegen der eigene Wille uns, im Selbstbewußtseyn, unmittelbar gegeben ist; daß demnach eine Trennung, ja ein Gegensatz, zwischen unserm eigenen Daseyn und dem der Welt Statt findet, – Dies ist eine bloße Folge unserer individuellen und animalischen Existenz, mit deren Aufhören es daher wegfällt. Bis dahin aber ist es uns unmöglich, jene Grund- und Urform unsers Bewußtseyns, welche Das ist, was man als das Zerfallen in Subjekt und Objekt bezeichnet, in Gedanken aufzuheben; weil alles Denken und Vorstellen sie zur Voraussetzung hat: daher lassen wir sie stets als das Urwesentliche und die Grundbeschaffenheit der Welt stehn und gelten; während sie in der That nur die Form unsers animalischen Bewußtseyns und der durch dasselbe vermittelten Erscheinungen ist. Hieraus nun aber entspringen alle jene Fragen, über Anfang, Ende, Gränzen und Entstehung der Welt, über unsere eigene Fortdauer nach dem Tode u. s. w. Sie beruhen demnach alle auf einer falschen Voraussetzung, welche Das, was nur die Form der E r s c h e i - n u n g , d. h. der durch ein animalisches, cerebrales Bewußtseyn vermittelten V o r s t e l l u n g e n ist, dem Dinge an sich selbst beilegt und demnach für die Ur- und Grundbeschaffenheit der Welt ausgiebt. Dies ist der Sinn des Kantischen Ausdrucks: alle solche Fragen sind t r a n s s c e n d e n t . Sie sind daher, nicht bloß *subjective* [der unmittelbaren Wahrnehmung nach], sondern an und für sich selbst, d. h. *objective* [den Tatsachen nach], gar keiner Antwort fähig. Denn sie sind Probleme, welche mit Aufhebung unsers cerebralen Bewußtseyns und des auf ihm beruhenden Gegensatzes gänzlich wegfallen und doch als wären sie unabhängig davon aufgestellt worden. Wer z. B. frägt, ob er nach seinem Tode fortdauere, hebt, *in hypothesi* [annahmeweise], sein animalisches Gehirnbewußtseyn auf; frägt jedoch nach Etwas, das nur unter Voraussetzung desselben besteht, indem es auf der Form desselben, nämlich Subjekt, Objekt, Raum und Zeit, beruht; nämlich nach seinem individuellen Daseyn. Eine Philosophie nun, welche alle diese Bedingungen und Beschränkungen a l s s o l c h e zum deutlichen Bewußtseyn bringt, ist t r a n s s c e n d e n t a l und, sofern sie die allgemeinen Grundbestimmungen der objektiven Welt dem Subjekt vindicirt, ist sie t r a n s s c e n d e n t a l e r I d e a l i s - m u s . – Allmälig wird man einsehn, daß die Probleme der

zur Kantischen Philosophie.

Metaphysik nur insofern unlösbar sind, als in den Fragen selbst schon ein Widerspruch enthalten ist.

Der transscendentale Idealismus macht inzwischen der vorliegenden Welt ihre e m p i r i s c h e R e a l i t ä t durchaus nicht streitig, sondern besagt nur, daß diese keine unbedingte sei, indem sie unsere Gehirnfunktionen, aus denen die Formen der Anschauung, also Zeit, Raum und Kausalität entstehn, zur Bedingung hat; daß mithin diese empirische Realität selbst nur die Realität einer Erscheinung sei. Wenn nun in derselben sich uns eine Vielheit von Wesen darstellt, von denen stets das Eine vergeht und ein Anderes entsteht, wir aber wissen, daß nur mittelst der Anschauungsform des Raumes die Vielheit, und mittelst der der Zeit das Vergehn und Entstehn möglich sei; so erkennen wir, daß ein solcher Hergang keine a b s o l u t e Realität habe, d. h. daß er dem in jener Erscheinung sich darstellenden Wesen an sich selbst nicht zukomme, welches wir vielmehr, wenn man jene Erkenntnißformen, wie das Glas aus dem Kaleidoskop, wegziehn könnte, zu unserer Verwunderung, als ein einziges und bleibendes vor uns haben würden, als unvergänglich, unveränderlich und, unter allem scheinbaren Wechsel, vielleicht sogar bis auf die ganz einzelnen Bestimmungen herab, identisch. In Gemäßheit dieser Ansicht lassen sich folgende drei Sätze aufstellen:

1) Die alleinige Form der Realität ist die Gegenwart: in ihr allein ist das Reale unmittelbar anzutreffen und stets ganz und vollständig erhalten.

2) Das wahrhaft Reale ist von der Zeit unabhängig, also in jedem Zeitpunkt Eines und das Selbe.

3) Die Zeit ist die Anschauungsform unsers Intellekts und daher dem Dinge an sich fremd.

Diese drei Sätze sind im Grunde identisch. Wer sowohl ihre Identität, als ihre Wahrheit deutlich einsieht, hat einen großen Fortschritt in der Philosophie gemacht, indem er den Geist des transscendentalen Idealismus begriffen hat.

Ueberhaupt, wie folgenreich ist nicht Kants Lehre von der Idealität des Raumes und der Zeit, welche er so trocken und schmucklos dargelegt hat; – während eben gar nichts sich ergiebt aus dem hochtrabenden, prätensionsvollen und absichtlich unverständlichen Geschwätze der drei bekannten Sophisten, welche die Aufmerksamkeit eines, Kants unwürdigen Publikums von ihm auf sich zogen. Vor Kant, läßt sich sagen, waren wir in der Zeit; jetzt ist die Zeit in uns. Im erstern Falle ist die Zeit r e a l, und wir werden, wie Alles, was in ihr liegt, von ihr verzehrt. Im zweiten Fall ist die Zeit i d e a l : sie liegt in uns. Da fällt zunächst die Frage hinsichtlich der Zukunft nach dem Tode weg. Denn, bin ich nicht; so ist auch keine Zeit mehr. Es ist nur ein täuschender Schein, der mir eine Zeit zeigt, die fortliefe, ohne mich, nach meinem Tode: alle drei Abschnitte der Zeit, Vergangenheit, Gegenwart und Zukunft, sind auf gleiche Weise mein Produkt, gehören mir an; nicht aber ich vorzugsweise dem einen, oder dem andern von ihnen. – Wiederum eine andere Folgerung, die sich aus dem Satze, daß die Zeit dem Wesen an sich der Dinge nicht zukommt, ziehn ließe, wäre diese, daß, in irgend einem Sinne, das Vergangene n i c h t vergangen sei, sondern Alles, was jemals wirklich und wahrhaft gewesen, im Grunde auch noch seyn müsse; indem ja die Zeit nur einem Theaterwasserfall gleicht, der herabzuströhmen scheint, während er, als ein bloßes Rad, nicht von der Stelle kommt; – wie ich, Diesem analog, schon längst, in meinem Hauptwerke, den Raum einem in Facetten geschliffenen Glase verglichen habe, welches uns das einfach Vorhandene in zahlloser Vervielfältigung erblicken läßt. Ja, wenn wir auf die Gefahr hin, an Schwärmerei zu streifen, uns noch mehr in die Sache vertiefen; so kann es uns vorkommen, als ob wir, bei sehr lebhafter Vergegenwärtigung unserer eigenen, weit zurückliegenden Vergangenheit, eine unmittelbare Ueberzeugung davon erhielten, daß die Zeit das eigentliche Wesen der Dinge nicht antastet, sondern nur zwischen dieses und uns eingeschoben ist, als ein bloßes Medium der Wahrnehmung, nach dessen Wegnahme Alles wieder daseyn würde; wie auch andererseits unser so treues und lebendiges Erinnerungsvermögen selbst, in welchem jenes Längstvergangene ein unverwelkliches Daseyn behält, Zeugniß davon ablegt, daß ebenfalls in uns etwas ist, das nicht mit altert, folglich nicht im Bereich der Zeit liegt. –

Die Haupttendenz der Kantischen Philosophie ist, die gänzliche D i v e r s i t ä t d e s R e a l e n u n d I d e a l e n darzuthun, nachdem schon Locke hierin die Bahn gebrochen hatte. – Obenhin kann man sagen: das I d e a l e ist die sich räumlich darstellende, anschauliche Gestalt, mit allen an ihr wahrnehmbaren Eigenschaften; das R e a l e hingegen ist das Ding an, in

zur Kantischen Philosophie.

und für sich selbst, unabhängig von seinem Vorgestelltwerden im Kopf eines Andern, oder seinem eigenen. Allein die Gränze zwischen Beiden zu ziehn ist schwer und doch gerade Das, worauf es ankommt. L o c k e hatte gezeigt, daß Alles, was an jener Gestalt Farbe, Klang, Glätte, Rauhe, Härte, Weiche, Kälte, Wärme u. s. w. ist, (sekundäre Eigenschaften) bloß i d e a l sei, also dem Dinge an sich selbst nicht zukomme; weil nämlich darin nicht das Seyn und Wesen, sondern bloß das W i r k e n des Dinges uns gegeben sei, und zwar ein sehr einseitig bestimmtes Wirken, nämlich das auf die ganz specifisch determinirte Empfänglichkeit unserer fünf Sinneswerkzeuge, vermöge welcher z. B. der Schall nicht auf das Auge, das Licht nicht auf das Ohr wirkt. Ja, das Wirken der Körper auf die Sinneswerkzeuge besteht bloß darin, daß es diese in die ihnen eigenthümliche Thätigkeit versetzt; fast so, wie wenn ich den Faden ziehe, der die Flötenuhr ins Spiel versetzt. Als das Reale hingegen, welches dem Dinge an sich selbst zukäme, ließ Locke noch stehn Ausdehnung, Form, Undurchdringlichkeit, Bewegung oder Ruhe, und Zahl, – welche er deshalb primäre Eigenschaften nannte. Mit unendlich überlegener Besonnenheit zeigte nun später K a n t , daß auch diese Eigenschaften nicht dem rein objektiven Wesen der Dinge, oder dem Dinge an sich selbst, zukommen, also nicht schlechthin r e a l seyn können; weil sie durch Raum, Zeit und Kausalität bedingt seien, diese aber, und zwar ihrer ganzen Gesetzmäßigkeit und Beschaffenheit nach, uns v o r aller Erfahrung gegeben und genau bekannt seien; daher sie präformirt in uns liegen müssen, so gut wie die specifische Art der Empfänglichkeit und Thätigkeit jedes unserer Sinne. Ich habe demgemäß es geradezu ausgesprochen, daß jene Formen der Antheil des G e h i r n s an der Anschauung sind, wie die specifischen Sinnesempfindungen der der respectiven S i n n e s o r g a n e.† Schon K a n t e n zufolge also ist das rein objektive, von unserm Vorstellen und dessen Apparat unabhängige Wesen der Dinge, welches er das Ding an sich nennt, also das eigentlich Reale, im Gegensatz des Idealen, ein

---

† Wie unser Auge es ist, welches Grün, Roth und Blau hervorbringt, so ist es u n s e r G e h i r n , welches Z e i t , R a u m und K a u s a l i t ä t , (deren objektivirtes Abstraktum die M a t e r i e ist) hervorbringt. – Meine A n s c h a u u n g eines Körpers im Raum ist das Produkt meiner Sinnen- und Gehirn-Funktion mit X.

von der sich uns anschaulich darstellenden Gestalt ganz und gar
Verschiedenes, dem sogar, da es von Raum und Zeit unabhängig
seyn soll, eigentlich weder Ausdehnung, noch Dauer beizulegen
ist; obwohl es allen Dem was Ausdehnung und Dauer hat, die
Kraft dazuseyn ertheilt. Auch Spinoza hat die Sache im Allgemeinen begriffen; wie zu ersehn aus *Eth. P. II, prop. 16* mit dem
2. Coroll.; auch *prop. 18, Schol.*

Das L o c k e ' sche Reale, im Gegensatz des Idealen, ist im
Grunde die M a t e r i e , zwar entblößt von allen den Eigenschaften, die er, als sekundäre, d. h. durch unsere Sinnesorgane
bedingte, beseitigt; aber doch ein, an und für sich, als ein Ausgedehntes u. s. w. Existirendes, dessen bloßer Reflex, oder Abbild,
die Vorstellung in uns sei. Hiebei bringe ich nun in Erinnerung,
daß ich (über die vierfache Wurzel, 2. Aufl., S. 77 [Bd. v uns.
Ausg., S. 99] und, weniger ausführlich, in der Welt als W. und
V., Bd. 1, S. 9 und Bd. 2, S. 48 [Bd. 1, S. 35, und Bd. 111, S. 57 f.]
dargethan habe, daß das Wesen der Materie durchaus nur in
ihrem W i r k e n besteht, mithin die Materie durch und durch
Kausalität ist, und daß, da bei ihr, als solcher gedacht, von jeder
besondern Qualität, also von jeder specifischen Art des Wirkens,
abgesehn wird, sie das Wirken, oder die reine, aller nähern
Bestimmungen entbehrende Kausalität, die Kausalität *in
abstracto* ist; welches ich, zu gründlicherem Verständniß, a. a. O.
nachzusehn bitte. Nun aber hatte K a n t schon gelehrt, wiewohl erst ich den richtigen Beweis dafür gegeben habe, daß alle
Kausalität nur Form unsers Verstandes, also nur für den Verstand und im Verstande vorhanden sei. Hienach sehn wir jetzt
jenes vermeinte Reale L o c k e ' s , die Materie, auf diesem
Wege ganz und gar in das Ideale, und damit in das Subjekt,
zurückgehn, d. h. allein in der Vorstellung und für die Vorstellung existiren. – Schon K a n t hat allerdings, durch seine Darstellung, dem Realen, oder dem Ding an sich, die Materialität
genommen: allein ihm ist es auch nur als ein völlig unbekanntes
x stehn geblieben. Ich aber habe zuletzt als das wahrhaft
R e a l e , oder das Ding an sich, welches allein ein wirkliches,
von der Vorstellung und ihren Formen unabhängiges Daseyn
hat, den W i l l e n in uns nachgewiesen; während man diesen,
bis dahin, unbedenklich dem I d e a l e n beigezählt hatte. Man
sieht hienach, daß Locke, Kant und ich in genauer Verbindung
stehn, indem wir, im Zeitraum fast zweier Jahrhunderte, die

zur Kantischen Philosophie. 103

allmälige Entwickelung eines zusammenhängenden, ja einheitlichen Gedankenganges darstellen. Als ein Verbindungsglied in dieser Kette ist auch noch D a v i d H u m e zu betrachten, wiewohl eigentlich nur im Betreff des Gesetzes der K a u s a l i - t ä t. In Hinsicht auf diesen und seinen Einfluß habe ich die obige Darstellung nun noch durch Folgendes zu ergänzen.

L o c k e, wie auch der in seine Fußstapfen tretende C o n - d i l l a c und dessen Schüler, zeigen und führen aus, daß der in einem Sinnesorgan eingetretenen Empfindung eine Ursache derselben außerhalb unsers Leibes, und sodann den Verschiedenheiten solcher Wirkung (Sinnesempfindung) auch Verschiedenheiten der Ursachen entsprechen müssen, endlich auch, welche dies möglicherweise seyn können; woraus dann die oben berührte Unterscheidung zwischen primären und sekundären Eigenschaften hervorgeht. Damit nun sind sie fertig und jetzt steht für sie eine objektive Welt im Raume da, von lauter Dingen an sich, welche zwar farblos, geruchlos, geräuschlos, weder warm noch kalt u. s. w., jedoch ausgedehnt, gestaltet, undurchdringlich, beweglich und zählbar sind. Allein das Axiom selbst, kraft dessen jener Uebergang vom Innern zum Aeußern und sonach jene ganze Ableitung und Installirung von Dingen an sich geschehn ist, also d a s G e s e t z d e r K a u s a l i t ä t, haben sie, wie alle früheren Philosophen, als sich von selbst verstehend genommen und keiner Prüfung seiner Gültigkeit unterworfen. Hierauf richtete nun H u m e seinen skeptischen Angriff, indem er die Gültigkeit jenes Gesetzes in Zweifel stellte; weil nämlich die Erfahrung, aus der ja, eben jener Philosophie zufolge, alle unsere Kenntnisse stammen sollten, doch niemals den kausalen Zusammenhang selbst, sondern immer nur die bloße Succession der Zustände in der Zeit, also nie ein Erfolgen, sondern ein bloßes Folgen liefern könne, welches, eben als solches, sich stets nur als ein zufälliges, nie als ein nothwendiges erweise. Dies schon dem gesunden Verstande widerstrebende, jedoch nicht leicht zu widerlegende Argument veranlaßte nun K a n t e n, dem wahren U r s p r u n g des Begriffs der Kausalität nachzuforschen: wo er denn fand, daß dieser in der wesentlichen und angeborenen Form unsers Verstandes selbst, also im Subjekt, liege, nicht aber im Objekt, indem er nicht erst von außen uns beigebracht würde. Hiedurch nun aber war jene ganze objektive Welt L o c k e ' s und C o n d i l l a c ' s wieder in das Subjekt hineingezogen; da

Kant den Leitfaden zu ihr als subjektiven Ursprungs nachgewiesen hatte. Denn, so subjektiv die Sinnesempfindung ist, so subjektiv ist jetzt auch die Regel, welcher zufolge sie als Wirkung einer Ursache aufzufassen ist; welche Ursache es doch allein ist, die als objektive Welt angeschaut wird; indem ja das Subjekt ein draußen befindliches Objekt bloß in Folge der Eigenthümlichkeit seines Intellekts, zu jeder Veränderung eine Ursache vorauszusetzen, annimmt, also eigentlich nur es aus sich herausprojicirt, in einen zu diesem Zwecke bereiten Raum, welcher selbst ebenfalls ein Produkt seiner eigenen und ursprünglichen Beschaffenheit ist, so gut wie die specifische Empfindung in den Sinnesorganen, auf deren Anlaß der ganze Vorgang eintritt. Jene Locke'sche objektive Welt von Dingen an sich war demnach durch K a n t in eine Welt von bloßen Erscheinungen in unserm Erkenntnißapparat verwandelt worden, und dies um so vollständiger, als, wie der Raum, in dem sie sich darstellen, so auch die Zeit, in der sie vorüberziehn, als unleugbar subjektiven Ursprungs von ihm nachgewiesen war.

Bei allem Diesen aber ließ K a n t noch immer, so gut wie L o c k e , das Ding an sich bestehn, d. h. etwas, das unabhängig von unsern Vorstellungen, als welche uns bloße Erscheinungen liefern, vorhanden wäre und eben diesen Erscheinungen zum Grunde läge. So sehr nun Kant auch hierin, an und für sich, Recht hatte; so war doch aus den von ihm aufgestellten Principien die Berechtigung dazu nicht abzuleiten. Hier lag daher die Achillesferse seiner Philosophie, und diese hat, durch die Nachweisung jener Inkonsequenz, die schon erlangte Anerkennung unbedingter Gültigkeit und Wahrheit wieder einbüßen müssen: allein im letzten Grunde geschah ihr dabei dennoch Unrecht. Denn ganz gewiß ist keineswegs die Annahme eines Dinges an sich hinter den Erscheinungen, eines realen Kerns unter so vielen Hüllen, unwahr; da vielmehr die Ableugnung desselben absurd wäre; sondern nur die Art, wie Kant ein solches Ding an sich einführte und mit seinen Principien zu vereinigen suchte, war fehlerhaft. Im Grunde ist es demnach nur seine Darstellung (dies Wort im umfassendesten Sinne genommen) der Sache, nicht diese selbst, welche den Gegnern unterlag, und in diesem Sinne ließ sich behaupten, daß die gegen ihn geltend gemachte Argumentation doch eigentlich nur *ad hominem*, nicht *ad rem* [im Hinblick auf den Mann, nicht auf die Sache]

zur Kantischen Philosophie.

gewesen sei. Jedenfalls aber findet hier das Indische Sprichwort wieder Anwendung: kein Lotus ohne Stengel. Kanten leitete die sicher geführte Wahrheit, daß hinter jeder Erscheinung ein an sich selbst Seiendes, von dem sie ihren Bestand erhält, also hinter der Vorstellung ein Vorgestelltes liege. Aber er unternahm, dieses aus der gegebenen Vorstellung selbst abzuleiten, unter Hinzuziehung ihrer uns *a priori* bewußten Gesetze, welche jedoch, gerade weil sie *a priori* sind, nicht auf ein von der Erscheinung, oder Vorstellung, Unabhängiges und Verschiedenes leiten können; weshalb man zu diesem einen ganz andern Weg einzuschlagen hat. Die Inkonsequenzen, in welche Kant, durch den fehlerhaften Gang, den er in dieser Hinsicht genommen, sich verwickelt hatte, wurden ihm dargethan von G. E. S c h u l t z e , der, in seiner schwerfälligen und weitläuftigen Manier, die Sache auseinandergesetzt hat, zuerst anonym im »A e n e s i d e m u s« (besonders S. 374–381), und später in seiner »Kritik der theoretischen Philosophie« (Bd. 2, S. 205 ff.); wogegen R e i n h o l d Kants Vertheidigung, jedoch ohne sonderlichen Erfolg, geführt hat, so daß es bei dem *haec potuisse dici, et non potuisse refelli* [es ließ sich behaupten und ließ sich nicht widerlegen] sein Bewenden hatte.

Ich will hier das der ganzen Kontroverse zum Grunde liegende eigentlich Wesentliche der Sache selbst, unabhängig von der Schultzeschen Auffassung derselben, ein Mal auf meine Weise recht deutlich hervorheben. – Eine strenge Ableitung des Dinges an sich hat K a n t nie gegeben, vielmehr hat er dasselbe von seinen Vorgängern, namentlich L o c k e , überkommen und als etwas, an dessen Daseyn nicht zu zweifeln sei, indem es sich eigentlich von selbst verstehe, beibehalten; ja, er durfte dies gewissermaaßen. Nach Kants Entdeckungen nämlich enthält unsere empirische Erkenntniß ein Element, welches nachweisbar subjektiven Ursprungs ist, und ein anderes, von dem dieses nicht gilt: dieses letztere bleibt also objektiv, weil kein Grund ist, es für subjektiv zu halten.† Demgemäß leugnet Kants transscendentaler Idealismus das objektive Wesen der Dinge, oder die

---

† Jedes Ding hat z w e i e r l e i E i g e n s c h a f t e n : solche, die *a priori* und solche, die nur *a posteriori* erkannt werden können: die ersteren entspringen aus dem sie auffassenden Intellekt, die zweiten aus dem Wesen an sich des Dinges, welches das ist, was wir in uns als Willen finden.

von unserer Auffassung unabhängige Realität derselben, zwar soweit, als das *Apriori* [unabhängig von der Erfahrung Geltende] in unserer Erkenntniß sich erstreckt; jedoch nicht weiter; weil eben der Grund zum Ableugnen nicht weiter reicht: was darüber hinausliegt läßt er demnach bestehn, also alle solche Eigenschaften der Dinge, welche sich nicht *a priori* konstruiren lassen. Denn keineswegs ist das ganze Wesen der gegebenen Erscheinungen, d. h. der Körperwelt, von uns *a priori* bestimmbar, sondern bloß die allgemeine Form ihrer Erscheinung ist es, und diese läßt sich zurückführen auf Raum, Zeit und Kausalität, nebst der gesammten Gesetzlichkeit dieser drei Formen. Hingegen das durch alle jene *a priori* vorhandenen Formen unbestimmt Gelassene, also das hinsichtlich auf sie Zufällige, ist eben die Manifestation des Dinges an sich selbst. Nun kann der e m p i r i s c h e Gehalt der Erscheinungen, d. h. jede nähere Bestimmung derselben, jede in ihnen auftretende physische Qualität, nicht anders, als *a posteriori* [durch Erfahrung] erkannt werden: diese empirischen Eigenschaften (oder vielmehr die gemeinsame Quelle derselben) verbleiben sonach dem Dinge an sich selbst, als Aeußerungen seines selbsteigenen Wesens, durch das Medium aller jener apriorischen Formen hindurch. Dieses *Aposteriori* welches, bei jeder Erscheinung, in das *Apriori* gleichsam eingehüllt, auftritt, aber doch jedem Wesen seinen speciellen und individuellen Charakter ertheilt, ist demnach der S t o f f der Erscheinungswelt, im Gegensatz ihrer F o r m. Da nun dieser Stoff keineswegs aus den von Kant so sorgfältig nachgesuchten und, durch das Merkmal der Apriorität, sicher nachgewiesenen, am Subjekt haftenden F o r m e n der Erscheinung abzuleiten ist, vielmehr nach Abzug alles aus diesen Fließenden noch übrig bleibt, also sich als ein zweites völlig distinktes Element der empirischen Erscheinung und als eine jenen Formen fremde Zuthat vorfindet; dabei aber auch andererseits keineswegs von der Willkür des erkennenden Subjekts ausgeht, vielmehr dieser oft entgegensteht; so nahm Kant keinen Anstand, diesen S t o f f der Erscheinung dem Dinge an sich selbst zu lassen, mithin als ganz von außen kommend anzusehn; weil er doch irgend woher kommen, oder, wie Kant sich ausdrückt, irgend einen Grund haben muß. Da wir nun aber solche allein *a posteriori* erkennbare Eigenschaften durchaus nicht isoliren und von den *a priori* gewissen getrennt und gereinigt auffassen können, sondern sie

zur Kantischen Philosophie.

immer in diese gehüllt auftreten; so lehrt K a n t , daß wir zwar das D a s e y n der Dinge an sich, aber nichts darüber hinaus erkennen, also nur wissen, d a ß sie sind, aber nicht w a s sie sind; daher denn das W e s e n der Dinge an sich bei ihm als eine unbekannte Größe, ein x, stehn bleibt. Denn die F o r m der Erscheinung bekleidet und verbirgt überall das Wesen des Dinges an sich selbst. Höchstens läßt sich noch Dieses sagen: da jene apriorischen Formen allen Dingen, als Erscheinungen, ohne Unterschied zukommen, indem sie von unserm Intellekt ausgehn; die Dinge dabei aber doch sehr bedeutende Unterschiede aufweisen; so ist Das, was diese Unterschiede, also die specifische Verschiedenheit der Dinge, bestimmt, das Ding an sich selbst.

Die Sache so angesehn, scheint also Kants Annahme und Voraussetzung der Dinge an sich, ungeachtet der Subjektivität aller unserer Erkenntnißformen, ganz wohl befugt und gegründet. Dennoch weist sie sich als unhaltbar aus, wenn man jenes, ihr alleiniges Argument, nämlich den empirischen Gehalt in allen Erscheinungen, genau prüft und ihn bis zu seinem Ursprunge verfolgt. Allerdings nämlich ist in der empirischen Erkenntniß und deren Quelle, der anschaulichen Vorstellung, ein von ihrer, uns *a priori* bewußten Form unabhängiger S t o f f vorhanden. Die nächste Frage ist, ob dieser Stoff objektiven, oder subjektiven Ursprungs sei; weil er nur im erstern Falle das Ding an sich verbürgen kann. Gehn wir ihm daher bis zu seinem Ursprunge nach; so finden wir diesen nirgends anders, als in unserer S i n n e s e m p f i n d u n g : denn eine auf der Netzhaut des Auges, oder im Gehörnerven, oder in den Fingerspitzen eintretende Veränderung ist es, welche die anschauliche Vorstellung einleitet, d. h. den ganzen Apparat unserer *a priori* bereit liegenden Erkenntnißformen zuerst in dasjenige Spiel versetzt, dessen Resultat die Wahrnehmung eines äußerlichen Objekts ist. Auf jene empfundene Veränderung im Sinnesorgane nämlich wird zunächst, mittelst einer nothwendigen und unausbleiblichen Verstandesfunktion *a priori*, das G e s e t z d e r K a u s a l i t ä t angewandt: dieses leitet, mit seiner apriorischen Sicherheit und Gewißheit, auf eine U r s a c h e jener Veränderung, welche, da sie nicht in der Willkür des Subjekts steht, jetzt als ein ihm A e u ß e r l i c h e s sich darstellt, eine Eigenschaft, die ihre Bedeutung erst erhält mittelst der Form des R a u m e s , welche letztere aber ebenfalls der eigene Intellekt zu diesem Behuf als-bald hinzufügt, wodurch nun also jene nothwendig vorauszuset-zende U r s a c h e sich sofort anschaulich darstellt, als ein O b j e k t im Raume, welches die von ihr in unsern Sinnesorga-nen bewirkten Veränderungen als seine Eigenschaften an sich trägt. Diesen ganzen Hergang findet man ausführlich und gründlich dargelegt in der 2. Aufl. meiner Abhandlung über den Satz vom Grunde § 21. Nun aber ist ja doch die Sinnesempfin-dung, welche zu diesem Vorgange den Ausgangspunkt und unstreitig den ganzen S t o f f zur empirischen Anschauung lie-fert, etwas ganz und gar Subjektives, und da nun sämmtliche Erkenntniß-F o r m e n , mittelst welcher aus jenem Stoffe die objektive anschauliche Vorstellung entsteht und nach außen pro-jicirt wird, Kants ganz richtiger Nachweisung zufolge, ebenfalls subjektiven Ursprungs sind; so ist klar, daß sowohl Stoff als Form der anschaulichen Vorstellung aus dem Subjekt entsprin-gen. Hienach löst nun unsere ganze empirische Erkenntniß sich in zwei Bestandtheile auf, welche beide ihren Ursprung i n u n s s e l b s t haben, nämlich die Sinnesempfindung und die *a priori* gegebenen, also in den Funktionen unsers Intellekts, oder Gehirns, gelegenen Formen, Zeit, Raum und Kausalität, denen übrigens Kant noch elf andere, von mir als überflüssig und unstatthaft nachgewiesene Kategorien des Verstandes hinzuge-fügt hatte. Demzufolge liefert die anschauliche Vorstellung und unsere, auf ihr beruhende, empirische Erkenntniß in Wahrheit keine Data zu Schlüssen auf Dinge an sich, und Kant war, nach seinen Principien, nicht befugt, solche anzunehmen. Wie alle frü-heren, so hatte auch die Locke'sche Philosophie das Gesetz der Kausalität als ein absolutes genommen und war dadurch berech-tigt, von der Sinnesempfindung auf äußere, unabhängig von uns wirklich vorhandene Dinge zu schließen. Dieser Uebergang von der Wirkung zur Ursache ist jedoch der einzige Weg, um gera-dezu vom Innern und subjektiv Gegebenen zum Aeußern und objektiv Vorhandenen zu gelangen. Nachdem aber K a n t das Gesetz der Kausalität der Erkenntnißform des Subjekts vindi-cirt hatte, stand ihm dieser Weg nicht mehr offen: auch hat er selbst oft genug davor gewarnt, von der Kategorie der Kausali-tät transscendenten, d. h. über die Erfahrung und ihre Möglich-keit hinausgehenden Gebrauch zu machen.

In der That ist das Ding an sich auf diesem Wege nimmer-

zur Kantischen Philosophie.

mehr zu erreichen, und überhaupt nicht auf dem der rein o b j e k t i v e n Erkenntniß, als welche immer Vorstellung bleibt, als solche aber im Subjekt wurzelt und nie etwas von der Vorstellung wirklich Verschiedenes liefern kann. Sondern nur dadurch kann man zum Dinge an sich gelangen, daß man ein Mal d e n S t a n d p u n k t v e r l e g t , nämlich statt wie bisher immer nur von Dem auszugehn, was v o r s t e l l t , ein Mal ausgeht von Dem was v o r g e s t e l l t w i r d . Dies ist Jedem aber nur bei einem einzigen Dinge möglich, als welches ihm auch von innen zugänglich und dadurch ihm auf zweifache Weise gegeben ist: es ist sein eigener Leib, der, in der objektiven Welt, eben auch als Vorstellung im Raume dasteht, zugleich aber sich dem eigenen S e l b s t b e w u ß t s e y n als W i l l e kund giebt. Dadurch aber liefert er den Schlüssel aus, zunächst zum Verständniß aller seiner durch äußere Ursachen (hier Motive) hervorgerufenen Aktionen und Bewegungen, als welche, ohne diese innere und unmittelbare Einsicht in ihr Wesen, uns eben so unverständlich und unerklärbar bleiben würden, wie die nach Naturgesetzen und als Aeußerungen der Naturkräfte eintretenden Veränderungen der uns in objektiver Anschauung allein gegebenen übrigen Körper; und sodann zu dem des bleibenden S u b s t r a t s aller dieser Aktionen, in welchem die Kräfte zu denselben wurzeln, – also dem Leibe selbst. Diese unmittelbare Erkenntniß, welche Jeder vom Wesen seiner eigenen, ihm außerdem ebenfalls nur in der objektiven Anschauung, gleich allen andern, gegebenen Erscheinung hat, muß nachher auf die übrigen, in letzterer Weise allein gegebenen Erscheinungen analogisch übertragen werden und wird alsdann der Schlüssel zur Erkenntniß des innern Wesens der Dinge, d. h. der Dinge an sich selbst. Zu dieser also kann man nur gelangen auf einem, von der rein o b j e k t i v e n Erkenntniß, welche bloße Vorstellung bleibt, ganz verschiedenen Wege, indem man nämlich das S e l b s t b e w u ß t s e y n des immer nur als animalisches Individuum auftretenden Subjekts der Erkenntniß zu Hülfe nimmt und es zum Ausleger des B e w u ß t s e y n s a n d e r e r D i n g e , d. i. des anschauenden Intellekts macht. Dies ist der Weg, den ich gegangen bin, und es ist der allein rechte, die enge Pforte zur Wahrheit.

Statt nun diesen Weg einzuschlagen, verwechselte man Kants Darstellung mit dem Wesen der Sache, glaubte mit jener auch

dieses widerlegt, hielt was im Grunde nur *argumenta ad hominem* waren für *argumenta ad rem,* und erklärte demnach, in
Folge jener Schultzischen Angriffe, Kants Philosophie für
unhaltbar. – Dadurch ward nunmehr das Feld für die Sophisten
und Windbeutel frei. Als der erste dieser Art stellte sich
F i c h t e ein, der, da das Ding an sich eben in Mißkredit
gekommen war, flugs ein System ohne alles Ding an sich verfertigte, mithin die Annahme von irgend etwas, das nicht durch
und durch bloß unsere Vorstellung wäre, verwarf, also das
erkennende Subjekt Alles in Allem seyn, oder doch aus eigenen
Mitteln Alles hervorbringen ließ. Zu diesem Zweck hob er
sogleich das Wesentliche und Verdienstlichste der Kantischen
Lehre, die Unterscheidung des *Apriori* vom *Aposteriori,* und
dadurch der Erscheinung vom Ding an sich, auf, indem er alles
für *Apriori* erklärte, natürlich ohne Beweise für solche monstrose
Behauptung: statt derer gab er theils sophistische, ja, sogar aber-
witzige Scheindemonstrationen, deren Absurdität sich unter der
Larve des Tiefsinns und der angeblich aus diesem entsprungenen
Unverständlichkeit verbarg; theils berief er sich, frank und frech,
auf intellektuale Anschauung, d. h. eigentlich auf Inspiration.
Für ein aller Urtheilskraft ermangelndes, Kants unwürdiges
Publikum, reichte das freilich aus: dieses hielt Ueberbieten für
Uebertreffen und erklärte sonach F i c h t e n für einen noch
viel größern Philosophen als Kant. Ja, noch bis auf den heutigen
Tag fehlt es nicht an philosophischen Schriftstellern, die jenen
traditionell gewordenen falschen Ruhm Fichtes auch der neuen
Generation aufzubinden bemüht sind und ganz ernsthaft versichern, was K a n t bloß versucht habe, das wäre durch den
F i c h t e zu Stande gebracht: e r sei eigentlich der Rechte.
Diese Herren legen, durch ihr Midas-Urtheil in zweiter Instanz, ihre gänzliche Unfähigkeit, Kanten irgend zu verstehn,
ja, überhaupt ihren deplorabeln Unverstand so palpabel deutlich an den Tag, daß hoffentlich das heranwachsende, endlich
enttäuschte Geschlecht sich hüten wird, mit ihren zahlreichen
Geschichten der Philosophie und sonstigen Schreibereien Zeit
und Kopf zu verderben. – Bei dieser Gelegenheit will ich eine
kleine Schrift ins Andenken zurückrufen, aus der man ersehn
kann, welchen Eindruck Fichtes persönliche Erscheinung und
Treiben auf unbefangene Zeitgenossen machte: sie heißt »Kabinet
Berliner Charaktere« und ist 1808, ohne Druckort erschienen: sie

zur Kantischen Philosophie.

soll von B u c h h o l z seyn; worüber ich jedoch keine Gewißheit habe. Man vergleiche damit, was der Jurist A n s e l m v o n F e u e r b a c h , in seinen 1852 von seinem Sohne herausgegebenen Briefen, über F i c h t e sagt; desgleichen auch »Schillers und Fichtes Briefwechsel«, 1847; und man wird eine richtigere Vorstellung von diesem Scheinphilosophen erhalten.

Bald trat, seines Vorgängers würdig, S c h e l l i n g in Fichtes Fußstapfen, die er jedoch verließ, um seine eigene Erfindung, die absolute Identität des Subjektiven und Objektiven, oder Idealen und Realen, zu verkündigen, welche darauf hinausläuft, daß Alles, was seltene Geister, wie L o c k e und K a n t , mit unglaublichem Aufwand von Scharfsinn und Nachdenken gesondert hatten, nur wieder zusammenzugießen sei in den Brei jener absoluten Identität. Denn die Lehre dieser beiden Denker läßt sich ganz passend bezeichnen als die von der a b s o l u t e n D i v e r s i t ä t d e s I d e a l e n u n d R e a l e n , o d e r S u b j e k t i v e n u n d O b j e k t i v e n . Jetzt aber gieng es weiter von Verirrungen zu Verirrungen. War ein Mal durch F i c h t e n die Unverständlichkeit der Rede eingeführt und der Schein des Tiefsinns an die Stelle des Denkens gesetzt; so war der Saame gestreut, dem eine Korruption nach der andern und endlich die in unsern Tagen aufgegangene, gänzliche Demoralisation der Philosophie, und durch sie der ganzen Litteratur, entsprießen sollte.†

Auf S c h e l l i n g folgte jetzt schon eine philosophische Ministerkreatur, der, in politischer, obendrein mit einem Fehlgriff bedienter Absicht, von oben herunter zum großen Philosophen gestämpelte H e g e l , ein platter, geistloser, ekelhaftwiderlicher, unwissender Scharlatan, der, mit beispielloser Frechheit, Aberwitz und Unsinn zusammenschmierte, welche von seinen feilen Anhängern als unsterbliche Weisheit ausposaunt und von Dummköpfen richtig dafür genommen wurden, wodurch ein so vollständiger Chorus der Bewunderung entstand, wie man ihn nie zuvor vernommen hatte.* Die einem solchen Menschen

---

† Heut zu Tage hat das Studium der Kantischen Philosophie noch den besondern Nutzen, zu lehren, wie tief seit der Kritik der reinen Vernunft die philosophische Litteratur in Deutschland gesunken ist: so sehr stechen seine tiefen Untersuchungen ab gegen das heutige rohe Geschwätz, bei welchem man von der einen Seite hoffnungsvolle Kandidaten und auf der andern Barbiergesellen zu vernehmen glaubt.
* Man sehe die Vorrede zu meinen »Grundproblemen der Ethik«.

gewaltsam verschaffte, ausgebreitete geistige Wirksamkeit hat den intellektuellen Verderb einer ganzen gelehrten Generation zur Folge gehabt. Der Bewunderer jener Afterphilosophie wartet der Hohn der Nachwelt, dem jetzt schon der Spott der Nachbarn, lieblich zu hören, präludirt; – oder sollte es meinen Ohren nicht wohlklingen, wenn die Nation, deren gelehrte Kaste meine Leistungen, 30 Jahre hindurch, für nichts und weniger als nichts, für keines Blickes würdig, geachtet hat, – von den Nachbarn den Ruhm erhält, das ganz Schlechte, das Absurde, das Unsinnige und dabei materiellen Absichten Dienende, als höchste und unerhörte Weisheit 30 Jahre lang verehrt, ja vergöttert zu haben? Ich soll wohl auch, als ein guter Patriot, mich im Lobe der Deutschen und des Deutschthums ergehn, und mich freuen, dieser und keiner andern Nation angehört zu haben? Allein es ist, wie das Spanische Sprichwort sagt: *cada uno cuenta de la feria, como le va en ella.* (Jeder berichtet von der Messe, je nachdem es ihm darauf ergangen.) Geht zu den Demokolaken [Volksschmeichlern] und laßt euch loben. Tüchtige, plumpe, von Ministern aufgepuffte, brav Unsinn schmierende Scharlatane, ohne Geist und ohne Verdienst, Das ist's, was den Deutschen gehört; nicht Männer wie ich. – Dies ist das Zeugniß welches ich ihnen, beim Abschiede, zu geben habe. Wieland (Briefe an Merck S. 239) nennt es ein Unglück, ein Deutscher geboren zu seyn: Bürger, Mozart, Beethoven u. A. m. würden ihm beigestimmt haben: ich auch. Es beruht darauf, daß σοφον ειναι δει τον επιγνωσομενον τον σοφον [Weise muß man sein, um den Weisen anzuerkennen: Xenophanes, bei Diogenes Laërtius, ix, 20], oder *il n'y a que l'esprit qui sente l'esprit* [Nur der Geist vermag den Geist zu vernehmen: Helvétius, *De l'esprit,* Disc. ii, ch. iv].

Zu den glänzendesten und verdienstlichsten Seiten der Kantischen Philosophie gehört unstreitig die t r a n s s c e n d e n t a l e D i a l e k t i k , durch welche er die spekulative Theologie und Psychologie dermaßen aus dem Fundament gehoben hat, daß man seitdem, auch mit dem besten Willen, nicht im Stande gewesen ist, sie wieder aufzurichten. Welche Wohlthat für den menschlichen Geist! Oder sehn wir nicht, während der ganzen Periode, seit dem Wiederaufleben der Wissenschaften bis zu ihm, die Gedanken selbst der größten Männer eine schiefe Richtung annehmen, ja, oft sich völlig verrenken, in Folge jener

zur Kantischen Philosophie.

beiden, den ganzen Geist lähmenden, aller Untersuchung erst
entzogenen und danach ihr abgestorbenen, schlechterdings
unantastbaren Voraussetzungen? Werden uns nicht die ersten
und wesentlichsten Grundansichten unserer selbst und aller
Dinge verschroben und verfälscht, wenn wir mit der Voraussetzung daran gehn, daß das Alles von außen, nach Begriffen und
durchdachten Absichten, durch ein persönliches, mithin individuelles Wesen hervorgebracht und eingerichtet sei? imgleichen, daß
das Grundwesen des Menschen ein Denkendes wäre und er aus
zwei gänzlich heterogenen Theilen bestehe, die zusammengekommen und zusammengelöthet wären, ohne zu wissen, wie,
und nun mit einander fertig zu werden hätten, so gut es gehn
wollte, um bald wieder *nolentes volentes* [wohl oder übel] sich
auf immer zu trennen? Wie stark Kants Kritik dieser Vorstellungen und ihrer Gründe auf alle Wissenschaften eingewirkt
habe, ist daraus ersichtlich, daß seitdem, wenigstens in der
höhern deutschen Litteratur, jene Voraussetzungen allenfalls nur
noch in einem figürlichen Sinne vorkommen, aber nicht mehr
ernstlich gemacht werden: sondern man überläßt sie den Schriften für das Volk und den Philosophieprofessoren, die damit ihr
Brod verdienen. Namentlich halten unsere naturwissenschaftlichen Werke sich von dergleichen rein, während hingegen die
englischen, durch dahin zielende Redensarten und Diatriben
[Abhandlungen], oder durch Apologien [Verteidigungsschriften], sich in unsern Augen herabsetzen.† Noch dicht vor Kant
freilich stand es in dieser Hinsicht ganz anders: so sehn wir z. B.
selbst den eminenten L i c h t e n b e r g , dessen Jugendbildung
noch vorkantisch war, in seinem Aufsatz über Physiognomik,
ernsthaft und mit Ueberzeugung jenen Gegensatz von Seele und
Leib festhalten und dadurch seine Sache verderben.

---

† Seitdem Obiges geschrieben worden, hat es sich damit bei uns geändert. In Folge
der Wiederauferstehung des uralten und schon zehn Mal explodirten [verworfenen]
Materialismus sind Philosophen aus der Apotheke und dem Clinico [Krankenhaus]
aufgetreten, Leute, die nichts gelernt haben, als was zu ihrem Gewerbe gehört, und
nun ganz unschuldig und ehrsam, als sollte Kant noch erst geboren werden, ihre
Alte-Weiber-Spekulation vortragen, über »Leib und Seele«, nebst deren Verhältniß
zu einander, disputiren, ja, *(credite posteri!* [Glaub es, o Nachwelt! Horaz, *carmina*,
II, 19]) den Sitz besagter Seele im Gehirn nachweisen. Ihrer Vermessenheit gebührt
die Zurechtweisung, daß man etwas gelernt haben muß, um mitreden zu dürfen,
und sie klüger thäten, sich nicht unangenehmen Anspielungen auf Pflasterschmieren
und Katechismus auszusetzen.

Wer diesen hohen Werth der transscendentalen Dialektik erwägt, wird es nicht überflüssig finden, daß ich hier etwas specieller auf dieselbe eingehe. Zunächst lege ich daher Kennern und Liebhabern der Vernunftkritik folgenden Versuch vor, in der Kritik der rationalen Psychologie, wie sie allein in der ersten Ausgabe vollständig vorliegt, – während sie in den folgenden kastrirt auftritt, – das Argument, welches daselbst S. 361 ff. unter dem Titel »Paralogismus [Fehlschluß] der Personalität« kritisirt wird, ganz anders zu fassen und demnach zu kritisiren. Denn Kants allerdings tiefsinnige Darstellung desselben ist nicht nur überaus subtil und schwer verständlich, sondern ihr ist auch vorzuwerfen, daß sie den Gegenstand des Selbstbewußtseyns, oder in Kants Sprache, des innern Sinnes, plötzlich und ohne weitere Befugniß, als den Gegenstand eines fremden Bewußtseyns, sogar einer äußern Anschauung nimmt, um ihn dann nach Gesetzen und Analogien der Körperwelt zu beurtheilen; ja, daß sie sich (S. 363) erlaubt, zwei verschiedene Zeiten, die eine im Bewußtseyn des beurtheilten, die andere in dem des urtheilenden Subjekts anzunehmen, welche nicht zusammenstimmten. – Ich würde also dem besagten Argumente der Persönlichkeit eine ganz andere Wendung geben und es demnach in folgenden zwei Sätzen darstellen:

1) Man kann, hinsichtlich aller Bewegung überhaupt, welcher Art sie auch seyn möge, *a priori* feststellen, daß sie allererst wahrnehmbar wird durch den Vergleich mit irgend einem Ruhenden; woraus folgt, daß auch der Lauf der Zeit, mit Allem in ihr, nicht wahrgenommen werden könnte, wenn nicht etwas wäre, das an demselben keinen Theil hat, und mit dessen Ruhe wir die Bewegung jenes vergleichen. Wir urtheilen hierin freilich nach Analogie der Bewegung im Raum: aber Raum und Zeit müssen immer dienen, einander wechselseitig zu erläutern, daher wir eben auch die Zeit unter dem Bilde einer geraden Linie uns vorstellen müssen, um sie anschaulich auffassend, *a priori* zu konstruiren. Demzufolge also können wir uns nicht vorstellen, daß, wenn Alles in unserm Bewußtseyn, zugleich und zusammen, im Flusse der Zeit fortrückte, dieses Fortrücken dennoch wahrnehmbar seyn sollte; sondern hiezu müssen wir ein Feststehendes voraussetzen, an welchem die Zeit mit ihrem Inhalt vorüberflösse. Für die Anschauung des äußern Sinnes leistet dies die Materie, als die bleibende Substanz, unter dem Wechsel der

zur Kantischen Philosophie. 115

Accidenzien; wie dies auch Kant darstellt, im Beweise zur »ersten Analogie der Erfahrung«, S. 183 der ersten Ausgabe. An eben dieser Stelle ist es jedoch, wo er den schon sonst von mir gerügten, unerträglichen, ja seinen eigenen Lehren widersprechenden Fehler begeht, zu sagen, daß nicht die Zeit selbst verflösse, sondern nur die Erscheinungen in ihr. Daß Dies grundfalsch sei, beweist die uns Allen inwohnende feste Gewißheit, daß, wenn auch alle Dinge im Himmel und auf Erden plötzlich stille ständen, doch die Zeit, davon ungestört, ihren Lauf fortsetzen würde; so daß, wenn späterhin die Natur ein Mal wieder in Gang geriethe, die Frage nach der Länge der dagewesenen Pause, an sich selbst einer ganz genauen Beantwortung fähig seyn würde. Wäre Dem anders; so müßte mit der Uhr auch die Zeit stille stehn, oder, wenn jene liefe, mitlaufen. Gerade dies Sachverhältniß aber, nebst unserer Gewißheit *a priori* darüber, beweist unwidersprechlich, daß die Zeit in unserm Kopfe, nicht aber draußen, ihren Verlauf, und also ihr Wesen, hat. – Im Gebiete der äußern Anschauung, sagte ich, ist das Beharrende die Materie: bei unserm Argument der Persönlichkeit hingegen ist die Rede bloß von der Wahrnehmung des i n n e r n Sinnes, in welche auch die des äußern erst wieder aufgenommen wird. Daher also sagte ich, daß wenn unser Bewußtseyn, mit seinem gesammten Inhalt, gleichmäßig im Strohme der Zeit sich fortbewegte, wir dieser Bewegung nicht inne werden könnten. Also muß hiezu im Bewußtseyn selbst etwas Unbewegliches seyn. Dieses aber kann nichts Anderes seyn, als das erkennende Subjekt selbst, als welches dem Laufe der Zeit und dem Wechsel ihres Inhalts unerschüttert und unverändert zuschaut. Vor seinem Blicke läuft das Leben wie ein Schauspiel zu Ende. Wie wenig es selbst an diesem Laufe Theil hat, wird uns sogar fühlbar, wenn wir, im Alter, die Scenen der Jugend und Kindheit uns lebhaft vergegenwärtigen.

2) Innerlich, im Selbstbewußtseyn, oder, mit Kant zu reden, durch den innern Sinn, erkenne ich mich allein in der Z e i t. Nun aber kann es, o b j e k t i v betrachtet, in der bloßen Zeit allein kein Beharrliches geben; weil solches eine Dauer, diese aber ein Zugleichseyn, und dieses wieder den R a u m voraussetzt, – (die Begründung dieses Satzes findet man in meiner Abhandlung über den Satz vom Grunde, 2. Aufl., § 18, sodann »Welt als W. u. V.« 2. Aufl., Bd. 1, § 4 S. 10, 11 u. S. 531 [Bd.

v uns. Ausg., S. 44, und Bd. i, S. 36 f.; Bd. ii, S. 578]). Desunge-
achtet nun aber finde ich mich thatsächlich als das beharrende,
d. h. bei allem Wechsel meiner Vorstellungen immerdar bleibende
Substrat derselben, welches zu diesen Vorstellungen sich eben so
verhält, wie die Materie zu ihren wechselnden Accidenzien, folglich, eben so wohl wie diese, den Namen der S u b s t a n z verdient und, da es unräumlich, folglich unausgedehnt ist, den der
e i n f a c h e n S u b s t a n z. Da nun aber, wie gesagt, in der
bloßen Zeit, für sich allein, gar kein Beharrendes vorkommen
kann, die in Rede stehende Substanz jedoch andererseits nicht
durch den äußern Sinn, folglich nicht im R a u m e wahrgenommen wird; so müssen wir, um sie uns dennoch, dem Laufe
der Zeit gegenüber, als ein Beharrliches zu denken, sie als außerhalb der Zeit gelegen annehmen und demnach sagen: alles Objekt
liegt in der Zeit, hingegen das eigentliche erkennende Subjekt
nicht. Da es nun außerhalb der Zeit auch kein Aufhören, oder
Ende, giebt; so hätten wir, am erkennenden Subjekt in uns, eine
beharrende, jedoch weder räumliche, noch zeitliche, folglich unzerstörbare Substanz.

Um nun dieses so gefaßte Argument der Persönlichkeit als
einen Paralogismus nachzuweisen, müßte man sagen, daß der
zweite Satz desselben eine empirische Thatsache zur Hülfe
nimmt, der sich diese andere entgegenstellen läßt, daß das
erkennende Subjekt doch an das Leben und sogar an das Wachen
gebunden ist, seine Beharrlichkeit während Beider also keineswegs beweist, daß sie auch außerdem bestehn könne. Denn diese
faktische Beharrlichkeit, für die Dauer des bewußten Zustandes,
ist noch weit entfernt, ja, *toto genere* verschieden von der
Beharrlichkeit der Materie (diesem Ursprung und alleiniger
Realisirung des Begriffs S u b s t a n z), welche wir in der
Anschauung kennen und nicht bloß ihre faktische Dauer, sondern ihre nothwendige Unzerstörbarkeit und die Unmöglichkeit
ihrer Vernichtung *a priori* einsehn. Aber nach Analogie dieser
wahrhaft unzerstörbaren Substanz ist es doch, daß wir eine
d e n k e n d e S u b s t a n z in uns annehmen möchten, die alsdann einer endlosen Fortdauer gewiß wäre. Abgesehn nun
davon, daß dies Letztere die Analogie mit einer bloßen Erscheinung (der Materie) wäre, so besteht der Fehler, den die dialektische Vernunft in obigem Beweise begeht, darin, daß sie die
Beharrlichkeit des Subjekts, beim Wechsel aller seiner Vorstel-

zur Kantischen Philosophie.

lungen in der Zeit, nun so behandelt, wie die Beharrlichkeit der uns in der Anschauung gegebenen Materie, und demnach Beide unter den Begriff der Substanz zusammenfaßt, um nun Alles, was sie, wiewohl unter den Bedingungen der Anschauung, von der Materie *a priori* aussagen kann, namentlich Fortdauer durch alle Zeit, nun auch jener angeblichen, immateriellen Substanz beizulegen, wenn gleich die Beharrlichkeit dieser vielmehr nur darauf beruht, daß sie selbst als in gar keiner Zeit, geschweige in aller, liegend angenommen wird, wodurch die Bedingungen der Anschauung, in Folge welcher die Unzerstörbarkeit der Materie *a priori* ausgesagt wird, hier ausdrücklich aufgehoben sind, namentlich die Räumlichkeit. Auf dieser aber gerade beruht (nach eben den oben angeführten Stellen meiner Schriften) die Beharrlichkeit derselben.

Hinsichtlich der Beweise der Unsterblichkeit der Seele aus ihrer angenommenen E i n f a c h h e i t und daraus folgenden I n d i s s o l u b i l i t ä t [Unauflöslichkeit], durch welche die allein mögliche Art des Untergangs, die Auflösung der Theile, ausgeschlossen wird, ist überhaupt zu sagen, daß alle Gesetze über Entstehn, Vergehn, Veränderung, Beharrlichkeit u. s. w., welche wir, sei es *a priori* oder *a posteriori* kennen, durchaus nur von der uns objektiv gegebenen, und noch dazu durch unsern Intellekt bedingten K ö r p e r w e l t gelten: sobald wir daher von dieser abgehn und von i m m a t e r i e l l e n Wesen reden, haben wir keine Befugniß mehr, jene Gesetze und Regeln anzuwenden, um zu behaupten, wie das Entstehn und Vergehn solcher Wesen möglich sei, oder nicht; sondern da fehlt uns jede Richtschnur. Hiedurch sind alle dergleichen Beweise der Unsterblichkeit aus der Einfachheit der denkenden Substanz abgeschnitten. Denn die Amphibolie liegt darin, daß man von einer immateriellen Substanz redet und dann die Gesetze der materiellen unterschiebt, um sie auf jene anzuwenden.

Inzwischen giebt der Paralogismus der Persönlichkeit, wie ich ihn gefaßt habe, in seinem ersten Argument den Beweis *a priori,* daß in unserm Bewußtseyn irgend etwas Beharrliches liegen müsse, und im zweiten Argument weist er dasselbe *a posteriori* nach. Im Ganzen genommen, scheint hier das Wahre, welches, wie in der Regel jedem Irrthum, so auch dem der rationalen Psychologie zum Grunde liegt, hier seine Wurzel zu haben. Dies Wahre ist, daß selbst in unserm empirischen Bewußtseyn allerdings ein ewiger Punkt nachgewiesen werden kann, aber auch nur ein Punkt, und auch gerade nur nachgewiesen, ohne daß man Stoff zu fernerer Beweisführung daraus erhielte. Ich weise hier auf meine eigene Lehre zurück, nach welcher das erkennende Subjekt Das ist, was Alles erkennt, aber nicht erkannt wird: dennoch erfassen wir es als den festen Punkt, an welchem die Zeit mit allen Vorstellungen vorüberläuft, indem ihr Lauf selbst allerdings nur im Gegensatz zu einem Bleibenden erkannt werden kann. Ich habe dieses den Berührungspunkt des Objekts mit dem Subjekt genannt. Das Subjekt des Erkennens ist bei mir, wie der Leib, als dessen Gehirn-Funktion es sich objektiv darstellt, Erscheinung des Willens, der, als das alleinige Ding an sich, hier das Substrat des Korrelats aller Erscheinungen, d. i. des Subjekts der Erkenntniß, ist. –

Wenden wir uns nunmehr zur r a t i o n a l e n K o s m o l o - g i e ; so finden wir an ihren Antinomien prägnante Ausdrücke der aus dem Satze vom Grunde entspringenden Perplexität, die von jeher zum Philosophiren getrieben hat. Diese nun, auf einem etwas andern Wege, deutlicher und unumwundener hervorzuheben, als dort geschehn, ist die Absicht folgender Darstellung, welche nicht, wie die Kantische, bloß dialektisch, mit abstrakten Begriffen operirt, sondern sich unmittelbar an das anschauende Bewußtseyn wendet.

Die Z e i t kann keinen Anfang haben, und keine U r s a c h e kann die erste seyn. Beides ist *a priori* gewiß, also unbestreitbar: denn aller Anfang ist i n der Zeit, setzt sie also voraus; und jede Ursache muß eine frühere hinter sich haben, deren Wirkung sie ist. Wie hätte also jemals ein erster Anfang der Welt und der Dinge eintreten können? (Danach erscheint denn freilich der erste Vers des Pentateuchs [der 5 Bücher Mosis] als eine *petitio principii* [Erschleichung des Beweisgrundes], und zwar im allereigentlichsten Sinne des Worts.) Aber nun andererseits: wenn ein erster Anfang n i c h t gewesen wäre; so könnte die jetzige reale Gegenwart nicht e r s t j e t z t seyn, sondern wäre s c h o n l ä n g s t gewesen: denn zwischen ihr und dem ersten Anfange müssen wir irgend einen, jedoch bestimmten und begränzten Zeitraum annehmen, der nun aber, wenn wir den Anfang leugnen, d. h. ihn ins Unendliche hinaufrücken, mit hinaufrückt. Aber sogar auch w e n n wir einen ersten Anfang setzen; so ist uns damit im Grunde doch nicht geholfen: denn,

zur Kantischen Philosophie.

haben wir auch dadurch die Kausalkette beliebig abgeschnitten; so wird alsbald die bloße Zeit sich uns beschwerlich erweisen. Nämlich die immer erneuerte Frage »warum jener erste Anfang nicht schon früher eingetreten?« wird ihn schrittweise, in der anfangslosen Zeit, immer weiter hinaufschieben, wodurch dann die Kette der zwischen ihm und uns liegenden Ursachen dermaaßen in die Höhe gezogen wird, daß sie nimmer lang genug werden kann, um bis zur jetzigen Gegenwart herab zu reichen, wonach es alsdann zu dieser immer n o c h   n i c h t gekommen seyn würde. Dem widerstreitet nun aber, daß sie doch jetzt ein Mal wirklich   d a   i s t   und sogar unser einziges Datum zu der Rechnung ausmacht. Die Berechtigung nun aber zur obigen, so unbequemen Frage entsteht daraus, daß der erste Anfang, eben als solcher, keine ihm vorhergängige Ursache voraussetzt und gerade darum eben so gut hätte Trillionen Jahre früher eintreten können. Bedurfte er nämlich keiner Ursache zum Eintreten, so hatte er auch auf keine zu warten, mußte demnach schon unendlich früher eingetreten seyn, weil nichts dawar, ihn zu hemmen. Denn, dem ersten Anfange darf, wie nichts als seine Ursache, so auch nichts als sein Hinderniß vorhergehn: er hat also schlechterdings auf nichts zu warten und kommt nie früh genug. Daher also ist, in welchen Zeitpunkt man ihn auch setzen mag, nie einzusehn, warum er nicht schon sollte viel früher dagewesen seyn. Dies also schiebt ihn immer weiter hinauf: weil nun aber doch die Zeit selbst durchaus keinen Anfang haben kann; so ist allemal bis zum gegenwärtigen Augenblick eine unendliche Zeit, eine Ewigkeit, abgelaufen: daher ist dann auch das Hinaufschieben des Weltanfangs ein endloses, so daß von ihm bis zu uns jede Kausalkette zu kurz ausfällt, in Folge wovon wir dann von demselben nie bis zur Gegenwart herabgelangen. Dies kommt daher, daß uns ein gegebener und fester Anknüpfungspunkt *(point d'attache)* fehlt, daher wir einen solchen beliebig irgendwo annehmen, derselbe aber stets vor unsern Händen zurückweicht, die Unendlichkeit hinauf. – So fällt es also aus, wenn wir einen   e r s t e n   A n f a n g   setzen und davon ausgehn: wir gelangen nie von ihm   z u r   G e g e n - w a r t   h e r a b.

Gehn wir hingegen umgekehrt von der doch wirklich gegebenen   G e g e n w a r t   aus: dann gelangen wir, wie schon gemeldet, nie zum   e r s t e n   A n f a n g   hinauf; da jede Ursache, zu der wir hinauf schreiten, immer Wirkung einer frühern gewesen seyn muß, welche dann sich wieder im selben Fall befindet, und dies durchaus kein Ende erreichen kann. Jetzt wird uns also die Welt anfangslos, wie die unendliche Zeit selbst; wobei unsere Einbildungskraft ermüdet und unser Verstand keine Befriedigung erhält.

Diese beiden entgegengesetzten Ansichten sind demnach einem Stocke zu vergleichen, dessen e i n e s Ende, und zwar welches man will, man bequem fassen kann, wobei jedoch das andere sich immer ins Unendliche verlängert. Das Wesentliche der Sache aber läßt sich in dem Satze resumiren, daß die Zeit, als schlechthin unendlich, immer viel zu groß ausfällt für eine in ihr als e n d l i c h angenommene Welt. Im Grunde aber bestätigt sich hiebei doch wieder die Wahrheit der »Antithese« in der Kantischen Antinomie; weil sich, wenn wir von dem allein Gewissen und wirklich Gegebenen, der realen Gegenwart, ausgehn, die Anfangslosigkeit ergiebt; hingegen der erste Anfang bloß eine beliebige Annahme ist, die sich aber auch als solche nicht mit dem besagten allein Gewissen und Wirklichen, der Gegenwart, vereinbaren läßt. – Wir haben übrigens diese Betrachtungen als solche anzusehn, welche die Ungereimtheiten aufdecken, die aus der Annahme der absoluten Realität der Zeit hervorgehn; folglich als Bestätigungen der Grundlehre Kants.

Die Frage, ob die Welt dem R a u m e nach begränzt, oder unbegränzt sei, ist nicht schlechthin transscendent; vielmehr an sich selbst empirisch; da die Sache immer noch im Bereich möglicher Erfahrung liegt, welche wirklich zu machen nur durch unsere eigene physische Beschaffenheit uns benommen bleibt. *A priori* giebt es hier kein demonstrabel sicheres Argument, weder für die eine, noch die andere Alternative; so daß die Sache wirklich einer Antinomie sehr ähnlich sieht, sofern, bei der einen, wie der andern Annahme, bedeutende Uebelstände sich hervorthun. Nämlich eine begränzte Welt im unendlichen Raume schwindet, sei sie auch noch so groß, zu einer unendlich kleinen Größe, und man frägt, wozu denn der übrige Raum dasei? Andererseits wieder kann man nicht fassen, daß kein Fixstern der äußerste im Raume seyn sollte. – Beiläufig gesagt, würden die Planeten eines solchen nur während der einen Hälfte ihres Jahres Nachts einen gestirnten Himmel haben, während der andern aber einen ungestirnten, – der auf die Bewohner einen sehr unheimlichen Ein-

zur Kantischen Philosophie.

druck machen müßte. Demnach läßt jene Frage sich auch so ausdrücken: giebt es einen Fixstern, dessen Planeten in diesem Prädikamente [dieser schlimmen Lage] stehn oder nicht? Hier zeigt sie sich als offenbar empirisch.

Ich habe in meiner Kritik der Kantischen Philosophie die ganze Annahme der Antinomien als falsch und illusorisch nachgewiesen. Auch wird, bei gehöriger Ueberlegung, Jeder es zum Voraus als unmöglich erkennen, daß Begriffe, die richtig aus den Erscheinungen und den *a priori* gewissen Gesetzen derselben abgezogen, sodann aber, denen der Logik gemäß, zu Urtheilen und Schlüssen verknüpft sind, auf Widersprüche führen sollten. Denn alsdann müßten in der anschaulich gegebenen Erscheinung selbst, oder in dem gesetzmäßigen Zusammenhang ihrer Glieder, Widersprüche liegen; welches eine unmögliche Annahme ist. Denn das Anschauliche als solches kennt gar keinen Widerspruch: dieser hat, in Beziehung auf dasselbe, keinen Sinn, noch Bedeutung. Denn er existirt bloß in der abstrakten Erkenntniß der Reflexion: man kann wohl, offen oder versteckt, etwas zugleich setzen und nicht setzen, d. h. sich widersprechen: aber es kann nicht etwas Wirkliches zugleich seyn und nicht seyn. Das Gegentheil des Obigen hat freilich Zeno Eleatikus, mit seinen bekannten Sophismen, und auch Kant, mit seinen Antinomien, darthun wollen. Daher also verweise ich auf meine Kritik der Letzteren.

Kants Verdienst um die s p e k u l a t i v e T h e o l o g i e ist schon oben im allgemeinen berührt worden. Um dasselbe noch mehr hervorzuheben, will ich jetzt, in größter Kürze, das Wesentliche der Sache auf meine Weise recht faßlich zu machen suchen.

In der Christlichen Religion ist das Daseyn Gottes eine ausgemachte Sache und über alle Untersuchung erhaben. So ist es Recht: denn dahin gehört es und ist daselbst durch Offenbarung begründet. Ich halte es daher für einen Mißgriff der Rationalisten, wenn sie, in ihren Dogmatiken, das Daseyn Gottes anders, als aus der Schrift, zu beweisen versuchen: sie wissen, in ihrer Unschuld, nicht, wie gefährlich diese Kurzweil ist. Die Philosophie hingegen ist eine Wissenschaft und hat als solche keine Glaubensartikel: demzufolge darf in ihr nichts als daseiend angenommen werden, als was entweder empirisch geradezu gegeben, oder aber durch unzweifelhafte Schlüsse nachgewiesen ist. Diese glaubte man nun freilich längst zu besitzen, als Kant die Welt hierüber enttäuschte und sogar die Unmöglichkeit solcher Beweise so sicher darthat, daß seitdem kein Philosoph in Deutschland wieder versucht hat, dergleichen aufzustellen. Hiezu aber war er durchaus befugt; ja, er that etwas höchst Verdienstliches: denn ein theoretisches Dogma, welches mitunter sich herausnimmt, Jeden, der es nicht gelten läßt, zum Schurken zu stämpeln, verdiente doch wohl, daß man ihm ein Mal ernstlich auf den Zahn fühlte.

Mit jenen angeblichen Beweisen verhält es sich nun folgendermaaßen. Da ein Mal die W i r k l i c h k e i t des Daseyns Gottes nicht, durch empirische Ueberführung, gezeigt werden kann; so wäre der nächste Schritt eigentlich gewesen, die M ö g l i c h - k e i t desselben auszumachen, wobei man schon Schwierigkeiten genug würde angetroffen haben. Statt Dessen aber unternahm man, sogar die N o t h w e n d i g k e i t desselben zu beweisen, also Gott als n o t h w e n d i g e s W e s e n darzuthun. Nun ist N o t h w e n d i g k e i t , wie ich oft genug nachgewiesen habe, überall nichts Anderes, als Abhängigkeit einer Folge von ihrem Grunde, also das Eintreten oder Setzen der Folge, weil der Grund gegeben ist. Hiezu hatte man demnach unter den vier von mir nachgewiesenen Gestalten des Satzes vom Grunde die Wahl, und fand nur die zwei ersten brauchbar. Demgemäß entstanden zwei theologische Beweise, der kosmologische und der ontologische der eine nach dem Satz vom Grunde des Werdens (Ursache), der andere nach dem vom Grunde des Erkennens. Der erste will, nach dem Gesetze der K a u s a l i t ä t , jene N o t h w e n d i g k e i t als eine p h y s i s c h e darthun, indem er die Welt als eine W i r k u n g auffaßt, die eine U r s a c h e haben müsse. Diesem kosmologischen Beweise wird sodann als Beistand und Unterstützung der physikotheologische beigegeben. Das kosmologische Argument wird am stärksten in der Wolfischen Fassung desselben, folglich so ausgedrückt: »Wenn irgend etwas existirt; so existirt auch ein schlechthin nothwendiges Wesen« [*Theologia naturalis,* pars I, § 58], – zu verstehn, entweder das Gegebene selbst, oder die erste der Ursachen, durch welche dasselbe zum Daseyn gelangt ist. Letzteres wird dann angenommen. Dieser Beweis giebt zunächst die Blöße, ein Schluß von der Folge auf den Grund zu seyn, welcher Schlußweise schon die Logik alle Ansprüche auf Gewißheit

zur Kantischen Philosophie.

abspricht. Sodann ignorirt er, daß wir, wie ich oft gezeigt habe, etwas als n o t h w e n d i g nur denken können, insofern es Folge, nicht insofern es Grund eines gegebenen Andern ist. Ferner beweist das Gesetz der Kausalität, in dieser Weise angewandt, zu viel: denn wenn es uns hat von der Welt auf ihre Ursache leiten müssen, so erlaubt es uns auch nicht, bei dieser stehn zu bleiben, sondern führt uns weiter zu deren Ursache, und so immerfort, unbarmherzig weiter, *in infinitum* [bis ins Unendliche]. Dies bringt sein Wesen so mit sich. Uns ergeht es dabei, wie dem Goethe'schen Zauberlehrling, dessen Geschöpf zwar auf Befehl anfängt, aber nicht wieder aufhört. Hiezu kommt noch, daß die Kraft und Gültigkeit des Gesetzes der Kausalität sich allein auf die F o r m der Dinge, nicht auf ihre Materie erstreckt. Es ist der Leitfaden des Wechsels der Formen, weiter nichts: die Materie bleibt von allem Entstehn und Vergehn derselben unberührt; welches wir vor aller Erfahrung einsehn und daher gewiß wissen. Endlich unterliegt der kosmologische Beweis dem transscendentalen Argument, daß das Gesetz der Kausalität nachweisbar subjektiven Ursprungs, daher bloß auf E r s c h e i n u n g e n für unsern Intellekt, nicht auf das Wesen der D i n g e a n s i c h s e l b s t anwendbar ist.†
Subsidiarisch [zur Unterstützung] wird, wie gesagt, dem kosmologischen Beweise der p h y s i k o t h e o l o g i s c h e beigegeben, welcher der von jenem eingeführten Annahme zugleich Beleg, Bestätigung, Plausibilität, Farbe und Gestalt ertheilen will. Allein er kann immer nur unter Voraussetzung jenes ersten

---

† Die Dinge ganz realistisch und objektiv genommen, ist sonnenklar, daß die Welt s i c h s e l b s t e r h ä l t : die organischen Wesen bestehn und propagiren [vermehren] sich kraft ihrer inneren selbsteigenen Lebenskraft; die unorganischen Körper tragen die Kräfte in sich, von denen Physik und Chemie bloß die Beschreibung sind, und die Planeten gehn ihren Gang aus innern Kräften vermöge ihrer Trägheit und Gravitation. Zu ihrem Bestande also braucht die Welt Niemanden außer sich. Denn derselbe ist W i s c h n u.

Nun aber zu sagen, daß ein Mal, in der Zeit, diese Welt, mit allen ihr inwohnenden Kräften, gar nicht gewesen, sondern von einer fremden und außer ihr liegenden Kraft aus dem Nichts hervorgebracht sei, – ist ein ganz müßiger, durch nichts zu belegender Einfall; um so mehr, als alle ihre Kräfte an die Materie gebunden sind, deren Entstehn, oder Vergehn, wir nicht ein Mal zu denken vermögen.

Diese Auffassung der Welt reicht hin zum S p i n o z i s m u s. Daß Menschen in ihrer Herzensnoth sich überall Wesen erdacht haben, welche die Naturkräfte und ihren Verlauf beherrschen, um solche anrufen zu können, – ist sehr natürlich. Griechen und Römer ließen es jedoch beim Herrschen, eines jeden in seinem Bereich, bewenden; und es fiel ihnen nicht ein, zu sagen, einer von jenen habe die Welt und die Naturkräfte gemacht.

Beweises, dessen Erläuterung und Amplifikation er ist, auftreten. Sein Verfahren besteht dann darin, daß er jene vorausgesetzte erste Ursache der Welt zu einem erkennenden und wollenden Wesen steigert, indem er, durch Induktion aus den vielen Folgen, die sich durch einen solchen Grund erklären ließen, diesen festzustellen sucht. Induktion kann aber höchstens große Wahrscheinlichkeit, nie Gewißheit geben: überdies ist, wie gesagt, der ganze Beweis ein durch den ersten bedingter. Wenn man aber näher und ernstlich auf diese so beliebte Physikotheologie eingeht und nun gar sie im Lichte meiner Philosophie prüft; so ergiebt sie sich als die Ausführung einer falschen Grundansicht der Natur, welche die u n m i t t e l b a r e Erscheinung, oder Objektivation, des Willens zu einer bloß m i t t e l b a r e n herabsetzt, also statt in den Naturwesen das ursprüngliche, urkräftige, erkenntnißlose und eben deshalb unfehlbar sichere Wirken des Willens zu erkennen, es auslegt als ein bloß sekundäres, erst am Lichte der Erkenntniß und am Leitfaden der Motive vor sich gegangenes; und sonach das von innen aus Getriebene auffaßt als von außen gezimmert, gemodelt und geschnitzt. Denn, wenn der Wille, als das Ding an sich, welches durchaus n i c h t Vorstellung ist, im Akte seiner Objektivation, aus seiner Ursprünglichkeit in die Vorstellung tritt, und man nun an das in ihr sich Darstellende mit der Voraussetzung geht, es sei ein in der Welt der Vorstellung selbst, also in Folge der E r k e n n t n i ß , zu Stande Gebrachtes; dann freilich stellt es sich dar als ein nur mittelst überschwänglich vollkommener Erkenntniß, die alle Objekte und ihre Verkettungen auf ein Mal überblickt, Mögliches, d. i. als ein Werk der höchsten Weisheit. Hierüber verweise ich auf meine Abhandlung vom Willen in der Natur, besonders S. S. 43–62 derselben [Bd. v uns. Ausg., S. 233–55], unter der Rubrik »vergleichende Anatomie«, und auf mein Hauptwerk Bd. 2, Kap. 26 am Anfang.

Der zweite theologische Beweis, der o n t o l o g i s c h e , nimmt, wie gesagt, nicht das Gesetz der Kausalität, sondern den Satz vom Grunde des Erkennens zum Leitfaden; wodurch denn die Nothwendigkeit des Daseyns Gottes hier eine l o g i s c h e ist. Nämlich durch bloß analytisches Urtheilen, aus dem Begriffe G o t t , soll sich hier sein Daseyn ergeben; so daß man diesen Begriff nicht zum Subjekt eines Satzes machen könne, darin ihm

zur Kantischen Philosophie.

das Daseyn abgesprochen würde; weil nämlich Dies dem Subjekt des Satzes widersprechen würde. Dies ist logisch richtig, ist aber auch sehr natürlich und ein leicht zu durchschauender Taschenspielerstreich. Nachdem man nämlich mittelst der Handhabe des Begriffs »Vollkommenheit«, oder auch »Realität«, den man als *terminus medius* [Mittelbegriff] gebraucht, das Prädikat des Daseyns in das Subjekt hineingelegt hat, kann es nicht fehlen, daß man es nachher daselbst wieder vorfindet und nun es durch ein analytisches Urtheil exponirt. Aber die Berechtigung zur Aufstellung des ganzen Begriffs ist damit keineswegs nachgewiesen: vielmehr war er entweder ganz willkürlich ersonnen, oder aber durch den kosmologischen Beweis eingeführt, bei welchem Alles auf physische Nothwendigkeit zurückläuft. Chr. Wolf scheint Dies wohl eingesehn zu haben; da er in seiner Metaphysik vom kosmologischen Argument allein Gebrauch macht und Dies ausdrücklich bemerkt. Den ontologischen Beweis findet man in der 2. Auflage meiner Abhandlung über die vierfache Wurzel des Satzes vom zureichenden Grunde § 7 genau untersucht und gewürdigt; dahin ich also hier verweise.

Allerdings stützen beide theologische Beweise sich gegenseitig, können aber darum doch nicht stehn. Der kosmologische hat den Vorzug, daß er Rechenschaft giebt, wie er zum Begriff eines Gottes gekommen ist, und nun durch seinen Adjunkt, den physikotheologischen Beweis, denselben plausibel macht. Der ontologische hingegen kann gar nicht nachweisen, wie er zu seinem Begriff vom allerrealsten Wesen gekommen sei, giebt also entweder vor, derselbe sei angeboren, oder er borgt ihn vom kosmologischen Beweis und sucht ihn dann aufrecht zu halten durch erhaben klingende Sätze vom Wesen, das nicht anders als seiend gedacht werden könne, dessen Daseyn schon in seinem Begriffe läge u. s. w. Inzwischen werden wir der Erfindung des ontologischen Beweises den Ruhm des Scharfsinns und der Subtilität nicht versagen, wenn wir Folgendes erwägen. Um eine gegebene Existenz zu erklären, weisen wir ihre Ursache nach, in Beziehung auf welche sie dann als eine nothwendige sich darstellt; welches als Erklärung gilt. Allein dieser Weg führt, wie genugsam gezeigt, auf einen *regressus in infinitum* [Zurückgehen bis ins Unendliche], kann daher nie bei einem Letzten, das einen fundamentalen Erklärungsgrund abgäbe, anlangen. Anders nun würde es sich verhalten, wenn wirklich die E x i s t e n z irgend eines Wesens aus seiner E s s e n z , also seinem bloßen Begriff, oder seiner Definition, sich folgern ließe. Dann nämlich würde es als ein n o t h w e n d i g e s (welches, hier, wie überall, nur besagt »ein aus seinem G r u n d e Folgendes«) erkannt werden, ohne dabei an etwas Anderes, als an seinen eigenen Begriff gebunden zu seyn, mithin, ohne daß seine Nothwendigkeit eine bloße vorübergehende und momentane, nämlich eine selbst wieder bedingte und danach auf endlose Reihen führende wäre, wie es die k a u s a l e Nothwendigkeit allemal ist. Vielmehr würde alsdann der bloße Erkenntnißgrund sich in einen Realgrund, also eine Ursache, verwandelt haben und so sich vortrefflich eignen, nunmehr den letzten und dadurch festen Anknüpfungspunkt für alle Kausalreihen abzugeben: man hätte also dann, was man sucht. Daß aber das Alles illusorisch ist haben wir oben gesehn, und es ist wirklich, als habe schon Aristoteles einer solchen Sophistikation vorbeugen wollen, als er sagte: το δε ειναι ουκ ουσια ουδενι· *ad nullius rei essentiam pertinet existentia* [Das Dasein gehört nicht zum Wesen einer Sache] *(Analyt. post. II, 7).* Unbekümmert hierum stellte, nachdem Anselmus von Canterbury zu einem dergleichen Gedankengange die Bahn gebrochen hatte, nachmals C a r t e s i u s den Begriff Gottes als einen solchen, der das Geforderte leistete, auf, S p i n o z a aber den der Welt, als der allein existirenden Substanz, welche danach *causa sui* wäre, *i. e. quae per se est et per se concipitur, quamobrem nulla alia re eget ad existendum* [Ursache ihrer selbst wäre, d. h. welche durch sich selbst da ist und durch sich selbst begriffen wird; daher sie keines andern bedarf, um zu existieren]: dieser so etablirten Welt ertheilt er sodann, *honoris causa* [ehrenhalber], den Titel *Deus,* – um alle Leute zufrieden zu stellen. Es ist aber eben noch immer der selbe *tour de passepasse* [Taschenspieler-Kunstgriff], der das l o g i s c h Nothwendige für ein r e a l Nothwendiges uns in die Hände spielen will, und der, nebst andern ähnlichen Täuschungen, endlich Anlaß gab, zu L o c k e ' s großer Untersuchung des U r s p r u n g e s der Begriffe, mit welcher nunmehr der Grund zur kritischen Philosophie gelegt war. Eine speciellere Darstellung des Verfahrens jener beiden Dogmatiker enthält meine Abhandlung über den Satz vom Grunde, in der 2. Auflage, §§ 7 und 8.

Nachdem nun K a n t , durch seine Kritik der spekulativen Theologie, dieser den Todesstoß gegeben hatte, mußte er den

zur Kantischen Philosophie.   *127*

Eindruck hievon zu mildern suchen, also ein Besänftigungsmittel, als Anodynon [schmerzstillendes Mittel], darauf legen; analog dem Verfahren H u m e ' s , der, im letzten seiner so lesenswerthen, wie unerbittlichen *Dialogues on natural religion,* uns eröffnet, das Alles wäre nur Spaaß gewesen, ein bloßes *exercitium logicum* [Übung in der Logik]. Dem also entsprechend gab Kant, als Surrogat der Beweise des Daseyns Gottes, sein Postulat der praktischen Vernunft und die daraus entstehende Moraltheologie, welche, ohne allen Anspruch auf objektive Gültigkeit für das Wissen, oder die theoretische Vernunft, volle Gültigkeit in Beziehung auf das Handeln, oder für die praktische Vernunft, haben sollte, wodurch denn ein Glauben ohne Wissen begründet wurde, – damit die Leute doch nur etwas in die Hand kriegten. Seine Darstellung, wenn wohl verstanden, besagt nichts Anderes, als daß die Annahme eines nach dem Tode vergeltenden, gerechten Gottes ein brauchbares und ausreichendes r e g u l a t i v e s S c h e m a sei, zum Behuf der Auslegung der gefühlten, ernsten, ethischen Bedeutsamkeit unsers Handelns, wie auch der Leitung dieses Handelns selbst; also gewissermaaßen eine Allegorie der Wahrheit, so daß, in dieser Hinsicht, auf welche allein es doch zuletzt ankommt, jene Annahme die Stelle der Wahrheit vertreten könne, wenn sie auch theoretisch, oder objektiv, nicht zu rechtfertigen sei. – Ein analoges Schema, von gleicher Tendenz, aber viel größerm Wahrheitsgehalt, stärkerer Plausibilität und demnach unmittelbarerem Werth, ist das Dogma des Brahmanismus, von der vergeltenden Metempsychose, wonach wir in der Gestalt eines jeden von uns verletzten Wesens einst müssen wiedergeboren werden, um alsdann die selbe Verletzung zu erleiden. – Im angegebenen Sinne also hat man Kants Moraltheologie zu nehmen, indem man dabei berücksichtigt, daß er selbst nicht so unumwunden, wie hier geschieht, über das eigentliche Sachverhältniß sich ausdrücken durfte, sondern, indem er das Monstrum einer t h e o - r e t i s c h e n Lehre von bloß p r a k t i s c h e r Gültigkeit aufstellte, bei den Klügeren auf das *granum salis* [richtige Verständnis] gerechnet hat. Die theologischen und philosophischen Schriftsteller dieser letzteren, der Kantischen Philosophie entfremdeten Zeit haben daher meistens gesucht, der Sache das Ansehn zu geben, als sei Kants Moraltheologie ein wirklicher dogmatischer Theismus, ein neuer Beweis des Daseyns Gottes.

Das ist sie aber durchaus nicht; sondern sie gilt ganz allein innerhalb der Moral, bloß zum Behuf der Moral, und kein Strohbreit weiter.

Auch ließen nicht ein Mal die Philosophieprofessoren sich lange daran genügen; obwohl sie durch Kants Kritik der spekulativen Theologie in bedeutende Verlegenheit gesetzt waren. Denn von Alters her hatten sie ihren speciellen Beruf darin erkannt, das Daseyn und die Eigenschaften Gottes darzulegen und ihn zum Hauptgegenstand ihres Philosophirens zu machen; daher, wenn die Schrift lehrt, daß Gott die Raben auf dem Felde ernährt, ich hinzusetzen muß: und die Philosophieprofessoren auf ihren Kathedern. Ja, sogar noch heutigen Tages versichern sie ganz dreist, das Absolutum (bekanntlich der neumodische Titel für den lieben Gott) und dessen Verhältniß zur Welt sei das eigentliche Thema der Philosophie, und dieses näher zu bestimmen, auszumalen und durchzuphantasiren sind sie nach wie vor beschäftigt. Denn allerdings möchten die Regierungen, welche für ein dergleichen Philosophiren Geld hergeben, aus den philosophischen Hörsälen auch gute Christen und fleißige Kirchengänger hervorgehn sehn. Wie mußte also den Herren von der lukrativen Philosophie zu Muthe werden, als, durch den Beweis, daß alle Beweise der spekulativen Theologie unhaltbar und daß alle, ihr auserwähltes Thema betreffenden Erkenntnisse unserm Intellekt schlechterdings unzugänglich seien, Kant ihnen das Koncept so sehr weit verrückt hatte? Sie hatten sich anfänglich durch ihr bekanntes Hausmittel, das Ignoriren, dann aber durch Bestreiten zu helfen gesucht: aber das hielt auf die Länge nicht Stich. Da haben sie denn sich auf die Behauptung geworfen, das Daseyn Gottes sei zwar keines Beweises fähig, bedürfe aber auch desselben nicht: denn es verstände sich von selbst, wäre die ausgemachteste Sache von der Welt, wir könnten es gar nicht bezweifeln, wir hätten ein »Gottesbewußtseyn«†, unsere Vernunft wäre das Organ für unmittelbare Erkenntnisse von

---

† Von der G e n e s i s dieses Gottesbewußtseyns haben wir kürzlich eine, in dieser Hinsicht merkwürdige bildliche Darstellung erhalten, nämlich einen Kupferstich, der uns eine Mutter zeigt, die ihr dreijähriges, mit gefalteten Händen auf dem Bette knieendes Kind zum Beten abrichtet; – gewiß ein häufiger Vorgang, der eben die Genesis des Gottesbewußtseyns ausmacht; denn es ist nicht zu bezweifeln, daß nachdem, im zartesten Alter, das im ersten Wachsthum begriffene Gehirn so zugerichtet worden, ihm das Gottesbewußtseyn so fest eingewachsen ist, als wäre es wirklich angeboren.

zur Kantischen Philosophie.

überweltlichen Dingen, die Belehrung über diese würde unmittelbar von ihr v e r n o m m e n, und darum eben heiße sie V e r n u n f t! (Ich bitte freundlichst, hier meine Abhandlung über den Satz vom Grunde in der 2. Aufl. § 34, desgleichen meine Grundprobleme der Ethik S. 148–154 [Bd. VI uns. Ausg., S. 184–191], endlich auch meine Kritik der Kantischen Philosophie, S. 574–575 (Bd. II, S. 624 f.] nachzusehn.) Nach Andern lieferte sie jedoch bloße Ahndungen; hingegen wieder Andere hatten gar intellektuelle Anschauungen! Abermals Andere erfanden das absolute Denken, d. i. ein solches, bei welchem der Mensch sich nicht nach den Dingen umzusehn braucht, sondern, in göttlicher Allwissenheit, bestimmt, wie sie ein für alle Mal seien. Dies ist unstreitig die bequemste unter allen jenen Erfindungen. Sämmtlich aber griffen sie zum Wort »Absolutum«, welches eben nichs Anderes ist, als der kosmologische Beweis *in nuce* [in knapper Fassung], oder vielmehr in einer so starken Zusammenziehung, daß er, mikroskopisch geworden, sich den Augen entzieht, so unerkannt durchschlüpft und nun für etwas sich von selbst Verstehendes ausgegeben wird: denn in seiner wahren Gestalt darf er, seit dem Kantischen *examen rigorosum,* sich nicht mehr blicken lassen; wie ich dies in der 2. Aufl. meiner Abhandlung über den Satz vom Grunde S. 36 ff. [Bd. V, S. 52 f.] und auch in meiner Kritik der Kantischen Philosophie, 2. Aufl., S. 544 [Bd. II, S. 591 f.] näher ausgeführt habe. Wer zuerst, vor ungefähr 50 Jahren, den Pfiff gebraucht habe, unter diesem alleinigen Wort A b s o l u t u m den explodirten und proskribirten kosmologischen Beweis *incognito* einzuschwärzen, weiß ich nicht mehr anzugeben: aber der Pfiff war den Fähigkeiten des Publikums richtig angemessen: denn bis auf den heutigen Tag kursirt Absolutum als baare Münze. Kurzum, es hat den Philosophieprofessoren, trotz der Kritik der Vernunft und ihren Beweisen, noch nie an authentischen Nachrichten vom Daseyn Gottes und seinem Verhältniß zur Welt gefehlt, in deren ausführlicher Mittheilung, nach ihnen, das Philosophiren ganz eigentlich bestehn soll. Allein, wie man sagt, »kupfernes Geld kupferne Waare«, so ist dieser bei ihnen sich von selbst verstehende Gott eben auch danach: er hat weder Hand, noch Fuß. Darum halten sie mit ihm so hinterm Berge, oder vielmehr hinter einem schallenden Wortgebäude, daß man kaum einen Zipfel von ihm gewahr wird. Wenn man sie nur zwingen könnte, sich deutlich darüber zu erklären, was bei dem Worte Gott so eigentlich zu denken sei; dann würden wir sehn, ob er sich von selbst versteht. Nicht ein Mal eine *natura naturans* [schaffende Natur] (in die ihr Gott oft überzugehn droht) versteht sich von selbst; da wir den Leukipp, Demokrit, Epikur und Lukrez ohne eine solche die Welt aufbauen sehn: diese Männer aber waren, bei allen ihren Irrthümern, immer noch mehr werth, als eine Legion Wetterfahnen, deren Erwerbs-Philosophie sich nach dem Winde dreht. Eine *natura naturans* wäre aber noch lange kein Gott. Im Begriffe derselben ist vielmehr bloß die Einsicht enthalten, daß hinter den so sehr vergänglichen und rastlos wechselnden Erscheinungen der *natura naturata* [geschaffenen Natur] eine unvergängliche und unermüdliche Kraft verborgen liegen müsse, vermöge deren jene sich stets erneuerten, indem vom Untergange derselben sie selbst nicht mitgetroffen würde. Wie die *natura naturata* der Gegenstand der Physik ist, so die *natura naturans* der der Metaphysik. Diese wird zuletzt uns darauf führen, daß auch wir selbst zur Natur gehören, und folglich sowohl von *natura naturata* als von *natura naturans* nicht nur das nächste und deutlichste, sondern sogar das einzige uns auch v o n i n n e n zugängliche Specimen an uns selbst besitzen. Da sodann die ernste und genaue Reflexion auf uns selbst uns als den Kern unsers Wesens den W i l l e n erkennen läßt; so haben wir daran eine unmittelbare Offenbarung der *natura naturans*, die wir danach auf alle übrigen, uns nur einseitig bekannten Wesen zu übertragen befugt sind. So gelangen wir dann zu der großen Wahrheit, daß die *natura naturans*, oder das Ding an sich, der Wille in unserm Herzen; die *natura naturata* aber, oder die Erscheinung, die Vorstellung in unserm Kopfe ist. Von diesem Resultate jedoch auch abgesehn, ist so viel offenbar, daß die bloße Unterscheidung einer *natura naturans* und *naturata* noch lange kein Theismus, ja noch nicht ein Mal Pantheismus ist; da zu diesem (wenn er nicht bloße Redensart seyn soll) die Hinzufügung gewisser moralischer Eigenschaften erfordert wäre, die der Welt offenbar nicht zukommen, z. B. Güte, Weisheit, Glücksäligkeit u. s. w. Ueberdies ist Pantheismus ein sich selbst aufhebender Begriff; weil der Begriff eines Gottes eine von ihm verschiedene Welt, als wesentliches Korrelat desselben, voraussetzt. Soll hingegen die Welt selbst seine Rolle übernehmen; so bleibt eben eine absolute Welt, ohne Gott; daher Pantheismus nur eine

zur Kantischen Philosophie.

Euphemie für Atheismus ist. Dieser letztere Ausdruck aber enthält seinerseits eine Erschleichung, indem er vorweg annimmt, der Theismus verstehe sich von selbst, wodurch er das *affirmanti incumbit probatio* [dem, der etwas behauptet, obliegt der Beweis] schlau umgeht; während vielmehr der sogenannte Atheismus das *jus primi occupantis* [Recht der ersten Besitzergreifung] hat und erst vom Theismus aus dem Felde geschlagen werden muß. Ich erlaube mir hiezu die Bemerkung, daß die Menschen unbeschnitten, folglich nicht als Juden auf die Welt kommen. – Aber sogar auch die Annahme irgend einer von der Welt verschiedenen Ursache derselben ist noch kein Theismus. Dieser verlangt nicht nur eine von der Welt verschiedene, sondern eine intelligente, d. h. erkennende und wollende, also persönliche, mithin auch individuelle Welturache: eine solche ist es ganz allein, die das Wort Gott bezeichnet. Ein unpersönlicher Gott ist gar kein Gott, sondern bloß ein mißbrauchtes Wort, ein Unbegriff, eine *contradictio in adjecto* [Widersinnigkeit], ein Schiboleth für Philosophieprofessoren, welche, nachdem sie die Sache haben aufgeben müssen, mit dem Worte durchzuschleichen bemüht sind. Andererseits nun aber ist die Persönlichkeit, d. h. die selbstbewußte Individualität, welche erst e r k e n n t und dann dem Erkannten gemäß w i l l, ein Phänomen, welches uns ganz allein aus der, auf unserm kleinen Planeten vorhandenen, animalischen Natur bekannt und mit dieser so innig verknüpft ist, daß es von ihr getrennt und unabhängig zu denken, wir nicht nur nicht befugt, sondern auch nicht ein Mal fähig sind. Ein Wesen solcher Art nun aber als den Ursprung der Natur selbst, ja, alles Daseyns überhaupt anzunehmen, ist ein kolossaler und überaus kühner Gedanke, über den wir erstaunen würden, wenn wir ihn zum ersten Male vernähmen und er nicht, durch die frühzeitigste Einprägung und beständige Wiederholung, uns geläufig, ja, zur zweiten Natur, fast möchte ich sagen, zur fixen Idee geworden wäre. Daher sei es beiläufig erwähnt, daß nichts mir die Aechtheit des K a s p a r H a u s e r so sehr beglaubigt hat, als die Angabe, daß die ihm vorgetragene, sogenannte natürliche Theologie ihm nicht sonderlich hat einleuchten wollen, wie man es doch erwartet hatte; wozu noch kommt, daß er (nach dem »Briefe des Grafen Stanhope an den Schullehrer Meyer«) eine sonderbare Ehrfurcht vor der Sonne bezeugte. – Nun aber in der Philosophie zu lehren, jener theologische

Grundgedanke verstände sich von selbst und die Vernunft wäre
eben nur die Fähigkeit, denselben unmittelbar zu fassen und als
wahr zu erkennen, ist ein unverschämtes Vorgeben. Nicht nur
darf in der Philosophie ein solcher Gedanke nicht ohne den voll-
gültigsten Beweis angenommen werden, sondern sogar der Religion ist er durchaus nicht wesentlich: Dies bezeugt die auf Erden
am zahlreichsten vertretene Religion, der uralte, jetzt 370 Millionen Anhänger zählende, höchst moralische, ja asketische,
sogar auch den zahlreichsten Klerus ernährende Buddhaismus,
indem er einen solchen Gedanken durchaus nicht zuläßt, vielmehr ihn ausdrücklich perhorrescirt, und recht *ex professo* [aus-
drücklich], nach unserm Ausdruck, atheistisch ist.*

Dem Obigen zufolge ist der Anthropomorphismus eine dem
Theismus durchaus wesentliche Eigenschaft, und zwar besteht
derselbe nicht etwan bloß in der menschlichen Gestalt, selbst
nicht allein in den menschlichen Affekten und Leidenschaften;
sondern in dem Grundphänomen selbst, nämlich in dem eines,
zu seiner Leitung, mit einem Intellekt ausgerüsteten Willens,
welches Phänomen uns, wie gesagt, bloß aus der animalischen
Natur, am vollkommensten aus der menschlichen, bekannt ist
und sich allein als Individualität, die, wenn sie eine vernünftige

---

* »Der Zaradobura, Ober-Rahan (Oberpriester) der Buddhaisten in Ava zählt in
einem Aufsatz über seine Religion, den er einem katholischen Bischofe gab, zu den
sechs verdammlichen Ketzereien auch die Lehre, daß ein Wesen dasei, welches die
Welt und alle Dinge in der Welt geschaffen habe, und das allein würdig sei angebetet
zu werden; *Francis Buchanan, on the religion of the Burmas, in the Asiatic Researches
Vol. 6, p. 268.* Auch verdient hier angeführt zu werden, was in der selben Sammlung,
Bd. 15, S. 148, erwähnt wird, daß nämlich die Buddhaisten vor keinem Götterbilde
ihr Haupt beugen, als Grund angebend, daß das Urwesen die ganze Natur durchdringe, folglich auch in ihren Köpfen sei. Desgleichen, daß der grundgelehrte Orien-
talist und Petersburger Akademiker I. J. Schmidt, in seinen »Forschungen im Gebiete
der älteren Bildungsgeschichte Mittelasiens«, Petersburg 1824, S. 180 sagt: »Das
System des Buddhaismus kennt kein ewiges, unerschaffenes, einiges göttliches Wesen,
das vor allen Zeiten war und alles Sichtbare und Unsichtbare erschaffen hat. Diese
Idee ist ihm ganz fremd, und man findet in den buddhaistischen Büchern nicht die
geringste Spur davon. Eben so wenig giebt es eine Schöpfung« u. s. w. – Wo bleibt nun
das »Gottesbewußtseyn« der von Kant und der Wahrheit bedrängten Philosophieprofessoren? Wie ist dasselbe auch nur damit zu vereinigen, daß die Sprache der Chinesen,
welche doch ungefähr ²/₅ des ganzen Menschengeschlechts ausmachen, für G o t t und
S c h a f f e n gar keine Ausdrücke hat? daher schon der erste Vers des Pentateuchs
sich in dieselbe nicht übersetzen läßt, zur großen Perplexität der Missionarien, welcher
S i r   G e o r g e   S t a u n t o n durch ein eigenes Buch hat zur Hülfe kommen wollen; es heißt: *an inquiry into the proper mode of rendering the word God in transla-
ting the Sacred Scriptures into the Chinese language, Lond. 1848.* (Untersuchung über
die passende Art, beim Uebersetzen der heiligen Schrift ins Chinesische, das Wort
G o t t auszudrücken.)

zur Kantischen Philosophie. *133*

ist, Persönlichkeit heißt, denken läßt. Dies bestätigt auch der Ausdruck »so wahr Gott lebt«: er ist eben ein Lebendes, d. h. mit Erkenntniß Wollendes. Sogar gehört eben deshalb zu einem Gotte auch ein Himmel, darin er thront und regiert. Viel mehr dieserhalb, als wegen der Redensart im Buche Josua, wurde das Kopernikanische Weltsystem von der Kirche sogleich mit Ingrimm empfangen, und wir finden, dem entsprechend, 100 Jahre später den Jordanus Brunus als Verfechter jenes Systems und des Pantheismus zugleich. Die Versuche, den Theismus vom Anthropomorphismus zu reinigen, greifen, indem sie nur an der Schaale zu arbeiten wähnen, geradezu sein innerstes Wesen an: durch ihr Bemühen, seinen Gegenstand abstrakt zu fassen, sublimiren sie ihn zu einer undeutlichen Nebelgestalt, deren Umriß, unter dem Streben die menschliche Figur zu vermeiden, allmälig ganz verfließt; wodurch denn der kindliche Grundgedanke selbst endlich zu nichts verflüchtigt wird. Den rationalistischen Theologen aber, denen dergleichen Versuche eigenthümlich sind, kann man überdies vorwerfen, daß sie geradezu mit der heiligen Urkunde in Widerspruch treten, welche sagt: »Gott schuf den Menschen ihm zum Bilde: zum Bilde Gottes schuf er ihn.« Also, weg mit dem Philosophieprofessoren-Jargon! Es giebt keinen andern Gott, als Gott, und das Alte Testament ist seine Offenbarung: besonders im Buche Josua.†

In einem gewissen Sinne könnte man allerdings, mit K a n t , den Theismus ein praktisches Postulat nennen, jedoch in einem ganz andern, als den er gemeint hat. Der Theismus nämlich ist in der That kein Erzeugniß der E r k e n n t n i ß , sondern des W i l l e n s . Wenn er ursprünglich t h e o r e t i s c h wäre, wie könnten denn alle seine Beweise so unhaltbar seyn? Aus dem Willen aber entspringt er folgendermaßen. Die beständige Noth, welche das Herz (Willen) des Menschen bald schwer beängstigt, bald heftig bewegt und ihn fortwährend im Zustande des Fürchtens und Hoffens erhält, während die Dinge, v o n denen er hofft und fürchtet, nicht in seiner Gewalt stehn, ja, der Zusammenhang der Kausalketten, an denen solche herbeigeführt werden, nur eine kurze Spanne weit von seiner

---

† Dem Gott, der ursprünglich Jehova war, haben Philosophen und Theologen eine Hülle nach der andern ausgezogen, bis am Ende nichts, als das Wort, übrig geblieben ist.

Erkenntniß erreicht werden kann; – diese Noth, dies stete Fürchten und Hoffen, bringt ihn dahin, daß er die Hypostase persönlicher Wesen macht, von denen Alles abhienge. Von solchen nun läßt sich voraussetzen, daß sie, gleich andern Personen, für Bitte und Schmeichelei, Dienst und Gabe, empfänglich, also traktabler [fügsamer] seyn werden, als die starre Nothwendigkeit, die unerbittlichen, gefühllosen Naturkräfte und die dunkeln Mächte des Weltlaufs. Sind nun Anfangs, wie es natürlich ist und die Alten es sehr zweckmäßig durchgeführt hatten, dieser Götter, nach Verschiedenheit der Angelegenheiten, mehrere; so werden sie später, durch das Bedürfniß, Konsequenz, Ordnung und Einheit in die Erkenntniß zu bringen, Einem unterworfen oder gar auf Einen reducirt werden, – der nun freilich, wie mir Goethe ein Mal bemerkt hat, sehr undramatisch ist; weil mit Einer Person sich nichts anfangen läßt. Das Wesentliche jedoch ist der Drang des geängsteten Menschen, sich niederzuwerfen und Hülfe anzuflehen, in seiner häufigen, kläglichen und großen Noth und auch hinsichtlich seiner ewigen Säligkeit. Der Mensch verläßt sich lieber auf fremde Gnade, als auf eigenes Verdienst: Dies ist eine Hauptstütze des Theismus. Damit also sein Herz (Wille) die Erleichterung des Betens und den Trost des Hoffens habe, muß sein Intellekt ihm einen Gott schaffen; nicht aber umgekehrt, weil sein Intellekt auf einen Gott logisch richtig geschlossen hat, betet er. Laßt ihn ohne Noth, Wünsche und Bedürfnisse seyn, etwan ein bloß intellektuelles, willenloses Wesen; so braucht er keinen Gott und macht auch keinen. Das Herz, d. i. der Wille, hat in seiner schweren Bedrängniß das Bedürfniß, allmächtigen, folglich übernatürlichen Beistand anzurufen: weil also gebetet werden soll, wird ein Gott hypostasirt; nicht umgekehrt. Daher ist das Theoretische der Theologie aller Völker sehr verschieden, an Zahl und Beschaffenheit der Götter: aber daß sie helfen können und es thun, wenn man ihnen dient und sie anbetet, – Dies haben sie alle gemein; weil es der Punkt ist, darauf es ankommt. Zugleich aber ist Dieses das Muttermal, woran man die Abkunft aller Theologie erkennt, nämlich, daß sie aus dem W i l l e n , aus dem Herzen entsprungen sei, nicht aus dem Kopf, oder der Erkenntniß; wie vorgegeben wird. Diesem entspricht auch, daß der wahre Grund, weshalb Konstantin der Große und eben so Chlodowig der Frankenkönig ihre Religion gewechselt haben, dieser war, daß sie von dem neuen Gotte

zur Kantischen Philosophie. 135

bessere Unterstützung im Kriege hofften. Einige wenige Völker giebt es, welche, gleichsam das Moll dem Dur vorziehend, statt der Götter, bloß böse Geister haben, von denen durch Opfer und Gebete erlangt wird, daß sie nicht schaden. Im Resultat ist, der Hauptsache nach, kein großer Unterschied. Dergleichen Völker scheinen auch die Urbewohner der Indischen Halbinseln und Ceylons, vor Einführung des Brahmanismus und Buddhaismus, gewesen zu seyn, und deren Abkömmlinge sollen zum Theil noch eine solche kakodämonologische [von bösen Dämonen bevölkerte] Religion haben; wie auch manche wilde Völker. Daher stammt auch der dem Cingalesischen Buddhaismus beigemischte Kappuismus. – Imgleichen gehören. hieher die von L a y a r d besuchten Teufelsanbeter in Mesopotamien.

Mit dem dargelegten wahren Ursprung alles Theismus genau verwandt und eben so aus der Natur des Menschen hervorgehend ist der Drang seinen Göttern O p f e r zu bringen, um ihre Gunst zu erkaufen, oder, wenn sie solche schon bewiesen haben, die Fortdauer derselben zu sichern, oder um Uebel ihnen abzukaufen. (S. *Sanchoniathonis fragmenta, ed. Orelli, Lips. 1826. p. 42.*) Dies ist der Sinn jedes Opfers und eben dadurch der Ursprung und die Stütze des Daseyns aller Götter; so daß man mit Wahrheit sagen kann, die Götter lebten vom Opfer. Denn eben weil der Drang, den Beistand übernatürlicher Wesen anzurufen und zu erkaufen, wiewohl ein Kind der Noth und der intellektuellen Beschränktheit, dem Menschen natürlich und seine Befriedigung ein Bedürfniß ist, schafft er sich Götter. Daher die Allgemeinheit des Opfers, in allen Zeitaltern und bei den allerverschiedensten Völkern, und die Identität der Sache, beim größten Unterschiede der Verhältnisse und Bildungsstufe. So z. B. erzählt Herodot (IV, 152), daß ein Schiff aus Samos, durch den überaus vortheilhaften Verkauf seiner Ladung in Tartessos einen unerhört großen Gewinn gehabt habe, worauf diese Samier den zehnten Theil desselben, der sechs Talente betrug, auf eine große eherne und sehr kunstvoll gearbeitete Vase verwandt und solche der Here in ihrem Tempel geschenkt haben. Und als Gegenstück zu diesen Griechen sehn wir, in unsern Tagen, den armsäligen, zur Zwerggestalt eingeschrumpften, nomadisirenden Rennthierlappen sein erübrigtes Geld an verschiedenen heimlichen Stellen der Felsen und Schluchten verstecken, die er Keinem bekannt macht, als nur in der Todesstunde seinem Erben, – bis auf eine, die er auch diesem verschweigt, weil er das dort Hingelegte dem *genio loci,* dem Schutzgott seines Reviers, zum Opfer gebracht hat. (S. Albrecht Pancritius, Hägringar, Reise durch Schweden, Lappland, Norwegen und Dänemark im Jahre 1850. Königsberg 1852. S. 162.) – So wurzelt der Götterglaube im Egoismus. Bloß im Christenthum ist das eigentliche Opfer weggefallen, wiewohl es in Gestalt von Seelenmessen, Kloster-, Kirchen- und Kapellen-Bauten noch daist. Im Uebrigen aber, und zumal bei den Protestanten, muß als Surrogat des Opfers Lob, Preis und Dank dienen, die daher zu den äußersten Superlativen getrieben werden, sogar bei Anlässen, welche dem Unbefangenen wenig dazu geeignet scheinen: übrigens ist dies Dem analog, daß auch der Staat das Verdienst nicht allemal mit Gaben, sondern auch mit bloßen Ehrenbezeugungen belohnt und so sich seine Fortwirkung erhält. In dieser Hinsicht verdient wohl in Erinnerung gebracht zu werden, was der große D a v i d H u m e darüber sagt: *Whether this god, therefore, be considered as their peculiar patron, or as the general sovereign of heaven, his votaries will endeavour, by every art, to insinuate themselves into his favour; and supposing him to be pleased, like themselves, with praise and flattery, there is no eulogy or exaggeration, which will be spared in their addresses to him. In proportion as men's fears or distresses become more urgent, they still invent new strains of adulation; and even he who outdoes his predecessors in swelling up the titles of his divinity, is sure to be outdone by his successors in newer and more pompous epithets of praise. Thus they proceed; till at last they arrive at infinity itself, beyond which there is no farther progress.* [Ob daher dieser Gott als ihr besonderer Beschützer, oder als der allgemeine Herrscher des Himmels betrachtet wird – seine Anbeter haben jedenfalls das Bestreben, sich durch jeglichen Kunstgriff in seine Gunst einzuschleichen; und in der Voraussetzung, daß er, wie sie selbst, an Lob und Schmeichelei Gefallen habe, sparen sie keinerlei Lobeserhebung oder Uebertreibung in ihren Anreden an ihn. In demselben Maße, wie die Befürchtungen oder Nöte der Menschen dringender werden, erfinden sie immer neue Schmeichelreden, und jeder, der seine Vorgänger im Aufbauschen von Verherrlichungen seiner Göttlichkeit übertrifft, kann darauf rechnen, von seinen Nachfolgern mit neueren und pompöseren Ausdrücken der Lob-

zur Kantischen Philosophie. 137

preisung ausgestochen zu werden. So fahren sie fort, bis sie bei der Unendlichkeit selbst ankommen, über welche hinaus kein weiteres Fortschreiten mehr möglich ist.] *(Essays and Treatises on several subjects, London 1777, Vol. II. p. 429.)* Ferner: *It appears certain, that, though the original notions of the vulgar represent the Divinity as a limited being, and consider him only as the particular cause of health or sickness; plenty or want; prosperity or adversity; yet when more magnificent ideas are urged upon them, they esteem it d a n g e r o u s   t o   r e f u s e t h e i r   a s s e n t. Will you say, that your deity is finite and bounded in his perfections: may be overcome by a greater force; is subject to human passions, pains and infirmities; has a beginning and may have an end? This they dare not affirm; but thinking it s a f e s t   t o   c o m p l y   w i t h   t h e   h i g h e r e n c o m i u m s ,   t h e y   e n d e a v o u r ,   b y   a n   a f f e c t e d r a v i s h m e n t   a n d   d e v o t i o n   t o   i n g r a t i a t e t h e m s e l v e s   with him. As a confirmation of this, we may observe, that the assent of the vulgar is, in this case, merely verbal, and that they are incapable of conceiving those sublime qualities which they seemingly attribute to the Deity. Their real idea of him, notwithstanding their pompous language, is still as poor and frivolous as ever.* [Obgleich die ursprünglichen Vorstellungen des gemeinen Haufens die Gottheit als ein begrenztes Wesen sehen und nur als die besondere Ursache von Gesundheit oder Krankheit, Ueberfluß oder Mangel, Glück oder Widerwärtigkeit betrachten, so scheint es doch gewiß, daß das Volk, wenn ihm höhere Ideen beigebracht werden, es f ü r   g e f ä h r l i c h h ä l t ,   s e i n e   Z u s t i m m u n g   z u   v e r w e i g e r n. Willst du sagen, daß deine Gottheit endlich und in ihren Vollkommenheiten beschränkt sei, von einer größeren Macht überwunden werden könne, menschlichen Leidenschaften, Schmerzen und Schwächen unterworfen sei, einen Anfang und ein Ende habe? Dies wagen sie nicht zu bejahen, sondern h a l t e n   e s   f ü r g e r a t e n e r ,   i n   d i e   h ö h e r n   L o b l i e d e r   e i n z u - s t i m m e n ,   u n d   s t r e b e n   d u r c h   e r k ü n s t e l t e s E n t z ü c k e n   u n d   e r h e u c h e l t e   A n d a c h t ,   s i c h b e i   i h r   b e l i e b t   z u   m a c h e n. Als Bestätigung des Gesagten können wir beobachten, daß die Zustimmung der gewöhnlichen Menschen in diesen Fällen nur in Worten besteht, und daß sie unfähig sind, jene erhabenen Eigenschaften zu begreifen, welche sie scheinbar der Gottheit beilegen. Ihre wirkliche Idee von der Gottheit ist, ungeachtet ihrer hochtrabenden Worte, noch so armselig und kleinlich wie immer.] (Daselbst p. 432.)

K a n t hat, um das Anstößige seiner Kritik aller spekulativen Theologie zu mildern, derselben nicht nur die Moraltheologie, sondern auch die Versicherung beigefügt, daß, wenn gleich das Daseyn Gottes unbewiesen bleiben müßte, es doch auch eben so unmöglich sei, das Gegentheil davon zu beweisen; wobei sich Viele beruhigt haben, indem sie nicht merkten, daß er, mit verstellter Einfalt, das *affirmanti incumbit probatio* ignorirte, wie auch, daß die Zahl der Dinge, deren Nichtdaseyn sich nicht beweisen läßt, unendlich ist. Noch mehr hat er natürlich sich gehütet, die Argumente nachzuweisen, deren man zu einem apagogischen [indirekten] Gegenbeweise sich wirklich bedienen könnte, wenn man etwan nicht mehr sich bloß defensiv verhalten, sondern ein Mal aggressiv verfahren wollte. Dieser Art wären etwan folgende:

1) Zuvörderst ist die traurige Beschaffenheit einer Welt, deren lebende Wesen dadurch bestehn, daß sie einander auffressen, die hieraus hervorgehende Noth und Angst alles Lebenden, die Menge und kolossale Größe der Uebel, der Mannigfaltigkeit und Unvermeidlichkeit der oft zum Entsetzlichen anwachsenden Leiden, die Last des Lebens selbst und sein Hineilen zum bittern Tode, ehrlicherweise nicht damit zu vereinigen, daß sie das Werk vereinter Allgüte, Allweisheit und Allmacht seyn sollte. Hiegegen ein Geschrei zu erheben, ist eben so leicht, wie es schwer ist, der Sache mit triftigen Gründen zu begegnen.

2) Zwei Punkte sind es, die nicht nur jeden denkenden Menschen beschäftigen, sondern auch den Anhängern jeder Religion zumeist am Herzen liegen, daher Kraft und Bestand der Religionen auf ihnen beruht: erstlich die transscendente moralische Bedeutsamkeit unsers Handelns, und zweitens unsere Fortdauer nach dem Tode. Wenn eine Religion für diese beiden Punkte gut gesorgt hat; so ist alles Uebrige Nebensache. Ich werde daher hier den Theismus in Beziehung auf den ersten, unter der folgenden Nummer aber in Beziehung auf den zweiten Punkt prüfen.

Mit der Moralität unsers Handelns also hat der Theismus einen zwiefachen Zusammenhang, nämlich einen *a parte ante*

zur Kantischen Philosophie. *139*

[hinsichtlich des Vorher] und einen *a parte post* [hinsichtlich des Nachher], d. h. hinsichtlich der Gründe und hinsichtlich der Folgen unsers Thuns. Den letztern Punkt zuerst zu nehmen; so giebt der Theismus zwar der Moral eine Stütze, jedoch eine von der rohesten Art, ja, eine, durch welche die wahre und reine Moralität des Handelns im Grunde aufgehoben wird, indem dadurch jede uneigennützige Handlung sich sofort in eine eigennützige verwandelt, vermittelst eines sehr langsichtigen, aber sichern Wechsels, den man als Zahlung dafür erhält. Der Gott nämlich, welcher Anfangs der Schöpfer war, tritt zuletzt als Rächer und Vergelter auf. Rücksicht auf einen solchen kann allerdings tugendhafte Handlungen hervorrufen: allein diese werden, da Furcht vor Strafe, oder Hoffnung auf Lohn ihr Motiv ist, nicht rein moralisch seyn; vielmehr wird das Innere einer solchen Tugend auf klugen und wohl überlegenden Egoismus zurücklaufen. In letzter Instanz kommt es dabei allein auf die Festigkeit des Glaubens an unerweisliche Dinge an: ist diese vorhanden; so wird man allerdings nicht anstehn, eine kurze Frist Leiden für eine Ewigkeit Freuden zu übernehmen, und der eigentlich leitende Grundsatz der Moral wird seyn: »warten können.« Allein Jeder, der einen Lohn seiner Thaten sucht, sei es in dieser Welt, oder in einer künftigen, ist ein Egoist: entgeht ihm der gehoffte Lohn; so ist es gleichviel, ob Dies durch den Zufall geschehe, der diese Welt beherrscht, oder durch die Leerheit des Wahns, der ihm die künftige erbaute. Dieserwegen untergräbt auch K a n t s Moraltheologie eigentlich die Moral.

A parte ante nun wieder ist der Theismus ebenfalls mit der Moral im Widerstreit; weil er Freiheit und Zurechnungsfähigkeit aufhebt. Denn an einem Wesen, welches, seiner *existentia* und *essentia* [seinem Dasein und Wesen] nach, das Werk eines andern ist, läßt sich weder Schuld noch Verdienst denken. Schon V a u v e n a r g u e s sagt sehr richtig: *Un être, qui a tout reçu, ne peut agir que par ce qui lui a été donné; et toute la puissance divine, qui est infinie, ne saurait le rendre indépendant.* [Ein Wesen, das alles nur empfangen hat, kann auch nur entsprechend dem ihm Gegebenen handeln; und die ganze göttliche Macht in ihrer Unendlichkeit kann ihm keine Unabhängigkeit verleihen.] *(Discours sur la liberté.* Siehe *Œuvres complètes, Paris 1823, Tom. II, p. 331.)* Kann es doch, gleich jedem andern, nur irgend denkbaren Wesen, nicht anders, als s e i n e r

Beschaffenheit gemäß wirken und dadurch diese kund geben: wie es aber b e schaffen ist, so ist es hier g e schaffen. Handelt es nun schlecht; so kommt dies daher, daß es schlecht i s t , und dann ist die Schuld nicht seine, sondern Dessen, der es gemacht hat. Unvermeidlich ist der Urheber seines Daseyns und seiner Beschaffenheit, dazu auch noch der Umstände, in die es gesetzt worden, auch der Urheber seines Wirkens und seiner Thaten, als welche durch dies Alles so sicher bestimmt sind, wie durch zwei Winkel und eine Linie der Triangel. Die Richtigkeit dieser Argumentation haben, während die Andern sie verschmitzt und feigherzig ignorirten, S. Augustinus, Hume und Kant sehr wohl eingesehn und eingestanden; worüber ich ausführlich berichtet habe in meiner Preisschrift über die Freiheit des Willens, S. 67 ff. [Bd. VI uns. Ausg., S. 107 f.]. Eben um diese furchtbare und exterminirende [vernichtende] Schwierigkeit zu eludiren [umgehen], hat man die Freiheit des Willens, das *liberum arbitrium indifferentiae*, erfunden, welches eine ganz monstrose Fiktion enthält und daher von allen denkenden Köpfen stets bestritten und schon längst verworfen, vielleicht aber nirgends so systematisch und gründlich widerlegt ist, wie in der soeben angeführten Schrift. Mag immerhin der Pöbel sich noch ferner mit der Willensfreiheit schleppen, auch der litterarische, auch der philosophirende Pöbel: was kümmert das uns? Die Behauptung, daß ein gegebenes Wesen f r e i sei, d. h. unter gegebenen Umständen so und auch anders handeln könne, besagt, daß es eine *existentia* ohne alle *essentia* habe, d. h. daß es bloß s e i , ohne irgend e t w a s zu seyn; also daß es n i c h t s sei, dabei aber doch s e i ; mithin, daß es zugleich sei und nicht sei. Also ist Dies der Gipfel der Absurdität, aber nichtsdestoweniger gut für Leute, welche nicht die Wahrheit, sondern ihr Futter suchen und daher nie etwas gelten lassen werden, was nicht in ihren Kram, in die *fable convenue* [abgesprochene Fabel], von der sie leben, paßt: statt des Widerlegens dient ihrer Ohnmacht das Ignoriren. Und auf die Meinungen solcher βοσκηματα, *in terram prona et ventri obedientia* [zur Erde gebeugter und ihrem Bauche dienender Tiere: Sallust, *Catilina*, c. 1] sollte man ein Gewicht legen?! – Alles was i s t , das ist auch e t w a s , hat ein Wesen, eine Beschaffenheit, einen Charakter: diesem gemäß muß es wirken, muß es handeln (welches heißt nach Motiven wirken), wann die äußern Anlässe

zur Kantischen Philosophie. 141

kommen, welche die einzelnen Aeußerungen desselben hervor-
locken. Wo nun dasselbe das Daseyn, die *existentia,* herhat, da
hat es auch das Was, die Beschaffenheit, die *essentia,* her; weil
Beide zwar im Begriffe verschieden, jedoch nicht in der Wirklichkeit trennbar sind. Was aber eine *essentia,* d. h. eine Natur,
einen Charakter, eine Beschaffenheit, hat, kann stets nur dieser
gemäß und nie anders wirken: bloß der Zeitpunkt und die
nähere Gestalt und Beschaffenheit der einzelnen Handlungen
wird dabei jedesmal durch die eintretenden Motive bestimmt.
Daß der Schöpfer den Menschen f r e i geschaffen habe, besagt
eine Unmöglichkeit, nämlich daß er ihm eine *existentia* ohne
essentia verliehen, also ihm das D a s e y n bloß *in abstracto*
gegeben habe, indem er ihm überließ, als w a s er daseyn wolle.
Hierüber bitte ich den § 20 meiner Abhandlung über das Fundament der Moral nachzulesen. – Moralische Freiheit und Verantwortlichkeit, oder Zurechnungsfähigkeit, setzen schlechterdings
A s e i t ä t voraus. Die Handlungen werden stets aus dem
Charakter, d. i. aus der eigenthümlichen und daher unveränder-
lichen Beschaffenheit eines Wesens, unter Einwirkung und nach
Maaßgabe der Motive mit Nothwendigkeit hervorgehn: also
muß dasselbe, soll es verantwortlich seyn, ursprünglich und aus
eigener Machtvollkommenheit existiren: es muß, seiner *existentia* und *essentia* nach, selbst sein eigenes Werk und der Urheber
seiner selbst seyn, wenn es der wahre Urheber seiner T h a t e n
seyn soll. Oder, wie ich es in meinen beiden Preisschriften ausgedrückt habe, die Freiheit kann nicht im *operari* [Handeln], muß
also im *esse* [Sein] liegen: denn vorhanden ist sie allerdings.

Da dieses Alles nicht nur *a priori* demonstrabel ist, sondern
sogar die tägliche Erfahrung uns deutlich lehrt, daß Jeder seinen
moralischen Charakter schon fertig mit auf die Welt bringt und
ihm bis ans Ende unwandelbar treu bleibt, und da ferner diese
Wahrheit im realen, praktischen Leben stillschweigend, aber
sicher, vorausgesetzt wird, indem Jeder sein Zutrauen, oder
Mißtrauen, zu einem Andern den ein Mal an den Tag gelegten
Charakterzügen desselben gemäß auf immer feststellt; so könnte
man sich wundern, wie doch nur, seit beiläufig 1600 Jahren, das
Gegentheil theoretisch behauptet und demnach gelehrt wird, alle
Menschen seien, in moralischer Hinsicht, ursprünglich ganz
gleich, und die große Verschiedenheit ihres Handelns entspringe
nicht aus ursprünglicher, angeborener Verschiedenheit der

Anlage und des Charakters, eben so wenig aber aus den eintretenden Umständen und Anlässen; sondern eigentlich aus gar nichts, welches Garnichts sodann den Namen »freier Wille« erhält. – Allein diese absurde Lehre wird nothwendig gemacht durch eine andere, ebenfalls rein theoretische Annahme, mit der sie genau zusammenhängt, nämlich durch diese, daß die Geburt des Menschen der absolute Anfang seines Daseyns sei, indem derselbe aus nichts g e s c h a f f e n (ein *terminus ad hoc* [nur hierfür bestimmter Begriff]) werde. Wenn nun, unter dieser Voraussetzung, das Leben noch eine moralische Bedeutung und Tendenz behalten soll; so muß diese freilich erst im Laufe desselben ihren Ursprung finden, und zwar aus nichts, wie dieser ganze so gedachte Mensch aus nichts ist: denn jede Beziehung auf eine vorhergängige Bedingung, ein früheres Daseyn, oder eine außerzeitliche That, auf dergleichen doch die unermeßliche, ursprüngliche und angeborene Verschiedenheit der moralischen Charaktere deutlich zurückweist, bleibt hier, ein für alle Mal, ausgeschlossen. Daher also die absurde Fiktion eines freien Willens. – Die Wahrheiten stehn bekanntlich alle im Zusammenhange; aber auch die Irrthümer machen einander nöthig, – wie e i n e Lüge eine zweite erfordert, oder wie zwei Karten, gegen einander gestemmt, sich wechselseitig stützen, – so lange nichts sie beide umstößt.

3) Nicht viel besser, als mit der Willensfreiheit, steht es, unter Annahme des Theismus, mit unserer Fortdauer nach dem Tode. Was von einem Andern geschaffen ist[,] hat einen Anfang seines Daseyns gehabt. Daß nun dasselbe, nachdem es doch eine unendliche Zeit gar nicht gewesen, von nun an in alle Ewigkeit fortdauern solle, ist eine über die Maaßen kühne Annahme. Bin ich allererst bei meiner Geburt aus Nichts geworden und geschaffen; so ist die höchste Wahrscheinlichkeit vorhanden, daß ich im Tode wieder zu nichts werde. Unendliche Dauer *a parte post* [nachher] und Nichts *a parte ante* [vorher] geht nicht zusammen. Nur was selbst ursprünglich, ewig, ungeschaffen ist, kann unzerstörbar seyn. (S. *Aristoteles de coelo, I, c. 12. p. 281–283,* und *Priestley, on matter and spirit, Birmingham 1782, Vol. I, p. 234.*) Allenfalls können daher Die im Tode verzagen, welche glauben, vor 30 oder 60 Jahren ein reines Nichts gewesen und aus diesem sodann, als das Werk eines Andern, hervorgegangen zu seyn; da sie jetzt die schwere Aufgabe haben, anzunehmen,

zur Kantischen Philosophie. 143

daß ein so entstandenes Daseyn, seines späten, erst nach Ablauf
einer unendlichen Zeit eingetretenen Anfangs ungeachtet, doch
von endloser Dauer seyn werde. Hingegen, wie sollte Der den
Tod fürchten, der sich als das ursprüngliche und ewige Wesen,
die Quelle alles Daseyns selbst, erkennt, und weiß, daß außer
ihm eigentlich nichts existirt; der mit dem Spruche des heiligen
Upanischads *hae omnes creaturae in totum ego sum, et praeter
me aliud ens non est* [Alle diese Geschöpfe insgesamt bin ich,
und außer mir ist kein anderes Wesen: *Oupnek'hat,* ed. A.
Duperron, 1801/02, I, 22] im Munde, oder doch im Herzen,
sein individuelles Daseyn endigt. Also nur er kann, bei konse-
quentem Denken, ruhig sterben. Denn, wie gesagt, A s e i t ä t
ist die Bedingung, wie der Zurechnungsfähigkeit, so auch der
Unsterblichkeit. Diesem entsprechend ist in Indien die Verachtung des Todes und die vollkommenste Gelassenheit, selbst
Freudigkeit im Sterben recht eigentlich zu Hause. Das Judenthum hingegen, welches ursprünglich die einzige und alleinige
rein monotheistische, einen wirklichen Gott-Schöpfer Himmels
und der Erden lehrende Religion ist, hat, mit vollkommener
Konsequenz, keine Unsterblichkeitslehre, also auch keine Vergel-
tung nach dem Tode, sondern bloß zeitliche Strafen und Beloh-
nungen; wodurch es sich ebenfalls von allen andern Religionen,
wenn auch nicht zu seinem Vortheil, unterscheidet. Die dem
Judenthum entsprossenen zwei Religionen sind, indem sie, aus
besseren, ihnen anderweitig bekannt gewordenen Glaubenslehren, die Unsterblichkeit hinzunahmen und doch den Gott-Schöpfer beibehielten, hierin eigentlich inkonsequent geworden.†

---

† Die eigentliche J u d e n r e l i g i o n , wie sie in der Genesis [Schöpfungsgeschichte]
und allen historischen Büchern, bis zum Ende der Chronika, dargestellt und gelehrt wird,
ist die roheste aller Religionen, weil sie die einzige ist, die durchaus keine Unsterblichkeitslehre, noch irgend eine Spur davon, hat. Jeder König und jeder Held, oder Prophet, wird,
wenn er stirbt, bei seinen Vätern begraben, und damit ist Alles aus: keine Spur von irgend
einem Daseyn nach dem Tode; ja, wie absichtlich, scheint jeder Gedanke dieser Art
beseitigt zu seyn. Z. B. dem König Josias hält der Jehova eine lange Belobungsrede: sie
schließt mit der Verheißung einer Belohnung: diese lautet: ιδου προστιθημι σε προς τους
πατερας σου, και προστεθηση προς τα μνηματα σου εν ειρηνη. [Siehe, ich will dich zu deinen
Vätern versammeln, und du sollst in Frieden zu deinem Grabe gebracht werden] (2. Chron.
34, 28) und daß er also den Nebukadnezar nicht erleben soll. Aber kein Gedanke an ein
anderes Daseyn nach dem Tode und damit an einen positiven Lohn, statt des bloß negativen, zu sterben, und keine fernere Leiden zu erleben. Sondern, hat der Herr Jehova sein
Werk und Spielzeug genugsam abgenutzt und abgequält, so schmeißt er es weg, auf den
Mist: das ist der Lohn für dasselbe. Eben weil die Judenreligion keine Unsterblichkeit,
folglich auch keine Strafen nach dem Tode kennt, kann der Jehova dem Sünder, dem es

Daß, wie eben gesagt, das Judenthum die alleinige rein monotheistische, d. h. einen Gott-Schöpfer als Ursprung aller Dinge lehrende Religion sei, ist ein Verdienst, welches man, unbegreiflicherweise, zu verbergen bemüht gewesen ist, indem man stets behauptet und gelehrt hat, alle Völker verehrten den wahren Gott, wenn auch unter andern Namen. Hieran fehlt jedoch nicht nur viel, sondern Alles. Daß der Buddhaismus, also die Religion, welche durch die überwiegende Anzahl ihrer Bekenner die vornehmste auf Erden ist, durchaus und ausdrücklich atheistisch sei, ist durch die Uebereinstimmung aller unverfälschten Zeugnisse und Urschriften außer Zweifel gesetzt. Auch die Veden lehren keinen Gott-Schöpfer, sondern eine Weltseele, genannt d a s B r a h m (im *neutro* [sächlichen Geschlecht]), wovon der, dem Nabel des Wischnu entsprossene B r a h m a , mit den vier Gesichtern und als Theil des Trimurti, bloß eine populäre Personifikation, in der so höchst durchsichtigen Indischen Mythologie ist. Er stellt offenbar die Zeugung, das Entstehn der Wesen, wie Wischnu ihre Akme, und Schiwa ihren Untergang dar. Auch ist sein Hervorbringen der Welt ein sündlicher Akt,

---

auf Erden wohlgeht, nichts Anderes androhen, als daß er dessen Missethaten an seinen Kindern und Kindeskindern, bis ins vierte Geschlecht, strafen werde, wie zu ersehn *Exodus* [2. Buch Mose], *c. 34, v. 7,* und *Numeri* [4. Buch Mose], *c. 14, v. 18.* – Dies beweist die Abwesenheit aller Unsterblichkeitslehre. Ebenfalls noch die Stelle im Tobias, *c. 3, 6,* wo dieser den Jehova um seinen Tod bittet, ὅπως ἀπολυθω και γενωμαι γη [auf daß ich erlöst und zu Erde werde], weiter nichts, von einem Daseyn nach dem Tode kein Begriff. – Im alten Testament wird als Lohn der Tugend verheißen, recht lange auf Erden zu leben (z. B. 5. Mose, *c. 5, v. 16* und *33*), im V e d a hingegen, nicht wieder geboren zu werden. – Die Verachtung, in der die Juden stets bei allen ihnen gleichzeitigen Völkern standen, mag großen Theils auf der armsäligen Beschaffenheit ihrer Religion beruht haben. Was Koheleth [Prediger Salomo] 3, 19, 20 ausspricht, ist die eigentliche Gesinnung der J u d e n - r e l i g i o n. Wenn etwan, wie im D a n i e l 12, 2, auf eine Unsterblichkeit angespielt wird, so ist es fremde hineingebrachte Lehre, wie dies aus Daniel 1, 4 und 5 hervorgeht. Im 2. Buch der Makkabäer *c. 7* tritt die Unsterblichkeitslehre deutlich auf: Babylonischen Ursprungs. Alle anderen Religionen, die der Inder, sowohl Brahmanen als Buddhaisten, Aegypter, Perser, ja, der Druiden, lehren Unsterblichkeit und auch, mit Ausnahme der Perser im Zendavesta, Metempsychose. Daß die Edda, namentlich die Völuspa, Seelenwanderung lehrt, bezeugt D. G. v. Ekendahl, in seiner Rezension des *Svenska Siare och Skalder* von Atterbom, – in den Blättern für litter. Unterhaltung, d. 25. Aug. 1843. Selbst Griechen und Römer hatten etwas *post letum* [nach dem Tode], Tartarus und Elysium, und sagten:

Sunt aliquid manes, letum non omnia finit:
Luridaque evictos effugit umbra rogos.

Propert[ius] *Eleg. IV, 7.*
[Etwas sind noch die Manen, der Tod beendigt nicht alles:
Fahl aus der Flammenglut steigt siegend der Schatten empor.]

zur Kantischen Philosophie. 145

eben wie die Weltinkarnation des Brahm. Sodann dem Ormuzd
der Zendavesta ist, wie wir wissen, Ahriman ebenbürtig, und
Beide sind aus der ungemessenen Zeit, Zervane Akerene (wenn es
damit seine Richtigkeit hat), hervorgegangen. Ebenfalls in der
von S a n c h o n i a t h o n niedergeschriebenen und vom Philo
Byblius uns aufbehaltenen sehr schönen und höchst lesenswerthen
K o s m o g o n i e   d e r   P h ö n i c i e r ,   die vielleicht das
Urbild der Mosaischen ist, finden wir keine Spur von Theismus
oder Weltschöpfung durch ein persönliches Wesen. Nämlich auch
hier sehn wir, wie in der Mosaischen Genesis, das ursprüngliche
Chaos in Nacht versenkt; aber kein Gott tritt auf, befehlend, es
werde Licht, und werde Dies und werde Das: o nein! sondern
ἠρασθη το πνευμα των ἰδιων ἀρχων [Der Geist verliebte sich in
seinen eigenen Ursprung: Sanchoniathon, *Phoenicum theologia,*
ed. Orelli, p. 8]: der in der Masse gährende Geist verliebt sich in
sein eigenes Wesen, wodurch eine Mischung jener Urbestand-
theile der Welt entsteht, aus welcher, und zwar sehr treffend
und bedeutungsvoll, in Folge eben der Sehnsucht, ποθος, welche,
wie der Kommentator richtig bemerkt, der Eros der Griechen ist,

---

Ueberhaupt besteht das eigentlich Wesentliche einer Religion als solcher in der Ueberzeugung, die sie uns giebt, daß unser eigentliches Daseyn nicht auf unser Leben beschränkt,
sondern unendlich ist. Solches nun leistet diese erbärmliche Judenreligion durchaus nicht,
ja unternimmt es nicht. Darum ist sie die roheste und schlechteste unter allen Religionen,
besteht bloß in einem absurden und empörenden Theismus und läuft darauf hinaus, daß
der κυριος [Herr], der die Welt geschaffen hat, verehrt seyn will; daher er vor allen
Dingen eifersüchtig (eifrig), neidisch ist auf seine Kamaraden, die übrigen Götter: wird
Denen geopfert, so ergrimmt er, und seinen Juden geht's schlecht. Alle diese andern Religionen und ihre Götter werden in der LXX [Septuaginta] βδελυγμα [Greuel] geschimpft:
aber das unsterblichkeitslose rohe Judenthum verdient eigentlich diesen Namen. Daß dasselbe die Grundlage der in Europa herrschenden Religion geworden ist, ist höchst bekla-
genswerth. Denn es ist eine Religion ohne alle metaphysische Tendenz. Während alle
andern Religionen die metaphysische Bedeutung des Lebens dem Volke in Bild und
Gleichniß beizubringen suchen, ist die Judenreligion ganz immanent und liefert nichts als
ein bloßes Kriegsgeschrei bei Bekämpfung anderer Völker. Lessings Erziehung des Menschengeschlechts sollte heißen: Erziehung des Judengeschlechts: denn das ganze Menschengeschlecht war von jener Wahrheit überzeugt; mit Ausnahme dieser Auserwählten. Sind
doch eben die Juden das auserwählte Volk ihres G o t t e s , und er ist der auserwählte
Gott seines Volkes. Und das hat weiter niemanden zu kümmern. (Εσομαι αυτων θεος, και
αυτοι εσονται μου λαος [Ich will ihr Gott sein, und sie sollen mein Volk sein: 2. Mose,
6, 7] – ist eine Stelle aus einem Propheten – nach Clemens Alexandrinus.) Wenn ich aber
bemerke, daß die gegenwärtigen Europäischen Völker sich gewissermaßen als die Erben
jenes auserwählten Volkes Gottes ansehn, so kann ich mein Bedauern nicht verhehlen.
Hingegen kann man dem Judenthum den Ruhm nicht streitig machen, daß es die einzige
wirklich monotheistische Religion auf Erden sei: keine andere hat einen objektiven Gott,
Schöpfer Himmels und der Erde aufzuweisen.

sich der Urschlamm entwickelt, und aus diesem zuletzt Pflanzen und endlich auch erkennende Wesen, d. i. Thiere hervorgehn. Denn bis dahin gieng, wie ausdrücklich bemerkt wird, Alles ohne Erkenntniß vor sich: αυτο δε ουκ εγιγνωσκε την ἑαυτου κτισιν [Es selbst erkannte nicht seine eigene Schöpfung: ebenda, p. 10]. (So steht es, fügt Sanchoniathon hinzu, in der von T a a u t , dem Aegypter, niedergeschriebenen Kosmogonie.) Auf seine K o s m o g o n i e folgt sodann die nähere Z o o g o - n i e [Lehre von der Entstehung tierischen Lebens]. Gewisse atmosphärische und terrestrische Vorgänge werden beschrieben, die wirklich an die folgerichtigen Annahmen unserer heutigen Geologie erinnern: zuletzt folgt auf heftige Regengüsse Donner und Blitz, von dessen Krachen aufgeschreckt die erkennenden Thiere in's Daseyn erwachen, »und nunmehr bewegt sich, auf der Erde und im Meer d a s M ä n n l i c h e u n d W e i b l i c h e.« Eusebius, dem wir diese Bruchstücke des Philo Byblius verdanken (S. *Praeparat. evangel. L. II, c. 10);* klagt demnach mit vollem Recht diese Kosmogonie des Atheismus an: Das ist sie unstreitig, wie alle und jede Lehre von der Entstehung der Welt, mit alleiniger Ausnahme der Jüdischen. In der Mythologie der Griechen und Römer finden wir zwar Götter, als Väter von Göttern und beiläufig von Menschen (obwohl diese ursprünglich die Töpferarbeit des Prometheus sind), jedoch keinen Gott-Schöpfer. Denn daß späterhin ein Paar mit dem Judenthum bekannt gewordene Philosophen den Vater Zeus zu einem solchen haben umdeuten wollen, kümmert diesen nicht; so wenig, wie daß ihn, ohne seine Erlaubniß dazu eingeholt zu haben, D a n t e , in seiner Hölle, mit dem *Domeneddio,* dessen unerhörte Rachsucht und Grausamkeit daselbst celebrirt und ausgemalt wird, ohne Umstände identificiren will; z. B. C. *14, 70.* C. *31, 92.* Endlich (denn man hat nach Allem gegriffen) ist auch die unzählige Mal wiederholte Nachricht, daß die nordamerikanischen Wilden unter dem Namen des g r o ß e n G e i s t e s Gott, den Schöpfer Himmels und der Erden, verehrten, mithin reine Theisten wären, ganz unrichtig. Dieser Irrthum ist neuerlich widerlegt worden, durch eine Abhandlung über die nordamerikanischen Wilden, welche J o h n S c o u l e r in einer 1846 gehaltenen Sitzung der Londoner ethnographischen Gesellschaft vorgelesen hat und von welcher *l'institut, journal des sociétés savantes, Sect. 2, Juillet 1847,* einen Auszug giebt. Er sagt: »Wenn man uns, in den Berichten über die

zur Kantischen Philosophie.

Superstitionen [Aberglauben] der Indianer, vom g r o ß e n G e i s t e spricht, sind wir geneigt, anzunehmen, daß dieser Ausdruck eine Vorstellung bezeichne, die mit der, welche wir daran knüpfen, übereinstimmt und daß ihr Glaube ein einfacher, natürlicher T h e i s m u s sei. Allein diese Auslegung ist von der richtigen sehr weit entfernt. Die Religion dieser Indianer ist vielmehr ein reiner F e t i s c h i s m u s, der in Zaubermitteln und Zaubereien besteht. In dem Berichte T a n n e r ' s, der von Kindheit an unter ihnen gelebt hat, sind die Details getreu und merkwürdig, hingegen weit verschieden von den Erfindungen gewisser Schriftsteller: man ersieht nämlich daraus, daß die Religion dieser Indianer wirklich nur ein Fetischismus ist, dem ähnlich, welcher ehemals bei den Finnen und noch jetzt bei den sibirischen Völkern angetroffen wird. Bei den östlich vom Gebirge wohnenden Indianern besteht der Fetisch bloß aus erstwelchem Gegenstande, dem man geheimnißvolle Eigenschaften beilegt« u. s. w.

Diesem Allen zufolge hat die hier in Rede stehende Meinung vielmehr ihrem Gegentheile Platz zu machen, daß nämlich nur ein einziges, zwar sehr kleines, unbedeutendes, von allen gleichzeitigen Völkern verachtetes und ganz allein unter allen ohne irgend einen Glauben an Fortdauer nach dem Tode lebendes, aber nun ein Mal dazu auserwähltes Volk reinen Monotheismus, oder die Erkenntniß des wahren Gottes, gehabt habe; und auch dieses nicht durch Philosophie, sondern allein durch Offenbarung; wie es auch dieser angemessen ist: denn welchen Werth hätte eine Offenbarung, die nur Das lehrte, was man auch ohne sie wüßte? – Daß kein anderes Volk einen solchen Gedanken jemals gefaßt hat, muß demnach zur Werthschätzung der Offenbarung beitragen.

§ 14.

Einige Bemerkungen über meine eigene Philosophie.

Wohl kaum ist irgend ein philosophisches System so einfach und aus so wenigen Elementen zusammengesetzt, wie das meinige; daher sich dasselbe mit Einem Blick leicht überschauen und zusammenfassen läßt. Dies beruht zuletzt auf der völligen Einheit und Uebereinstimmung seiner Grundgedanken, und ist überhaupt ein günstiges Zeichen für seine Wahrheit, die ja der Einfachheit verwandt ist: ἁπλοῦς ὁ τῆς ἀληθειας λογος εφυ·

[Wer Wahrheit hat zu sagen, drückt sich einfach aus; Euripides, *Phoenissae,* 469] *simplex sigillum veri* [vgl. S. 90]. Man könnte mein System bezeichnen als i m m a n e n t e n D o g m a t i s m u s : denn seine Lehrsätze sind zwar dogmatisch, gehn jedoch nicht über die in der Erfahrung gegebene Welt hinaus; sondern erklären bloß was d i e s e s e i , indem sie dieselbe in ihre letzten Bestandtheile zerlegen. Nämlich der alte, von K a n t umgestoßene Dogmatismus (nicht weniger die Windbeuteleien der drei modernen Universitäts-Sophisten) ist t r a n s s c e n d e n t ; indem er über die Welt hinausgeht, um sie aus etwas Anderm zu erklären: er macht sie zur Folge eines Grundes, auf welchen er aus ihr schließt. Meine Philosophie hingegen hub mit dem Satz an, daß es allein i n der Welt und unter Voraussetzung derselben Gründe und Folgen gebe; indem der Satz vom Grunde, in seinen vier Gestalten, bloß die allgemeinste Form des Intellekts sei, in diesem aber allein, als dem wahren *locus mundi* [Ort der Welt], die objektive Welt dastehe. –

In andern philosophischen Systemen ist die Konsequenz dadurch zu Wege gebracht, daß Satz aus Satz gefolgert wird. Hiezu aber muß nothwendigerweise der eigentliche Gehalt des Systems schon in den allerobersten Sätzen vorhanden seyn; wodurch denn das Uebrige, als daraus abgeleitet, schwerlich anders, als monoton, arm, leer und langweilig ausfallen kann, weil es eben nur entwickelt und wiederholt, was in den Grundsätzen schon ausgesagt war. Diese traurige Folge der demonstrativen Ableitung wird am fühlbarsten bei Chr. Wolf: aber sogar Spinoza, der jene Methode streng befolgte, hat diesem Nachtheil derselben nicht ganz entgehn können; wiewohl er, durch seinen Geist, dafür zu kompensiren gewußt hat. – Meine Sätze hingegen beruhen meistens nicht auf Schlußketten, sondern unmittelbar auf der anschaulichen Welt selbst, und die, in meinem Systeme, so sehr wie in irgend einem, vorhandene strenge Konsequenz ist in der Regel nicht eine auf bloß logischem Wege gewonnene; vielmehr ist es diejenige natürliche Uebereinstimmung der Sätze, welche unausbleiblich dadurch eintritt, daß ihnen sämmtlich die selbe intuitive Erkenntniß, nämlich die anschauliche Auffassung des selben, nur successive von verschiedenen Seiten betrachteten Objekts, also der realen Welt, in allen ihren Phänomenen, unter Berücksichtigung des Bewußtseyns, darin sie sich darstellt, zum Grunde liegt. Deshalb auch habe ich über die Zusammenstim-

über meine eigene Philosophie. 149

mung meiner Sätze stets außer Sorgen seyn können; sogar noch
dann, wann einzelne derselben mir, wie bisweilen eine Zeit lang
der Fall gewesen, unvereinbar schienen: denn die Uebereinstimmung fand sich nachher richtig von selbst ein, in dem Maaße,
wie die Sätze vollzählig zusammenkamen; weil sie bei mir eben
nichts Anderes ist, als die Uebereinstimmung der Realität mit
sich selbst, die ja niemals fehlen kann. Dies ist Dem analog, daß
wir bisweilen, wenn wir ein Gebäude zum ersten Mal und nur
von Einer Seite erblicken, den Zusammenhang seiner Theile
noch nicht verstehn, jedoch gewiß sind, daß er nicht fehlt und
sich zeigen wird, sobald wir ganz herumgekommen. Diese Art
der Zusammenstimmung aber ist, vermöge ihrer Ursprünglichkeit und weil sie unter beständiger Kontrole der Erfahrung
steht, eine vollkommen sichere: hingegen jene abgeleitete, die
der Syllogismus allein zu Wege bringt, kann leicht ein Mal
falsch befunden werden; sobald nämlich irgend ein Glied der
langen Kette unächt, locker befestigt, oder sonst fehlerhaft
beschaffen ist. Dem entsprechend hat meine Philosophie einen
breiten Boden, auf welchem Alles unmittelbar und daher sicher
steht; während die andern Systeme hoch aufgeführten Thürmen
gleichen: bricht hier e i n e Stütze, so stürzt Alles ein. – Alles
hier Gesagte läßt sich in den Satz zusammenfassen, daß meine
Philosophie auf dem analytischen, nicht auf dem synthetischen
Wege entstanden und dargestellt ist.

Als den eigenthümlichen Charakter meines Philosophirens
darf ich anführen, daß ich überall den Dingen a u f   d e n
G r u n d   z u   k o m m e n suche, indem ich nicht ablasse, sie bis
auf das letzte, real Gegebene zu verfolgen. Dies geschieht vermöge eines natürlichen Hanges, der es mir fast unmöglich macht,
mich bei irgend noch allgemeiner und abstrakter, daher noch
unbestimmter Erkenntniß, bei bloßen Begriffen, geschweige bei
Worten zu beruhigen; sondern mich weiter treibt, bis ich die
letzte Grundlage aller Begriffe und Sätze, die allemal anschaulich ist, nackt vor mir habe, welche ich dann entweder als
Urphänomen stehn lassen muß, wo möglich aber sie noch in ihre
Elemente auflöse, jedenfalls das Wesen der Sache bis aufs Aeu-
ßerste verfolgend. Dieserwegen wird man einst (natürlich nicht,
so lange ich lebe) erkennen, daß die Behandlung des selben
Gegenstandes von irgend einem früheren Philosophen, gegen die
meinige gehalten, flach erscheint. Daher hat die Menschheit

Manches, was sie nie vergessen wird, von mir gelernt, und werden meine Schriften nicht untergehn. –

Von einem W i l l e n läßt auch der Theismus die Welt ausgehn, von einem Willen die Planeten in ihren Bahnen geleitet und eine Natur auf ihrer Oberfläche hervorgerufen werden; nur daß er, kindischerweise, diesen Willen nach außen verlegt und ihn erst mittelbar, nämlich unter Dazwischentretung der Erkenntniß und der Materie, nach menschlicher Art, auf die Dinge einwirken läßt; während bei mir der Wille nicht sowohl auf die Dinge, als in ihnen wirkt; ja, sie selbst gar nichts anderes, als eben seine Sichtbarkeit sind. Man sieht jedoch an dieser Uebereinstimmung, daß wir Alle das Ursprüngliche nicht anders, denn als einen W i l l e n zu denken vermögen. Der P a n t h e i s m u s nennt den in den Dingen wirkenden Willen einen Gott; wovon ich die Absurdität oft und stark genug gerügt habe: ich nenne ihn den W i l l e n z u m L e b e n; weil dies das letzte Erkennbare an ihm ausspricht. – Dies nämliche Verhältniß der Mittelbarkeit zur Unmittelbarkeit tritt abermals in der Moral ein. Die Theisten wollen eine Ausgleichung zwischen Dem, was Einer thut, und Dem, was er leidet: ich auch. Sie aber nehmen solche erst mittelst der Zeit und eines Richters und Vergelters an; ich hingegen unmittelbar; indem ich im Thäter und im Dulder das selbe Wesen nachweise. Die moralischen Resultate des Christenthums, bis zur höchsten Askese, findet man bei mir rationell und im Zusammenhange der Dinge begründet; während sie es im Christenthum durch bloße Fabeln sind. Der Glaube an diese schwindet täglich mehr; daher wird man sich zu meiner Philosophie wenden müssen. Die P a n t h e i s t e n können keine ernstlich gemeinte Moral haben; – da bei ihnen Alles göttlich und vortrefflich ist. –

Ich habe viel Tadel darüber erfahren, daß ich, philosophirend, mithin theoretisch, das Leben als jammervoll und keineswegs wünschenswerth dargestellt habe: doch aber wird wer praktisch die entschiedenste Geringschätzung desselben an den Tag legt gelobt, ja bewundert; und wer um Erhaltung desselben sorgsam bemüht ist wird verachtet. –

Kaum hatten meine Schriften auch nur die Aufmerksamkeit Einzelner erregt; so ließ sich schon, hinsichtlich meines Grundgedankens, die Prioritätsklage vernehmen, und wurde angeführt, daß S c h e l l i n g ein Mal gesagt hätte »Wollen ist Urseyn«

über meine eigene Philosophie.

[*Sämtliche Werke*, 1856–61, Abt. 1, Bd. 7, S. 350] und was man sonst in der Art irgend aufzubringen vermochte. – Hierüber ist, in Betreff der Sache selbst, zu sagen, daß die Wurzel meiner Philosophie schon in der Kantischen liegt, besonders in der Lehre vom empirischen und intelligibeln Charakter, überhaupt aber darin, daß, so oft Kant ein Mal mit dem Ding an sich etwas näher ans Licht tritt, es allemal als W i l l e durch seinen Schleier hervorsieht; worauf ich in meiner Kritik der Kantischen Philosophie ausdrücklich aufmerksam gemacht und demzufolge gesagt habe, daß meine Philosophie nur das zu-Ende-denken der seinigen sei. Daher darf man sich nicht wundern, wenn in den ebenfalls von K a n t ausgehenden Philosophemen F i c h t e s und S c h e l l i n g s sich Spuren des selben Grundgedankens finden lassen; wiewohl sie dort ohne Folge, Zusammenhang und Durchführung auftreten, und demnach als ein bloßer Vorspuk meiner Lehre anzusehn sind. Im Allgemeinen aber ist über diesen Punkt zu sagen, daß von jeder großen Wahrheit sich, ehe sie gefunden worden, ein Vorgefühl kund giebt, eine Ahndung, ein undeutliches Bild, wie im Nebel, und ein vergebliches Haschen, sie zu ergreifen; weil eben die Fortschritte der Zeit sie vorbereitet haben. Demgemäß präludiren dann vereinzelte Aussprüche. Allein nur wer eine Wahrheit aus ihren Gründen erkannt und in ihren Folgen durchdacht, ihren ganzen Inhalt entwickelt, den Umfang ihres Bereichs übersehn und sie sonach, mit vollem Bewußtseyn ihres Werthes und ihrer Wichtigkeit, deutlich und zusammenhängend dargelegt hat, der ist ihr Urheber. Daß sie hingegen, in alter oder neuer Zeit, irgend ein Mal mit halbem Bewußtseyn und fast wie ein Reden im Schlaf, ausgesprochen worden und demnach sich daselbst finden läßt, wenn man hinterher danach sucht, bedeutet, wenn sie auch *totidem verbis* [mit ebensovielen Worten] dasteht, nicht viel mehr, als wäre es *totidem litteris* [mit ebensovielen Buchstaben]; gleichwie der Finder einer Sache nur Der ist, welcher sie, ihren Werth erkennend, aufhob und bewahrte; nicht aber Der, welcher sie zufällig ein Mal in die Hand nahm und wieder fallen ließ; oder, wie Kolumbus der Entdecker Amerika's ist, nicht aber der erste Schiffbrüchige, den die Wellen ein Mal dort abwarfen. Dies eben ist der Sinn des Donatischen *pereant qui ante nos nostra dixerunt* [Nieder mit denen, die vor uns unsere Gedanken ausgesprochen haben! In: Migne, *Patrolog.* t. XXIII, p. 1018 f.]. Wollte man hingegen dergleichen zufällige Aussprüche als Prioritäten gegen mich geltend machen; so hätte man viel weiter ausholen und z. B. anführen können, daß *Clemens Alexandrinus (Strom. II. c. 17)* sagt: προηγειται τοινυν παντων το βουλεσθαι· αἱ γαρ λογιϰαι δυναμεις του βουλεσθαι διαϰονοι πεφυϰασι *(Velle ergo omnia antecedit: rationales enim facultates sunt voluntatis ministrae.* [Allem also geht das Wollen vorher; denn die Kräfte der Vernunft sind Dienerinnen des Wollens.] S. *Sanctorum Patrum Opera polemica, Vol. V. Wirceburgi 1779: Clementis Alex. Opera Tom. II, p. 304);* wie auch, daß Spinoza sagt: *Cupiditas est ipsa unius cujusque natura seu essentia* [Die Begierde eben ist das, was jedes einzelnen Natur oder Wesen ausmacht] *(Eth. P. III, prop. 57. demonstr.)* und vorher: *Hic conatus, cum ad mentem solam refertur, Voluntas appellatur; sed cum ad mentem et corpus simul refertur, vocatur Appetitus, qui proinde nihil aliud est quam i p s a h o m i n i s e s s e n t i a.* [Dieser Antrieb heißt Wille, wenn er allein auf den Geist bezogen wird; er heißt Begierde, wenn er auf den Geist und den Körper zugleich bezogen wird; er ist daher nichts anderes als d a s e i g e n t l i c h e W e s e n d e s M e n s c h e n.] *(P. III, prop. 9, schol.* und schließlich *P. III. Defin. 1, explic.)* – Mit größtem Rechte sagt H e l v e t i u s : *Il n'est point de moyens que l'envieux, sous l'apparence de la justice, n'emploie pour dégrader le mérite... C'est l'envie seule qui nous fait trouver dans les anciens toutes les découvertes modernes. Une phrase vide de sens, ou du moins inintelligible avant ces découvertes, suffit pour faire crier au plagiat.* [Es gibt kein Mittel, welches der Neidische, unter dem Schein der Gerechtigkeit, unversucht ließe, um das Verdienst herabzusetzen ... Es ist der bloße Neid, der uns alle neueren Entdeckungen schon bei den Alten finden läßt. Eine sinnlose oder doch unverständliche Redensart, welche diesen Entdeckungen vorhergeht, genügt, um die Anklage des Plagiats zu erheben.] *(De l'esprit IV, 7.)* Und noch eine Stelle des Helvetius sei es mir erlaubt über diesen Punkt in Erinnerung zu bringen, deren Anführung ich jedoch bitte, mir nicht als Eitelkeit und Uebermuth auszulegen, sondern allein die Richtigkeit des darin ausgedrückten Gedankens im Auge zu behalten, es dahin stehn lassend, ob irgend etwas davon auf mich Anwendung finden könne, oder nicht. *Quiconque se plaît à considérer l'esprit humain voit, dans chaque siècle, cinq ou six hommes d'esprit tourner autour de la découverte que fait über meine eigene Philosophie.*

l'homme de génie. Si l'honneur en reste à ce dernier, c'est que cette découverte est, entre ses mains, plus féconde que dans les mains de tout autre; c'est qu'il rend ses idées avec plus de force et de netteté; et qu'enfin on voit toujours à la manière diffé-rente, dont les hommes tirent parti d'un principe ou d'une découverte, à qui ce principe ou cette découverte appartient [Jeder, der sich das Vergnügen macht, den menschlichen Geist zu beobachten, sieht, wie in jedem Jahrhundert fünf oder sechs Männer von Geist um eine Entdeckung herumirren, die dann der Mann von Genie macht. Wenn die Ehre dieser Entdeckung dem letzteren verbleibt, so geschieht das, weil die Entdeckung unter seinen Händen fruchtbarer ist als in den Händen eines jeden andern; weil er seine Gedanken mit größerer Kraft und Bestimmtheit ausdrückt, und schließlich weil man immer aus der verschiedenen Art, wie die Menschen von einem Prinzip oder einer Entdeckung Vorteil ziehen, ersehen kann, wem dieses Prinzip oder diese Entdeckung angehört] *(De l'esprit IV, 1).* –

In Folge des alten, unversöhnlichen Krieges, den überall und immerdar Unfähigkeit und Dummheit gegen Geist und Verstand führt, – sie durch Legionen, er durch Einzelne vertreten, – hat Jeder, der das Werthvolle und Aechte bringt, einen schweren Kampf zu bestehn, gegen Unverstand, Stumpfheit, verdorbenen Geschmack, Privatinteressen und Neid, alle in würdiger Allianz, nämlich in der, von welcher C h a m f o r t sagt: *en examinant la ligue des sots contre les gens d'esprit, on croirait voir une conjuration de valets pour écarter les maîtres* [Wenn man sieht, wie die Dummköpfe gegen die Leute von Geist zusammenhal-ten, glaubt man eine Verschwörung von Dienern gegen ihre Herren zu sehen: *Œuvres choisies*, T. II, 44]. Mir aber war außerdem noch ein ungewöhnlicher Feind hinzugegeben: ein großer Theil Derer, welche in meinem Fache das Urtheil des Publikums zu leiten Beruf und Gelegenheit hatten, war ange-stellt und besoldet, das Allerschlechteste, die H e g e l e i , zu verbreiten, zu loben, ja in den Himmel zu erheben. Dies kann aber nicht gelingen, wenn man zugleich das Gute, auch nur einigermaaßen, will gelten lassen. Hieraus erkläre sich der spä-tere Leser die ihm sonst räthselhafte Thatsache, daß ich meinen eigentlichen Zeitgenossen so fremd geblieben bin, wie der Mann im Monde. Jedoch hat ein Gedankensystem, welches, auch beim Ausbleiben aller Theilnahme Anderer, seinen Urheber ein langes

Leben hindurch unablässig und lebhaft zu beschäftigen und zu anhaltender, unbelohnter Arbeit anzuspornen vermag, eben hieran ein Zeugniß für seinen Werth und seine Wahrheit. Ohne alle Aufmunterung von außen hat die Liebe zu meiner Sache ganz allein, meine vielen Tage hindurch, mein Streben aufrecht gehalten und mich nicht ermüden lassen: mit Verachtung blickte ich dabei auf den lauten Ruhm des Schlechten. Denn beim Eintritt ins Leben hatte mein Genius mir die Wahl gestellt, entweder die Wahrheit zu erkennen, aber mit ihr Niemanden zu gefallen; oder aber, mit den Andern das Falsche zu lehren, unter Anhang und Beifall: mir war sie nicht schwer geworden. Demgemäß nun aber wurde das Schicksal meiner Philosophie das Widerspiel dessen, welches die Hegelei hatte, so ganz und gar, daß man beide als die Kehrseiten des selben Blattes ansehn kann, der Beschaffenheit beider Philosophien gemäß. Die Hegelei, ohne Wahrheit, ohne Klarheit, ohne Geist, ja ohne Menschenverstand, dazu noch im Gewand des ekelhaftesten Gallimathias, den man je gehört, auftretend, wurde eine oktroyirte und privilegirte Kathederphilosophie, folglich ein Unsinn, der seinen Mann nährte. Meine, zur selben Zeit mit ihr auftretende Philosophie hatte zwar alle Eigenschaften, welche jener abgiengen: allein sie war keinen höheren Zwecken gemäß zugeschnitten, bei den damaligen Zeitläuften für das Katheder gar nicht geeignet und also, wie man spricht, nichts damit zu machen. Da folgte es, wie Tag auf Nacht, daß die Hegelei die Fahne wurde, der Alles zulief, meine Philosophie hingegen weder Beifall, noch Anhänger fand, vielmehr, mit übereinstimmender Absichtlichkeit, gänzlich ignorirt, vertuscht, wo möglich erstickt wurde; weil durch ihre Gegenwart jenes so erkleckliche Spiel gestört worden wäre, wie Schattenspiel an der Wand durch hereinfallendes Tageslicht. Demgemäß nun also wurde ich die eiserne Maske, oder, wie der edele D o r g u t h sagt, der Kaspar Hauser, der Philosophieprofessoren: abgesperrt von Luft und Licht, damit mich Keiner sähe und meine angeborenen Ansprüche nicht zur Geltung gelangen könnten. Jetzt aber ist der von den Philosophieprofessoren todtgeschwiegene Mann wieder auferstanden, zur großen Bestürzung der Philosophieprofessoren, die gar nicht wissen, welches Gesicht sie jetzt aufsetzen sollen.

Ueber die
Universitäts-Philosophie.

Ἡ ἀτιμία φιλοσοφία διὰ ταῦτα προσπέπτωκεν,
    ὅτι οὐ κατ' ἀξίαν αὐτῆς ἅπτονται·
οὐ γὰρ νόθους ἔδει ἅπτεσθαι, ἀλλὰ γνησίους.
[In Verachtung ist die Philosophie geraten, weil
man sich nicht so damit befaßt, wie es ihrer Würde
entspricht; denn nicht die unechten Philosophen
sollten sich mit ihr beschäftigen, sondern die
wahren.]

Plato, de rep. VII.

Ueber die
Universitäts-Philosophie.

Daß die Philosophie auf Universitäten gelehrt wird, ist ihr allerdings auf mancherlei Weise ersprießlich. Sie erhält damit eine öffentliche Existenz und ihre Standarte ist aufgepflanzt vor den Augen der Menschen; wodurch stets von Neuem ihr Daseyn in Erinnerung gebracht und bemerklich wird. Der Hauptgewinn hieraus wird aber seyn, daß mancher junge und fähige Kopf mit ihr bekannt gemacht und zu ihrem Studio auferweckt wird. Inzwischen muß man zugeben, daß der zu ihr Befähigte und eben daher ihrer Bedürftige sie auch wohl auf andern Wegen antreffen und kennen lernen würde. Denn was sich liebt und für einander geboren ist findet sich leicht zusammen: verwandte Seelen grüßen sich schon aus der Ferne. Einen Solchen nämlich wird jedes Buch irgend eines ächten Philosophen, das ihm in die Hände fällt, mächtiger und wirksamer anregen, als der Vortrag eines Kathederphilosophen, wie ihn der Tag giebt, es vermag. Auch sollte auf den Gymnasien der Plato fleißig gelesen werden, als welcher das wirksamste Erregungsmittel des philosophischen Geistes ist. Ueberhaupt aber bin ich allmälig der Meinung geworden, daß der erwähnte Nutzen der Kathederphilosophie von dem Nachtheil überwogen werde, den die Philosophie als Profession der Philosophie als freier Wahrheitsforschung, oder die Philosophie im Auftrage der Regierung der Philosophie im Auftrage der Natur und der Menschheit bringt.

Zuvörderst nämlich wird eine Regierung nicht Leute besolden, um Dem, was sie durch tausend von ihr angestellte Priester, oder Religionslehrer, von allen Kanzeln verkünden läßt, direkt, oder auch nur indirekt, zu widersprechen; da Dergleichen, in dem Maaße, als es wirkte, jene erstere Veranstaltung unwirksam machen müßte. Denn bekanntlich heben Urtheile einander nicht allein durch den kontradiktorischen, sondern auch durch den bloß konträren Gegensatz auf: z. B. dem Urtheil »die Rose ist roth« widerspricht nicht allein dieses »sie ist nicht roth«; sondern auch schon dieses »sie ist gelb«, als welches hierin eben so viel, ja, mehr leistet. Daher der Grundsatz *improbant secus docentes* [Wer anderes lehrt, wird verworfen]. Durch diesen Umstand gerathen aber die Universitätsphilosophen in eine ganz eigenthümliche Lage, deren öffentliches Geheimniß hier ein Mal Worte finden mag. In allen andern Wissenschaften nämlich haben die Professoren derselben bloß die Verpflichtung, nach Kräften und Möglichkeit, zu lehren was wahr und richtig ist. Ganz allein bei den Professoren der Philosophie ist die Sache *cum grano salis* [mit Einschränkung] zu verstehn. Hier nämlich hat es mit derselben ein eigenes Bewandtniß, welches darauf beruht, daß das Problem ihrer Wissenschaft das selbe ist, worüber auch die Religion, in ihrer Weise, Aufschluß ertheilt; deshalb ich diese als die Metaphysik des Volkes bezeichnet habe. Demnach nun sollen zwar auch die Professoren der Philosophie allerdings lehren was wahr und richtig ist: aber eben dieses muß im Grunde und im Wesentlichen das Selbe seyn, was die Landesreligion auch lehrt, als welche ja ebenfalls wahr und richtig ist. Hieraus entsprang jener naive, schon in meiner Kritik der Kantischen Philosophie angezogene Ausspruch eines ganz reputirlichen Philosophieprofessors, im Jahr 1840: »Leugnet eine Philosophie die Grundideen des Christenthums; so ist sie entweder falsch, oder, w e n n a u c h w a h r, d o c h u n b r a u c h b a r.« [S. Bd. ii, S. 625] Man sieht daraus, daß in der Universitätsphilosophie die Wahrheit nur eine sekundäre Stelle einnimmt und, wenn es gefordert wird, aufstehn muß, einer andern Eigenschaft Platz zu machen. – Dies also unterscheidet auf den Universitäten die Philosophie von allen andern daselbst kathedersässigen Wissenschaften.

In Folge hievon wird, so lange die Kirche besteht, auf den Universitäten stets nur eine solche Philosophie gelehrt werden dürfen, welche, mit durchgängiger Rücksicht auf die Landesreligion abgefaßt, dieser im Wesentlichen parallel läuft und daher stets, – allenfalls kraus figurirt, seltsam verbrämt und dadurch schwer verständlich gemacht, – doch im Grunde und in der Hauptsache nichts Anderes, als eine Paraphrase und Apologie der Landesreligion ist. Den unter diesen Beschränkungen Leh-

Ueber die Universitäts-Philosophie.

renden bleibt sonach nichts Anderes übrig, als nach neuen Wendungen und Formen zu suchen, unter welchen sie den in abstrakte Ausdrücke verkleideten und dadurch fade gemachten Inhalt der Landesreligion aufstellen, der alsdann Philosophie heißt. Will jedoch Einer oder der Andere außerdem noch etwas thun; so wird er entweder in benachbarte Fächer divagiren [abschweifen], oder seine Zuflucht zu allerlei unschuldigen Pößchen nehmen, wie etwan schwere analytische Rechnungen über das Aequilibrium der Vorstellungen im menschlichen Kopfe auszuführen, und ähnliche Späße. Inzwischen bleiben die solchermaaßen beschränkten Universitätsphilosophen bei der Sache ganz wohlgemuth; weil ihr eigentlicher Ernst darin liegt, mit Ehren ein redliches Auskommen für sich, nebst Weib und Kind, zu erwerben, auch ein gewisses Ansehn vor den Leuten zu genießen; hingegen das tiefbewegte Gemüth eines wirklichen Philosophen, dessen ganzer und großer Ernst im Aufsuchen eines Schlüssels zu unserm, so räthselhaften wie mißlichen Daseyn liegt, von ihnen zu den mythologischen Wesen gezählt wird; wenn nicht etwan gar der damit Behaftete, sollte er ihnen je vorkommen, ihnen als von Monomanie besessen erscheint. Denn daß es mit der Philosophie so recht eigentlicher, bitterer Ernst seyn könne, läßt wohl, in der Regel, kein Mensch sich weniger träumen, als ein Docent derselben; gleichwie der ungläubigste Christ der Papst zu seyn pflegt. Daher gehört es denn auch zu den seltensten Fällen, daß ein wirklicher Philosoph zugleich ein Docent der Philosophie gewesen wäre.† Daß gerade K a n t diesen Ausnahmsfall darstellt, habe ich, nebst den Gründen und Folgen der Sache, im zweiten Bande meines Hauptwerkes, K. 17, S. 162 [Bd. III uns. Ausg., S. 190] bereits erörtert. Uebrigens liefert zu der oben aufgedeckten konditionellen [bedingten] Existenz aller Universitätsphilosophie einen Beleg das bekannte Schicksal

---

† Es ist ganz natürlich, daß, je mehr von einem Professor Gottseligkeit gefordert wird, desto weniger Gelehrsamkeit; – eben wie zu Altensteins Zeit es genug war, daß Einer sich zum Hegel'schen Unsinn bekannte. Seitdem aber bei Besetzung der Professuren die Gelehrsamkeit durch die Gottseligkeit ersetzt werden kann, übernehmen die Herrn sich nicht mit Ersterer. – Die T a r t ü f f e s sollten sich lieber ménagiren [in acht nehmen] und sich fragen: »wer wird uns glauben, daß wir Das glauben?« – Daß d i e H e r r n Professoren sind, geht Die an, die sie dazu gemacht haben: ich kenne sie bloß als schlechte Schriftsteller, deren Einfluß ich entgegen arbeite. – Ich habe die W a h r h e i t gesucht, und nicht eine Professur: hierauf beruht, im letzten Grunde, der Unterschied zwischen mir und den sogenannten Nachkantischen Philosophen. Man wird Dies, mit der Zeit, mehr und mehr erkennen.

F i c h t e s; wenn auch dieser im Grunde ein bloßer Sophist, kein wirklicher Philosoph war. Er hatte es nämlich gewagt, in seinem Philosophiren die Lehren der Landesreligion außer Acht zu lassen; wovon die Folge seine Kassation [Dienstenthebung] war, und zudem noch, daß der Pöbel ihn insultirte. Auch hat die Strafe bei ihm angeschlagen, indem, nach seiner spätern Anstellung in Berlin, das absolute Ich sich ganz gehorsamst in den lieben Gott verwandelt hat und die ganze Lehre überhaupt einen überaus christlichen Anstrich erhielt; wovon besonders die »Anweisung zum seligen Leben« zeugt. Bemerkenswerth ist bei seinem Falle noch der Umstand, daß man ihm zum Hauptvergehn den Satz, Gott sei nichts Anderes, als eben die moralische Weltordnung selbst, anrechnete; während solcher doch nur wenig verschieden ist vom Ausspruch des Evangelisten Johannes: Gott ist die Liebe. Das gleiche Schicksal hat 1853 der Privatdozent F i s c h e r in Heidelberg gehabt, als welchem sein *jus legendi* [Recht, Vorlesungen zu halten] entzogen wurde, weil er Pantheismus lehrte. Also die Losung ist: »friß deinen Pudding, Sklav, und gieb Jüdische Mythologie für Philosophie aus!« – Der Spaaß bei der Sache aber ist, daß diese Leute sich Philosophen nennen, als solche auch über mich urtheilen, und zwar mit der Miene der Superiorität, ja, gegen mich vornehm thun und vierzig Jahre lang gar nicht würdigten auf mich herabzusehn, mich keiner Beachtung werth haltend. – Der Staat muß aber auch die Seinen schützen und sollte daher ein Gesetz geben, welches verböte, sich über die Philosophieprofessoren lustig zu machen.

Es ist demnach leicht abzusehn, daß, unter solchen Umständen, die Kathederphilosophie nicht wohl umhin kann, es zu machen

> »Wie eine der langbeinigen Cikaden,
> Die immer fliegt und fliegend springt –
> Und gleich im Gras ihr altes Liedchen singt.«
> [Goethe, *Faust I*, 288–90.]

Das Bedenkliche bei der Sache ist auch bloß die doch einzuräumende Möglichkeit, daß die letzte dem Menschen erreichbare Einsicht in die Natur der Dinge, in sein eigenes Wesen und das der Welt nicht gerade zusammenträfe mit den Lehren, welche theils dem ehemaligen Völkchen der Juden eröffnet worden, theils vor 1800 Jahren in Jerusalem aufgetreten sind. Dieses

Ueber die Universitäts-Philosophie. 161

Bedenken auf Ein Mal niederzuschlagen, erfand der Philosophieprofessor H e g e l den Ausdruck »absolute Religion«, mit
dem er denn auch seinen Zweck erreichte; da er sein Publikum
gekannt hat: auch ist sie für die Kathederphilosophie wirklich
und recht eigentlich absolut, d. h. eine solche, die absolut und
schlechterdings wahr seyn soll und muß, sonst – – – – – ! –
Andere wieder, von diesen Wahrheitsforschern, schmelzen Philosophie und Religion zu einem Kentauren zusammen, den sie
Religionsphilosophie nennen; pflegen auch zu lehren, Religion
und Philosophie seien eigentlich das Selbe; – welcher Satz jedoch
nur in dem Sinne wahr zu seyn scheint, in welchem Franz I., in
Beziehung auf Karl V., sehr versöhnlich gesagt haben soll: »was
mein Bruder Karl will, das will ich auch«, – nämlich Mailand.
Wieder andere machen nicht so viele Umstände, sondern reden
geradezu von einer Christlichen Philosophie; – welches ungefähr
so herauskommt, wie wenn man von einer Christlichen Arithmetik reden wollte, die fünf gerade seyn ließe. Dergleichen von
Glaubenslehren entnommene Epitheta sind zudem der Philosophie offenbar unanständig, da sie sich für den Versuch der Vernunft giebt, aus eigenen Mitteln und unabhängig von aller Auk-
torität das Problem des Daseyns zu lösen. Als eine Wissenschaft
hat sie es durchaus nicht damit zu thun, was g e g l a u b t werden darf, oder soll, oder muß; sondern bloß damit, was sich
w i s s e n läßt. Sollte Dieses nun auch als etwas ganz Anderes
sich ergeben, als was man zu glauben hat; so würde selbst
dadurch der Glaube nicht beeinträchtigt seyn; denn dafür ist er
Glaube, daß er enthält was man n i c h t wissen kann. Könnte
man dasselbe auch wissen; so würde der Glaube als ganz unnütz
und selbst lächerlich dastehn; etwan wie wenn über Gegenstände
der Mathematik noch eine Glaubenslehre aufgestellt würde. Ist
man aber etwan überzeugt, daß die ganze und volle Wahrheit
in der Landesreligion enthalten und ausgesprochen sei; nun, so
halte man sich daran und begebe sich alles Philosophirens. Aber
man wolle nicht scheinen was man nicht ist. Das Vorgeben unbefangener Wahrheitsforschung, mit dem Entschluß, die Landesreligion zum Resultat, ja zum Maaßstabe und zur Kontrole
derselben zu machen, ist unerträglich, und eine solche, an die
Landesreligion, wie der Kettenhund an die Mauer, gebundene
Philosophie ist nur das ärgerliche Zerrbild der höchsten und
edelsten Bestrebung der Menschheit. Inzwischen ist gerade ein

Hauptabsatzartikel der Universitätsphilosophen eben jene, oben als Kentaur bezeichnete Religionsphilosophie, die eigentlich auf eine Art Gnosis hinausläuft, auch wohl auf ein Philosophiren unter gewissen beliebten Voraussetzungen, die durchaus nicht erhärtet werden. Auch Programmentitel, wie *de verae philosophiae erga religionem pietate* [Von der Gesinnung der wahren Philosophie gegenüber der Religion], eine passende Inschrift auf so einen philosophischen Schaafstall, bezeichnen recht deutlich die Tendenz und die Motive der Kathederphilosophie. Zwar nehmen diese zahmen Philosophen bisweilen einen Anlauf, der gefährlich aussieht: allein man kann die Sache mit Ruhe abwarten, überzeugt, daß sie doch bei dem Ein für alle Mal gesteckten Ziele anlangen werden. Ja, bisweilen fühlt man sich versucht zu glauben, daß sie ihre ernstlich gemeinten philosophischen Forschungen schon vor ihrem zwölften Jahre abgethan und bereits damals ihre Ansicht vom Wesen der Welt, und was dem anhängt, auf immer festgestellt hätten; weil sie, nach allen philosophischen Diskussionen und halsbrechenden Abwegen, unter verwegenen Führern, doch immer wieder bei Dem anlangen, was uns in jenem Alter plausibel gemacht zu werden pflegt, und es sogar als Kriterium der Wahrheit zu nehmen scheinen. Alle die heterodoxen philosophischen Lehren, mit welchen sie dazwischen, im Laufe ihres Lebens, sich haben beschäftigen müssen, scheinen ihnen nur dazuseyn, um widerlegt zu werden und dadurch jene ersteren desto fester zu etabliren. Man muß sogar es bewundern, wie sie, mit so vielen argen Ketzereien ihr Leben zubringend, doch ihre innere philosophische Unschuld so rein zu bewahren gewußt haben.

Wem, nach diesem Allen, noch ein Zweifel über Geist und Zweck der Universitätsphilosopie bliebe, der betrachte das Schicksal der Hegelschen Afterweisheit. Hat es ihr etwan geschadet, daß ihr Grundgedanke der absurdeste Einfall, daß er eine auf den Kopf gestellte Welt, eine philosophische Hanswurstiade* war und ihr Inhalt der hohlste, sinnleerste Wortkram, an welchem jemals Strohköpfe ihr Genüge gehabt, und daß ihr Vortrag, in den Werken des Urhebers selbst, der widerwärtigste und unsinnigste Gallimathias ist, ja, an die Deliramente [Rasereien] der Tollhäusler erinnert? O nein, nicht im Mindesten!

---

* Siehe meine Kritik der Kantischen Philosophie, 2. Aufl., S. 572. [Bd. ii, S. 620].

Vielmehr hat sie dabei, 20 Jahre hindurch, als die glänzendeste Kathederphilosophie, die je Gehalt und Honorar einbrachte, florirt und ist fett geworden, ist nämlich in ganz Deutschland, durch Hunderte von Büchern, als der endlich erreichte Gipfel menschlicher Weisheit und als die Philosophie der Philosophien verkündet, ja, in den Himmel erhoben worden: Studenten wurden darauf examinirt und Professoren darauf angestellt; wer nicht mitwollte, wurde von dem dreist gemachten Repetenten ihres so lenksamen, wie geistlosen Urhebers für einen »Narrn auf eigene Hand« [Goethe, »Den Originalen«] erklärt, und sogar die Wenigen, welche eine schwache Opposition gegen diesen Unfug wagten, traten mit derselben nur schüchtern, unter Anerkennung des »großen Geistes und überschwänglichen Genies« – jenes abgeschmackten Philosophasters auf. Den Beleg zu dem hier Gesagten giebt die gesammte Litteratur des saubern Treibens, welche, als nunmehr geschlossene Akten, hingeht, durch den Vorhof höhnisch lachender Nachbarn, zu jenem Richterstuhle, wo wir uns wiedersehn, zum Tribunal der Nachwelt, welches, unter andern Implementen [Geräten], auch eine Schandglocke führt, die sogar über ganze Zeitalter geläutet werden kann. – Was nun aber ist es denn endlich gewesen, das jener Gloria ein so plötzliches Ende gemacht, den Sturz der *bestia trionfante* [triumphierenden Bestie: nach Giordano Bruno] herbei gezogen und die ganze große Armee ihrer Söldner und Gimpel, zerstreut hat, bis auf einige Ueberbleibsel, die noch als Nachzügler und Marodeurs [Plünderer], unter der Fahne der »Halle'schen Jahrbücher« zusammengerottet, ein Weilchen ihr Unwesen, zum öffentlichen Skandal, treiben durften, und ein Paar armsälige Pinsel, die was man ihnen in den Jünglingsjahren aufgebunden noch heute glauben und damit hausiren gehn? – Nichts Anderes, als daß Einer den boshaften Einfall gehabt hat, nachzuweisen, daß das eine Universitätsphilosophie sei, die bloß scheinbar und nur den Worten nach, nicht aber wirklich und im eigentlichen Sinne mit der Landesreligion übereinstimme. An und für sich war dieser Vorwurf gerecht; denn dies hat nachher der N e u - K a t h o l i c i s m u s bewiesen. Der D e u t s c h - oder N e u - K a t h o l i c i s m u s ist nämlich nichts Anderes, als popularisirte H e g e l e i. Wie diese, läßt er die Welt unerklärt, sie steht da, ohne weitere Auskunft. Bloß erhält sie den Namen G o t t , und die Menschheit den Namen C h r i s t u s. Beide sind »Selbstzweck«, d. h. sind eben da, sich's wohlseyn zu lassen, so lange das kurze Leben währt. *Gaudeamus igitur!* [Also freuen wir uns!] Und die Hegelsche Apotheose des Staats wird bis zum Kommunismus weiter geführt. Eine sehr gründliche Darstellung des Neu-Katholicismus in diesem Sinn liefert: F. Kampe, Geschichte der religiösen Bewegung neuerer Zeit, Bd. 3, 1856.

Aber daß ein solcher Vorwurf die Achillesferse eines herrschenden philosophischen Systems seyn konnte, zeigt uns

»welch eine Qualität
Den Ausschlag giebt, den Mann erhöht«
[*Faust I*, 2099 f.],

oder was das eigentliche Kriterium der Wahrheit und Geltungsfähigkeit einer Philosophie auf deutschen Universitäten sei und worauf es dabei ankomme; außerdem ja ein derartiger Angriff, auch abgesehn von der Verächtlichkeit jeder Verketzerung, hätte ganz kurz mit ουδεν προς Διονυσον [nichts, was Dionysos angeht] abgefertigt werden müssen.

Wer zu der selben Einsicht noch fernerer Belege bedarf, betrachte das Nachspiel zu der großen Hegel-Farce, nämlich die gleich darauf folgende, so überaus zeitgemäße Konversion des Herrn v. Schelling vom Spinozismus zum Bigottismus und seine darauf folgende Versetzung von München nach Berlin, unter Trompetenstößen aller Zeitungen, nach deren Andeutungen man hätte glauben können, er bringe dahin den persönlichen Gott, nach welchem so großes Begehr war, in der Tasche mit; worauf denn der Zudrang der Studenten so groß wurde, daß sie sogar durch die Fenster in den Hörsaal stiegen; dann, am Ende des Kursus, das Groß-Mannsdiplom, welches eine Anzahl Professoren der Universität, die seine Zuhörer gewesen, ihm unterthänigst überbrachten, und überhaupt die ganze, höchst glänzende und nicht weniger lukrative Rolle desselben in Berlin, die er ohne Erröthen durchgespielt hat; und das im hohen Alter, wo die Sorge um das Andenken, das man hinterläßt, in edleren Naturen jede andere überwiegt. Man könnte bei so etwas ordentlich wehmütig werden; ja man könnte beinahe meinen, die Philosophieprofessoren selbst müßten dabei erröthen: doch das ist Schwärmerei. Wem nun aber nach Betrachtung einer solchen Konsummation [Lebensernte] nicht die Augen aufgehn über die

Ueber die Universitäts-Philosophie.

Kathederphilosophie und ihre Helden, Dem ist nicht zu helfen.

Inzwischen verlangt die Billigkeit, daß man die Universitätsphilosophie nicht bloß, wie hier geschehn, aus dem Standpunkte des angeblichen, sondern auch aus dem des wahren und eigentlichen Zweckes derselben beurtheile. Dieser nämlich läuft darauf hinaus, daß die künftigen Referendarien, Advokaten, Aerzte, Kandidaten und Schulmänner auch im Innersten ihrer Ueberzeugungen diejenige Richtung erhalten, welche den Absichten, die der Staat und seine Regierung mit ihnen haben, angemessen ist. Dagegen habe ich nichts einzuwenden, bescheide mich also in dieser Hinsicht. Denn über die Nothwendigkeit, oder Entbehrlichkeit eines solchen Staatsmittels zu urtheilen, halte ich mich nicht für kompetent; sondern stelle es denen anheim, welche die schwere Aufgabe haben, M e n s c h e n zu regieren, d. h. unter vielen Millionen eines, der großen Mehrzahl nach, gränzenlos egoistischen, ungerechten, unbilligen, unredlichen, neidischen, boshaften und dabei sehr beschränkten und queerköpfigen Geschlechtes, Gesetz, Ordnung, Ruhe und Friede aufrecht zu erhalten und die Wenigen, denen irgend ein Besitz zu Theil geworden, zu schützen gegen die Unzahl Derer, welche nichts, als ihre Körperkräfte haben. Die Aufgabe ist so schwer, daß ich mich wahrlich nicht vermesse, über die dabei anzuwendenden Mittel mit ihnen zu rechten. Denn »ich danke Gott an jedem Morgen, daß ich nicht brauch' für's Röm'sche Reich zu sorgen« [*Faust I*, 2093 f.], – ist stets mein Wahlspruch gewesen. Diese Staatszwecke der Universitätsphilosophie waren es aber, welche der H e g e l e i eine so beispiellose Ministergunst verschafften. Denn ihr war d e r S t a a t »der absolut vollendete ethische Organismus«, und sie ließ den ganzen Zweck des menschlichen Daseyns im S t a a t aufgehn. Konnte es eine bessere Zurichtung für künftige Referendarien und demnächst Staatsbeamte geben, als diese, in Folge welcher ihr ganzes Wesen und Seyn, mit Leib und Seele, völlig dem S t a a t verfiel, wie das der Biene dem Bienenstock, und sie auf nichts Anderes, weder in dieser, noch in einer andern Welt hinzuarbeiten hatten, als daß sie taugliche Räder würden, mitzuwirken, um die große Staatsmaschine, diesen *ultimus finis bonorum* [letzte Ziel aller Güter], im Gange zu erhalten? Der Referendar und der Mensch war danach Eins und das Selbe. Es war eine rechte Apotheose der Philisterei.

Aber ein Anderes bleibt das Verhältniß einer solchen Universitätsphilosophie zum Staat, und ein Anderes ihr Verhältniß zur Philosophie selbst und an sich, welche, in dieser Beziehung, als die r e i n e Philosophie, von jener, als der a n g e w a n d t e n, unterschieden werden könnte. Diese nämlich kennt keinen andern Zweck als die Wahrheit, und da möchte sich ergeben, daß jeder andere, mittelst ihrer angestrebte, diesem verderblich wird. Ihr hohes Ziel ist die Befriedigung jenes edelen Bedürfnisses, von mir das m e t a p h y s i s c h e genannt, welches der Menschheit, zu allen Zeiten, sich innig und lebhaft fühlbar macht, am stärksten aber, wann, wie eben jetzt, das Ansehn der Glaubenslehre mehr und mehr gesunken ist. Diese nämlich, als auf die große Masse des Menschengeschlechts berechnet und derselben angemessen, kann bloß a l l e g o r i s c h e Wahrheit enthalten, welche sie jedoch als *sensu proprio* [im eigentlichen Sinne] wahr geltend zu machen hat. Dadurch nun aber wird, bei immer weiterer Verbreitung jeder Art historischer, physikalischer, und sogar philosophischer Kenntnisse, die Anzahl der Menschen, denen sie nicht mehr genügen kann, immer größer, und diese wird mehr und mehr auf Wahrheit *sensu proprio* dringen. Was aber kann alsdann, dieser Anforderung gegenüber, eine solche *nervis alienis mobile* [von fremden Drähten bewegte: Horaz, *Sermones* II, 7] Kathederpuppe leisten? Wie weit wird man da noch reichen mit der oktroyirten Rockenphilosophie, oder mit hohlen Wortgebäuden, mit nichtssagenden, oder selbst die gemeinsten und faßlichsten Wahrheiten durch Wortschwall verundeutlichenden Floskeln, oder gar mit hegelischem absoluten Nonsens? – Und nun noch andererseits, wenn dann auch wirklich der redliche Johannes aus der Wüste käme, der, in Felle gekleidet und von Heuschrecken genährt, von all dem Unwesen unberührt geblieben, unterweilen, mit reinem Herzen und ganzem Ernst, der Forschung nach Wahrheit obgelegen hätte und deren Früchte jetzt anböte; welchen Empfang hätte er zu gewärtigen von jenen zu Staatszwecken gedungenen Geschäftsmännern der Katheder, die mit Weib und Kind von der Philosophie zu leben haben, deren Losung daher ist *primum vivere, deinde philosophari* [Zuerst leben, dann philosophieren], die demgemäß den Markt in Besitz genommen und schon dafür gesorgt haben, daß hier nichts gelte, als was sie gelten lassen, mithin Verdienste nur existiren, sofern es ihnen und ihrer Mittelmäßigkeit beliebt, sie anzuerkennen.

Ueber die Universitäts-Philosophie. 167

Sie haben nämlich die Aufmerksamkeit des ohnehin kleinen, sich mit Philosophie befassenden Publikums am Leitseil; da dasselbe auf Sachen, die nicht, wie die poetischen Produktionen, Ergötzung, sondern Belehrung, und zwar pekuniär unfruchtbare Belehrung, verheißen, seine Zeit, Mühe und Anstrengung wahrlich nicht verwenden wird, ohne vorher volle Versicherung darüber zu haben, daß solche auch reichlich belohnt werden. Diese nun erwartet es, seinem angeerbten Glauben, daß wer von einer Sache lebt, es auch sei, der sie versteht, zufolge, von den Männern des Fachs, welche denn auch, auf Kathedern und in Kompendien, Journalen und Litteraturzeitungen sich mit Zuversicht als die eigentlichen Meister der Sache geriren: von diesen demnach läßt es sich das Beachtenswerthe und sein Gegentheil vorschmecken und aussuchen. – O, wie wird es dir da ergehn, mein armer Johannes aus der Wüste, wenn, wie zu erwarten steht, was du bringst nicht der stillschweigenden Konvention der Herren von der lukrativen Philosophie gemäß abgefaßt ist! Sie werden dich ansehn als Einen, der den Geist des Spieles nicht gefaßt hat und dadurch es ihnen Allen zu verderben droht; mithin als ihren gemeinsamen Feind und Widersacher. Wäre was du bringst nun auch das größte Meisterstück des menschlichen Geistes; vor ihren Augen könnte es doch nimmermehr Gnade finden. Denn es wäre ja nicht *ad normam conventionis* [nach der geltenden Norm] abgefaßt, folglich nicht der Art, daß sie es zum Gegenstand ihres Kathedervortrags machen könnten, um nun auch d a v o n zu leben. Einem Philosophieprofessor fällt es gar nicht ein, ein auftretendes neues System darauf zu prüfen, ob es wahr sei, sondern er prüft es sogleich nur darauf, ob es mit den Lehren der Landesreligion, den Absichten der Regierung und den herrschenden Ansichten der Zeit in Einklang zu bringen sei. Danach entscheidet er über dessen Schicksal. Wenn es aber dennoch durchdränge, wenn es, als belehrend und Aufschlüsse enthaltend, die Aufmerksamkeit des Publikums erregte und von diesem des Studiums werth befunden würde; so müßte es ja in dem selben Maaße die kathederfähige Philosophie um eben jene Aufmerksamkeit, ja, um ihren Kredit und, was noch schlimmer ist, um ihren Absatz bringen. *Di meliora!* [Da sei Gott vor!] Daher darf dergleichen nicht aufkommen, und müssen hiegegen Alle für Einen Mann stehn. Die Methode und Taktik hiezu giebt ein glücklicher Instinkt, wie er jedem Wesen zu seiner Selbsterhaltung verliehen ist, bald an die Hand. Nämlich das Bestreiten und Widerlegen einer, der *norma conventionis* zuwiderlaufenden Philosophie ist oft, zumal wo man wohl gar Verdienste und gewisse, nicht durch das Professordiplom ertheilbare Eigenschaften wittert, eine bedenkliche Sache, an die man, in letzterem Falle, sich gar nicht wagen darf, indem dadurch die Werke, deren Unterdrückung indicirt ist, Notorietät erhalten und die Neugierigen hinzulaufen würden, alsdann aber höchst unangenehme Vergleichungen angestellt werden könnten und der Ausgang mißlich seyn dürfte. Hingegen einhellig, als Brüder gleichen Sinnes, wie gleichen Vermögens, eine solche ungelegene Leistung als *non avenue* [ungeschehen] betrachten; mit der unbefangensten Miene das Bedeutendeste als ganz unbedeutend, das tief Durchdachte und für die Jahrhunderte Vorhandene als nicht der Rede werth aufnehmen, um so es zu ersticken; hämisch die Lippen zusammenbeißen und dazu schweigen, schweigen mit jenem schon vom alten S e n e k a denunzirten *silentium, quod l i v o r indixerit* [Schweigen, das der *Neid* auferlegt hat] *(ep. 79);* und unterweilen nur desto lauter über die abortiven [fehlgeborenen] Geisteskinder und Mißgeburten der Genossenschaft krähen, in dem beruhigenden Bewußtseyn, daß ja Das, wovon Keiner weiß, so gut wie nicht vorhanden ist, und daß die Sachen in der Welt für Das gelten, was sie scheinen und heißen, nicht für Das, was sie sind; – Dies ist die sicherste und gefahrloseste Methode gegen Verdienste, welche ich demnach allen Flachköpfen, die ihren Unterhalt durch Dinge suchen, zu denen höhere Begabtheit gehört, bestens empfohlen haben wollte, ohne jedoch mich auch für die spätern Folgen derselben zu verbürgen.

Jedoch sollen hier keineswegs, als über ein *inauditum nefas* [unerhörtes Unrecht], die Götter angerufen werden: ist doch dies Alles nur eine Scene des Schauspiels, welches wir zu allen Zeiten, in allen Künsten und Wissenschaften, vor Augen haben, nämlich den alten Kampf Derer, die f ü r die Sache leben, mit Denen, die v o n ihr leben, oder Derer, die es s i n d , mit Denen, die es v o r s t e l l e n . Den Einen ist sie der Zweck, zu welchem ihr Leben das bloße Mittel ist; den Andern das Mittel, ja die lästige Bedingung zum Leben, zum Wohlseyn, zum Genuß, zum Familienglück, als in welchen allein ihr wahrer Ernst liegt; weil hier die Gränze ihrer Wirkungssphäre von der Natur gezogen ist.

Wer dies exemplificirt sehn und näher kennen lernen will, studire Litterargeschichte und lese die Biographien großer Meister in jeder Art und Kunst. Da wird er sehn, daß es zu allen Zeiten so gewesen ist, und begreifen, daß es auch so bleiben wird. In der Vergangenheit erkennt es Jeder; fast Keiner in der Gegenwart. Die glänzenden Blätter der Litterargeschichte sind, beinahe durchgängig, zugleich die tragischen. In allen Fächern bringen sie uns vor Augen, wie, in der Regel, das Verdienst hat warten müssen, bis die Narren ausgenarrt hatten, das Gelag zu Ende und Alles zu Bette gegangen war: dann erhob es sich, wie ein Gespenst aus tiefer Nacht, um seinen, ihm vorenthaltenen Ehrenplatz doch endlich noch als Schatten einzunehmen.

Wir inzwischen haben es hier allein mit der Philosophie und ihren Vertretern zu thun. Da finden wir nun zunächst, daß von jeher sehr wenige Philosophen Professoren der Philosophie gewesen sind, und verhältnißmäßig noch weniger Professoren der Philosophie Philosophen; daher man sagen könnte, daß, wie die idioelektrischen [eigenelektrischen] Körper keine Leiter der Elektricität sind, so die Philosophen keine Professoren der Philosophie. In der That steht dem Selbstdenker diese Bestellung beinahe mehr im Wege, als jede andere. Denn das philosophische Katheder ist gewissermaaßen ein öffentlicher Beichtstuhl, wo man *coram populo* [vor allem Volke] sein Glaubensbekenntniß ablegt. Sodann ist der wirklichen Erlangung gründlicher, oder gar tiefer Einsichten, also dem wahren Weisewerden, fast nichts so hinderlich, wie der beständige Zwang, weise zu scheinen, das Auskramen vorgeblicher Erkenntnisse, vor den lernbegierigen Schülern, und das Antworten-bereit-haben auf alle ersinnliche Fragen. Das Schlimmste aber ist, daß einen Mann in solcher Lage, bei jedem Gedanken, der etwan noch in ihm aufsteigt, schon die Sorge beschleicht, wie solcher zu den Absichten hoher Vorgesetzter passen würde: Dies paralysirt sein Denken so sehr, daß schon die Gedanken selbst nicht mehr aufzusteigen wagen. Der Wahrheit ist die Atmosphäre der Freiheit unentbehrlich. Ueber die *exceptio, quae firmat regulam* [Ausnahme, die die Regel bestätigt], daß K a n t ein Professor gewesen, habe ich schon oben das Nöthige erwähnt, und füge nur hinzu, daß auch Kants Philosophie eine großartigere, entschiedenere, reinere und schönere geworden seyn würde, wenn er nicht jene Professur bekleidet hätte; obwohl er, sehr weise, den Philosophen möglichst vom Professor gesondert hielt, indem er seine eigene Lehre nicht auf dem Katheder vortrug. (Siehe Rosenkranz, Geschichte der Kantischen Philosophie, S. 148.)

Sehe ich nun aber auf die, in dem halben Jahrhundert, welches seit K a n t s Wirksamkeit verstrichen ist, auftretenden, angeblichen Philosophen zurück; so erblicke ich leider keinen, dem ich nachrühmen könnte, sein wahrer und ganzer Ernst sei die Erforschung der Wahrheit gewesen: vielmehr finde ich sie alle, wenn auch nicht immer mit deutlichem Bewußtseyn, auf den bloßen Schein der Sache, auf Effektmachen, Imponiren, ja, Mystificiren bedacht und eifrig bemüht, den Beifall der Vorgesetzten und nächstdem der Studenten zu erlangen; wobei der letzte Zweck immer bleibt, den Ertrag der Sache, mit Weib und Kind, behaglich zu verschmausen. So ist es aber auch eigentlich der menschlichen Natur gemäß, welche, wie jede thierische Natur, als unmittelbare Zwecke nur Essen, Trinken und Pflege der Brut kennt, dazu aber, als ihre besondere Apanage [Zuwendung] nur noch die Sucht zu glänzen und zu scheinen erhalten hat. Hingegen ist zu wirklichen und ächten Leistungen in der Philosophie, wie in der Poesie und den schönen Künsten, die erste Bedingung ein ganz abnormer Hang, der, gegen die Regel der menschlichen Natur, an die Stelle des subjektiven Strebens nach dem Wohl der eigenen Person, ein völlig o b j e k t i v e s , auf eine der Person fremde L e i s t u n g gerichtetes Streben setzt und eben dieserhalb sehr treffend e x c e n t r i s c h genannt, mitunter wohl auch als Donquichottisch verspottet wird. Aber schon A r i s t o t e l e s hat es gesagt: ου χρη δε, κατα τους παραινουντας, ανθρωπινα φρονειν ανθρωπον οντα, ουδε θνητα τον θνητον, αλλ', εφ' οσον ενδεχεται, αθανατιζειν, και παντα ποιειν προς το ζην κατα το κρατιστον των εν αυτω. *(neque vero nos oportet humana sapere ac sentire, ut quidam monent, quum simus homines; neque mortalia, quum mortales; sed nos ipsos, quoad ejus fieri potest, a mortalitate vindicare, atque omnia facere, ut ei nostri parti, quae in nobis est optima, convenienter vivamus).* [Man soll aber nicht, wie die Dichter uns ermahnen, als Mensch auf Menschlichkeit sinnen und als Sterblicher auf Sterbliches, sondern, soweit es möglich ist, nach Unsterblichem trachten und alles tun, um dem gemäß dem Edelsten in uns zu leben.] *(Eth. Nic. X, 7.)* Eine solche Geistesrichtung ist allerdings eine höchst seltene Anomalie, deren Früchte jedoch, eben deswegen, im Laufe der Zeit, der ganzen Menschheit zu Gute kommen; da sie glücklicherweise von der Gattung sind, die sich aufbewahren läßt. Näher: man kann die Denker eintheilen in solche, die f ü r s i c h s e l b s t , und solche, die f ü r A n d e r e denken: diese sind die Regel, jene die Ausnahme. Erstere sind demnach Selbstdenker im zwiefachen, und Egoisten im edelsten Sinne des Worts: sie allein sind es, von denen die Welt Belehrung empfängt. Denn nur das Licht, welches Einer sich selber angezündet hat, leuchtet nachmals auch Andern; so daß von Dem, was Seneka in moralischer Hinsicht behauptet, *alteri vivas oportet, si vis tibi vivere* [für andere mußt du leben, wenn du dir leben willst] *(ep. 48)*, in intellektualer das Umgekehrte gilt: *tibi cogites oportet, si omnibus cogitasse volueris* [für dich mußt du denken, wenn du für alle gedacht haben willst]. Dies aber ist gerade die seltene, durch keinen Vorsatz und guten Willen zu erzwingende Anomalie, ohne welche jedoch, in der Philosophie, kein wirklicher Fortschritt möglich ist. Denn für Andere, oder überhaupt für mittelbare Zwecke, geräth nimmermehr ein Kopf in die höchste, dazu eben erforderte, Anspannung, als welche gerade das Vergessen seiner selbst und aller Zwecke verlangt; sondern da bleibt es beim Schein und Vorgeben der Sache. Da werden zwar allenfalls einige vorgefundene Begriffe auf mancherlei Weise kombinirt und so gleichsam ein Kartenhäuserbau damit vorgenommen: aber nichts Neues und Aechtes kommt dadurch in die Welt. Nun nehme man noch hinzu, daß Leute, denen das eigene Wohl der wahre Zweck, das Denken nur Mittel dazu ist, stets die temporären Bedürfnisse und Neigungen der Zeitgenossen, die Absichten der Befehlenden u. dgl. m. im Auge behalten müssen. Dabei läßt sich nicht nach der Wahrheit zielen, die, selbst bei redlich auf sie gerichtetem Blicke, unendlich schwer zu treffen ist.

Ueberhaupt aber, wie sollte der, welcher für sich, nebst Weib und Kind, ein redliches Auskommen sucht, zugleich sich der W a h r h e i t weihen? der Wahrheit, die zu allen Zeiten ein gefährlicher Begleiter, ein überall unwillkommener Gast gewesen ist, – die vermuthlich auch deshalb nackt dargestellt wird, weil sie nichts mitbringt, nichts auszutheilen hat, sondern nur ihrer selbst wegen gesucht seyn will. Zwei so verschiedenen Herren, wie der Welt und der Wahrheit, die nichts, als den

Anfangsbuchstaben, gemein haben, läßt sich zugleich nicht dienen: das Unternehmen führt zur Heuchelei, zur Augendienerei, zur Achselträgerei. Da kann es geschehn, daß aus einem Priester der Wahrheit ein Verfechter des Truges wird, der eifrig lehrt was er selbst nicht glaubt, dabei der vertrauensvollen Jugend die Zeit und den Kopf verdirbt, auch wohl gar, mit Verleugnung alles litterarischen Gewissens, zum Präkonen [Lobredner] einflußreicher Pfuscher, z. B. frömmelnder Strohköpfe, sich hergiebt; oder auch, daß er, weil vom Staat und zu Staatszwecken besoldet, nun den Staat zu apotheosiren, ihn zum Gipfelpunkt alles menschlichen Strebens und aller Dinge zu machen, sich angelegen seyn läßt, und dadurch nicht nur den philosophischen Hörsaal in eine Schule der plattesten Philisterei umschafft, sondern am Ende, wie z. B. Hegel, zu der empörenden Lehre gelangt, daß die Bestimmung des Menschen im S t a a t aufgehe, – etwan wie die der Biene im Bienenstock; wodurch das hohe Ziel unsers Daseyns den Augen ganz entrückt wird.

Daß die Philosophie sich nicht zum Brodgewerbe eigne, hat schon Plato in seinen Schilderungen der Sophisten, die er dem Sokrates gegenüberstellt, dargethan, am allerergötzlichsten aber im Eingang des Protagoras das Treiben und den Succeß [Erfolg] dieser Leute mit unübertrefflicher Komik geschildert. Das Geldverdienen mit der Philosophie war und blieb, bei den Alten, das Merkmal, welches den Sophisten vom Philosophen unterschied. Das Verhältniß der Sophisten zu den Philosophen war demnach ganz analog dem zwischen den Mädchen, die sich aus Liebe hingegeben haben, und den bezahlten Freudenmädchen. Daß aus diesem Grunde Sokrates den Aristipp unter die Sophisten verwies und auch Aristoteles ihn dahin zählt, habe ich bereits in meinem Hauptwerk, Bd. 2, K. 17, S. 162 [Bd. III uns. Ausg., S. 189 f.] nachgewiesen. Daß auch die Stoiker es so ansahen, berichtet S t o b ä o s *(Ecl. eth. L. II, c. 7):* των μεν αυτο τουτο λεγοντων σοφιστευειν, το επι μισθῳ μεταδιδοναι των της φιλοσοφιας δογματων· των δ᾽ ὑποτοπησαντων εν τῳ σοφιστευειν περιεχεσθαι τι φαυλον, οἱονει λογους καπηλευειν, ου φαμενων δειν απο παιδειας παρα των επιτυχοντων χρηματιζεσθαι, καταδεεστερον γαρ ειναι τον τροπον τουτον του χρηματισμου του της φιλοσοφιας αξιωματος. [Es ist zu unterscheiden zwischen denen, die zugeben, daß sie Sophisten lehren, nämlich die Lehren der Philosophie für Geld mitteilen, und denen, die glauben, daß das Lehren als

Ueber die Universitäts-Philosophie. 173

Sophist Tadel verdiene, da es ein Schachern mit Gedanken sei, und erklären, daß es nicht statthaft sei, für die Bildung von denen, die Bildung suchen, Geld zu nehmen; denn diese Art des Gelderwerbs sei der Würde der Philosophie nicht angemessen.] (S. *Stob. ecl. phys. et eth., ed. Heeren, part. sec. tom. pr. p. 226.*) Auch die Stelle des Xenophon, welche Stobäos im *Florilegio* Bd. 1, *p. 57* beibringt, lautet nach dem Original *(Memorabilia I, 6, 17):* τους μεν την σοφιαν αργυριου τω βουλομενω πωλουντας, σοφιστας αποκαλουσιν. [Leute, die jedem, der es will, die Weisheit für Geld verkaufen, nennt man Sophisten.] Auch U l p i a n wirft die Frage auf: *an et philosophi p r o f e s s o r u m numero sint? Et non putem, non quia non religiosa res est, sed quia hoc primum p r o f i t e r i eos oportet, m e r c e n a r i a m o p e r a m s p e r n e r e.* [Ob auch die Philosophen zu den *Professoren* zu rechnen sind? Ich glaube, nein, nicht weil es sich dabei etwa um keine sorgfältig betriebene Sache handelte, sondern weil es ihnen vor allem ziemt, öffentlich zu bekennen, daß sie besoldete Arbeit verschmähen.] *(Lex I, § 4, Dig. de extraord. cognit., 50, 13.)* Die Meinung war in diesem Punkt so unerschütterlich, daß wir sie selbst noch unter den spätern Kaisern in voller Geltung finden; indem sogar noch beim P h i l o s t r a t u s *(Lib. I, c. 13)* Apollonius von Tyana seinem Gegner Euphrates das την σοφιαν καπηλευειν *(sapientiam cauponari)* [mit der Weisheit Schacher treiben] zum Hauptvorwurf macht, auch in seiner 51sten Epistel eben diesem schreibt: επιτιμωσι σοι τινες, ώς ειληφοτι χρηματα παρα του βασιλεως· όπερ ουκ ατοπον, ει μη φαινοιο φιλοσοφιας ειληφεναι μισθον, και τοσαυτακις, και επι τοσουτον, και παρα του πεπιστευκοτος ειναι σε φιλοσοφον. *(Reprehendunt te quidam, quod pecuniam ab imperatore acceperis: quod absonum non esset, nisi videreris philosophiae mercedem accepisse, et toties, et tam magnam, et ab illo, qui te philosophum esse putabat.)* [Einige werfen dir vor, vom Könige Geld angenommen zu haben; das wäre an sich nicht unstatthaft, wenn du nicht den Schein erregtest, daß du so oft und so viel Geld für die Philosophie genommen hast, und zwar von jemand, der dich für einen Philosophen hielt.] In Uebereinstimmung hiemit sagt er, in der 42sten Epistel, von sich selbst, daß er nöthigenfalls ein Almosen, aber nie, selbst nicht im Fall der Bedürftigkeit, einen Lohn für seine Philosophie annehmen würde: Εαν τις Απολλωνιω χρηματα διδω, και ὁ διδους αξιος νομιζηται, ληψεται δεομενος· φιλοσοφιας δε μισθον ου ληψεται, κ'αν δεηται. *(Si quis Apollonio pecunias dederit et qui dat dignus judicatus fuerit ab eo; si opus habuerit, accipiet. Philosophiae vero mercedem, ne si indigeat quidem, accipiet.)* [Wenn jemand dem Apollonius Geld anbietet und ihm ein würdiger Geber scheint, so wird er es annehmen, falls er dessen bedarf. Für die Philosophie aber wird er keinen Lohn annehmen, selbst nicht, wenn er Geld nötig hätte.] Diese uralte Ansicht hat ihren guten Grund und beruht darauf, daß die Philosophie gar viele Berührungspunkte mit dem menschlichen Leben, dem öffentlichen, wie dem der Einzelnen, hat; weshalb, wenn Erwerb damit getrieben wird, alsbald die Absicht das Uebergewicht über die Einsicht erhält und aus angeblichen Philosophen bloße Parasiten der Philosophie werden: solche aber werden dem Wirken der ächten Philosophen hemmend und feindlich entgegentreten, ja, sich gegen sie verschwören, um nur was ihre Sache fördert zur Geltung zu bringen. Denn sobald es Erwerb gilt, kann es leicht dahin kommen, daß, wo der Vortheil es heischt, allerlei niedrige Mittel, Einverständnisse, Koalitionen u. s. w. angewandt werden, um, zu materiellen Zwecken, dem Falschen und Schlechten Eingang und Geltung zu verschaffen; wobei es nothwendig wird, das entgegenstehende Wahre, Aechte und Werthvolle zu unterdrücken. Solchen Künsten aber ist kein Mensch weniger gewachsen, als ein wirklicher Philosoph, der etwan mit seiner Sache unter das Treiben dieser Gewerbsleute gerathen wäre. – Den schönen Künsten, selbst der Poesie, schadet es wenig, daß sie auch zum Erwerbe dienen: denn jedes ihrer Werke hat eine gesonderte Existenz für sich, und das Schlechte kann das Gute so wenig verdrängen, wie verdunkeln. Aber die Philosophie ist ein Ganzes, also eine Einheit, und ist auf Wahrheit, nicht auf Schönheit gerichtet: es giebt vielerlei Schönheit, aber nur e i n e Wahrheit; wie viele Musen, aber nur e i n e Minerva. Eben deshalb darf der Dichter getrost verschmähen, das Schlechte zu geißeln; aber der Philosoph kann in den Fall kommen, dies thun zu müssen. Denn das zur Geltung gelangte Schlechte stellt hier sich dem Guten geradezu feindlich entgegen, und das wuchernde Unkraut verdrängt die brauchbare Pflanze. Die Philosophie ist, ihrer Natur nach, exklusiv: sie begründet ja die Denkungsart des Zeitalters: daher duldet das herrschende System, wie die Söhne der Sultane, kein anderes neben sich. Dazu kommt, daß hier das Urtheil höchst schwierig, ja, schon

Ueber die Universitäts-Philosophie. 175

die Erlangung der Data zu demselben mühevoll ist. Wird hier, durch Kunstgriffe, das Falsche in Cours gebracht und überall, als das Wahre und Aechte, von belohnten Stentorstimmen ausgeschrien; so wird der Geist der Zeit vergiftet, das Verderben ergreift alle Zweige der Litteratur, aller höhere Geistesaufschwung stockt, und dem wirklich Guten und Aechten in jeder Art ist ein Bollwerk entgegengesetzt, das lange vorhält. Dies sind die Früchte der φιλοσοφια μισθοφορος [um Lohn dienenden Philosophie]. Man sehe, zur Erläuterung, den Unfug, der seit Kant mit der Philosophie getrieben und was dabei aus ihr geworden ist. Aber erst die wahre Geschichte der Hegelschen Scharlatanerie und der Wege ihrer Verbreitung wird einst die rechte Illustration zu dem Gesagten liefern.

Diesem Allen zufolge wird Der, dem es nicht um Staatsphilosophie und Spaaßphilosophie, sondern um Erkenntniß und daher um ernstlich gemeinte, folglich rücksichtslose Wahrheitsforschung zu thun ist, sie überall eher zu suchen haben, als auf den Universitäten, als wo ihre Schwester, die Philosophie *ad normam conventionis* [nach der geltenden Norm], das Regiment führt und den Küchenzettel schreibt. Ja, ich neige mich mehr und mehr zu der Meinung, daß es für die Philosophie heilsamer wäre, wenn sie aufhörte, ein Gewerbe zu seyn, und nicht mehr im bürgerlichen Leben, durch Professoren repräsentirt, aufträte. Sie ist eine Pflanze, die wie die Alpenrose und die Fluenblume [das Edelweiß], nur in freier Bergluft gedeiht, hingegen bei künstlicher Pflege ausartet. Jene Repräsentanten der Philosophie im bürgerlichen Leben repräsentiren sie meistens doch nur so, wie der Schauspieler den König. Waren etwan die Sophisten, welche Sokrates so unermüdlich befehdete und die Plato zum Thema seines Spottes macht, etwas Anderes, als Professoren der Philosophie und Rhetorik? Ja, ist es nicht eigentlich jene uralte Fehde, welche, seitdem nie ganz erloschen, noch heute von mir fortgeführt wird? Die höchsten Bestrebungen des menschlichen Geistes vertragen sich nun ein Mal nicht mit dem Erwerb: ihre edele Natur kann sich damit nicht amalgamiren [innig verbinden]. – Allenfalls möchte es mit der Universitätsphilosophie noch hingehn, wenn die angestellten Lehrer derselben ihrem Beruf dadurch zu genügen dächten, daß sie, nach Weise der andern Professoren, das vorhandene, einstweilen als wahr geltende Wissen ihres Faches an die heranwachsende Generation weiter gäben, also das System des zuletzt dagewesenen wirklichen Philosophen ihren Zuhörern treu und genau auseinandersetzten und ihnen die Sachen klein kauten: – Das gienge, sage ich, allenfalls, wenn sie dazu nur soviel Urtheil, oder wenigstens Takt, mitbrächten, nicht bloße Sophisten, wie z. B. einen Fichte, einen Schelling, geschweige einen Hegel, auch für Philosophen zu halten. Allein nicht nur fehlt es in der Regel ihnen an besagten Eigenschaften, sondern sie sind in dem unglücklichen Wahne befangen, es gehöre zu ihrem Amte, daß auch sie selbst die Philosophen spielten und die Welt mit den Früchten ihres Tiefsinns beschenkten. Aus diesem Wahne gehn nun jene so kläglichen, wie zahlreichen Produktionen hervor, in welchen Alltagsköpfe, ja mitunter solche, die nicht ein Mal Alltagsköpfe sind, d i e Probleme behandeln, auf deren Lösung seit Jahrtausenden die äußersten Anstrengungen der seltensten, mit den außerordentlichsten Fähigkeiten ausgerüsteten, ihre eigene Person über die Liebe zur Wahrheit vergessenden und von der Leidenschaft des Strebens nach Licht mitunter bis in den Kerker, ja, auf's Schafott getriebenen Köpfe gerichtet gewesen sind; Köpfe, deren Seltenheit so groß ist, daß die Geschichte der Philosophie, welche, seit dritthalbtausend Jahren, neben der Geschichte der Staaten, als ihr Grundbaß, hergeht, kaum $^1/_{100}$ so viele namhafte Philosophen aufzuweisen hat, als die Staatengeschichte namhafte Monarchen: denn es sind keine andern, als die ganz vereinzelten Köpfe, in welchen die Natur zu einem deutlicheren Bewußtseyn ihrer selbst gekommen war, als in andern. Eben diese aber stehn der Gewöhnlichkeit und der Menge so fern, daß den meisten erst nach ihrem Tode, oder höchstens im späten Alter, eine gerechte Anerkennung geworden ist. Hat doch z. B. sogar der eigentliche, hohe Ruhm des A r i s t o t e l e s , der später sich weiter, als irgend einer, verbreitete, allem Anschein nach, erst 200 Jahre nach seinem Tode begonnen. E p i k u r o s , dessen Name, noch heut zu Tage, sogar dem großen Haufen bekannt ist, hat in Athen, bis zu seinem Tode, völlig ungekannt gelebt. *(Sen. ep. 79.)* B r u n o u n d S p i n o z a kamen erst im zweiten Jahrhundert nach ihrem Tode zur Geltung und Ehre. Selbst der so klar und populär schreibende D a v i d H u m e war, obwohl er seine Werke längst geliefert hatte, 50 Jahre alt, als man anfieng ihn zu beachten. K a n t wurde erst nach seinem 60. Jahre berühmt. Mit den Kathederphilosophen unserer Tage

Ueber die Universitäts-Philosophie. 177

freilich gehn die Sachen schneller; da sie keine Zeit zu verlieren haben: nämlich der e i n e Professor verkündet die Lehre seines auf der benachbarten Universität florirenden Kollegen, als den endlich erreichten Gipfel menschlicher Weisheit; und sofort ist dieser ein großer Philosoph, der unverzüglich seinen Platz in der Geschichte der Philosophie einnimmt, nämlich in derjenigen, welche ein dritter Kollege zur nächsten Messe in Arbeit hat, der nun ganz unbefangen den unsterblichen Namen der Märtyrer der Wahrheit, aus allen Jahrhunderten, die werthen Namen sei- ner eben jetzt florirenden wohlbestallten Kollegen anreiht, als eben so viele Philosophen, die auch in Reihe und Glied treten können, da sie sehr viel Papier gefüllt und allgemein kollegiali- sche Beachtung gefunden haben. Da heißt es dann z. B. »Aristo- teles und Herbart«, oder »Spinoza und Hegel«, »Plato und Schleiermacher«, und die erstaunte Welt muß sehn, daß die Phi- losophen, welche die karge Natur ehemals im Laufe der Jahr- hunderte nur vereinzelt hervorzubringen vermochte, während dieser letzten Decennien, unter den bekanntlich so hoch begab- ten Deutschen, überall wie die Pilze aufgeschossen sind. Natür- lich wird dieser Glorie des Zeitalters auf alle Weise nachgehol- fen; daher, sei es in gelehrten Zeitschriften, oder auch in seinen eigenen Werken, der eine Philosophieprofessor nicht ermangeln wird, die verkehrten Einfälle des andern mit wichtiger Miene und amtlichem Ernst in genaue Erwägung zu ziehn; so daß es ganz aussieht, als handelte es sich hier um wirkliche Fortschritte der menschlichen Erkenntniß. Dafür widerfährt seinem Abortus nächstens die selbe Ehre, und wir wissen ja, daß *nihil officiosius, quam cum mutuum muli scabunt* [Nichts sieht würdevoller aus, als wenn zwei Maulesel sich gegenseitig kratzen: nach Varro]. So viele gewöhnliche Köpfe, die sich von Amts und Berufs wegen verpflichtet glauben, Das vorzustellen, was die Natur mit ihnen am allerwenigsten beabsichtigt hatte, und die Lasten zu wälzen, welche die Schultern geistiger Riesen erfordern, bieten aber im Ernst ein gar klägliches Schauspiel dar. Denn den Hei- sern singen zu hören, den Lahmen tanzen zu sehn, ist peinlich; aber den beschränkten Kopf philosophirend zu vernehmen ist unerträglich. Um nun den Mangel an wirklichen Gedanken zu verbergen, machen Manche sich einen imponirenden Apparat von langen, zusammengesetzten Worten, intrikaten [verwickel- ten] Floskeln, unabsehbaren Perioden, neuen und unerhörten

Ausdrücken, welches Alles zusammen dann einen möglichst schwierigen und gelehrt klingenden Jargon abgiebt. Jedoch sagen sie, mit dem Allen, – nichts: man empfängt keine Gedanken, fühlt seine Einsicht nicht vermehrt, sondern muß aufseufzen: »das Klappern der Mühle höre ich wohl, aber das Mehl sehe ich nicht« [arabisches Sprichwort]; oder auch, man sieht nur zu deutlich, welche dürftige, gemeine, platte und rohe Ansichten hinter dem hochtrabenden Bombast stecken. O! daß man solchen Spaaßphilosophen einen Begriff beibringen könnte von dem wahren und furchtbaren Ernst, mit welchem das Problem des Daseyns den Denker ergreift und sein Innerstes erschüttert! Da würden sie keine Spaaßphilosophen mehr seyn können, nicht mehr, mit Gelassenheit, müßige Flausen aushecken, vom absoluten Gedanken, oder vom Widerspruch, der in allen Grundbegriffen stecken soll, noch mit beneidenswerthem Genügen sich an hohlen Nüssen letzen [erlaben], wie »die Welt ist das Daseyn des Unendlichen im Endlichen«, und »der Geist ist der Reflex des Unendlichen im Endlichen«, u. s. w. Es wäre schlimm für sie: denn sie wollen nun ein Mal Philosophen seyn und ganz originelle Denker. Nun aber ist, daß ein gewöhnlicher Kopf ungewöhnliche Gedanken haben sollte, gerade so wahrscheinlich, wie daß eine Eiche Aprikosen trüge. Die g e w ö h n l i c h e n Gedanken hingegen hat Jeder schon selbst und braucht sie nicht zu lesen: folglich kann, da es in der Philosophie bloß auf Gedanken, nicht auf Erfahrungen und Thatsachen ankommt, durch gewöhnliche Köpfe hier nie etwas geleistet werden. Einige, des Uebelstandes sich bewußt, haben sich einen Vorrath fremder, meist unvollkommen, stets flach aufgefaßter Gedanken aufgespeichert, die freilich in ihren Köpfen immer noch in Gefahr sind, sich in bloße Phrasen und Worte zu verflüchtigen. Mit diesen schieben sie dann hin und her, und suchen allenfalls, sie, wie Dominosteine, an einander zu passen: sie vergleichen nämlich was Dieser gesagt hat, und was Jener, und was wieder ein Anderer, und noch Einer, und suchen daraus klug zu werden. Vergeblich würde man bei solchen Leuten irgend eine feste, auf anschaulicher Basis ruhende und daher durchweg zusammenhängende Grundansicht von den Dingen und der Welt suchen: eben deshalb haben sie über nichts eine ganz entschiedene Meinung, oder bestimmtes, festes Urtheil; sondern sie tappen mit ihren erlernten Gedanken, Ansichten und Exceptionen [Einwendun-

Ueber die Universitäts-Philosophie.   179

gen] wie im Nebel umher. Sie haben eigentlich auch nur auf
Wissen und Gelehrsamkeit zum Weiterlehren hingearbeitet. Das
möchte seyn: aber dann sollen sie nicht die Philosophen spielen,
hingegen den Hafer von der Spreu zu unterscheiden verstehn.

Die wirklichen Denker haben auf E i n s i c h t , und zwar
ihrer selbst wegen, hingearbeitet; weil sie die Welt, in der sie sich
befanden, doch irgend wie sich verständlich zu machen inbrün-
stiglich begehrten; nicht aber um zu lehren und zu schwätzen.
Daher erwächst in ihnen langsam und allmälig, in Folge anhaltender Meditation, eine feste, zusammenhängende Grundansicht,
die zu ihrer Basis allemal die a n s c h a u l i c h e Auffassung
der Welt hat, und von der Wege ausgehn zu allen speciellen
Wahrheiten, welche selbst wieder Licht zurückwerfen auf jene
Grundansicht. Daraus folgt denn auch, daß sie über jedes
Problem des Lebens und der Welt wenigstens eine entschiedene,
wohl verstandene und mit dem Ganzen zusammenhängende
Meinung haben, und daher niemanden mit leeren Phrasen
abzufinden brauchen, wie hingegen jene Ersteren thun, die man
stets mit dem Vergleichen und Abwägen fremder Meinungen,
statt mit den Dingen selbst, beschäftigt findet, wonach man
glauben könnte, es sei die Rede von entfernten Ländern, über
welche man die Berichte der wenigen, dort hingelangten Reisen-
den kritisch zu vergleichen hätte, nicht aber von der, auch vor
ihnen ausgebreitet und klar daliegenden, wirklichen Welt.
Jedoch bei ihnen heißt es:

Pour nous, Messieurs, nous avons l'habitude
De rédiger au long, de point en point,
Ce qu'on pensa, mais nous ne pensons point.

[Was uns betrifft, ihr Herrn, so pflegen wir,
Was andere dachten, sorgsam zu bekritteln,
Doch fehlt das Denken uns aus eignen Mitteln.]
            V o l t a i r e [*Le temps du goût*].

Das Schlimmste bei dem ganzen Treiben, das sonst immerhin,
für den kuriosen Liebhaber, seinen Fortgang haben möchte, ist
jedoch Dieses: es liegt in ihrem Interesse, daß das Flache und
Geistlose für etwas gelte. Das kann es aber nicht, wenn dem
etwan auftretenden Aechten, Großen, Tiefgedachten sofort sein

Recht widerfährt. Um daher dieses zu ersticken und das Schlechte ungehindert in Cours zu bringen, ballen sie, nach Art aller Schwachen, sich zusammen, bilden Kliquen und Parteien, bemächtigen sich der Litteraturzeitungen, in welchen sie, wie auch in eigenen Büchern, mit tiefer Ehrfurcht und wichtiger Miene von ihren respectiven Meisterwerken reden und auf solche Art das kurzsichtige Publikum bei der Nase herumführen. Ihr Verhältniß zu den wirklichen Philosophen ist ungefähr das der ehemaligen Meistersänger zu den Dichtern. Zur Erläuterung des Gesagten sehe man die messentlich [zu den Buchmessen] erscheinenden Schreibereien der Kathederphilosophen, nebst den dazu aufspielenden Litteraturzeitungen: wer sich darauf versteht betrachte die Verschmitztheit, mit der diese letzteren, vorkommenden Falls, bemüht sind, das Bedeutende als unbedeutend zu vertuschen und die Kniffe, die sie gebrauchen, es der Aufmerksamkeit des Publikums zu entziehn, eingedenk des Spruches des Publilius Syrus: *Jacet omnis virtus, fama nisi late patet.* [Alle Vortrefflichkeit bleibt ohne Einfluß, wenn nicht ihr Ruhm sich weit ausbreitet.] (S. *P. Syri et aliorum sententiae. Ex rec. J. Gruteri. Misenae 1790, v. 280.*) Nun aber gehe man auf diesem Wege und mit diesen Betrachtungen immer weiter zurück, bis zum Anfange dieses Jahrhunderts, sehe, was früher die Schellingianer, dann aber noch viel ärger die Hegelianer in den Tag hineingesündigt haben: man überwinde sich, man durchblättere den ekelhaften Wust! denn ihn zu lesen ist keinem Menschen zuzumuthen. Dann überlege und berechne man die unschätzbare Zeit, nebst dem Papier und Gelde, welches das Publikum, ein halbes Jahrhundert hindurch, an diesen Pfuschereien hat verlieren müssen. Freilich ist auch die Geduld des Publikums unbegreiflich, welches das, Jahr aus, Jahr ein, fortgesetzte Geträtsche geistloser Philosophaster liest, ungeachtet der marternden Langweiligkeit, die wie ein dicker Nebel darauf brütet, eben weil man liest und liest, ohne je eines Gedankens habhaft zu werden, indem der Schreiber, dem selbst nichts Deutliches und Bestimmtes vorschwebte, Worte auf Worte, Phrasen auf Phrasen häuft und doch nichts sagt, weil er nichts zu sagen hat, nichts weiß, nichts denkt, dennoch reden will und daher seine Worte wählt, nicht je nachdem sie seine Gedanken und Einsichten treffender ausdrücken, sondern je nachdem sie seinen Mangel daran geschickter verbergen. Dergleichen jedoch wird gedruckt, gekauft und ge-

Ueber die Universitäts-Philosophie.

lesen: und so geht es nun schon ein halbes Jahrhundert hindurch, ohne daß die Leser dabei inne würden, daß sie, wie man im Spanischen sagt, *papan viento,* d. h. bloße Luft schlucken. Inzwischen muß ich, um gerecht zu seyn, erwähnen, daß, um diese Klappermühle im Gange zu erhalten, oft noch ein ganz eigener Kunstgriff angewandt wird, dessen Erfindung auf die Herren Fichte und Schelling zurückzuführen ist. Ich meine den verschmitzten Kniff, dunkel, d. h. unverständlich, zu schreiben; wobei die eigentliche Finesse ist, seinen Gallimathias so einzurichten, daß der Leser glauben muß, es liege an ihm, wenn er denselben nicht versteht; während der Schreiber sehr wohl weiß, daß es an ihm selbst liegt, indem er eben nichts eigentlich Verstehbares, d. h. klar Gedachtes, mitzutheilen hat. Ohne diesen Kunstgriff hätten die Herren Fichte und Schelling ihren Pseudo-Ruhm nicht auf die Beine bringen können. Aber bekanntlich hat den selben Kunstgriff Keiner so dreist und in so hohem Grade ausgeübt, wie H e g e l. Hätte Dieser gleich Anfangs den absurden Grundgedanken seiner Afterphilosophie, – nämlich diesen, den wahren und natürlichen Hergang der Sache gerade auf den Kopf zu stellen und demnach die A l l - g e m e i n - B e g r i f f e, welche wir aus der empirischen Anschauung abstrahiren, die mithin durch Wegdenken von Bestimmungen entstehn, folglich je allgemeiner desto leerer sind, zum Ersten, zum Ursprünglichen, zum wahrhaft Realen (zum Ding an sich, in Kantischer Sprache) zu machen, in Folge Dessen die empirisch-reale Welt allererst ihr Daseyn habe, – hätte er, sage ich, dieses monstrose ὕστερον πρότερον [Vertauschen von Grund und Folge], ja diesen ganz eigentlich aberwitzigen Einfall, nebst dem Beisatz, daß solche Begriffe, ohne unser Zuthun, sich selber dächten und bewegten, gleich Anfangs in klaren, verständlichen Worten deutlich dargelegt; so würde Jeder ihm ins Gesicht gelacht, oder die Achseln gezuckt und die Posse keiner Beachtung werth gehalten haben. Dann aber hätte selbst Feilheit und Niederträchtigkeit vergebens in die Posaune stoßen können, um der Welt das Absurdeste, welches sie je gesehn, als die höchste Weisheit aufzulügen und die deutsche Gelehrtenwelt, mit ihrer Urtheilskraft, auf immer zu kompromittiren. Hingegen unter der Hülle des unverständlichen Gallimathias, da gieng es, da machte der Aberwitz Glück:

Omnia enim stolidi magis admirantur amantque,
Inversis quae sub verbis latitantia cernunt.

[Alles bewundern die Narren und lieben es über die Maßen,
Was man verblümt ihnen sagt und mit verschrobenen Worten.]
L u c r [etius,] I, 641–42.

Durch solche Beispiele ermuthigt suchte seitdem fast jeder
armsäligste Skribler etwas darin, mit pretiöser Dunkelheit zu
schreiben, damit es aussähe, als vermöchten keine Worte seine
hohen, oder tiefen Gedanken auszudrücken. Statt auf jede Weise
bemüht zu seyn, seinem Leser deutlich zu werden, scheint er ihm
oft neckend zuzurufen: »Gelt, du kannst nicht rathen was ich
mir dabei denke!« Wenn nun Jener, statt zu antworten, »darum
werd' ich mich den Teufel scheeren«, und das Buch wegzuwer-
fen, sich vergeblich daran abmüht; so denkt er am Ende, es
müsse doch etwas höchst Gescheutes, nämlich sogar seine Fassungskraft Uebersteigendes seyn, und nennt nun, mit hohen
Augenbrauen, seinen Autor einen tiefsinnigen Denker. Eine
Folge dieser ganzen saubern Methode ist, unter andern, daß,
wenn man in England etwas als sehr dunkel, ja, ganz unverständlich bezeichnen will, man sagt *it is like German metaphy-
sics* [es ist wie deutsche Metaphysik]; ungefähr wie man in
Frankreich sagt *c'est clair comme la bouteille à l'encre* [das ist
klar wie dicke Tinte].

Es ist wohl überflüssig, hier zu erwähnen, doch kann es nicht
zu oft gesagt werden, daß, im Gegentheil, gute Schriftsteller
stets eifrig bemüht sind, ihren Leser zu nöthigen, genau eben
Das zu denken, was sie selbst gedacht haben: denn wer etwas
Rechtes mitzutheilen hat, wird sehr darauf bedacht seyn, daß es
nicht verloren gehe. Deshalb beruht der gute Stil hauptsächlich
darauf, daß man wirklich etwas zu sagen habe: bloß diese Klei-
nigkeit ist es, die den meisten Schriftstellern unserer Tage abgeht
und dadurch Schuld ist an ihrem so schlechten Vortrage. Besonders aber ist der generische [der ganzen Gattung eigene]
Charakter der p h i l o s o p h i s c h e n Schriften dieses Jahrhunderts das Schreiben, ohne eigentlich etwas zu sagen zu
haben: er ist ihnen allen gemeinsam und kann daher auf gleiche
Weise am Salat, wie am Hegel, am Herbart, wie am Schleiermacher studirt werden. Da wird, nach homoiopathischer Methode,

Ueber die Universitäts-Philosophie.

das schwache Minimum eines Gedankens mit 50 Seiten Wort-schwall diluirt [verdünnt] und nun, mit gränzenlosem Zutrauen zur wahrhaft deutschen Geduld des Lesers, ganz gelassen, Seite nach Seite, so fortgeträtscht. Vergebens hofft der zu dieser Lek-türe verurtheilte Kopf auf eigentliche, solide und substantielle Gedanken: er schmachtet, ja, er schmachtet nach irgend einem Gedanken, wie der Reisende in der arabischen Wüste nach Was-ser, – und muß verschmachten. Nun nehme man dagegen irgend einen w i r k l i c h e n Philosophen zur Hand, gleichviel aus welcher Zeit, aus welchem Lande, sei es Plato oder Aristoteles, Cartesius, oder Hume, Malebranche, oder Locke, Spinoza, oder Kant: immer begegnet man einem schönen und gedankenreichen Geiste, der Erkenntniß hat und Erkenntniß wirkt, besonders aber stets redlich bemüht ist, sich mitzutheilen; daher er dem empfänglichen Leser, bei jeder Zeile, die Mühe des Lesens unmit-telbar vergilt. Was nun die Schreiberei unserer Philosophaster so überaus gedankenarm und dadurch marternd langweilig macht ist zwar, im letzten Grunde, die Armuth ihres Geistes, zunächst aber Dieses, daß ihr Vortrag sich durchgängig in höchst abstrak-ten, allgemeinen und überaus weiten Begriffen bewegt, daher auch meistens nur in unbestimmten, schwankenden, verblasenen Ausdrücken einherschreitet. Zu diesem aerobatischen [luftwand-lerischen] Gange sind sie aber genöthigt; weil sie sich hüten müs-sen, die Erde zu berühren, als wo sie, auf das Reale, Bestimmte, Einzelne und Klare stoßend, lauter gefährliche Klippen antreffen würden, an denen ihre Wort-Dreimaster scheitern könnten. Denn statt Sinne und Verstand fest und unverwandt zu richten auf die anschaulich vorliegende Welt, als auf das eigentlich und wahrhaft Gegebene, das Unverfälschte und an sich selbst dem Irrthum nicht Ausgesetzte, durch welches hin-durch wir daher in das Wesen der Dinge einzudringen haben, – kennen sie nichts, als nur die höchsten Abstraktionen, wie Seyn, Wesen, Werden, Absolutes, Unendliches, u. s. f., gehn schon von diesen aus und bauen daraus Systeme, deren Gehalt zuletzt auf bloße Worte hinausläuft, die also eigentlich nur Seifenblasen sind, eine Weile damit zu spielen, jedoch den Boden der Realität nicht berühren können, ohne zu platzen.

Wenn, bei allen Dem, der Nachtheil, welchen die Unberufe-nen und Unbefähigten den Wissenschaften bringen, bloß dieser wäre, daß sie darin nichts leisten; wie es in den schönen Künsten hierbei sein Bewenden hat; so könnte man sich darüber trösten und hinwegsetzen. Allein hier bringen sie positiven Schaden, zunächst dadurch, daß sie, um das Schlechte in Ansehn zu erhalten, Alle im natürlichen Bunde gegen das Gute stehn und aus allen Kräften bemüht sind, es nicht aufkommen zu lassen. Denn darüber täusche man sich nicht, daß, zu allen Zeiten, auf dem ganzen Erdenrunde und in allen Verhältnissen, eine von der Natur selbst angezettelte Verschwörung aller mittelmäßigen, schlechten und dummen Köpfe gegen Geist und Verstand existirt. Gegen diese sind sie sämmtlich getreue und zahlreiche Bundesgenossen. Oder ist man etwan so treuherzig, zu glauben, daß sie vielmehr nur auf die Ueberlegenheit warten, um solche anzuerkennen, zu verehren und zu verkündigen, um danach sich selbst so recht zu nichts herabgesetzt zu sehn? – Gehorsamer Diener! Sondern: *tantum quisque laudat, quantum se posse sperat imitari* [Jeder lobt nur so viel, als er selbst zu leisten hofft]. »Stümper, und nichts als Stümper, soll es geben auf der Welt; damit wir auch etwas seien!« Dies ist ihre eigentliche Losung, und die Befähigten nicht aufkommen zu lassen ein ihnen so natürlicher Instinkt, wie der der Katze ist, Mäuse zu fangen. Man erinnere sich auch hier der am Schlusse der vorhergegangenen Abhandlung beigebrachten schönen Stelle C h a m f o r t ' s [S. 153]. Sei doch ein Mal das öffentliche Geheimniß ausgesprochen; sei das Mondkalb an's Tageslicht gezogen; so seltsam auch es sich in demselben ausnimmt: allezeit und überall, in allen Lagen und Verhältnissen, haßt Beschränktheit und Dummheit nichts auf der Welt so inniglich und ingrimmiglich, wie den Verstand, den Geist, das Talent. Daß sie hierin sich stets treu bleibt, zeigt sie in allen Sphären, Angelegenheiten und Beziehungen des Lebens, indem sie überall jene zu unterdrücken, ja auszurotten und zu vertilgen bemüht ist, um nur a l l e i n dazuseyn. Keine Güte, keine Milde kann sie mit der Ueberlegenheit der Geisteskraft aussöhnen. So ist es, steht nicht zu ändern, wird auch immer so bleiben. Und welche furchtbare Majorität hat sie dabei auf ihrer Seite! Dies ist ein Haupthinderniß der Fortschritte der Menschheit in jeder Art. Wie nun aber kann es, unter solchen Umständen, hergehn auf d e m Gebiet, wo nicht ein Mal, wie in andern Wissenschaften, der gute Kopf, nebst Fleiß und Ausdauer, ausreicht, sondern ganz eigenthümliche, sogar nur auf Kosten des persönlichen Glückes vorhandene Anlagen erfordert

Ueber die Universitäts-Philosophie.

werden? Denn wahrlich, die uneigennützigste Aufrichtigkeit des Strebens, der unwiderstehliche Drang nach Enträthselung des Daseyns, der Ernst des Tiefsinns, der in das Innerste der Wesen einzudringen sich anstrengt, und die ächte Begeisterung für die Wahrheit, – dies sind die ersten und unerläßlichen Bedingungen zu dem Wagestücke, von Neuem hinzutreten vor die uralte Sphinx, mit einem abermaligen Versuch, ihr ewiges Räthsel zu lösen, auf die Gefahr, hinabzustürzen, zu so vielen Vorangegangenen, in den finstern Abgrund der Vergessenheit.

Ein fernerer Nachtheil, den, in allen Wissenschaften, das Treiben der Unberufenen bringt, ist, daß es den Tempel des Irrthums aufbaut, an dessen nachheriger Niederreißung gute Köpfe und redliche Gemüther bisweilen ihre Lebenszeit hindurch sich abzuarbeiten haben. Und nun gar in der Philosophie, im allgemeinsten, wichtigsten und schwierigsten Wissen! Will man hiezu specielle Belege, so bringe man sich das scheußliche Beispiel der Hegelei vor Augen, jener frechen Afterweisheit, welche, an die Stelle des eigenen, besonnenen und redlichen Denkens und Forschens, als philosophische Methode die dialektische Selbstbewegung der Begriffe setzte, also ein objektives G e d a n k e n - a u t o m a t o n , welches frei in der Luft, oder im Empyreum [obersten Lichthimmel], seine Gambolen [Freudensprünge] auf eigene Hand mache, deren Spuren, Fährten, oder Ichnolithen [Fußabdrücke im Stein] die Hegel'schen und Hegelianischen Skripturen wären, welche doch vielmehr nur etwas unter sehr flachen und dickschaligen Stirnen Ausgehecktes und, weit entfernt ein absolut Objektives zu seyn, etwas höchst Subjektives, noch dazu von sehr mittelmäßigen Subjekten Erdachtes sind. Danach aber betrachte man die Höhe und Dauer dieses Babelbaues und erwäge den unberechenbaren Schaden, den eine solche, durch äußere, fremdartige Mittel der studirenden Jugend aufgezwungene, absolute Unsinnsphilosophie dem an ihr herangewachsenen Geschlechte und dadurch dem ganzen Zeitalter hat bringen müssen. Sind nicht unzählige Köpfe der gegenwärtigen Gelehrtengeneration dadurch von Grund aus verschroben und verdorben? Stecken sie nicht voll korrupter Ansichten und lassen, wo man Gedanken erwartet, hohle Phrasen, nichtssagendes Wischiwaschi, ekelhaften Hegeljargon vernehmen? Ist ihnen nicht die ganze Lebensansicht verrückt und die platteste, philisterhafteste, ja, niedrigste Gesinnung an die Stelle der edlen und hohen Gedanken, welche noch ihre nächsten Vorfahren beseelten, getreten? Mit Einem Worte, steht nicht die am Brütofen der Hegelei herangereifte Jugend da, als am Geiste kastrirte Männer, unfähig zu denken und voll der lächerlichsten Präsumtion? wahrlich, am Geiste so beschaffen, wie am Leibe gewisse Thronerben, welche man weiland durch Ausschweifungen, oder Pharmaka, zur Regierung, oder doch zur Fortführung ihres Stammes, unfähig zu machen suchte; geistig entnervt, des regelrechten Gebrauchs ihrer Vernunft beraubt, ein Gegenstand des Mitleids, ein bleibendes Thema der Vaterthränen. – Nun aber höre man noch von der andern Seite, welche anstößigen Urtheile über die Philosophie selbst und überhaupt, welche ungegründete Vorwürfe gegen sie laut werden. Bei näherer Untersuchung findet sich dann, daß diese Schmäher unter Philosophie eben nichts anderes, als das geistlose und absichtsvolle Gewäsche jenes elenden Scharlatans und das Echo desselben in den hohlen Köpfen seiner abgeschmackten Verehrer verstehn: Das meinen sie wirklich, sei Philosophie! Sie kennen eben keine andere. Freilich ist beinahe die ganze jüngere Zeitgenossenschaft von der Hegelei, gleich wie von der Franzosenkrankheit [Syphilis], inficirt worden; und wie dieses Uebel alle Säfte vergiftet, so hat jene alle ihre Geisteskräfte verdorben; daher die jüngeren Gelehrten heut zu Tage meistens keines gesunden Gedankens, auch keines natürlichen Ausdrucks mehr fähig sind. In ihren Köpfen ist nicht bloß kein einziger richtiger, sondern auch nicht ein Mal ein einziger deutlicher und bestimmter Begriff von irgend etwas vorhanden: der wüste, leere Wortkram hat ihre Denkkraft aufgelöst und verschwemmt. Dazu kommt noch, daß das Uebel der Hegelei nicht minder schwer auszutreiben ist, als die soeben damit verglichene Krankheit, wenn es ein Mal recht eingedrungen ist *in succum et sanguinem* [in Saft und Kraft und Blut]. Hingegen es in die Welt zu setzen und zu verbreiten war ziemlich leicht; da ja die Einsichten bald genug aus dem Felde geschlagen sind, wenn man Absichten gegen sie aufmarschiren läßt, d. h. zur Verbreitung von Meinungen und Feststellung von Urtheilen sich m a t e r i e l l e r Mittel und Wege bedient. Die arglose Jugend geht auf die Universität voll kindlichen Vertrauens und blickt mit Ehrfurcht auf die angeblichen Inhaber alles Wissens, und nun gar auf den präsumtiven Ergründer unsers Daseyns, auf den Mann, dessen Ruhm sie von tausend Zungen enthusiastisch ver-

Ueber die Universitäts-Philosophie.

kündigen hört und auf dessen Lehrvortrag sie bejahrte Staatsmänner lauschen sieht. Sie geht also hin, bereit zu lernen, zu glauben und zu verehren. Wenn ihr nun da, unter dem Namen der Philosophie, ein völlig auf den Kopf gestellter Gedankenwust, eine Lehre von der Identität des Seyns und des Nichts, eine Zusammenstellung von Worten, dabei dem gesunden Kopfe alles Denken ausgeht, ein Wischiwaschi, das an's Tollhaus erinnert, dargereicht wird, dazu noch ausstaffirt mit Zügen krasser Ignoranz und kolossalen Unverstandes, wie ich solche dem Hegel aus seinem Studentenkompendio unwidersprechlich und unwidersprochen nachgewiesen habe, in der Vorrede zu meiner Ethik, um nämlich daselbst der Dänischen Akademie, dieser glücklich inokulirten [erfolgreich geimpften] Lobrednerin der Pfuscher und Schutzmatrone philosophischer Scharlatane, ihren *summus philosophus* [höchsten Philosophen] so recht unter die Nase zu reiben; – nun, da wird die arg- und urtheilslose Jugend auch solches Zeug verehren, wird eben denken, in solchem Abrakadabra müsse ja wohl die Philosophie bestehn, und wird davongehn mit einem gelähmten Kopf, in welchem fortan bloße Worte für Gedanken gelten, mithin auf immer unfähig, wirkliche Gedanken hervorzubringen, also kastrirt am Geiste. Daraus erwächst denn so eine Generation impotenter, verschrobener, aber überaus anspruchsvoller Köpfe, strotzend von Absichten, blutarm an Einsichten, wie wir sie jetzt vor uns haben. Das ist die Geistesgeschichte Tausender, deren Jugend und schönste Kraft durch jene Afterweisheit verpestet worden ist; während auch sie hätten der Wohlthat theilhaft werden sollen, welche die Natur, als ihr ein Kopf wie K a n t gelang, vielen Generationen bereitete. – Mit der wirklichen, von freien Leuten, bloß ihrer selbst wegen getriebenen und keine andere Stütze als die ihrer Argumente habenden Philosophie, hätte dergleichen Mißbrauch nie getrieben werden können; sondern nur mit der Universitätsphilosophie, als welche schon von Hause aus ein Staatsmittel ist, weshalb wir denn auch sehn, daß, zu allen Zeiten, der Staat sich in die philosophischen Streitigkeiten der Universitäten gemischt und Partei ergriffen hat, mochte es sich um Realisten und Nominalisten, oder Aristoteliker und Ramisten, oder Cartesianer und Aristoteliker, um Christian Wolf, oder Kant, oder Fichte, oder Hegel, oder was sonst handeln.

Zu den Nachtheilen, welche die Universitätsphilosophie der

wirklichen und ernstlich gemeinten gebracht hat, gehört ganz besonders das soeben berührte Verdrängtwerden der Kantischen Philosophie durch die Windbeuteleien der drei ausposaunten Sophisten. Nämlich erst Fichte und dann Schelling, die Beide doch nicht ohne Talent waren, endlich aber gar der plumpe und ekelhafte Scharlatan Hegel, dieser perniciose [verderbliche] Mensch, der einer ganzen Generation die Köpfe völlig desorganisirt und verdorben hat, wurden ausgeschrien als die Männer, welche K a n t s Philosophie weiter geführt hätten, darüber hinausgelangt wären und so, eigentlich auf seinen Nacken tretend, eine ungleich höhere Stufe der Erkenntniß und Einsicht erreicht hätten, von welcher aus sie nun fast mitleidig auf Kants mühsälige Vorarbeit zu ihrer Herrlichkeit herabsähen: sie also wären erst die eigentlich großen Philosophen. Was Wunder, daß die jungen Leute, – ohne eigenes Urtheil und ohne jenes, oft so heilsame Mißtrauen gegen die Lehrer, welches nur der exceptionelle, d. h. mit Urtheilskraft und folglich auch mit dem Gefühl derselben, ausgestattete Kopf schon auf die Universität mitbringt, – eben glaubten, was sie vernahmen, und folglich vermeinten, sich mit den schwerfälligen Vorarbeiten zu der neuen hohen Weisheit, also mit dem alten, steifen K a n t , nicht lange aufhalten zu dürfen; sondern mit raschen Schritten dem neuen Weisheitstempel zueilten, in welchem demgemäß, unter dem Lobgesang stultificirter Adepten [verdummter Jünger ihrer Geheimlehre], jetzt jene drei Windbeutel successiv auf dem Altar gesessen haben. Nun ist aber leider von diesen drei Götzen der Universitätsphilosophie nichts zu lernen: ihre Schriften sind Zeitverderb, ja, Kopfverderb, am meisten freilich die Hegelschen. Die Folge dieses Ganges der Dinge ist gewesen, daß allmälig die eigentlichen Kenner der Kantischen Philosophie ausgestorben sind, also, zur Schande des Zeitalters, diese wichtigste aller je aufgestellten philosophischen Lehren ihr Daseyn nicht als ein lebendiges, in den Köpfen sich erhaltendes, hat fortsetzen können; sondern nur noch im todten Buchstaben, in den Werken ihres Urhebers, vorhanden ist, um auf ein weiseres, oder vielmehr nicht bethörtes und mystificirtes [zum Narren gehaltenes] Geschlecht zu warten. Demgemäß wird man kaum noch bei einigen wenigen, älteren Gelehrten ein gründliches Verständniß der Kantischen Philosophie finden. Hingegen haben die philosophischen Schriftsteller unserer Tage die skandalöseste Unkenntniß derselben an den

Ueber die Universitäts-Philosophie.

Tag gelegt, welche am anstößigsten in ihren Darstellungen dieser Lehre erscheint, aber auch sonst, sobald sie auf die Kantische Philosophie zu sprechen kommen und etwas davon zu wissen affektiren [vorgeben], deutlich hervortritt: da wird man denn entrüstet, zu sehn, daß Leute, die von der Philosophie leben, die wichtigste Lehre, welche seit 2000 Jahren aufgestellt worden und mit ihnen fast gleichzeitig ist, nicht eigentlich und wirklich kennen. Ja, es geht so weit, daß sie die Titel Kantischer Schriften falsch citiren, auch gelegentlich Kanten das gerade Gegentheil von dem sagen lassen, was er gesagt hat, seine *termini technici* [Fachausdrücke] bis zur Sinnlosigkeit verstümmeln und ohne alle Ahndung des von ihm damit Bezeichneten gebrauchen. Denn freilich, mittelst eines flüchtigen Durchblätterns der Kantischen Werke, wie es solchen Vielschreibern und philosophischen Geschäftsleuten, welche zudem vermeinen, das Alles längst »hinter sich« zu haben, allein zusteht, die Lehre jenes tiefen Geistes kennen zu lernen, geht nicht an, ja, ist ein lächerliches Vermessen; sagte doch R e i n h o l d , Kants erster Apostel, daß er erst nach fünfmaligem, angestrengtem Durchstudiren der Kritik der reinen Vernunft in den eigentlichen Sinn derselben eingedrungen wäre. Aus den Darstellungen, die solche Leute liefern, vermeint dann wieder ein bequemes und nasegeführtes Publikum in kürzester Zeit und ohne alle Mühe Kants Philosophie sich aneignen zu können! Dies aber ist durchaus unmöglich. Nie wird man ohne eigenes, eifriges und oft wiederholtes Studium der Kantischen Hauptwerke auch nur einen Begriff von dieser wichtigsten aller je dagewesenen philosophischen Erscheinungen erhalten. Denn Kant ist vielleicht der originellste Kopf, den jemals die Natur hervorgebracht hat. Mit ihm und in seiner Weise zu denken, ist etwas, das mit gar nichts Anderm irgend verglichen werden kann: denn er besaß einen Grad von klarer, ganz eigenthümlicher Besonnenheit, wie solche niemals irgend einem andern Sterblichen zu Theil geworden ist. Man gelangt zum Mitgenuß derselben, wenn man, durch fleißiges und ernstliches Studium eingeweiht, es dahin bringt, daß man, beim Lesen der eigentlich tiefsinnigen Kapitel der Kritik der reinen Vernunft, der Sache sich ganz hingebend, nunmehr wirklich mit Kants Kopfe denkt, wodurch man hoch über sich selbst hinausgehoben wird. So z. B., wenn man ein Mal wieder die »Grundsätze des reinen Verstandes« durchnimmt, zumal die »Analogien der Erfahrung«

betrachtet und nun in den tiefen Gedanken der s y n t h e t i -
s c h e n E i n h e i t d e r A p p e r c e p t i o n eindringt. Man
fühlt sich alsdann dem ganzen traumartigen Daseyn, in welches
wir versenkt sind, auf wundersame Weise, entrückt und ent-
fremdet, indem man die Urelemente desselben jedes für sich in
die Hand erhält und nun sieht, wie Zeit, Raum, Kausalität,
durch die synthetische Einheit der Apperception aller Erscheinungen verknüpft, diesen erfahrungsmäßigen Komplex des
Ganzen und seinen Verlauf möglich machen, worin unsere,
durch den Intellekt so sehr bedingte Welt besteht, die eben deshalb bloße Erscheinung ist. Die synthetische Einheit der Apperception ist nämlich derjenige Zusammenhang der Welt als eines
Ganzen, welcher auf den Gesetzen unsers Intellekts beruht und
daher unverbrüchlich ist. In der Darstellung derselben weist
Kant die Urgrundgesetze der Welt nach, da, wo sie mit denen
unsers Intellekts in Eins zusammenlaufen, und hält sie uns, auf
Einen Faden gereiht, vor. Diese Betrachtungsweise, welche Kanten ausschließlich eigen ist, läßt sich beschreiben als der entfrem-
deteste Blick, der jemals auf die Welt geworfen worden, und als
der höchste Grad von Objektivität. Ihr zu folgen gewährt einen
geistigen Genuß, dem vielleicht kein anderer gleich kommt.
Denn er ist höherer Art, als der, den Poeten gewähren, welche
freilich Jedem zugänglich sind, während dem hier geschilderten
Genusse Mühe und Anstrengung vorhergegangen seyn müssen.
Was aber wissen von demselben unsere heutigen Professionsphi-
losophen? Wahrhaftig nichts. Kürzlich las ich eine psychologische
Diatribe von einem derselben, in der viel von Kants »syntheti-
scher Apperception« *(sic)* die Rede ist: denn Kants Kunstaus-
drücke gebrauchen sie gar zu gern, wenn auch nur, wie hier, halb
aufgeschnappt und dadurch sinnlos geworden. Dieser nun
meinte, darunter wäre wohl die angestrengte Aufmerksamkeit
zu verstehn! Diese nämlich, nebst ähnlichen Sächelchen, machen
so die Favoritthemata ihrer Kinderschulenphilosophie aus. In
der That haben die Herren gar keine Zeit, noch Lust, noch Trieb
den K a n t zu studiren: – er ist ihnen so gleichgültig, wie ich es
bin. Für ihren verfeinerten Geschmack gehören ganz andere
Leute. Nämlich was der scharfsinnige Herbart und der große
Schleiermacher, oder gar »Hegel selbst« gesagt hat, – das ist
Stoff für ihre Meditation und ihnen angemessen. Zudem sehn sie
herzlich gern den »Alleszermalmer Kant« in Vergessenheit gera-

Ueber die Universitäts-Philosophie.

then, und beeilen sich, ihn zur todten, historischen Erscheinung zu machen, zur Leiche, zur Mumie, der sie dann ohne Furcht ins Angesicht sehn können. Denn er hat im allergrößten Ernst dem jüdischen Theismus in der Philosophie ein Ende gemacht; – welches sie gern vertuschen, verhehlen und ignoriren; weil sie ohne denselben nicht l e b e n , – ich meine nicht essen und trinken, – können.

Nach einem solchen Rückschritt vom größten Fortschritt, den jemals die Philosophie gemacht, darf es uns nicht wundern, daß das angebliche Philosophiren dieser Zeit einem völlig unkritischen Verfahren, einer unglaublichen, sich unter hochtrabenden Phrasen versteckenden Rohheit und einem naturalistischen Tappen, viel ärger, als es je vor Kant gewesen, anheim gefallen ist. Da wird denn z. B. mit der Unverschämtheit, welche rohe Unwissenheit verleiht, überall und ohne Umstände von der m o r a l i s c h e n   F r e i h e i t , als einer ausgemachten, ja, unmittelbar gewissen Sache, desgleichen von Gottes Daseyn und Wesen, als sich von selbst verstehenden Dingen, wie auch von der »S e e l e« als einer allbekannten Person geredet; ja sogar der Ausdruck »angeborene Ideen«, der seit L o c k e ' s Zeit sich hatte verkriechen müssen, wagt sich wieder hervor. Hieher gehört auch die plumpe Unverschämtheit, mit der die Hegelianer, in allen ihren Schriften, ohne Umstände und Einführung, ein Langes und Breites über den sogenannten »Geist« reden, sich darauf verlassend, daß man durch ihren Gallimathias viel zu sehr verblüfft sei, als daß, wie es Recht wäre, Einer dem Herrn Professor zu Leibe gienge mit der Frage: »Geist? wer ist denn der Bursche? und woher kennt ihr ihn? ist er nicht etwan bloß eine beliebige und bequeme Hypostase, die ihr nicht ein Mal definirt, geschweige deducirt, oder beweist? Glaubt ihr ein Publikum von alten Weibern vor euch zu haben?« – Das wäre die geeignete Sprache gegen einen solchen Philosophaster.

Als einen belustigenden Charakterzug des Philosophirens dieser Gewerbsleute, habe ich schon oben, bei Gelegenheit der »synthetischen Apperception«, gezeigt, daß, obwohl sie Kants Philosophie, als ihnen sehr unbequem, zudem viel zu ernsthaft, nicht gebrauchen, auch solche nicht mehr recht verstehn können, sie dennoch gern, um ihrem Geschwätze einen wissenschaftlichen Anstrich zu geben, mit Ausdrücken aus derselben um sich werfen, ungefähr wie die Kinder mit des Papa's Hut, Stock und Degen spielen. So machen es z. B. die Hegelianer mit dem Worte

»Kategorien«, womit sie eben allerlei weite allgemeine Begriffe bezeichnen; unbekümmert um Aristoteles und Kant, in glücklicher Unschuld. Ferner ist in der Kantischen Philosophie stark die Rede vom i m m a n e n t e n u n d t r a n s s c e n d e n t e n Gebrauch, nebst Gültigkeit, unserer Erkenntnisse: auf dergleichen gefährliche Unterscheidungen sich einzulassen, wäre freilich für unsere Spaaßphilosophen nicht gerathen. Aber die Ausdrücke hätten sie doch gar zu gern; weil sie so gelehrt klingen. Da bringen sie diese denn so an, daß, weil ja doch ihre Philosophie zum Hauptgegenstande immer nur den lieben Gott hat, welcher daher auch als ein guter alter Bekannter, der keiner Einführung bedarf, darin auftritt, sie nun disputiren, ob er i n der Welt drinne stecke, oder aber draußen bleibe, d. h. also in einem Raume, wo keine Welt ist, sich aufhalte: im ersten Falle nun tituliren sie ihn i m m a n e n t, und im andern t r a n s s c e n - d e n t, thun dabei natürlich höchst ernsthaft und gelehrt, reden Hegeljargon dazu, und es ist ein allerliebster Spaaß, – der nur uns ältere Leute an den Kupferstich in F a l k ' s satirischem Almanach erinnert, welcher K a n t e n darstellt, im Luftballon gen Himmel fahrend und seine sämmtlichen Garderobenstücke, nebst Hut und Perücke, herabwerfend auf die Erde, woselbst Affen sie auflesen und sich damit schmücken.

Daß nun aber das Verdrängtwerden der ernsten, tiefsinnigen und redlichen Philosophie Kants, durch die Windbeuteleien bloßer, von persönlichen Zwecken geleiteter Sophisten, den nachtheiligsten Einfluß auf die Bildung des Zeitalters gehabt habe, ist nicht zu bezweifeln. Zumal ist die Anpreisung eines so völlig werthlosen, ja, durchaus verderblichen Kopfes, wie Hegel, als des ersten Philosophen dieser und jeder Zeit, zuverlässig die Ursache der ganzen Degradation der Philosophie und, in Folge davon, des Verfalls der höhern Litteratur überhaupt, während der letzten 30 Jahre gewesen. Wehe der Zeit, wo, in der Philosophie, Frechheit und Unsinn Einsicht und Verstand verdrängt haben! Denn die Früchte nehmen den Geschmack des Bodens an, auf welchem sie gewachsen sind. Was laut, öffentlich, allseitig angepriesen wird, das wird gelesen, ist also die Geistesnahrung des sich ausbildenden Geschlechts: diese aber hat auf dessen Säfte und nachher auf dessen Erzeugnisse den entschiedensten Einfluß. Daher bestimmt die herrschende Philosophie einer Zeit ihren Geist. Herrscht nun also die Philosophie des absoluten Unsinns, gelten aus der Luft gegriffene und unter Tollhäuslergeschwätz vorgebrachte Absurditäten für große Gedanken, – nun da entsteht, nach solcher Aussaat, das saubere Geschlecht, ohne Geist, ohne Wahrheitsliebe, ohne Redlichkeit, ohne Geschmack, ohne Aufschwung zu irgend etwas Edlem, zu irgend etwas über die materiellen Interessen, zu denen auch die politischen gehören, Hinausliegendem, – wie wir es da vor uns sehn. Hieraus ist es zu erklären, wie auf das Zeitalter, da Kant philosophirte, Goethe dichtete, Mozart komponirte, das jetzige hat folgen können, das der politischen Dichter, der noch politischeren Philosophen, der hungrigen, vom Lug und Trug der Litteratur ihr Leben fristenden Litteraten und der die Sprache muthwillig verhunzenden Tintenklexer jeder Art. – Es nennt sich, mit einem seiner selbstgemachten Worte, so charakteristisch, wie euphonisch [wohllautend], die »Jetztzeit«: ja wohl Jetztzeit, d. h. da man nur an das Jetzt denkt und keinen Blick auf die kommende und richtende Zeit zu werfen wagt. Ich wünsche, ich könnte dieser »Jetztzeit« in einem Zauberspiegel zeigen, wie sie in den Augen der Nachwelt sich ausnehmen wird. Sie nennt inzwischen jene soeben belobte Vergangenheit die »Zopfzeit«. Aber an jenen Zöpfen saßen K ö p f e ; jetzt hingegen scheint mit dem Stengel auch die Frucht verschwunden zu seyn.

Die Anhänger Hegels haben demnach ganz Recht, wenn sie behaupten, daß der Einfluß ihres Meisters auf seine Zeitgenossen unermeßlich gewesen sei. Eine ganze Gelehrten-Generation am Geiste völlig paralysirt, zu allem Denken unfähig gemacht, ja, so weit gebracht zu haben, daß sie nicht mehr weiß, was Denken sei, sondern das muthwilligste und zugleich abgeschmackteste Spielen mit Worten und Begriffen, oder das gedankenloseste Saalbadern über die hergebrachten Themata der Philosophie, mit aus der Luft gegriffenen Behauptungen, oder völlig sinnleeren, oder gar aus Widersprüchen bestehenden Sätzen für philosophisches Denken hält, – das ist der gerühmte Einfluß des Hegels gewesen. Man vergleiche nur ein Mal die Lehrbücher der Hegelianer, wie sie noch heut zu Tage zu erscheinen sich erdreisten, mit denen einer geringgeschätzten, besonders aber von ihnen und allen Nachkantischen Philosophen mit unendlicher Verachtung angesehenen Zeit, der sogenannten eklektischen Periode, dicht vor Kant; und man wird finden, daß die letzteren zu jenen sich immer noch verhalten wie Gold, – nicht zu Kupfer,

sondern zu Mist. Denn in jenen Büchern von F e d e r , P l a t -
n e r u. A. m. findet man doch immer noch einen reichen Vorrath wirklicher und zum Theil wahrer, selbst werthvoller
Gedanken und treffender Bemerkungen, ein redliches Ventiliren
[Prüfen] philosophischer Probleme, eine Anregung zum eigenen
Nachdenken, eine Anleitung zum Philosophiren, zumal aber
durchweg ein ehrliches Verfahren. In so einem Produkte der
Hegelschen Schule hingegen sucht man vergeblich nach irgend
einem wirklichen Gedanken, – es enthält keinen einzigen, – nach
irgend einer Spur ernstlichen und aufrichtigen Nachdenkens, –
das ist der Sache fremd: nichts findet man, als verwegene
Zusammenstellungen von Worten, die einen Sinn, ja, einen tiefen Sinn zu haben scheinen sollen, aber bei einiger Prüfung sich
entlarven als ganz hohle, völlig sinn- und gedankenleere Floskeln und Wortgehäuse, mit denen der Schreiber seinen Leser keineswegs zu belehren, sondern bloß zu täuschen sucht, damit dieser
glaube, einen Denker vor sich zu haben, während es ein Mensch
ist, der gar nicht weiß, was denken ist, ein Sünder ohne alle Einsicht und noch dazu ohne Kenntnisse. Dies ist die Folge davon,
daß, während andere Sophisten, Scharlatane und Obskuranten
doch nur die E r k e n n t n i ß verfälschten und verdarben,
Hegel sogar das O r g a n der Erkenntniß, den Verstand selbst
verdorben hat. Indem er nämlich die Verleiteten nöthigte, einen
aus dem gröbsten Unsinn bestehenden Gallimathias, ein Gewebe
aus *contradictionibus in adjecto,* ein Gewäsche wie aus dem
Tollhause, als Vernunfterkenntniß in ihren Kopf hineinzuzwän-
gen, wurde das Gehirn der armen jungen Leute, die so etwas mit
gläubiger Hingebung lasen und als die höchste Weisheit sich
anzueignen suchten, so aus den Fugen gerenkt, daß es zum wirklichen Denken auf immer unfähig geblieben ist. Demzufolge
sieht man sie noch bis auf den heutigen Tag herumgehn, im ekelhaften Hegeljargon reden, den Meister preisen und ganz ernstlich vermeinen, Sätze, wie »die Natur ist die Idee in ihrem
Andersseyn« sagten etwas. Junges frisches Gehirn auf solche Art
zu desorganisiren ist wahrlich eine Sünde, die weder Verzeihung
noch Schonung verdient. Dies also ist der gerühmte Einfluß
Hegels auf seine Zeitgenossen gewesen und leider hat er wirklich
sich weit erstreckt und verbreitet. Denn die Folge war auch hier
der Ursache angemessen. – Wie nämlich das Schlimmste, was
einem Staate widerfahren kann, ist, daß die verworfenste

Ueber die Universitäts-Philosophie.

Klasse, der Hefen der Gesellschaft an's Ruder kommt; so kann der Philosophie und allem von ihr Abhängigen, also dem ganzen Wissen und Geistesleben der Menschheit, nichts Schlimmeres begegnen, als daß ein Alltagskopf, der sich bloß einerseits durch seine Obsequiosität [Willfährigkeit], und andererseits durch seine Frechheit im Unsinnschreiben auszeichnet, mithin so ein H e g e l , als das größte Genie und als der Mann, in welchem die Philosophie ihr lang verfolgtes Ziel endlich und für immer erreicht hat, mit größtem, ja beispiellosem Nachdruck proklamirt wird. Denn die Folge eines solchen Hochverraths am Edelsten der Menschheit ist nachher ein Zustand, wie jetzt der philosophische, und dadurch der litterarische überhaupt, in Deutschland: Unwissenheit mit Unverschämtheit verbrüdert an der Spitze, Kamaraderie an der Stelle der Verdienste, völlige Verworrenheit aller Grundbegriffe, gänzliche Desorientation und Desorganisation der Philosophie, Plattköpfe als Reformatoren der Religion, freches Auftreten des Materialismus und Bestialismus, Unkenntniß der alten Sprachen und Verhunzen der eigenen durch hirnlose Wortbeschneiderei und niederträchtige Buchstabenzählerei, nach selbsteigenem Ermessen der Ignoranten und Dummköpfe, u. s. f. u. s. f. – seht nur um euch! Sogar als äußerliches Symptom der überhand nehmenden Rohheit erblickt ihr den konstanten Begleiter derselben, – den langen Bart, dieses Geschlechtsabzeichen, mitten im Gesicht, welches besagt, daß man die Maskulinität, die man mit den Thieren gemein hat, der H u m a n i t ä t vorzieht, indem man vor Allem ein M a n n , *mas,* und erst nächstdem e i n M e n s c h seyn will. Das Abscheeren der Bärte, in allen hochgebildeten Zeitaltern und Ländern, ist aus dem richtigen Gefühl des Gegentheils entstanden, vermöge dessen man vor Allem ein M e n s c h , gewissermaaßen ein Mensch *in abstracto,* mit Hintansetzung des thierischen Geschlechtsunterschiedes, seyn möchte. Hingegen hat die Bartlänge stets mit der Barbarei, an die schon ihr Name erinnert, gleichen Schritt gehalten. Daher florirten die Bärte im M i t t e l a l t e r , diesem Millennium [Tausendjährigen Reich] der Rohheit und Unwissenheit, dessen Tracht und Bauart nachzuahmen unsere edelen Jetztzeitler bemüht sind.† – Die fernere

---

† Der Bart, sagt man, sei dem Menschen natürlich: allerdings, und darum ist er dem Menschen im Naturzustande ganz angemessen; eben so aber dem Menschen im civili-

und sekundäre Folge des in Rede stehenden Verrathes an der Philosophie kann denn auch nicht ausbleiben: sie ist Verachtung der Nation bei den Nachbarn, und des Zeitalters bei der Nachwelt. Denn wie man's treibt, so gehts, und da wird nichts geschenkt.

Oben habe ich von dem mächtigen Einfluß der Geistesnahrung auf das Zeitalter geredet. Dieser nun beruht darauf, daß sie sowohl den Stoff, wie die Form des Denkens bestimmt. Daher kommt gar viel darauf an, was gelobt und demnach gelesen wird. Denn das Denken mit einem wahrhaft großen Geiste stärkt den eigenen, ertheilt ihm eine regelrechte Bewegung, versetzt ihn in den richtigen Schwung: es wirkt analog der Hand des Schreibmeisters, welche die des Kindes führt. Hingegen das Denken mit Leuten, die es eigentlich auf bloßen Schein, mithin auf Täuschung des Lesers abgesehn haben, wie Fichte, Schelling und Hegel, verdirbt den Kopf in eben dem Maaße; nicht weniger das Denken mit Queerköpfen, oder mit solchen, die sich ihren Verstand verkehrt angezogen haben, von denen Herbart ein Beispiel ist. Ueberhaupt aber ist das Lesen der Schriften selbst auch nur gewöhnlicher Köpfe, in Fächern, wo es sich nicht um Thatsachen, oder deren Ermittelung, handelt, sondern bloß eigene Gedanken den Stoff ausmachen, eine heillose Verschwendung der eigenen Zeit und Kraft. Denn was dergleichen Leute denken kann jeder Andere auch denken: daß sie sich zum Denken förmlich zurechtgesetzt und es darauf angelegt haben, bessert die Sache durchaus nicht; da es ihre Kräfte nicht erhöht und man meistens dann am wenigsten denkt, wann man förmlich sich dazu zurechtgesetzt hat. Dazu kommt noch, daß ihr Intellekt sei-

---

sirten Zustande die Rasur; indem sie anzeigt, daß hier die thierische, rohe Gewalt, deren Jedem sogleich fühlbares Abzeichen jener dem männlichen Geschlecht eigenthümliche Auswuchs ist, dem Gesetz, der Ordnung und Gesittung hat weichen müssen. –

Der Bart vergrößert den thierischen Theil des Gesichts und hebt ihn hervor: dadurch giebt er ihm das so auffallend brutale Ansehn: man betrachte nur so einen Bartmenschen, im Profil, während er ißt!

Für eine Z i e r d e möchten sie den Bart ausgeben. Diese Zierde war man seit 200 Jahren nur an Juden, Kosaken, Kapuzinern, Gefangenen und Straßenräubern zu sehn gewohnt. –

Die Ferocität und Atrocität [Wildheit und Grausamkeit], welche der Bart der Physiognomie verleiht, beruht darauf, daß eine respektiv l e b l o s e Masse die Hälfte des Gesichts einnimmt, und zwar die das Moralische ausdrückende Hälfte. Zudem ist alles Behaartseyn thierisch. Die Rasur ist das Symbol (Feldzeichen, Abzeichen) der höheren Civilisation. Die Polizei ist überdies schon deshalb befugt, die Bärte zu verbieten, weil sie halbe Masken sind, unter denen es schwer ist, seinen Mann wieder zu erkennen: daher sie jeden Unfug begünstigen.

Ueber die Universitäts-Philosophie. 197

ner natürlichen Bestimmung, im Dienste des Willens zu arbeiten, getreu bleibt; wie dies eben normal ist. Darum aber liegt ihrem Treiben und Denken stets eine A b s i c h t zum Grunde: sie haben allezeit Z w e c k e und erkennen nur in Bezug auf diese, mithin nur Das, was diesen entspricht. Die willensfreie Aktivität des Intellekts, welche die Bedingung der reinen Objektivität und dadurch aller großen Leistungen ist, bleibt ihnen ewig fremd, ist ihrem Herzen eine Fabel. Für sie haben nur Zwecke Interesse, nur Zwecke Realität: denn in ihnen bleibt das Wollen vorwaltend. Daher also ist es doppelt thöricht, an ihren Produktionen seine Zeit zu verschwenden. Allein was das Publikum nie erkennt und begreift, weil es gute Gründe hat, es nicht erkennen zu wollen, ist die A r i s t o k r a t i e d e r N a t u r. Daher legt es so bald die Seltenen und Wenigen, welchen, im Laufe der Jahrhunderte, die Natur den hohen Beruf des Nachdenkens über sie, oder auch der Darstellung des Geistes ihrer Werke, ertheilt hatte, aus den Händen, um sich mit den Produktionen des neuesten Stümpers bekannt zu machen. Ist ein Mal ein Heros dagewesen; so stellt es bald einen Schächer daneben, – als ungefähr auch so Einen. Hat ein Mal die Natur in günstigster Laune das seltenste ihrer Erzeugnisse, einen wirklich über das gewöhnliche Maaß hinaus begabten Geist, aus ihren Händen hervorgehn lassen, hat das Schicksal, in milder Stimmung, seine Ausbildung gestattet, ja, haben seine Werke endlich »den Widerstand der stumpfen Welt besiegt« [Goethe, »Epilog zu Schillers Glocke«] und sind als Muster anerkannt und anempfohlen, – da dauert es nicht lange, so kommen die Leute mit einem Erdenkloß ihres Gelichters herangeschleppt, um ihn daneben auf den Altar zu stellen; eben weil sie nicht begreifen, nicht ahnden, wie a r i s t o k r a t i s c h d i e N a t u r ist: sie ist es so sehr, daß auf 300 Millionen ihrer Fabrikwaare noch nicht Ein wahrhaft großer Geist kommt; daher man alsdann Diesen gründlich kennen lernen, seine Werke als eine Art Offenbarung betrachten, sie unermüdlich lesen und *diurna nocturnaque manu* [Tag und Nacht] abnutzen, dagegen aber sämmtliche Alltagsköpfe liegen lassen soll, als Das, was sie sind, nämlich als etwas so Gemeines und Alltägliches, wie die Fliegen an der Wand.

In der Philosophie ist der oben geschilderte Hergang auf das Trostloseste eingetreten: neben K a n t wird durchgängig und überall, nämlich als eben noch so Einer, F i c h t e genannt:

»Kant und Fichte« ist zur stehenden Phrase geworden. »Seht, wie wir Aepfel schwimmen!« sagte der – [Roßapfel]. Gleiche Ehre widerfährt dem S c h e l l i n g , ja, – *proh pudor!* [o Schande!] – sogar dem Unsinnschmierer und Kopfverderber H e g e l ! – Der Gipfel dieses Parnassus wurde nämlich immer breiter getreten. – »Habt ihr Augen? habt ihr Augen?« möchte man, wie Hamlet [III, 4] seiner nichtswürdigen Mutter, einem solchen Publiko zurufen. Ach, sie haben keine! es sind ja noch immer die Selben, welche überall und jederzeit das ächte Verdienst haben verkümmern lassen, um ihre Huldigung Nachäffern und Manieristen, in jeder Gattung, darzubringen. So wähnen sie denn auch, Philosophie zu studiren, wenn sie die allmessentlichen Ausgeburten von Köpfen lesen, in deren dumpfem Bewußtseyn sogar die bloßen Probleme der Philosophie so wenig anklingen, wie die Glocke im luftleeren Recipienten [Glasbehälter]; ja, von Köpfen, welche, streng genommen, von der Natur zu nichts Anderm gemacht und ausgerüstet wurden, als, eben wie die Uebrigen, ein ehrliches Gewerbe in der Stille zu treiben, oder das Feld zu bauen, und die Vermehrung des Menschengeschlechts zu besorgen, jedoch vermeinen, von Amts und Pflicht wegen, »schellenlaute Thoren« [*Faust I*, 549] seyn zu müssen. Ihr beständiges Dareinreden und Mitredenwollen gleicht dem der Tauben, die sich in die Konversation mischen, wirkt daher auf die zu allen Zeiten nur ganz vereinzelt Erscheinenden, welche von Natur den Beruf und daher den wirklichen Trieb haben, der Erforschung der höchsten Wahrheiten obzuliegen, nur als ein störendes und verwirrendes Geräusch; wenn es nicht gar, wie sehr oft der Fall ist, ihre Stimme absichtlich erstickt, weil was sie vorbringen nicht in den Kram jener Leute paßt, denen es mit nichts, als mit Absichten und materiellen Zwecken Ernst seyn kann, und die, vermöge ihrer beträchtlichen Anzahl, bald ein Geschrei zu Wege bringen, bei dem Keiner mehr sein eigenes Wort vernimmt. Heut zu Tage haben sie sich die Aufgabe gestellt, der Kantischen Philosophie, wie der Wahrheit, zum Trotz, spekulative Theologie, rationale Psychologie, Freiheit des Willens, totale und absolute Verschiedenheit des Menschen von den Thieren, mittelst Ignoriren der allmäligen Abstufungen des Intellekts in der Thierreihe, zu lehren, wodurch sie nur als *remora* [Hemmnis] der redlichen Wahrheitsforschung wirken. Spricht ein Mann, wie ich, so stellen sie sich als hörten sie nichts. Der

Ueber die Universitäts-Philosophie. 199

Pfiff ist gut, wenn auch nicht neu. Ich will aber doch ein Mal sehn, ob man nicht einen Dachs aus seinem Loche herauszerren kann.

Die Universitäten nun aber sind offenbar der Heerd alles jenes Spiels, welches die Absicht mit der Philosophie treibt. Nur mittelst ihrer konnten K a n t s , eine Weltepoche in der Philosophie begründende Leistungen verdrängt werden durch die Windbeuteleien eines F i c h t e , die wieder bald darauf ihm ähnliche Gesellen verdrängten. Dies hätte nimmermehr geschehn können vor einem eigentlich philosophischen Publiko, d. h. einem solchen, welches die Philosophie, ohne andere Absicht, bloß ihrer selbst wegen sucht, also vor dem freilich zu allen Zeiten äußerst kleinen Publiko wirklich denkender und ernstlich von der räthselhaften Beschaffenheit unsers Daseyns ergriffener Köpfe. Nur mittelst der Universitäten, vor einem Publiko aus Studenten, die Alles, was dem Herrn Professor zu sagen beliebt, gläubig annehmen, ist der ganze philosophische Skandal dieser letzten 50 Jahre möglich gewesen. Der Grundirrthum hiebei liegt nämlich darin, daß die Universitäten auch in Sachen der Philosophie das große Wort und die entscheidende Stimme sich anmaaßen, welche allenfalls den drei obern Fakultäten, jeder in ihrem Bereiche, zukommt. Daß jedoch in der Philosophie, als einer Wissenschaft, die erst gefunden werden soll, die Sache sich anders verhält, wird übersehn; wie auch, daß bei Besetzung philosophischer Lehrstühle, nicht, wie bei andern, allein die Fähigkeiten, sondern noch mehr die Gesinnungen des Kandidaten in Betracht kommen. Demgemäß nun aber denkt der Student, daß, wie der Professor der Theologie seine Dogmatik, der juristische Professor seine Pandekten, der medicinische seine Pathologie inne hat und besitzt; so müßte auch der allerhöchsten Orts angestellte Professor der Metaphysik diese inne haben und besitzen. Er geht demnach mit kindlichem Vertrauen in dessen Kollegia, und da er daselbst einen Mann findet, der, mit der Miene wohlbewußter Ueberlegenheit, alle je dagewesenen Philosophen von oben herab kritisirt; so zweifelt er nicht, daß er vor die rechte Schmiede gekommen sei, und prägt sich alle hier sprudelnde Weisheit so gläubig ein, als säße er vor dem Dreifuß der Pythia. Natürlich giebt es, von Dem an, für ihn keine andere Philosophie, als die seines Professors. Die wirklichen Philosophen, die Lehrer der Jahrhunderte, ja Jahrtausende, die aber in den

Bücherschränken schweigend und ernst auf Die warten, welche ihrer begehren, läßt er, als veraltet und widerlegt, ungelesen: er hat sie, wie sein Professor, »hinter sich«. Dagegen kauft er sich die messentlich erscheinenden Geisteskinder seines Professors, deren meistens oft wiederholte Auflagen allein aus solchem Hergang der Sache zu erklären sind. Denn auch nach den Universitätsjahren behält, in der Regel, Jeder eine gläubige Anhänglichkeit an seinen Professor, dessen Geistesrichtung er früh angenommen und mit dessen Manier er sich befreundet hat. Dadurch erhalten denn dergleichen philosophische Mißgeburten eine ihnen sonst unmögliche Verbreitung, ihre Urheber aber eine einträgliche Celebrität. Wie hätte es außerdem geschehn können, daß z. B. ein solcher Komplex von Verkehrtheiten, wie die »Einleitung in die Philosophie« von H e r b a r t , fünf Auflagen erlebte? Daher schreibt sich denn wieder der Narrenübermuth, mit welchem (z. B. S. 234, 35, der vierten Auflage) dieser entschiedene Queerkopf vornehm auf K a n t herabsieht und ihn mit Nachsicht zurechtweist. –

Betrachtungen dieser Art und namentlich der Rückblick auf das ganze Treiben mit der Philosophie auf Universitäten, seit Kants Abgange, stellen in mir mehr und mehr die Meinung fest, daß, wenn es überhaupt eine Philosophie geben soll, d. h. wenn es dem menschlichen Geiste vergönnt seyn soll, seine höchsten und edelsten Kräfte dem, ohne allen Vergleich, wichtigsten aller Probleme zuwenden zu dürfen, Dies nur dann mit Erfolg geschehn kann, wann die Philosophie allem Einflusse des Staates entzogen bleibt, und daß demnach dieser schon ein Großes für sie thut und ihr seine Humanität und seinen Edelmuth genugsam beweist, wenn er sie nicht verfolgt, sondern sie gewähren läßt und ihr Bestand vergönnt, als einer freien Kunst, die übrigens ihr eigener Lohn seyn muß; wogegen er des Aufwandes für Professuren derselben sich überhoben achten kann; weil die Leute, die v o n der Philosophie leben wollen, höchst selten eben Die seyn werden, welche eigentlich f ü r sie leben, bisweilen aber sogar Die seyn können, welche versteckterweise g e g e n sie machiniren.

Oeffentliche Lehrstühle gebühren allein den bereits geschaffenen, wirklich vorhandenen Wissenschaften, welche man daher eben nur gelernt zu haben braucht, um sie lehren zu können, die also im Ganzen bloß weiter zu geben sind, wie das auf dem

Ueber die Universitäts-Philosophie. 201

schwarzen Brette gebräuchliche *tradere* [lehren, wörtl.: überlie-
fern] besagt; wobei es jedoch den fähigeren Köpfen unbenom-
men bleibt, sie zu bereichern, zu berichtigen, und zu vervoll-
kommnen. Aber eine Wissenschaft, die noch gar nicht existirt,
die ihr Ziel noch nicht erreicht hat, nicht ein Mal ihren Weg
sicher kennt, ja deren Möglichkeit noch bestritten wird, eine
solche Wissenschaft durch Professoren lehren zu lassen ist eigentlich absurd. Die natürliche Folge davon ist, daß Jeder von Diesen glaubt, sein Beruf sei, die noch fehlende Wissenschaft zu
schaffen; nicht bedenkend, daß einen solchen Beruf nur die
Natur, nicht aber das Ministerium des öffentlichen Unterrichts
ertheilen kann. Er versucht es daher, so gut es gehn will, setzt
baldigst seine Mißgeburt in die Welt und giebt sie für die lang
ersehnte Sophia [Weisheit] aus, wobei es an einem dienstwilligen
Kollegen, der bei ihrer Taufe als solcher zu Gevatter steht,
gewiß nicht fehlen wird. Danach werden dann die Herren, weil
sie ja von der Philosophie leben, so dreist, daß sie sich P h i l o -
s o p h e n nennen, und demnach auch vermeinen, ihnen gebühre
das große Wort und die Entscheidung in Sachen der Philosophie,
ja, daß sie am Ende gar noch P h i l o s o p h e n v e r s a m m -
l u n g e n (eine *contradictio in adjecto,* da Philosophen selten
im Dual [Zweizahl] und fast nie im Plural zugleich auf der
Welt sind) ansagen und dann schaarenweise zusammenlaufen,
das Wohl der Philosophie zu berathen!†

Vor Allem jedoch werden solche Universitätsphilosophen
bestrebt seyn, der Philosophie diejenige Richtung zu geben,
welche den ihnen am Herzen liegenden, oder vielmehr gelegten
Zwecken entspricht, und hiezu, erforderlichen Falls, sogar die
Lehren der ächten frühern Philosophen modeln und verdrehn,
zur Noth sogar verfälschen, nur damit herauskomme was sie
brauchen. Da nun das Publikum so kindisch ist, stets nach dem
Neuesten zu greifen, ihre Schriften aber doch den Titel Philosophie führen; so ist die Folge, daß, durch die Abgeschmacktheit,

---

† »Keine alleinseligmachende Philosophie!« ruft die P h i l o s o p h a s t e r v e r -
s a m m l u n g   i n   G o t h a , d. h. zu Deutsch: »kein Streben nach objektiver
Wahrheit! Es lebe die Mediokrität! Keine geistige Aristokratie, keine Alleinherrschaft
der von der Natur Bevorzugten! Sondern Pöbelherrschaft! Jeder von uns rede wie
ihm der Schnabel gewachsen ist, und Einer gelte so viel wie der Andere!« Da haben
die Lumpe gutes Spiel! Sie möchten nämlich auch aus der Geschichte der Philosophie
die bisherige monarchische Verfassung verbannen, um eine Proletarierrepublik ein-
zuführen: aber die Natur legt Protest ein; sie ist streng aristokratisch!

oder Verkehrtheit, oder Unsinnigkeit, oder wenigstens marternde Langweiligkeit derselben, gute Köpfe, welche Neigung zur Philosophie spüren, von ihr wieder zurückgeschreckt werden, wodurch sie selbst allmälig in Mißkredit geräth, wie Dies bereits der Fall ist.

Aber nicht nur steht es mit den eigenen Schöpfungen der Herren schlecht, sondern die Periode seit Kant beweist auch, daß sie nicht ein Mal im Stande sind, das von großen Köpfen Geleistete, als solches Anerkannte und demnach ihrer Obhut Uebergebene fest zu halten und zu bewahren. Haben sie sich nicht die Kantische Philosophie aus den Händen spielen lassen, durch Fichte und Schelling? Nennen sie nicht noch, durchgängig und höchst skandalöser- und ehrenrührigerweise, den Windbeutel F i c h t e stets neben Kant, als ungefähr seines Gleichen? Trat nicht, nachdem die oben genannten zwei Philosophaster Kants Lehre verdrängt und antiquirt hatten, an die Stelle der strengen, von Kant aller Metaphysik gesetzten Kontrole die zügelloseste Phantasterei? Haben sie diese nicht theils brav mitgemacht, theils unterlassen, ihr, mit der Kritik der Vernunft in der Hand, sich fest entgegenzustellen? weil sie nämlich es gerathener fanden, die eingetretene laxe Observanz [Lässigkeit der Bräuche] zu benutzen, um entweder ihre selbstausgeheckten Sächelchen, z. B. Herbartische Possen und Friesisches Altweibergeschwätz, und überhaupt Jeder seine eigene Marotte, zu Markte zu bringen, oder auch um Lehren der Landesreligion als philosophische Ergebnisse einschwärzen zu können. Hat dies Alles nicht den Weg gebahnt zur skandalösesten philosophischen Scharlatanerie, deren je die Welt sich zu schämen gehabt hat, zum Treiben des Hegels und seiner erbärmlichen Gesellen? Haben nicht selbst Die, welche dem Unwesen sich widersetzten, dabei stets, unter tiefen Bücklingen, vom großen Genie und gewaltigen Geiste jenes Scharlatans und Unsinnschmierers geredet und dadurch bewiesen, daß sie Pinsel sind? Sind nicht hievon (der Wahrheit zur Steuer sei es gesagt) K r u g und F r i e s allein auszunehmen, welche gegen den Kopfverderber geradezu auftretend, ihm bloß die Schonung erwiesen haben, die nun ein Mal jeder Philosophieprofessor unwiderruflich gegen den andern ausübt? Hat nicht der Lerm und das Geschrei, welches die deutschen Universitätsphilosophen, in Bewunderung jener drei Sophisten, erhoben, endlich auch in England und Frankreich all-

Ueber die Universitäts-Philosophie. 203

gemeine Aufmerksamkeit erregt, welche jedoch, nach näherer Untersuchung der Sache, sich in Gelächter auflöste? – Besonders aber zeigen sie sich als treulose Wächter und Bewahrer der im Laufe der Jahrhunderte schwer errungenen und endlich ihrer Obhut anvertrauten Wahrheiten, sobald es solche sind, die nicht in ihren Kram passen, d. h. nicht zu den Resultaten einer platten, rationalistischen, optimistischen, eigentlich bloß Jüdischen Theologie stimmen, als welche der im Stillen vorherbeschlossene Zielpunkt ihres ganzen Philosophirens und seiner hohen Redensarten ist. Dergleichen Lehren also, welche die ernstlich gemeinte Philosophie nicht ohne große Anstrengung zu Tage gefördert hat, werden sie zu obliteriren [auszulöschen], zu vertuschen, zu verdrehn und herabzuziehn suchen zu Dem, was in ihren Studentenerziehungsplan und besagte Rockenphilosophie paßt. Ein empörendes Beispiel dieser Art giebt die Lehre von der F r e i - h e i t d e s W i l l e n s. Nachdem die strenge Nothwendigkeit aller menschlichen Willensakte durch die vereinten und successiven Anstrengungen großer Köpfe, wie Hobbes, Spinoza, Priestley und Hume unwiderleglich dargethan worden, auch Kant die Sache als bereits vollkommen ausgemacht genommen hatte*; thun sie mit Einem Male, als wäre nichts geschehn, verlassen sich auf die Unwissenheit ihres Publikums und nehmen in Gottes Namen, noch am heutigen Tage, in fast allen ihren Lehrbüchern die Freiheit des Willens als eine ausgemachte und sogar unmittelbar gewisse Sache. Wie verdient ein solches Verfahren benannt zu werden? Wenn eine solche, von allen den eben genannten Philosophen so fest als irgend eine, begründete Lehre dennoch von ihnen verhehlt, oder verleugnet wird, um statt ihrer die entschiedene Absurdität vom freien Willen, weil sie ein nothwendiges Bestandstück ihrer Rockenphilosophie ist, den Studenten aufzubinden; sind da die Herren nicht eigentlich die Feinde der Philosophie? Und weil nun (denn *conditio optima est ultimi* [der Letzte ist in der günstigsten Lage]. *Sen. ep. 79*) die Lehre von der strengen Necessitation [Notwendigkeit] aller Willensakte nirgends so gründlich, klar, zusammenhängend und vollständig dargethan ist, als in meiner von der Norwegischen

---

* Sein auf den kategorischen Imperativ gegründetes Postulat der Freiheit ist bei ihm bloß von praktischer, n i c h t v o n t h e o r e t i s c h e r Gültigkeit. Man sehe meine »Grundprobleme der Ethik«. Seite 80 u. 146. [Bd. vi uns. Ausg., S. 122 u. 184.]

Societät der Wissenschaften redlich gekrönten Preisschrift; so findet man, ihrer alten Politik, mir überall mit dem passiven Widerstande zu begegnen, gemäß, diese Schrift weder in ihren Büchern, noch in ihren gelehrten Journalen und Litteraturzeitungen irgend erwähnt: sie ist aufs strengste sekretirt [geheimgehalten] und wird *comme non avenue* [wie nicht geschrieben] angesehn, wie Alles, was nicht in ihren erbärmlichen Kram paßt, wie meine Ethik überhaupt, ja, wie alle meine Werke. Meine Philosophie interessirt eben die Herren nicht: das kommt aber daher, daß die Ergründung der Wahrheit sie nicht interessirt. Was sie hingegen interessirt, das sind ihre Gehalte, ihre Honorarlouisd'ors und ihre Hofrathstitel. Zwar interessirt sie auch die Philosophie: insofern nämlich, als sie ihr Brod von derselben haben: insofern interessirt sie die Philosophie. Sie sind es, welche schon Giordano Bruno charakterisirt, als *sordidi e mercenarii ingegni, che, poco o niente solleciti circa la verità, si contentano saper, secondo che comunmente è stimato il sapere, amici poco di vera sapienza, bramosi di fama e reputazione di quella, vaghi d'apparire, poco curiosi d'essere* [schmutzige und käufliche Gesellen, die sich wenig oder gar nicht um die Wahrheit kümmern und sich damit begnügen, das zu wissen, was man gemeinhin Weisheit nennt; von der echten Weisheit halten sie wenig, aber sie gieren nach dem Ruhm und Ansehen, die sie mit sich bringt, wollen viel scheinen, aber wenig sein]. (S. *Opere di Giordano Bruno publ. da A. Wagner. Lips. 1830, Vol. II, p. 83.*) Was also soll ihnen meine Preisschrift über die Freiheit des Willens, und wäre sie von zehn Akademien gekrönt? Dagegen aber wird was Plattköpfe aus ihrer Schaar über den Gegenstand seitdem gefaselt haben, wichtig gemacht und anempfohlen. Brauch' ich ein solches Benehmen zu qualificiren? Sind Das Leute, welche die Philosophie, die Rechte der Vernunft, die Freiheit des Denkens vertreten? – Ein anderes Beispiel der Art liefert die s p e k u - l a t i v e   T h e o l o g i e. Nachdem K a n t alle Beweise, die ihre Stützen ausmachten, unter ihr weggezogen und sie dadurch radikal umgestoßen hat, hält Das meine Herren von der lukrativen Philosophie keineswegs ab, noch 60 Jahre hinterher die spekulative Theologie für den ganz eigentlichen und wesentlichen Gegenstand der Philosophie auszugeben und, weil sie jene explodirten Beweise wieder aufzunehmen sich doch nicht unterstehn, jetzt ohne Umstände, nur immerfort vom A b s o l u t u m zu reden, welches Wort gar nichts Anderes ist, als ein Enthymen, ein Schluß mit nicht ausgesprochenen Prämissen, zum Behuf der feigen Verlarvung und hinterlistigen Erschleichung des kosmologischen Beweises, als welcher in eigener Gestalt sich, seit K a n t, nicht mehr sehn lassen darf und daher in dieser Verkleidung eingeschwärzt werden muß. Als hätte Kant von diesem letzteren Kniff eine Vorahndung gehabt, sagt er ausdrücklich: »Man hat zu allen Zeiten von dem a b s o - l u t - n o t h w e n d i g e n Wesen geredet und sich nicht sowohl Mühe gegeben, zu verstehn, ob und wie man sich ein Ding von dieser Art auch nur denken könne, als vielmehr dessen Daseyn zu beweisen. – – – Denn alle Bedingungen, die der Verstand jederzeit bedarf, um etwas als nothwendig anzusehn, vermittelst des Wortes U n b e d i n g t, wegwerfen, macht mir noch lange nicht verständlich, ob ich alsdann durch einen Begriff eines Unbedingtnothwendigen noch etwas, oder vielleicht gar nichts denke.« (Kritik der reinen Vernunft, 1. Aufl., S. 592; 5. Aufl., S. 620.) Ich erinnere hier nochmals an m e i n e Lehre, daß Nothwendigseyn durchaus und überall nichts Anderes besagt, als aus einem vorhandenen und gegebenen Grunde folgen: ein solcher Grund ist also gerade die B e d i n g u n g aller Nothwendigkeit: demnach ist das Unbedingtnothwendige eine *contradictio in adjecto,* also gar kein Gedanke, sondern ein hohles Wort, – freilich ein im Bau der Professorenphilosophie gar häufig angewendetes Material. – Hieher gehört ferner, daß, L o c k e ' s großer, Epoche machender Grundlehre vom N i c h t v o r h a n d e n s e y n a n g e b o r e n e r I d e e n und allen seitdem und auf dem Grunde derselben, namentlich durch K a n t gemachten Fortschritten in der Philosophie zum Trotz, die Herren von der φιλοσοφια μισθοφορος [um Lohn dienenden Philosophie], ganz ungenirt, ihren Studenten ein »Gottesbewußtseyn«, überhaupt ein unmittelbares Erkennen, oder Vernehmen, metaphysischer Gegenstände durch die Vernunft aufbinden. Es hilft nichts, daß K a n t, mit dem Aufwande des seltensten Scharfsinns und Tiefsinns, dargethan hat, die theoretische Vernunft könne zu Gegenständen, die über die Möglichkeit aller Erfahrung hinaus liegen, nimmermehr gelangen: die Herren kehren sich an so etwas nicht; sondern ohne Umstände lehren sie, seit 50 Jahren, die Vernunft habe ganz unmittelbare, absolute Erkenntnisse, sei eigentlich ein von Hause aus auf Metaphysik angelegtes Vermögen, welches, über alle Möglichkeit der Erfahrung hinaus, das sogenannte Uebersinnliche, das Absolutum, den lieben Gott und was dergleichen noch weiter seyn soll, unmittelbar erkenne und sicher erfasse. Daß aber unsere V e r n u n f t ein solches, die gesuchten Gegenstände der Metaphysik, nicht m i t t e l s t S c h l ü s s e, sondern u n m i t t e l b a r erkennendes Vermögen sei, ist offenbar eine Fabel, oder gerade heraus gesagt, eine palpable Lüge; da es nur einer redlichen, sonst aber nicht schwierigen Selbstprüfung bedarf, um sich von der Grundlosigkeit eines solchen Vorgebens zu überzeugen: zudem es sonst auch ganz anders mit der Metaphysik stehn müßte. Daß dennoch eine solche, alles Grundes, außer der Verlegenheit und den schlauen Absichten ihrer Verbreiter, entbehrende, für die Philosophie grundverderbliche Lüge, seit einem halben Jahrhundert, zum stehenden, tausend und aber tausend Mal wiederholten Katheder-Dogma geworden, und, dem Zeugniß der größten Denker zum Trotz, der studirenden Jugend aufgebunden wird, gehört zu den schlimmsten Früchten der Universitätsphilosophie.

Solcher Vorbereitung jedoch entsprechend, ist bei den Kathederphilosophen das eigentliche und wesentliche Thema der Metaphysik die Auseinandersetzung des Verhältnisses Gottes zur Welt: die weitläuftigsten Erörterungen desselben füllen ihre Lehrbücher. Diesen Punkt ins Reine zu bringen, glauben sie sich vor Allem berufen und bezahlt; und da ist es nun ergötzlich zu sehn, wie altklug und gelehrt sie vom Absolutum, oder Gott, reden, sich ganz ernsthaft gebärdend, als wüßten sie wirklich irgend etwas davon: es erinnert an den Ernst, mit welchem die Kinder ihr Spiel betreiben. Da erscheint denn jede Messe eine neue Metaphysik, welche aus einem weitläuftigen Bericht über den lieben Gott besteht, auseinandersetzt, wie es eigentlich mit ihm stehe und wie er dazu gekommen sei, die Welt gemacht oder geboren, oder sonst wie hervorgebracht zu haben, so daß es scheint, sie erhielten halbjährlich über ihn die neuesten Nachrichten. Manche gerathen nun aber dabei in eine gewisse Verlegenheit, deren Wirkung hochkomisch ausfällt. Sie haben nämlich einen ordentlichen, persönlichen Gott, wie er im Alten Testament steht, zu lehren: das wissen sie. Andererseits jedoch ist, seit ungefähr 40 Jahren, der Spinozistische Pantheismus, nach welchem das Wort Gott ein Synonym von Welt ist, unter den

Ueber die Universitäts-Philosophie. 207

Gelehrten und sogar den bloß Gebildeten, durchaus vorherrschend und allgemeine Mode: das möchten sie doch auch nicht so ganz fahren lassen; dürfen jedoch nach dieser verbotenen Schüssel eigentlich die Hand nicht ausstrecken. Nun suchen sie sich durch ihr gewöhnliches Mittel, dunkele, verworrene, konfuse Phrasen und hohlen Wortkram, zu helfen, wobei sie sich jämmerlich drehn und winden: da sieht man denn Einige in Einem Athem versichern, der Gott sei von der Welt total, unendlich und himmelweit, ganz eigentlich himmelweit, verschieden, zugleich aber ganz und gar mit ihr verbunden und Eins, ja, stecke bis über die Ohren drinne; wodurch sie mich dann jedesmal an den Weber Bottom im Johannisnachtstraum [*Sommernachtstraum* von Shakespeare] erinnern, welcher verspricht, zu brüllen, wie ein entsetzlicher Löwe, zugleich aber doch so sanft, wie nur irgend eine Nachtigal flöten kann. In der Ausführung gerathen sie dabei in die seltsamste Verlegenheit: sie behaupten nämlich, außerhalb der Welt sei kein Platz für ihn: danach können sie ihn aber innerhalb auch nicht brauchen, rockiren [bewegen sich] nun mit ihm hin und her, bis sie sich mit ihm zwischen zwei Stühlen niederlassen.†

Hingegen die Kritik der reinen Vernunft, mit ihren Beweisen *a priori* der Unmöglichkeit aller Gotteserkenntniß, ist ihnen Schnickschnack, durch den sie sich nicht irre machen lassen: sie wissen wozu sie dasind. Ihnen einzuwenden, daß sich nichts Unphilosophischeres denken läßt, als immerfort von etwas zu reden, von dessen Daseyn man erwiesenstermaaßen keine Kenntniß und von dessen Wesen man gar keinen Begriff hat, – ist naseweises Einreden: sie wissen wozu sie dasind. – Ich bin ihnen bekanntlich Einer, der tief unter ihrer Notiz und Aufmerksamkeit steht, und durch die gänzliche Nichtbeachtung meiner Werke haben sie an den Tag zu legen vermeint, was ich sei (wiewohl sie gerade dadurch an den Tag gelegt haben, was s i e sind): daher wird es, wie Alles, was ich seit 35 Jahren vorgebracht habe, in den Wind geredet seyn, wenn ich ihnen sage, daß

---

† Aus einer analogen Verlegenheit entspringt das Lob, welches jetzt, da nun doch ein Mal mein Licht nicht mehr unter dem Scheffel steht, mir einige von ihnen ertheilen, – um nämlich die Ehre ihres guten Geschmacks zu retten: aber eiligst fügen sie demselben die Versicherung hinzu, daß ich in der Hauptsache Unrecht habe: denn sie werden sich hüten, einer Philosophie beizustimmen, die etwas ganz Anderes ist, als in hochtrabenden Wortkram verhüllte und wunderlich verbrämte jüdische Mythologie, – wie sie bei ihnen *de rigueur* [unbedingt erforderlich] ist.

Kant nicht gescherzt hat, daß wirklich und im vollsten Ernst, die Philosophie keine Theologie ist, noch jemals seyn kann; daß sie vielmehr etwas ganz Anderes, von jener völlig Verschiedenes ist. Ja, wie bekanntlich jede andere Wissenschaft durch Einmischung von Theologie verdorben wird, so auch die Philosophie, und zwar am allermeisten; wie Solches die Geschichte derselben bezeugt: daß Dies sogar auch von der Moral gelte, habe ich in meiner Abhandlung über das Fundament derselben sehr deutlich dargethan; daher die Herren auch über diese mäuschenstill gewesen sind; getreu ihrer Taktik des passiven Widerstandes. Die Theologie nämlich deckt mit ihrem Schleier alle Probleme der Philosophie zu und macht daher nicht nur die Lösung, sondern sogar die Auffassung derselben unmöglich. Also, wie gesagt, die Kritik der reinen Vernunft ist ganz ernstlich der Kündigungsbrief der bisherigen *ancilla theologiae* [Magd der Theologie] gewesen, welche darin, Ein für alle Mal, ihrer gestrengen Gebieterin den Dienst aufgesagt hat. Seitdem hat nun diese sich mit einem Mietling begnügt, der die zurückgelassene Livree des ehemaligen Dieners, bloß zum Schein, gelegentlich anzieht; wie in Italien, wo dergleichen Substitute [Ersatzleute] zumal an Sonntage häufig zu sehn und daher unter dem Namen der *Domenichini* [Sonntagsdiener] bekannt sind.

Allein an der Universitätsphilosophie haben Kants Kritiken und Argumente freilich scheitern müssen. Denn da heißt es: *sic volo, sic jubeo, sit pro ratione voluntas* [So will ich's, so befehle ich's, es trete der Wille an die Stelle der Vernunft]: die Philosophie s o l l Theologie seyn, und wenn die Unmöglichkeit der Sache von zwanzig K a n t e n bewiesen wäre: wir wissen, wozu wir dasind: *in majorem Dei gloriam* [zum größeren Ruhme Gottes] sind wir da. Jeder Philosophieprofessor ist, so gut wie Heinrich VIII., ein *defensor fidei* [Verteidiger des Glaubens], und erkennt hierin seinen ersten und hauptsächlichen Beruf. Nachdem also Kant allen möglichen Beweisen der spekulativen Theologie den Nerv so rein durchschnitten hatte, daß seitdem sich Niemand mehr mit ihnen hat befassen mögen; da besteht denn das philosophische Bestreben, seit fast funfzig Jahren, in allerlei Versuchen, die Theologie fein leise zu erschleichen, und die philosophischen Schriften sind meistens nichts Anderes, als fruchtlose Belebungsversuche an einem entseelten Leichnam. So haben denn z. B. die Herren von der lukrativen

Philosophie im Menschen ein G o t t e s b e w u ß t s e y n entdeckt, welches bis dahin aller Welt entgangen war, und werfen damit, durch ihre wechselseitige Einstimmung und die Unschuld ihres nächsten Publikums dreist gemacht, keck und kühn um sich, wodurch sie am Ende gar die ehrlichen Holländer der Universität Leyden verführt haben; so daß diese, die Winkelzüge der Philosophieprofessoren richtig für Fortschritte der Wissenschaft ansehend, ganz treuherzig, am 15. Februar 1844, die Preisfrage gestellt haben: *quid statuendum de Sensu Dei, qui dicitur, menti humanae indito* [Was von dem, wie es heißt, dem menschlichen Geiste eingeborenen Gottesbewußtsein zu halten sei], u. s. w. Vermöge eines solchen »Gottesbewußtseyns« wäre denn Das, was mühsam zu beweisen alle Philosophen, bis auf Kant, sich abarbeiteten, etwas u n m i t t e l b a r B e w u ß t e s. Welche Pinsel müßten aber dann alle jene früheren Philosophen gewesen seyn, die sich ihr Leben lang abgemüht haben, Beweise für eine Sache aufzustellen, deren wir uns geradezu b e w u ß t sind, welches besagt, daß wir sie noch unmittelbarer erkennen, als daß 2 Mal 2 vier ist, als wozu doch schon Ueberlegung gehört. Eine solche Sache beweisen zu wollen, müßte ja seyn, wie wenn man beweisen wollte, daß die Augen sehn, die Ohren hören und die Nase rieche. Und welch unvernünftiges Vieh müßten doch die Anhänger der, nach der Zahl ihrer Bekenner, vornehmsten Religion auf Erden, die Buddhaisten, seyn, deren Religionseifer so groß ist, daß in Tibet beinahe jeder sechste Mensch dem geistlichen Stande angehört und damit dem Cölibat verfallen ist, deren Glaubenslehre jedoch zwar eine höchst lautere, erhabene, liebevolle, ja streng asketische Moral (die nicht, wie die Christliche, die Thiere vergessen hat) trägt und stützt, allein nicht nur entschieden atheistisch ist, sondern sogar ausdrücklich den Theismus perhorrescirt. Die Persönlichkeit ist nämlich ein Phänomen, das uns nur aus unserer animalischen Natur bekannt und daher, von dieser gesondert, nicht mehr deutlich denkbar ist: ein solches nun zum Ursprung und Princip der Welt zu machen, ist immer ein Satz, der nicht sogleich Jedem in den Kopf will; geschweige daß er schon von Hause aus darin wurzelte und lebte. Ein unpersönlicher Gott hingegen ist eine bloße Philosophieprofessorenflause, eine *contradictio in adjecto,* ein leeres Wort, die Gedankenlosen abzufinden, oder die Vigilanten [Spitzel] zu beschwichtigen.

Zwar athmen also die Schriften unserer Universitäts-Philosophen den lebendigsten Eifer für die Theologie; dagegen aber sehr geringen für die Wahrheit. Denn ohne Scheu vor dieser werden Sophismen, Erschleichungen, Verdrehungen, falsche Assertionen, mit unerhörter Dreistigkeit, angewandt, ja angehäuft, werden sogar, wie oben ausgeführt, der Vernunft unmittelbare, übersinnliche Erkenntnisse, – also angeborene Ideen, – angedichtet, oder richtiger angelogen; Alles einzig und allein um Theologie herauszubringen: nur Theologie! nur Theologie! um jeden Preis, Theologie! – Ich möchte den Herren unmaßgeblich zu bedenken geben, daß immerhin Theologie viel werth seyn mag; ich aber doch etwas kenne, das jedenfalls noch mehr werth ist, nämlich die Redlichkeit; Redlichkeit, wie im Handel und Wandel, so auch im Denken und Lehren: die sollte mir um keine Theologie feil seyn.

Wie nun aber die Sachen stehn, muß, wer es mit der Kritik der reinen Vernunft ernstlich genommen, überhaupt es ehrlich gemeint und demnach keine Theologie zu Markte zu bringen hat, jenen Herren gegenüber, freilich zu kurz kommen. Brächte er auch das Vortrefflichste, das je die Welt gesehn, und tischte er alle Weisheit Himmels und der Erden auf; sie werden dennoch Augen und Ohren abwenden, wenn es keine Theologie ist; ja, je mehr Verdienst seine Sache hat, desto mehr wird sie, nicht ihre Bewunderung, sondern ihren Groll erregen; desto determinirteren passiven Widerstand werden sie ihr entgegenstellen, also mit desto hämischerem Schweigen sie zu ersticken suchen, zugleich aber desto lautere Enkomien [Lobreden] über die lieblichen Geisteskinder der gedankenreichen Genossenschaft anstimmen, damit nur die ihnen verhaßte Stimme der Einsicht und Aufrichtigkeit nicht durchdringe. So nämlich verlangt es, in diesem Zeitalter skeptischer Theologen und rechtgläubiger Philosophen, die Politik der Herren, welche sich mit Weib und Kind von d e r Wissenschaft ernähren, welcher meiner Eins, ein langes Leben hindurch, alle seine Kräfte opfert. Denn ihnen kommt es, den Winken hoher Vorgesetzten gemäß, nur auf Theologie an: alles Andere ist Nebensache. Definiren sie doch schon von vorne herein, Jeder in seiner Sprache, Wendung und Verschleierung, die Philosophie als spekulative Theologie und geben das Jagdmachen auf Theologie ganz naiv als den wesentlichen Zweck der Philosophie an. Sie wissen nichts davon, daß man frei und unbe-

Ueber die Universitäts-Philosophie.

fangen an das Problem des Daseyns gehn und die Welt, nebst dem Bewußtseyn, darin sie sich darstellt, als das allein Gegebene, das Problem, das Räthsel der alten Sphinx, vor die man hier kühn getreten ist, betrachten soll. Sie ignoriren klüglich, daß Theologie, wenn sie Eingang in die Philosophie verlangt, gleich allen andern Lehren, erst ihr Kreditiv [Beglaubigungsschreiben] vorzuweisen hat, das dann geprüft wird auf dem Büreau der K r i t i k   d e r   r e i n e n   V e r n u n f t, als welche bei allen Denkenden noch in vollstem Ansehn steht, und an demselben, durch die komischen Grimassen, welche die Kathederphilosophen des Tages gegen sie zu schneiden bemüht sind, wahrlich nicht das Geringste eingebüßt hat. Ohne ein vor ihr bestehendes Kreditiv also findet die Theologie keinen Eintritt und soll ihn weder ertrotzen, noch erschleichen, noch auch erbetteln, mit Berufung darauf, daß Kathederphilosophen nun ein Mal nichts Anderes feil haben dürfen: – mögen sie doch die Boutique schließen. Denn die Philosophie ist keine Kirche und keine Religion. Sie ist das kleine, nur äußerst Wenigen zugängliche Fleckchen auf der Welt, wo die stets und überall gehaßte und verfolgte W a h r h e i t ein Mal alles Druckes und Zwanges ledig seyn, gleichsam ihre Saturnalien, die ja auch dem Sklaven freie Rede gestatten, feiern, ja sogar die Prärogative [das Vorrecht] und das große Wort haben, absolut allein herrschen und kein Anderes neben sich gelten lassen soll. Die ganze Welt nämlich, und Alles in ihr, ist voller A b s i c h t und meistens niedriger, gemeiner und schlechter Absicht: nur Ein Fleckchen soll, ausgemachterweise, von dieser frei bleiben und ganz allein der E i n - s i c h t offen stehn, und zwar der Einsicht in die wichtigsten, Allen angelegensten Verhältnisse: – Das ist die Philosophie. Oder versteht man es etwan anders? nun, dann ist Alles Spaaß und Komödie, – »wie Das denn wohl zu Zeiten kommen mag.« – Freilich nach den Kompendien der Kathederphilosophen zu urtheilen, sollte man eher denken, die Philosophie wäre eine Anleitung zur Frömmigkeit, ein Institut Kirchengänger zu bilden; da ja die spekulative Theologie meistens gleich unverhohlen als der wesentliche Zweck und Ziel der Sache vorausgesetzt und mit allen Segeln und Rudern nur darauf hingesteuert wird. Gewiß aber ist, daß alle und jede Glaubensartikel, sie mögen nun offen und unverhohlen in die Philosophie hineingetragen seyn, wie Dies in der Scholastik geschah, oder durch *petitiones principii* [Beweiserschleichungen], falsche Axiome, erlogene innere Erkenntnißquellen, Gottesbewußtseyne, Scheinbeweise, hochtrabende Phrasen und Gallimathias eingeschwärzt werden, wie es heut zu Tage Brauch ist, der Philosophie zum entschiedenen Verderb gereichen; weil all Dergleichen die klare, unbefangene, rein objektive Auffassung der Welt und unsers Daseyns, diese erste Bedingung alles Forschens nach Wahrheit, unmöglich macht.

Unter der Benennung und Firma der Philosophie und in fremdartigem Gewande die Grunddogmen der Landesreligion, welche man alsdann, mit einem Hegels würdigen Ausdruck, »die absolute Religion« titulirt, vortragen, mag eine recht nützliche Sache seyn; sofern es dient, die Studenten den Zwecken des Staates besser anzupassen, imgleichen auch das lesende Publikum im Glauben zu befestigen: aber Dergleichen für P h i l o s o - p h i e ausgeben heißt denn doch eine Sache für Das verkaufen, was sie nicht ist. Wenn Dies und alles Obige seinen ungestörten Fortgang behält, muß mehr und mehr die Universitätsphilosophie zu einer *remora* [Hemmnis] der Wahrheit werden. Denn es ist um alle Philosophie geschehn, wenn zum Maaßstab ihrer Beurtheilung, oder gar zur Richtschnur ihrer Sätze, etwas Anderes genommen wird, als ganz allein die Wahrheit, die, selbst bei aller Redlichkeit des Forschens und der Anstrengung der überlegensten Geisteskraft, so schwer zu erreichende Wahrheit: es führt dahin, daß sie zu einer bloßen *fable convenue* [abgesprochenen Fabel] wird, wie F o n t e n e l l e die Geschichte nennt. Nie wird man in der Lösung der Probleme, welche unser so unendlich räthselhaftes Daseyn uns von allen Seiten entgegenhält, auch nur einen Schritt weiter kommen, wenn man nach einem vorgesteckten Ziele philosophirt. Daß aber Dies der generische Charakter der verschiedenen Species jetziger Universitätsphilosophie sei, wird wohl Niemand leugnen: denn nur zu sichtbar kollimiren [laufen] alle ihre Systeme und Sätze nach Einem Zielpunkt [zusammen]. Dieser ist zudem nicht ein Mal das eigentliche, das neutestamentliche Christenthum, oder der Geist desselben, als welcher ihnen zu hoch, zu ätherisch, zu excentrisch, zu sehr nicht von dieser Welt, daher zu pessimistisch und hiedurch zur Apotheose des »S t a a t s« ganz ungeeignet ist; sondern es ist bloß das Judenthum, die Lehre, daß die Welt ihr Daseyn von einem höchst vortrefflichen, persönlichen Wesen habe, daher auch ein allerliebstes Ding und παντα καλα λιαν

Ueber die Universitäts-Philosophie.   213

[alles sehr gut, vgl. Mos. 1, 31] sei. Dies ist ihnen aller Weisheit Kern, und dahin soll die Philosophie führen, oder, sträubt sie sich, geführt werden. Daher denn auch der Krieg, den, seit dem Sturz der Hegelei, alle Professoren gegen den sogenannten Pantheismus führen, in dessen Perhorrescirung sie wetteifern, einmüthig den Stab über ihn brechend. Ist etwan dieser Eifer aus der Entdeckung triftiger und schlagender Gründe gegen denselben entsprungen? Oder sieht man nicht vielmehr, mit welcher Rathlosigkeit und Angst sie nach Gründen gegen jenen in ursprünglicher Kraft ruhig dastehenden und sie belächelnden Gegner suchen? kann man daher noch bezweifeln, daß bloß die Inkompatibilität jener Lehre mit der »absoluten Religion« es ist, warum sie nicht wahr seyn soll, nicht soll, und wenn die ganze Natur sie mit tausend und aber tausend Kehlen verkündigte. Die Natur soll schweigen, damit das Judenthum spreche. Wenn nun ferner, neben der »absoluten Religion«, noch irgend etwas bei ihnen Berücksichtigung findet; so versteht es sich, daß es die sonstigen Wünsche eines hohen Ministeriums, bei dem die Macht Professuren zu geben und zu nehmen ist, seyn werden. Ist doch dasselbe die Muse, welche sie begeistert und ihren Lukubrationen [gelehrten Nachtarbeiten] vorsteht, daher wohl auch am Eingange, in Form einer Dedikation, ordentlich angerufen wird. Das sind mir die Leute, die Wahrheit aus dem Brunnen zu ziehn, den Schleier des Truges zu zerreißen und aller Verfinsterung Hohn zu sprechen.

Zu keinem Lehrfache wären, der Natur der Sache nach, so entschieden Leute von überwiegenden Fähigkeiten und durchdrungen von Liebe zur Wissenschaft und Eifer für die Wahrheit erfordert, als da, wo die Resultate der höchsten Anstrengungen des menschlichen Geistes, in der wichtigsten aller Angelegenheiten, der Blüthe einer neuen Generation, im lebendigen Worte, übergeben, ja, der Geist der Forschung in ihr erweckt werden soll. Andererseits aber wieder halten die Ministerien dafür, daß kein Lehrfach auf die innerste Gesinnung der künftigen gelehrten, also den Staat und die Gesellschaft eigentlich lenkenden Klasse so viel Einfluß habe, wie gerade dieses; daher es nur mit den allerdevotesten, ihre Lehre gänzlich nach dem Willen und jedesmaligen Ansichten des Ministeriums zuschneidenden Männern besetzt werden darf. Natürlich ist es dann die erstere dieser beiden Anforderungen, welche zurückstehn muß. Wer nun aber mit diesem Stande der Dinge nicht bekannt ist, dem kann es zu Zeiten vorkommen, als ob seltsamerweise gerade die entschiedensten Schaafsköpfe sich der Wissenschaft des Plato und Aristoteles gewidmet hätten.

Ich kann hier nicht die beiläufige Bemerkung unterdrücken, daß eine sehr nachtheilige Vorschule zur Professur der Philosophie die Hauslehrerstellen sind, welche beinahe Alle, die jemals jene bekleideten, nach ihren Universitätsstudien, mehrere Jahre hindurch versehn haben. Denn solche Stellen sind eine rechte Schule der Unterwürfigkeit und Fügsamkeit. Besonders wird man darin gewohnt, seine Lehren ganz und gar dem Willen des Brodherrn zu unterwerfen und keine andern als dessen Zwecke zu kennen. Diese, früh angenommene Gewohnheit wurzelt ein und wird zur zweiten Natur; so daß man nachher, als Philosophieprofessor, nichts natürlicher findet, als auch die Philosophie eben so den Wünschen des die Professuren besetzenden Ministeriums gemäß zuzuschneiden und zu modeln; woraus denn am Ende philosophische Ansichten, oder gar Systeme, wie auf Bestellung gemacht, hervorgehn. Da hat die Wahrheit schönes Spiel! – Hier stellt sich freilich heraus, daß um dieser unbedingt zu huldigen, um wirklich zu philosophiren, zu so vielen Bedingungen fast unumgänglich auch noch diese kommt, daß man auf eigenen Beinen stehe und keinen Herrn kenne, wonach denn das δος μοι που στω [Gib mir einen Standort!] in gewissem Sinne auch hier gälte. Wenigstens haben die allermeisten von Denen, die je etwas Großes in der Philosophie leisteten, sich in diesem Falle befunden. S p i n o z a war sich der Sache so deutlich bewußt, daß er die ihm angetragene Professur gerade deshalb ausschlug.

Ἥμισυ γαρ τ᾽αρετης αποαινυται ευρυοπα Ζευς
Ανερος, ευτ᾽ αν μιν κατα δουλιον ημαρ ἑλησιν.

[Denn der donnernde Zeus nimmt weg die Hälfte des Wertes Jedem Manne, sobald die Stunde der Knechtschaft ihm naht.
[*Odyssee*, XVII, 322–23.]

Das wirkliche Philosophiren verlangt Unabhängigkeit:

Πας γαρ ανηρ πενιη δεδμημενος ουτε τι ειπειν,
Ουθ᾽ ἑρξαι δυναται, γλωσσα δε οἱ δεδεται.

[Jeder, den Armut drückt, ist nicht mehr im Stande, zu sagen
Noch zu tun, was er will; frei ist die Zunge nicht mehr.]

T h e o g n [*is,* v. 177–78].

Auch in Sadis Gulistan (übersetzt von Graf, Leipzig 1846,
S. 185) wird gesagt, daß wer Nahrungssorgen hat nichts leisten
kann. Dafür jedoch ist der ächte Philosoph, seiner Natur nach,
ein genügsames Wesen und bedarf nicht viel, um unabhängig zu
leben: denn allemal wird sein Wahlspruch S h e n s t o n e ' s
Satz seyn: *liberty is a more invigorating cordial than Tokay.*
(Freiheit ist eine kräftigere Herzstärkung, als Tokayer.)

Wenn nun also es sich bei der Sache um nichts Anderes handelte, als um die Förderung der Philosophie und das Vordringen
auf dem Wege zur Wahrheit; so würde ich als das Beste empfeh-
len, daß man die Spiegelfechterei, welche damit auf den Universitäten getrieben wird, einstellte. Denn diese sind wahrlich nicht
der Ort für ernstlich und redlich gemeinte Philosophie, deren
Stelle dort nur zu oft eine in ihre Kleider gesteckte und aufge-
putzte Drahtpuppe einnehmen und als ein *nervis alienis mobile
lignum* [eine von fremden Drähten bewegte Holzpuppe:
s. S. 166] paradiren und gestikuliren muß. Wenn nun aber
gar eine solche Kathederphilosophie noch durch unverständliche,
gehirnbetäubende Phrasen, neugeschaffene Worte und unerhörte
Einfälle, deren Absurdes spekulativ und transscendental
genannt wird, die Stelle wirklicher Gedanken ersetzen will; so
wird sie zu einer Parodie der Philosophie, die diese in Mißkredit
bringt; welches in unsern Tagen der Fall gewesen ist. Wie kann
denn auch, unter allem solchen Treiben, selbst nur die Möglichkeit jenes tiefen Ernstes, der neben der Wahrheit Alles gering-
schätzt und die erste Bedingung zur Philosophie ist, bestehn? –
Der Weg zur Wahrheit ist steil und lang: mit einem Block am
Fuße wird ihn Keiner zurücklegen; vielmehr thäten Flügel
Noth. Demnach also wäre ich dafür, daß die Philosophie aufhörte, ein Gewerbe zu seyn: die Erhabenheit ihres Strebens ver-
trägt sich nicht damit; wie ja Dieses schon die Alten erkannt
haben. Es ist gar nicht nöthig, daß auf jeder Universität ein
Paar schaale Schwätzer gehalten werden, um den jungen Leuten
alle Philosophie auf Zeit Lebens zu verleiden. Auch V o l -
t a i r e sagt ganz richtig: *les gens de lettres, qui ont rendu le plus
de services au petit nombre d'êtres pensans répandus dans le*

monde, sont les lettrés isolés, les vrais savans, renfermés dans leur cabinet, qui n'ont ni argumenté sur les bancs de l'université, ni dit les choses à moitié dans les académies: et ceux-là ont presque toujours été persécutés. [Die Geistesmänner, die den wenigen denkenden Wesen auf dieser Welt die größten Dienste erwiesen haben, sind die einsamen Denker, die wahren Gelehrten, jene die, in ihren Studierstuben eingeschlossen, weder auf den Lehrstühlen der Universitäten argumentiert noch in den Akademien halbe Weisheiten vorgebracht haben – und sie sind fast immer verfolgt worden. *Dictionnaire philosophique,* art. Lettres.] – Alle der Philosophie von außen gebotene Hülfe ist, ihrer Natur nach, verdächtig: denn das Interesse jener ist zu hoher Art, als daß es mit dem Treiben dieser niedrig gesinnten Welt eine aufrichtige Verbindung eingehn könnte. Dagegen hat sie ihren eigenen Leitstern, der nie untergeht. Darum lasse man sie gewähren, ohne Beihülfe, aber auch ohne Hindernisse, und gebe nicht dem ernsten, von der Natur geweihten und ausgerüsteten Pilger zum hochgelegenen Tempel der Wahrheit den Gesellen bei, dem es eigentlich nur um ein gutes Nachtlager und eine Abendmahlzeit zu thun ist: denn es ist zu besorgen, daß er, um nach diesen einlenken zu dürfen, Jenem ein Hinderniß in den Weg wälzen werde.

Diesem Allen zufolge halte ich, von den Staatszwecken, wie gesagt, absehend und bloß das Interesse der Philosophie betrachtend, für wünschenswerth, daß aller Unterricht in derselben auf Universitäten streng beschränkt werde auf den Vortrag der Logik, als einer abgeschlossenen und streng beweisbaren Wissenschaft, und auf eine ganz *succincte* [gedrängt] vorzutragende und durchaus in Einem Semester von Thales bis Kant zu absolvirende Geschichte der Philosophie, damit sie, in Folge ihrer Kürze und Uebersichtlichkeit, den eigenen Ansichten des Herrn Professors möglichst wenig Spielraum gestatte und bloß als Leitfaden zum künftigen eigenen Studium auftrete. Denn die eigentliche Bekanntschaft mit den Philosophen läßt sich durchaus nur in ihren eigenen Werken machen und keineswegs durch Relationen aus zweiter Hand; – wovon ich die Gründe bereits in der Vorrede zur zweiten Ausgabe meines Hauptwerkes dargelegt habe. Zudem hat das Lesen der selbsteigenen Werke wirklicher Philosophen jedenfalls einen wohlthätigen und fördernden Einfluß auf den Geist, indem es ihn in unmittelbare

Ueber die Universitäts-Philosophie. 217

Gemeinschaft mit so einem selbstdenkenden und überlegenen Kopfe setzt, statt daß bei jenen Geschichten der Philosophie er immer nur die Bewegung erhält, die ihm der hölzerne Gedankengang so eines Alltagskopfs ertheilen kann, der sich die Sachen auf seine Weise zurechtgelegt hat. Daher also möchte ich jenen Kathedervortrag beschränken auf den Zweck einer allgemeinen Orientirung auf dem Felde der bisherigen philosophischen Leistungen, mit Beseitigung aller Ausführungen, wie auch aller Pragmaticität [Behandlung ursächlicher Zusammenhänge] der Darstellung, die weiter gehn wollte, als bis zur Nachweisung der unverkennbaren Anknüpfungspunkte der successiv auftretenden Systeme an früher dagewesene; also ganz im Gegensatz der Anmaaßung Hegelianischer Geschichtschreiber der Philosophie, welche jedes System als nothwendig eintretend darthun, und sonach, die Geschichte der Philosophie *a priori* konstruirend, uns beweisen, daß jeder Philosoph gerade Das, was er gedacht hat, und nichts Anderes, habe denken müssen; wobei denn der Herr Professor so recht bequem sie Alle von oben herab übersieht, wo nicht gar belächelt. Der Sünder! als ob nicht Alles das Werk einzelner und einziger Köpfe gewesen wäre, die sich in der schlechten Gesellschaft dieser Welt eine Weile haben herumstoßen müssen, damit solche gerettet und erlöst werde aus den Banden der Rohheit und Verdummung; Köpfe, die eben so individuell, wie selten sind, daher von jedem derselben das Ariostische *natura il fece, e poi ruppe lo stampo* [Die Natur hat ihn gegossen und dann die Form zerbrochen: *Orlando furioso,* x, 84] in vollem Maaße gilt; – und als ob, wenn Kant an den Blattern gestorben wäre, auch ein Anderer die Kritik der reinen Vernunft würde geschrieben haben, – wohl einer von Jenen, aus der Fabrikwaare der Natur und mit ihrem Fabrikzeichen auf der Stirn, so Einer mit der normalen Ration von drei Pfund groben Gehirns, hübsch fester Textur, in zolldicker Hirnschaale wohl verwahrt, beim Gesichtswinkel von 70°, dem matten Herzschlag, den trüben, spähenden Augen, den stark entwickelten Freßwerkzeugen, der stockenden Rede und dem schwerfälligen, schleppenden Gange, als welcher Takt hält mit der Krötenagilität [-behendigkeit] seiner Gedanken: – ja, ja, wartet nur, die werden euch Kritiken der reinen Vernunft und auch Systeme machen, sobald nur der vom Professor berechnete Zeitpunkt da und die Reihe an sie gekommen ist, – dann, wann die Eichen Aprikosen tragen.

– Die Herren haben freilich gute Gründe, möglichst viel der
Erziehung und Bildung zuzuschreiben, sogar, wie wirklich
Einige thun, die angeborenen Talente ganz zu leugnen und auf
alle Weise sich gegen die Wahrheit zu verschanzen, daß Alles
darauf ankommt, wie Einer aus den Händen der Natur hervorgegangen sei, welcher Vater ihn gezeugt und welche Mutter
ihn empfangen habe, ja, auch noch zu welcher Stunde; daher
man keine Iliaden schreiben wird, wenn man zur Mutter eine
Gans und zum Vater eine Schlafmütze gehabt hat; auch nicht,
wenn man auf sechs Universitäten studirt. Es ist nun aber doch
nicht anders: aristokratisch ist die Natur, aristokratischer, als
irgend ein Feudal- und Kastenwesen. Demgemäß läuft ihre
Pyramide von einer sehr breiten Basis in einen gar spitzen Gipfel
aus. Und wenn es dem Pöbel und Gesindel, welches nichts über
sich dulden will, auch gelänge, alle andern Aristokratien umzu-
stoßen; so müßte es diese doch bestehn lassen, – und soll keinen
Dank dafür haben: denn die ist so ganz eigentlich »von Gottes
Gnaden«.

Transscendente Spekulation über die anscheinende Absichtlichkeit im Schicksale des Einzelnen.

Τὸ εἰκῆ οὐκ ἔστι ἐν τῇ ζωῇ,
ἀλλὰ μία ἁρμονία καὶ τάξις.
[Planlosigkeit gibt es nicht im Leben,
sondern nur eine Harmonie und Ordnung.]
Plotin. Enn. IV, L. 4, c. 35.

Ueber die anscheinende Absichtlichkeit im Schicksale des Einzelnen.

Obgleich die hier mitzutheilenden Gedanken zu keinem festen Resultate führen, ja, vielleicht eine bloße metaphysische Phantasie genannt werden könnten; so habe ich mich doch nicht entschließen können, sie der Vergessenheit zu übergeben; weil sie Manchem, wenigstens zum Vergleich mit seinen eigenen, über den selben Gegenstand gehegten, willkommen seyn werden. Auch ein Solcher jedoch ist zu erinnern, daß an ihnen Alles zweifelhaft ist, nicht nur die Lösung, sondern sogar das Problem. Demnach hat man hier nichts weniger, als entschiedene Aufschlüsse zu erwarten, vielmehr die bloße Ventilation [sorgfältige Betrachtung] eines sehr dunklen Sachverhältnisses, welches jedoch vielleicht Jedem, im Verlaufe seines eigenen Lebens, oder beim Rückblick auf dasselbe, sich öfter aufgedrungen hat. Sogar mögen unsere Betrachtungen darüber vielleicht nicht viel mehr seyn, als ein Tappen und Tasten im Dunkeln, wo man merkt, daß wohl etwas dasei, jedoch nicht recht weiß, wo, noch was. Wenn ich dabei dennoch bisweilen in den positiven, oder gar dogmatischen Ton gerathen sollte; so sei hier ein für alle Mal gesagt, daß dies bloß geschieht, um nicht durch stete Wiederholung der Formeln des Zweifels und der Muthmaaßung weitschweifig und matt zu werden; daß es mithin nicht ernstlich zu nehmen ist.

Der Glaube an eine specielle Vorsehung, oder sonst eine übernatürliche Lenkung der Begebenheiten im individuellen Lebenslauf, ist zu allen Zeiten allgemein beliebt gewesen, und sogar in denkenden, aller Superstition abgeneigten Köpfen findet er sich bisweilen unerschütterlich fest, ja, wohl gar außer allem Zusammenhange mit irgend welchen bestimmten Dogmen. – Zuvörderst läßt sich ihm entgegensetzen, daß er, nach Art alles Götterglaubens, nicht eigentlich aus der E r k e n n t n i ß , sondern aus dem W i l l e n entsprungen, nämlich zunächst das Kind unserer Bedürftigkeit sei. Denn die Data, welche bloß die E r k e n n t - n i ß dazu geliefert hätte, ließen sich vielleicht darauf zurückführen, daß der Zufall, welcher uns hundert arge, und wie durchdacht tückische Streiche spielt, dann und wann ein Mal auserlesen günstig ausfällt, oder auch mittelbar sehr gut für uns sorgt. In allen solchen Fällen erkennen wir in ihm die Hand der Vorsehung, und zwar am deutlichsten dann, wann er, unserer eigenen Einsicht zuwider, ja, auf von uns verabscheuten Wegen, uns zu einem beglückenden Ziele hingeführt hat; wo wir alsdann sagen *tunc bene navigavi, cum naufragium feci* [Damals bin ich glücklich gefahren, als ich den Schiffbruch erlitt], und der Gegensatz zwischen Wahl und Führung ganz unverkennbar, zugleich aber zum Vortheil der letzteren, fühlbar wird. Eben dieserhalb trösten wir, bei widrigen Zufällen, uns auch wohl mit dem oft bewährten Sprüchlein »wer weiß wozu es gut ist«, — welches eigentlich aus der Einsicht entsprungen ist, daß, obwohl der Z u f a l l die Welt beherrscht, er doch den I r r t h u m zum Mitregenten hat und, weil wir Diesem, eben so sehr als Jenem, unterworfen sind, vielleicht eben Das ein Glück ist, was uns jetzt als ein Unglück erscheint. So fliehen wir dann vor den Streichen des einen Welttyrannen zum andern, indem wir vom Zufall an den Irrthum appelliren.

Hievon jedoch abgesehn, ist, dem bloßen, reinen, offenbaren Zufall eine Absicht unterzulegen, ein Gedanke, der an Verwegenheit seines Gleichen sucht. Dennoch glaube ich, daß Jeder, wenigstens Ein Mal in seinem Leben, ihn lebhaft gefaßt hat. Auch findet man ihn bei allen Völkern und neben allen Glaubenslehren; wiewohl am entschiedensten bei den Mohammedanern. Es ist ein Gedanke, der, je nachdem man ihn versteht, der absurdeste, oder der tiefsinnigste seyn kann. Gegen die Beispiele inzwischen, wodurch man ihn belegen möchte, bleibt, so frappant sie auch bisweilen seyn mögen, die stehende Einrede diese, daß es das größte Wunder wäre, wenn niemals ein Zufall unsere Angelegenheiten gut, ja, selbst besser besorgte, als unser Verstand und unsere Einsicht es vermocht hätten.

Daß Alles, ohne Ausnahme, was geschieht, mit s t r e n g e r N o t h w e n d i g k e i t eintritt, ist eine *a priori* einzusehende, folglich unumstößliche Wahrheit: ich will sie hier den demonstrabeln Fatalismus nennen. In meiner Preisschrift über die

im Schicksale des Einzelnen.

Freiheit des Willens ergiebt sie sich (S. 62 [Bd. VI uns. Ausg.,
S. 99] als das Resultat aller vorhergegangenen Untersuchungen. Sie wird empirisch und *a posteriori* bestätigt, durch die
nicht mehr zweifelhafte Thatsache, daß magnetische Somnambule, daß mit dem zweiten Gesichte begabte Menschen,
ja, daß bisweilen die Träume des gewöhnlichen Schlafs, das
Zukünftige geradezu und genau vorher verkünden.† Am auffallendsten ist diese empirische Bestätigung meiner Theorie der
strengen Nothwendigkeit alles Geschehenden beim z w e i t e n
G e s i c h t. Denn das, vermöge desselben, oft lange vorher Verkündete sehn wir nachmals, ganz genau und mit allen Nebenumständen, wie sie angegeben waren, eintreten, sogar dann,
wann man sich absichtlich und auf alle Weise bemüht hatte, es
zu hintertreiben, oder die eintreffende Begebenheit, wenigstens
in irgend einem Nebenumstande, von der mitgetheilten Vision
abweichen zu machen; welches stets vergeblich gewesen ist;
indem dann gerade Das, welches das vorher Verkündete vereiteln sollte, allemal es herbeizuführen gedient hat; gerade so,
wie sowohl in den Tragödien, als in der Geschichte der Alten,
das von Orakeln oder Träumen verkündigte Unheil eben durch
die Vorkehrungsmittel dagegen herbeigezogen wird. Als Beispiele hievon nenne ich, aus so vielen, bloß den König Oedipus
und die schöne Geschichte vom Krösus mit dem Adrastos im
ersten Buche des Herodot, *c. 35-43.* Die diesen entsprechenden
Fälle beim zweiten Gesicht findet man, von dem grundehrlichen
B e n d e   B e n d s e n   mitgetheilt, im 3ten Hefte des achten
Bandes des Archivs für thierischen Magnetismus von K i e s e r
(besonders Beisp. 4, 12, 14, 16); wie auch einen in J u n g   S t i l -

---

† In den Times vom 2. Dezember 1852 steht folgende gerichtliche Aussage: Zu
Newent in Glocestershire wurde vor dem Coroner, Mr. Lovegrove, eine gerichtliche
Untersuchung über den im Wasser gefundenen Leichnam des Mannes Mark Lane
abgehalten. Der Bruder des Ertrunkenen sagte aus, daß er, auf die erste Nachricht
vom Vermißtwerden seines Bruders Markus, sogleich erwidert habe: »Dann ist er
ertrunken: denn dies hat mir diese Nacht geträumt und daß ich, tief im Wasser
stehend, bemüht war, ihn herauszuziehn.« In der nächstfolgenden Nacht träumte ihm
abermals, daß sein Bruder nahe bei der Schleuse zu Oxenhall ertrunken sei und daß
n e b e n   i h m   e i n e   F o r e l l e   s c h w a m m. Am folgenden Morgen gieng er,
in Begleitung seines andern Bruders, nach Oxenhall: daselbst sah e r   e i n e
F o r e l l e   i m   W a s s e r. Sogleich war er überzeugt, daß sein Bruder hier liegen
müsse, und wirklich fand die Leiche sich an der Stelle. – Also etwas so Flüchtiges, wie
das Vorübergleiten einer Forelle, wird um mehrere Stunden, auf die Sekunde genau,
vorhergesehn!

l i n g s Theorie der Geisterkunde § 155. Wäre nun die Gabe des zweiten Gesichts so häufig, wie sie selten ist; so würden unzählige Vorfälle, vorherverkündet, genau eintreffen und der unleugbare faktische Beweis der strengen Nothwendigkeit alles und jedes Geschehenden, Jedem zugänglich, allgemein vorliegen. Dann würde kein Zweifel mehr darüber bleiben, daß, so sehr auch der Lauf der Dinge sich als rein zufällig darstellt, er es im Grunde doch nicht ist, vielmehr alle diese Zufälle selbst, τα ειϰη φερομενα [das planlos Geschehende] von einer, tief verborgenen Nothwendigkeit, ειμαρμενη [Schicksal], umfaßt werden, deren bloßes Werkzeug der Zufall selbst ist. In diese einen Blick zu thun, ist von jeher das Bestreben aller M a n t i k [Wahrsagekunst] gewesen. Aus der in Erinnerung gebrachten, thatsächlichen Mantik nun aber folgt eigentlich nicht bloß, daß alle Begebenheiten mit vollständiger Nothwendigkeit eintreten; sondern auch, daß sie irgendwie schon zum Voraus bestimmt und objektiv festgestellt sind, indem sie ja dem Seherauge als ein Gegenwärtiges sich darstellen: indessen ließe sich dieses allenfalls noch auf die bloße Nothwendigkeit ihres Eintritts in Folge des Verlaufs der Kausalkette zurückführen. Jedenfalls aber ist die Einsicht, oder vielmehr die Ansicht, daß jene Nothwendigkeit alles Geschehenden k e i n e b l i n d e sei, also der Glaube an einen eben so planmäßigen, wie nothwendigen Hergang in unserm Lebenslauf, ein Fatalismus höherer Art, der jedoch nicht, wie der einfache, sich demonstriren läßt, auf welchen aber dennoch vielleicht Jeder, früher oder später, ein Mal geräth und ihn, nach Maaßgabe seiner Denkungsart, eine Zeit lang, oder auf immer festhält. Wir können denselben, zum Unterschiede von dem gewöhnlichen und demonstrabeln, den t r a n s s c e n d e n t e n F a t a l i s m u s nennen. Er stammt nicht, wie jener, aus einer eigentlich theoretischen Erkenntniß, noch aus der zu dieser nöthigen Untersuchung, als zu welcher Wenige befähigt seyn würden; sondern er setzt sich aus den Erfahrungen des eigenen Lebenslaufs allmälig ab. Unter diesen nämlich machen sich Jedem gewisse Vorgänge bemerklich, welche einerseits, vermöge ihrer besondern und großen Zweckmäßigkeit für ihn, den Stämpel einer moralischen, oder innern Nothwendigkeit, andererseits jedoch den der äußern, gänzlichen Zufälligkeit deutlich ausgeprägt an sich tragen. Das öftere Vorkommen derselben führt allmälig zu der Ansicht, die oft zur Ueberzeugung wird, daß der

im Schicksale des Einzelnen.

Lebenslauf des Einzelnen, so verworren er auch scheinen mag, ein in sich übereinstimmendes, bestimmte Tendenz und belehrenden Sinn habendes Ganzes sei, so gut wie das durchdachteste Epos.† Die durch denselben ihm ertheilte Belehrung nun aber bezöge sich allein auf seinen individuellen Willen, – welcher, im letzten Grunde, sein individueller Irrthum ist. Denn nicht in der Weltgeschichte, wie die Professorenphilosophie es wähnt, ist Plan und Ganzheit, sondern im Leben des Einzelnen. Die Völker existiren ja bloß *in abstracto*: die Einzelnen sind das Reale. Daher ist die Weltgeschichte ohne direkte metaphysische Bedeutung: sie ist eigentlich bloß eine zufällige Konfiguration: ich erinnere hier an Das was ich, »Welt als W. und V.« Bd. 1. § 35, darüber gesagt habe. – Also in Hinsicht auf das eigene individuelle Schicksal erwächst in Vielen jener t r a n s s c e n d e n t e F a t a l i s m u s, zu welchem die aufmerksame Betrachtung des eigenen Lebens, nachdem sein Faden zu einer beträchtlichen Länge ausgesponnen worden, vielleicht Jedem ein Mal Anlaß giebt, ja, beim Durchdenken der Einzelheiten seines Lebenslaufes, kann dieser ihm bisweilen sich darstellen, als wäre Alles darin abgekartet gewesen, und die auftretenden Menschen erscheinen ihm wie bloße Schauspieler. Dieser transscendente Fatalismus hat nicht nur viel Trostreiches, sondern vielleicht auch viel Wahres; daher er zu allen Zeiten, sogar als Dogma, behauptet worden.†† Als völlig unbefangen verdient das Zeugniß eines erfahrenen Welt- und Hofmannes, und dazu in einem Nestorischen Alter abgelegt, hier angeführt zu werden, nämlich das des neunzigjährigen K n e b e l, der in einem Briefe sagt: »Man wird, bei genauer Beobachtung, finden, daß in dem Leben der meisten Menschen sich ein gewisser Plan findet, der, durch die eigene Natur, oder durch die Umstände, die sie führen, ihnen gleichsam vorgezeichnet ist. Die Zustände ihres Lebens mögen

---

† Wenn wir manche Scenen unserer Vergangenheit genau durchdenken, erscheint uns Alles darin so wohl abgekartet, wie in einem recht planmäßig angelegten Roman.

†† Weder unser T h u n, noch unser L e b e n s l a u f i s t u n s e r W e r k; wohl aber Das, was Keiner dafür hält: u n s e r W e s e n u n d D a s e y n. Denn auf Grundlage dieses und der in strenger Kausalverknüpfung eintretenden Umstände und äußern Begebenheiten geht unser Thun und Lebenslauf mit vollkommener Nothwendigkeit vor sich. Demnach ist schon bei der Geburt des Menschen sein ganzer Lebenslauf, bis ins Einzelne, unwiderruflich bestimmt; so daß eine Somnambule in höchster Potenz ihn genau vorhersagen könnte. Wir sollten diese große und sichere Wahrheit im Auge behalten, bei Betrachtung und Beurtheilung unsers Lebenslaufs, unserer Thaten und Leiden.

noch so abwechselnd und veränderlich seyn, es zeigt sich doch am Ende ein Ganzes, das unter sich eine gewisse Uebereinstimmung bemerken läßt. – – – Die Hand eines bestimmten Schicksals, so verborgen sie auch wirken mag, zeigt sich auch genau, sie mag nun durch äußere Wirkung, oder innere Regung, bewegt seyn: ja, widersprechende Gründe bewegen sich oftmals in ihrer Richtung. So verwirrt der Lauf ist, so zeigt sich immer Grund und Richtung durch.« (Knebel's litterarischer Nachlaß. 2. Aufl. 1840. Bd. 3. S. 452.)

Die hier ausgesprochene Planmäßigkeit im Lebenslauf eines Jeden läßt sich nun zwar zum Theil aus der Unveränderlichkeit und starren Konsequenz des angeborenen Charakters erklären, als welche den Menschen immer in das selbe Gleis zurückbringt. Was diesem Charakter eines Jeden das Angemessenste ist [,] erkennt er so unmittelbar und sicher, daß er, in der Regel, es gar nicht in das deutliche, reflektirte Bewußtseyn aufnimmt, sondern unmittelbar und wie instinktmäßig danach handelt. Diese Art von Erkenntniß ist insofern, als sie ins Handeln übergeht, ohne ins deutliche Bewußtseyn gekommen zu seyn, den *reflex motions* [Reflexbewegungen] des M a r s h a l l H a l l zu vergleichen. Vermöge derselben verfolgt und ergreift Jeder, dem nicht, entweder von außen, oder von seinen eigenen falschen Begriffen und Vorurtheilen, Gewalt geschieht, das ihm individuell Angemessene, auch ohne sich darüber Rechenschaft geben zu können; wie die im Sande, von der Sonne bebrütete und aus dem Ei gekrochene Schildkröte, auch ohne das Wasser erblicken zu können, sogleich die gerade Richtung dahin einschlägt. Dies also ist der innere Kompaß, der geheime Zug, der Jeden richtig auf d e n Weg bringt, welcher allein der ihm angemessene ist, dessen gleichmäßige Richtung er aber erst gewahr wird, nachdem er ihn zurückgelegt hat. – Dennoch scheint Dies, dem mächtigen Einfluß und der großen Gewalt der äußern Umstände gegenüber, nicht ausreichend: und dabei ist es nicht sehr glaublich, daß das Wichtigste in der Welt, der durch so vieles Thun, Plagen und Leiden erkaufte menschliche Lebenslauf, auch nur die andere Hälfte seiner Lenkung, nämlich den von außen kommenden Theil, so ganz eigentlich und rein aus der Hand eines wirklich blinden, an sich selbst gar nichts seienden und aller Anordnung entbehrenden Zufalls erhalten sollte. Vielmehr wird man versucht, zu glauben, daß, – wie es gewisse Bilder giebt,

im Schicksale des Einzelnen.

Anamorphosen [Verbildungen] genannt *(Pouillet [Eléments de physique expérimentale et de météorologie,] II, 171)*, welche dem bloßen Auge nur verzerrte und verstümmelte Ungestalten, hingegen in einem konischen [kegelförmigen Blech-] Spiegel gesehn regelrechte menschliche Figuren zeigen, – so die rein empirische Auffassung des Weltlaufs jenem Anschauen des Bildes mit nacktem Auge gleicht, das Verfolgen der Absicht des Schicksals hingegen dem Anschauen im konischen Spiegel, der das dort aus einander Geworfene verbindet und ordnet. Jedoch läßt dieser Ansicht sich immer noch die andere entgegenstellen, daß der planmäßige Zusammenhang, welchen wir in den Begebenheiten unsers Lebens wahrzunehmen glauben, nur eine unbewußte Wirkung unserer ordnenden und schematisirenden Phantasie sei, derjenigen ähnlich, vermöge welcher wir auf einer befleckten Wand menschliche Figuren und Gruppen deutlich und schön erblicken, indem wir planmäßigen Zusammenhang in Flecke bringen, die der blindeste Zufall gestreut hat. Inzwischen ist doch zu vermuthen, daß Das, was, im höchsten und wahrsten Sinne des Wortes, für uns das Rechte und Zuträgliche ist, wohl nicht Das seyn kann, was bloß projektirt, aber nie ausgeführt wurde, was also nie eine andere Existenz, als die in unsern Gedanken, erhielt, – die *vani disegni, che non han' mai loco* [eitlen Pläne, die sich nie verwirklichen] des Ariosto [*Orlando furioso*, XXXIV, 75], – und dessen Vereitelung durch den Zufall wir nachher Zeit Lebens zu betrauern hätten; sondern vielmehr Das, was real ausgeprägt wird im großen Bilde der Wirklichkeit und wovon wir, nachdem wir dessen Zweckmäßigkeit erkannt haben, mit Ueberzeugung sagen *sic erat in fatis* [so war es im Schicksal beschlossen: Ovid, *Fasti*, I, 481], so hat es kommen müssen; daher denn für die Realisirung des in diesem Sinne Zweckmäßigen auf irgend eine Weise gesorgt seyn müßte, durch eine im tiefsten Grunde der Dinge liegende Einheit des Zufälligen und Nothwendigen. Vermöge dieser müßten, beim menschlichen Lebenslauf, die innere, sich als instinktartiger Trieb darstellende Nothwendigkeit, sodann die vernünftige Ueberlegung und endlich die äußere Einwirkung der Umstände sich wechselseitig dergestalt in die Hände arbeiten, daß sie, am Ende desselben, wann er ganz durchgeführt ist, ihn als ein wohlgegründetes, vollendetes Kunstwerk erscheinen ließen; obgleich vorher, als er noch im Werden war, an demselben, wie an jedem erst angelegten Kunstwerk, sich oft weder Plan, noch Zweck, erkennen ließ. Wer aber erst nach der Vollendung hinzuträte und ihn genau betrachtete, müßte so einen Lebenslauf anstaunen als das Werk der überlegtesten Vorhersicht, Weisheit und Beharrlichkeit. Die Bedeutsamkeit desselben im Ganzen jedoch würde seyn, je nachdem das Subjekt desselben ein gewöhnliches, oder außerordentliches war. Von diesem Gesichtspunkt aus könnte man den sehr transscendenten Gedanken fassen, daß diesem *mundus phaenomenon* [dieser Erscheinungswelt], in welchem der Zufall herrscht, durchgängig und überall ein *mundus intelligibilis* [eine Verstandeswelt] zum Grunde läge, welcher den Zufall selbst beherrscht. – Die Natur freilich thut Alles nur für die Gattung und nichts bloß für das Individuum; weil ihr Jene Alles, Dieses nichts ist. Allein was wir hier als wirkend voraussetzen wäre nicht die Natur, sondern das jenseit der Natur liegende Metaphysische, welches in jedem Individuo ganz und ungetheilt existirt, dem daher Dieses Alles gilt.

Zwar müßte man eigentlich, um über diese Dinge in's Reine zu kommen, zuvor folgende Fragen beantworten: ist ein gänzliches Mißverhältniß zwischen dem Charakter und dem Schicksal eines Menschen möglich? – oder paßt, auf die Hauptsache gesehn, jedes Schicksal zu jedem Charakter? – oder endlich fügt wirklich eine geheime, unbegreifliche Nothwendigkeit, dem Dichter eines Drama's zu vergleichen, Beide jedesmal passend an einander? – Aber eben hierüber sind wir nicht im Klaren.

Inzwischen glauben wir, unserer Thaten in jedem Augenblicke Herr zu seyn. Allein, wenn wir auf unsern zurückgelegten Lebensweg zurücksehn und zumal unsere unglücklichen Schritte, nebst ihren Folgen, ins Auge fassen; so begreifen wir oft nicht, wie wir haben Dieses thun, oder Jenes unterlassen können; so daß es aussieht, als hätte eine fremde Macht unsere Schritte gelenkt. Deshalb sagt Shakespeare:

Fate, show thy force: ourselves we do not owe;
What is decreed must be, and be this so!

[Jetzt kannst du deine Macht, o Schicksal, zeigen:
Was seyn soll muß geschehn, und Keiner ist sein eigen.]
Twelfth-night, A. 1. sc. 5.

im Schicksale des Einzelnen.   229

Die Alten werden es nicht müde, in Versen und in Prosa, die
Allgewalt des Schicksals hervorzuheben, wobei sie auf die Ohnmacht des Menschen, ihm gegenüber, hinweisen. Man sieht überall, daß dies eine Ueberzeugung ist, von der sie durchdrungen
sind, indem sie einen geheimnißvollen und tiefern Zusammenhang der Dinge ahnden, als der klar empirische ist. (Siehe
Lukians Todtengespräche XIX und XXX: Herodot, L. I, *c. 91*
und IX, *c. 16.*) Daher die vielen Benennungen dieses Begriffs im
Griechischen: ποτμος, αἰσα, εἱμαρμενη, πεπρωμενη, μοιρα,
'Αδραστεια und vielleicht noch andere. Das Wort προνοια
[Vorsehung] hingegen verschiebt den Begriff der Sache, indem es
vom νους [Verstand], dem Sekundären, ausgeht, wodurch er
freilich plan und begreiflich, aber auch oberflächlich und falsch
wird.† Auch Goethe sagt, im Götz von Berlichingen (Akt 5):
»Wir Menschen führen uns nicht selbst: bösen Geistern ist Macht
über uns gelassen, daß sie ihren Muthwillen an unserm Verder-
ben üben.« Auch im Egmont (Akt 5, letzte Scene): »Es glaubt
der Mensch sein Leben zu leiten, sich selbst zu führen; und sein
Innerstes wird unwiderstehlich nach seinem Schicksale gezogen.«
Ja, schon der Prophet Jeremias hat es gesagt: »Des Menschen
Thun stehet nicht in seiner Gewalt, und stehet in Niemandes
Macht.« wie er wandele, oder seinen Gang richte.« (10, 23.) Dies
Alles beruht darauf, daß unsere Thaten das nothwendige Produkt zweier Faktoren sind, deren einer, unser Charakter, unabänderlich fest steht, uns jedoch nur *a posteriori*, also allmälig,
bekannt wird; der andere aber sind die Motive: diese liegen
außerhalb, werden durch den Weltlauf nothwendig herbeigeführt und bestimmen den gegebenen Charakter, unter Voraussetzung seiner feststehenden Beschaffenheit, mit einer Nothwendigkeit, welche der mechanischen gleichkommt. Das über den so
erfolgenden Verlauf nun aber urtheilende Ich ist das Subjekt des
Erkennens, als solches jenen Beiden fremd und bloß der kritische

---

† Es ist außerordentlich, wie sehr die Alten von dem Begriff eines allwaltenden
Schicksals (εἱμαρμενη, *fatum*) erfüllt und durchdrungen waren: hievon zeugen nicht
nur die Dichter, zumal die Tragödie, sondern auch die Philosophen und Historiker.
In der christlichen Zeit ist dieser Begriff in den Hintergrund getreten und wird
weniger urgirt; weil er verdrängt worden ist von dem der Vorsehung, προνοια,
welche einen intellektuellen Ursprung voraussetzt. und, als von einem persönlichen
Wesen ausgehend, nicht so starr und unabänderlich, auch nicht so tief gefaßt und
geheimnißvoll ist, jenen daher auch nicht ersetzen kann, vielmehr ihn zum Vorwurf
des Unglaubens gemacht hat.

Zuschauer ihres Wirkens. Da mag es denn freilich zu Zeiten sich verwundern.

Hat man aber ein Mal den Gesichtspunkt jenes transscendenten Fatalismus gefaßt und betrachtet nun von ihm aus ein individuelles Leben; so hat man bisweilen das wunderlichste aller Schauspiele vor Augen, an dem Kontraste zwischen der offenbaren, physischen Zufälligkeit einer Begebenheit und ihrer moralisch-metaphysischen Nothwendigkeit, welche letztere jedoch nie demonstrabel ist, vielmehr immer noch bloß eingebildet seyn kann. Um Dieses durch ein allbekanntes Beispiel, welches zugleich, wegen seiner Grellheit, geeignet ist, als Typus der Sache zu dienen, sich zu veranschaulichen, betrachte man Schillers »Gang nach dem Eisenhammer.« Hier nämlich sieht man Fridolins Verzögerung, durch den Dienst bei der Messe, so ganz zufällig herbeigeführt, wie sie andererseits für ihn so höchst wichtig und nothwendig ist. Vielleicht wird Jeder, bei gehörigem Nachdenken, in seinem eigenen Lebenslaufe analoge Fälle finden können, wenn gleich nicht so wichtige, noch so deutlich ausgeprägte. Gar Mancher aber wird hiedurch zu der Annahme getrieben werden, daß e i n e   g e h e i m e   u n d   u n e r k l ä r l i c h e   M a c h t   alle Wendungen und Windungen unsers Lebenslaufes, zwar sehr oft gegen unsere einstweilige Absicht, jedoch so, wie es der objektiven Ganzheit und subjektiven Zweckmäßigkeit desselben angemessen, mithin unserm eigentlichen wahren Besten förderlich ist, leitet; so, daß wir gar oft die Thorheit der in entgegengesetzter Richtung gehegten Wünsche hinterher erkennen. *Ducunt volentem fata, nolentem trahunt* [Den Willigen führt das Schicksal, den Widerwilligen schleift es mit] – *Sen. ep. 107.* Eine solche Macht nun müßte, mit einem unsichtbaren Faden alle Dinge durchziehend, auch die, welche die Kausalkette ohne alle Verbindung mit einander läßt, so verknüpfen, daß sie, im erforderten Moment, zusammenträfen. Sie würde demnach die Begebenheiten des wirklichen Lebens so gänzlich beherrschen, wie der Dichter die seines Drama's: Zufall aber und Irrthum, als welche zunächst und unmittelbar in den regelmäßigen, kausalen Lauf der Dinge störend eingreifen, würden die bloßen Werkzeuge ihrer unsichtbaren Hand seyn.

Mehr als Alles treibt uns zu der kühnen Annahme einer solchen, aus der Einheit der tiefliegenden Wurzel der Nothwendigkeit und Zufälligkeit entspringenden und unergründlichen

im Schicksale des Einzelnen.   231

Macht die Rücksicht hin, daß die bestimmte, so eigenthümliche
I n d i v i d u a l i t ä t jedes Menschen in physischer, moralischer und intellektueller Hinsicht, die ihm Alles in Allem ist und
daher aus der höchsten metaphysischen Nothwendigkeit entsprungen seyn muß, andererseits (wie ich in meinem Hauptwerke Bd. 2, Kap. 43 dargethan habe) als das nothwendige
Resultat des moralischen Charakters des Vaters, der intellektuellen Fähigkeit der Mutter und der gesammten Korporisation Beider sich ergiebt; die Verbindung dieser Eltern nun aber, in der
Regel, durch augenscheinlich zufällige Umstände herbeigeführt
worden ist. Hier also drängt sich uns die Forderung, oder das
metaphysisch-moralische Postulat, einer letzten Einheit der
Nothwendigkeit und Zufälligkeit unwiderstehlich auf. Von dieser einheitlichen Wurzel Beider einen deutlichen Begriff zu
erlangen, halte ich jedoch für unmöglich: nur so viel läßt sich
sagen, daß sie zugleich Das wäre, was die Alten Schicksal,
εἱμαρμενη, πεπρωμενη, *fatum* nannten, Das, was sie unter dem
leitenden Genius jedes Einzelnen verstanden, nicht minder aber
auch Das, was die Christen als Vorsehung, προνοια, verehren.
Diese Drei unterscheiden sich zwar dadurch, daß das Fatum
blind, die beiden Andern sehend gedacht werden: aber dieser
anthropomorphistische Unterschied fällt weg und verliert alle
Bedeutung bei dem tiefinnern, metaphysischen Wesen der Dinge,
in welchem allein wir die Wurzel jener unerklärlichen Einheit des
Zufälligen mit dem Nothwendigen, welche sich als der geheime
Lenker aller menschlichen Dinge darstellt, zu suchen haben.

Die Vorstellung von dem, jedem Einzelnen beigegebenen und
seinem Lebenslaufe vorstehenden G e n i u s soll Hetrurischen
Ursprungs seyn, war inzwischen bei den Alten allgemein verbreitet. Das Wesentliche derselben enthält ein Vers des Menan-
der, den Plutarch *(de tranq. an. C. 15,* auch bei *Stob. Ecl. L. I,
c. 6. § 4* und *Clem. Alex., Strom. L. V, c. 14)* uns aufbehalten
hat:

    ῾Απαντι δαιμων ανδρι συμπαραστατει
    Ευθυς γενομενῳ, μυσταγωγος του βιου
    Αγαθος.

*(Hominem unumquemque, simul in lucem est editus, sectatur
Genius, vitae qui auspicium facit, bonus nimirum.)* [Jedem Menschen wird bei seiner Geburt ein guter Genius beigegeben, ein
guter Führer durch die Geheimnisse des Lebens.] P l a t o , am

Schlusse der Republik, beschreibt, wie jede Seele, vor ihrer abermaligen Wiedergeburt, sich ein Lebensloos, mit der ihm angemessenen Persönlichkeit, wählt, und sagt sodann: Επειδη δ'ουν πασας τας ψυχας τους βιους ᾑρησθαι, ὡσπερ ελαχον, εν ταξει προσιεναι προς την Λαχεσιν, εκεινην δ' ἑκαστῳ ὁν εἱλετο δαιμονα, τουτον φυλακα ξυμπεμπειν του βιου και αποπληρωτην των αἱρεθεντων. [Nachdem aber alle Seelen sich ein Leben gewählt hätten, seien sie in der Reihenfolge ihrer Lose vor Lachesis, die Parze, hingetreten und diese habe einer jeden den von ihr gewählten Genius beigegeben als Hüter des Lebens und Vollbringer der von ihr gewählten Dinge.] *(L. X* [16], *621.)* Ueber diese Stelle hat einen höchst lesenswerthen Kommentar Porphyrius geliefert und Stobäos denselben uns erhalten, in *Ecl. eth. L. II, c. 8, § 37. (Vol. 3, p. 368 sq.* besonders *376.)* Plato hatte aber vorher (618), in Beziehung hierauf, gesagt: ουχ ὑμας δαιμων ληξεται, αλλ' ὑμεις δαιμονα αἱρησεσθε. πρωτος δε ὁ λαχων (das Loos, was bloß die Ordnung der Wahl bestimmt) πρωτος αἱρεισθω βιον, ᾡ συνεσται εξ αναγκης. [Nicht euch wird der Genius erlosen, sondern ihr werdet den Genius erwählen. Wer aber zuerst das Los gezogen hat, der soll sich als Erster den Lebenslauf auswählen, dem er mit Notwendigkeit folgen wird.] – Sehr schön drückt die Sache Horaz aus:

Scit Genius, natale comes qui temperat astrum,
Naturae deus humanae, mortalis in unum-
Quodque caput, vultu mutabilis, albus et ater.

[Das weiß der Genius nur, der den Schicksalsspruch der Gestirne
Lindert, ein sterblicher Gott der Menschennatur, der ein andrer
Jedem und wandelbar ist, bald licht, bald düster gestaltet.]
(II. epist. 2, 187.)

Eine gar lesenswerthe Stelle über diesen G e n i u s findet man im A p u l e j u s , *de deo Socratis* S. 236, 38 *Bip.* Ein kurzes, aber bedeutendes Kapitel darüber hat J a m b l i c h o s *de myst. Aegypt. Sect. IX, c. 6, de proprio daemone.* Aber noch merkwürdiger ist die Stelle des P r o k l o s in seinem Kommen-

im Schicksale des Einzelnen.

tar zum Alkibiades des Plato S. 77 *ed.* Creuzer: ὁ γαϱ πασαν ἡμων την ζωην ιϑυνων ϰαι τας τε αἱϱεσεις ἡμων αποπληϱων, τας πϱο της γενεσεως, ϰαι τας της εἱμαϱμενης δοσεις ϰαι των μοιϱηγενετων ϑεων, ετι δε τας εϰ της πϱονοιας ελλαμψεις χοϱηγων ϰαι παϱαμετϱων, οὑτος ὁ δαιμων εστι. ϰ. τ. λ. [Denn derjenige, welcher unser ganzes Leben leitet, unsere vor der Geburt getroffenen Wahlentscheidungen verwirklicht, die Gaben des Schicksals und der schicksalgeborenen Götter zuteilt, sowie den Sonnenschein der Vorsehung darbietet und zumißt, das ist der Genius ...] Ueberaus tiefsinnig hat den selben Gedanken Theophrastus Paracelsus gefaßt, da er sagt: »Damit aber das F a t u m wohl erkannt werde, ist es also, daß jeglicher Mensch einen Geist hat, der außerhalb ihm wohnt und setzt seinen Stuhl in die obern Sterne. Derselbige gebraucht die Bossen† seines Meisters: derselbige ist der, der da die *praesagia* [Vorzeichen] demselben vorzeigt und nachzeigt: denn sie bleiben nach diesem. Diese Geister heißen F a t u m.« (Theophr. Werke Straßb. 1603. Fol. Bd. 2. S. 36.) Beachtenswerth ist es, daß eben dieser Gedanke schon beim P l u t a r c h zu finden ist, da er sagt, daß außer dem in den irdischen Leib versenkten Theil der Seele ein anderer, reinerer Theil derselben außerhalb, über dem Haupte des Menschen schwebend bleibt, als ein Stern sich darstellend und mit Recht sein Dämon, Genius, genannt wird, welcher ihn leitet und dem der Weisere willig folgt. Die Stelle ist zum Hersetzen zu lang, sie steht *de genio Socratis c. 22.* Die Hauptphrase ist: το μεν ουν ὑποβϱυχιον εν τῳ σωματι φεϱομενον Ψυχη λεγεται· το δε φϑοϱας λειφϑεν, οἱ πολλοι Νουν ϰαλουντες, εντος ειναι νομιζουσιν αυτων· οἱ δε οϱϑως ὑπονουντες, ὡς εϰτος οντα, Δαιμονα πϱοσαγοϱευουσι [Das in der Unterströmung im Körper Hinziehende wird Seele genannt; aber das Unvergängliche nennen die meisten Geist und glauben, daß es inwendig in ihnen sei, doch diejenigen, welche die richtige Meinung haben, nehmen an, daß es außerhalb des Menschen sei und nennen es Genius.] Beiläufig bemerke ich, daß das Christenthum, welches bekanntlich die Götter und Dämonen aller Heiden gern in Teufel verwandelte, aus diesem G e n i u s der Alten den *spiritus familiaris* [Schutzgeist] der Gelehrten und

---

† Typen, Hervorragungen, Beulen, vom Italiänischen *bozza, abbozzare, abbozzo:* davon Bossiren, und das Französische: *bosse.*

Magiker gemacht zu haben scheint. – Die Christliche Vorstellung von der Providenz [Vorsehung] ist zu bekannt, als daß es nöthig wäre, dabei zu verweilen. – Alles Dieses sind jedoch nur bildliche, allegorische Auffassungen der in Rede stehenden Sache; wie es denn überhaupt uns nicht vergönnt ist, die tiefsten und verborgensten Wahrheiten anders, als im Bilde und Gleichniß zu erfassen.

In Wahrheit jedoch kann jene verborgene und sogar die äußern Einflüsse lenkende Macht ihre Wurzel zuletzt doch nur in unserm eigenen, geheimnißvollen Innern haben; da ja das A und Ω alles Daseyns zuletzt in uns selbst liegt. Allein auch nur die bloße Möglichkeit hievon werden wir, selbst im glücklichsten Falle, wieder nur mittelst Analogien und Gleichnissen, einigermaaßen und aus großer Ferne absehn können.

Die nächste Analogie nun also mit dem Walten jener Macht zeigt uns die Teleologie der Natur, indem sie das Zweckmäßige, als ohne Erkenntniß des Zweckes eintretend, darbietet, zumal da, wo die äußere, d. h. die zwischen verschiedenen, ja verschiedenartigen, Wesen und sogar im Unorganischen Statt findende Zweckmäßigkeit hervortritt; wie denn ein frappantes Beispiel dieser Art das Treibholz giebt, indem es gerade den baumlosen Polarländern vom Meere reichlich zugeführt wird; und ein anderes der Umstand, daß das Festland unsers Planeten ganz nach dem Nordpol hingedrängt liegt, dessen Winter, aus astronomischen Gründen, acht Tage kürzer und dadurch wieder viel milder ist, als der des Südpols. Jedoch auch die innere, im abgeschlossenen Organismus sich unzweideutig kund gebende Zweckmäßigkeit, die solche vermittelnde, überraschende Zusammenstimmung der Technik der Natur mit ihrem bloßen Mechanismus, oder des *nexus finalis* [Endzusammenhangs] mit dem *nexus effectivus* [Wirkungszusammenhang] (hinsichtlich welcher ich auf mein Hauptwerk Bd. 2, Kap. 26, S. 334–339 [Bd. iii uns. Ausg., S. 389–96] verweise) läßt uns analogisch absehn, wie das, von verschiedenen, ja weit entlegenen Punkten Ausgehende und sich anscheinend Fremde doch zum letzten Endzweck konspirirt und daselbst richtig zusammentrifft, nicht durch Erkenntniß geleitet, sondern vermöge einer aller Möglichkeit der Erkenntniß vorhergängigen Nothwendigkeit höherer Art. – Ferner, wenn man die von Kant und später von Laplace aufgestellte Theorie der Entstehung unsers Planetensystems,

im Schicksale des Einzelnen.

deren Wahrscheinlichkeit der Gewißheit sehr nahe steht, sich vergegenwärtigt und auf Betrachtungen der Art, wie ich sie in meinem Hauptwerke Bd. 2, Kap. 25, S. 234 [Bd. III, S. 378] angestellt habe, geräth, also überdenkt, wie aus dem Spiele blinder, ihren unabänderlichen Gesetzen folgender Naturkräfte, zuletzt diese wohlgeordnete, bewunderungswürdige Planetenwelt hervorgehn mußte; so hat man auch hieran eine Analogie, welche dienen kann, im Allgemeinen und aus der Ferne, die Möglichkeit davon abzusehn, daß selbst der individuelle Lebenslauf von den Begebenheiten, welche das oft so kapriziöse Spiel des blinden Zufalls sind, doch gleichsam planmäßig, so geleitet werde, wie es dem wahren und letzten Besten der Person angemessen ist.† Dies angenommen, könnte das Dogma von der V o r s e h u n g , als durchaus anthropomorphistisch, zwar nicht unmittelbar und *sensu proprio* [im eigentlichen Sinne] als wahr gelten; wohl aber wäre es der mittelbare, allegorische und mythische Ausdruck einer Wahrheit, und daher, wie alle religiösen Mythen, zum praktischen Behuf und zur subjektiven Beruhigung vollkommen ausreichend, in dem Sinne wie z. B. Kants Moraltheologie, die ja auch nur als ein Schema zur Orientirung, mithin allegorisch, zu verstehn ist: – es wäre also, mit Einem Worte, zwar nicht wahr, aber doch so gut wie wahr. Wie nämlich in jenen dumpfen und blinden Urkräften der Natur, aus deren Wechselspiel das Planetensystem hervorgeht, schon eben der Wille zum Leben, welcher nachher in den vollendetesten Erscheinungen der Welt auftritt, das im Innern Wirkende und Leitende ist und er, schon dort, mittelst strenger Naturgesetze, auf seine Zwecke hinarbeitend, die Grundfeste zum Bau der Welt und ihrer Ordnung vorbereitet, indem z. B. der zufälligste Stoß, oder Schwung, die Schiefe der Ekliptik und die Schnelligkeit der Rotation auf immer bestimmt, und das Endresultat die Darstellung seines ganzen Wesens seyn muß, eben weil dieses schon in jenen Urkräften selbst thätig ist; – eben so sind nun alle, die Handlungen eines Menschen bestimmenden Begebenheiten, nebst der sie herbeiführenden Kausalverknüpfung, doch

---

†   Αυτοματα γαρ τα πραγματ᾽ επι το συμφερον,
         Ρει, κᾳ καθευδης η παλιν τάναντια.
        [Denn aus sich selbst entwickeln sich die Dinge fort,
        Auch wenn du schläfst, zum Heile wie zum Schlimmeren.]
        Menander [Τιτθή, fr. 2, Com. IV, p. 205 M] *in Stob. floril. Vol. I p. 363.*

auch nur die Objektivation des selben Willens, der auch in diesem Menschen selbst sich darstellt; woraus sich, wenn auch nur wie im Nebel, absehn läßt, daß sie sogar zu den speciellsten Zwecken jenes Menschen stimmen und passen müssen, in welchem Sinne sie alsdann jene geheime Macht bilden, die das Schicksal des Einzelnen leitet und als sein Genius, oder seine Vorsehung, allegorisirt wird. Rein objektiv betrachtet aber ist und bleibt es der durchgängige, Alles umfassende, ausnahmslose Kausalzusammenhang, – vermöge dessen Alles, was geschieht, durchaus und streng nothwendig eintritt, – welcher die Stelle der bloß mythischen Weltregierung vertritt, ja, den Namen derselben zu führen ein Recht hat.

Dieses uns näher zu bringen, kann folgende allgemeine Betrachtung dienen. »Zufällig« bedeutet das Zusammentreffen, in der Zeit, des kausal nicht Verbundenen. Nun ist aber nichts a b s o l u t zufällig; sondern auch das Zufälligste ist nur ein auf entfernterem Wege herangekommenes Nothwendiges; indem entschiedene, in der Kausalkette hoch herauf liegende Ursachen schon längst nothwendig bestimmt haben, daß es gerade jetzt, und daher mit jenem Andern gleichzeitig, eintreten mußte. Jede Begebenheit nämlich ist das einzelne Glied einer Kette von Ursachen und Wirkungen, welche in der Richtung der Zeit fortschreitet. Solcher Ketten aber giebt es unzählige, vermöge des Raums, neben einander. Jedoch sind diese nicht einander ganz fremd und ohne allen Zusammenhang unter sich; vielmehr sind sie vielfach mit einander verflochten: z. B. mehrere jetzt gleichzeitig wirkende Ursachen, deren jede eine andere Wirkung hervorbringt, sind hoch herauf aus einer gemeinsamen Ursache entsprungen und daher einander so verwandt, wie die Urenkel eines Ahnherrn: und andererseits bedarf oft eine jetzt eintretende einzelne Wirkung des Zusammentreffens vieler verschiedener Ursachen, die, jede als Glied ihrer eigenen Kette, aus der Vergangenheit herankommen. Sonach nun bilden alle jene, in der Richtung der Zeit fortschreitenden Kausalketten ein großes, gemeinsames, vielfach verschlungenes Netz, welches ebenfalls, mit seiner ganzen Breite, sich in der Richtung der Zeit fortbewegt und eben den Weltlauf ausmacht. Versinnlichen wir uns jetzt jene einzelnen Kausalketten durch Meridiane, die in der Richtung der Zeit lägen; so kann überall das Gleichzeitige und eben deshalb nicht in direktem Kausalzusammenhange Ste-

im Schicksale des Einzelnen.

hende, durch Parallelkreise angedeutet werden. Obwohl nun das unter dem selben Parallelkreise Gelegene nicht unmittelbar von einander abhängt; so steht es doch, vermöge der Verflechtung des ganzen Netzes, oder der sich, in der Richtung der Zeit, fort-wälzenden Gesammtheit aller Ursachen und Wirkungen, mittel-bar in irgend einer, wenn auch entfernten, Verbindung: seine jetzige Gleichzeitigkeit ist daher eine nothwendige. Hierauf nun beruht das zufällige Zusammentreffen aller Bedingungen einer in höherem Sinne nothwendigen Begebenheit; das Geschehn Dessen, was das Schicksal gewollt hat. Hierauf z. B. beruht es, daß, als in Folge der Völkerwanderung die Fluth der Barbarei sich über Europa ergoß, alsbald die schönsten Meisterwerke Griechischer Skulptur, der Laokoon, der Vatikanische Apoll u. a. m. wie durch theatralische Versenkung verschwanden, indem sie ihren Weg hinabfanden in den Schooß der Erde, um nunmehr daselbst, unversehrt ein Jahrtausend hindurch, auf eine mildere, edlere, die Künste verstehende und schätzende Zeit zu harren, beim endlichen Eintritt dieser aber, gegen Ende des 15. Jahrhunderts unter Papst Julius II., wieder hervorzutreten ans Licht, als die wohlerhaltenen Muster der Kunst und des wahren Typus der menschlichen Gestalt. Und eben so nun beruht hierauf auch das Eintreffen zur rechten Zeit der im Lebenslauf des Ein-zelnen für ihn wichtigen und entscheidenden Anlässe und Umstände, ja endlich wohl gar auch der Eintritt der Omina, an welche der Glaube so allgemein und unvertilgbar ist, daß er selbst in den überlegensten Köpfen nicht selten Raum gefunden hat. Denn da nichts a b s o l u t zufällig ist, vielmehr Alles nothwendig eintritt und sogar die Gleichzeitigkeit selbst, des kausal n i c h t Zusammenhängenden, die man den Zufall nennt, eine nothwendige ist, indem ja das jetzt Gleichzeitige schon durch Ursachen in der entferntesten Vergangenheit a l s e i n s o l c h e s bestimmt wurde; so spiegelt sich Alles in Allem, klingt Jedes in Jedem wieder und ist auch auf die Gesammtheit der Dinge jener bekannte, dem Zusammenwirken im Organismus geltende Ausspruch des Hippokrates *(de ali-mento, opp. ed. Kühn, Tom. II, p. 20)* anwendbar: Ξυρροια μια, συμπνοια μια, παντα συμπαθεα. [Ein einziges Strömen, ein einziges Wehen, alles in Wechselwirkung.] – Der unvertilgbare Hang des Menschen, auf Omina zu achten, seine *extispicia* [Ein-geweideschau] und ορνιθοσκοπια [Vogelschau], sein Bibelaufschlagen, sein Kartenlegen, Bleigießen, Kaffeesatzbeschauen u. dgl. m. zeugen von seiner, den Vernunftgründen trotzenden Voraussetzung, daß es irgendwie möglich sei, aus dem ihm Gegenwärtigen und klar vor Augen Liegenden das durch Raum oder Zeit Verborgene, also das Entfernte oder Zukünftige, zu erkennen; so daß er wohl aus Jenem Dieses ablesen könnte, wenn er nur den wahren Schlüssel der Geheimschrift hätte.

Eine zweite Analogie, welche, von einer ganz andern Seite, zu einem indirekten Verständniß des in Betrachtung genommenen transscendenten Fatalismus beitragen kann, giebt der T r a u m, mit welchem ja überhaupt das Leben eine längst anerkannte und gar oft ausgesprochene Aehnlichkeit hat; so sehr, daß sogar Kants transscendentaler Idealismus aufgefaßt werden kann als die deutlichste Darlegung dieser traumartigen Beschaffenheit unsers bewußten Daseyns; wie ich Dies in meiner Kritik seiner Philosophie auch ausgesprochen habe. – Und zwar ist es diese Analogie mit dem Traume, welche uns, wenn auch wieder nur in neblichter Ferne, absehn läßt, wie die geheime Macht, welche die uns berührenden, äußeren Vorgänge, zum Behufe ihrer Zwecke mit uns, beherrscht und lenkt, doch ihre Wurzel in der Tiefe unsers eigenen, unergründlichen Wesens haben könnte. Auch im Traume nämlich treffen die Umstände, welche die Motive unserer Handlungen daselbst werden, als äußerliche und von uns selbst unabhängige, ja oft verabscheute, rein zufällig zusammen: dabei aber ist dennoch zwischen ihnen eine geheime und zweckmäßige Verbindung; indem eine verborgene Macht, welcher alle Zufälle im Traume gehorchen, auch diese Umstände, und zwar einzig und allein in Beziehung auf uns, lenkt und fügt. Das Allerseltsamste hiebei aber ist, daß diese Macht zuletzt keine andere seyn kann, als unser eigener Wille, jedoch von einem Standpunkte aus, der nicht in unser träumendes Bewußtseyn fällt; daher es kommt, daß die Vorgänge des Traums so oft ganz gegen unsere Wünsche in demselben ausschlagen, uns in Erstaunen, in Verdruß, ja, in Schrecken und Todesangst versetzen, ohne daß das Schicksal, welches wir doch heimlich selbst lenken, zu unserer Rettung herbeikäme; imgleichen, daß wir begierig nach etwas fragen, und eine Antwort erhalten, über die wir erstaunen; oder auch wieder, – daß wir selbst gefragt werden, wie etwan in einem Examen, und unfähig sind die Antwort zu finden, worauf ein Anderer, zu unserer Beschämung, sie vor-

im Schicksale des Einzelnen.

trefflich giebt; während doch im einen, wie im andern Fall, die Antwort immer nur aus unsern eigenen Mitteln kommen kann. Diese geheimnißvolle, von uns selbst ausgehende Leitung der Begebenheiten im Traume noch deutlicher zu machen und ihr Verfahren dem Verständniß näher zu bringen, giebt es noch eine Erläuterung, welche allein dieses leisten kann, die nun aber unumgänglich obscöner Natur ist; daher ich von Lesern, die werth sind, daß ich zu ihnen rede, voraussetze, daß sie daran weder Anstoß nehmen, noch die Sache von der lächerlichen Seite auffassen werden. Es giebt bekanntlich Träume, deren die Natur sich zu einem materiellen Zwecke bedient, nämlich zur Ausleerung der überfüllten Saamenbläschen. Träume dieser Art zeigen natürlich schlüpfrige Scenen: dasselbe thun aber mitunter auch andere Träume, die jenen Zweck gar nicht haben, noch erreichen. Hier tritt nun der Unterschied ein, daß, in den Träumen der ersten Art, die Schönen und die Gelegenheit sich uns bald günstig erweisen; wodurch die Natur ihren Zweck erreicht: in den Träumen der andern Art hingegen treten der Sache, die wir auf das heftigste begehren, stets neue Hindernisse in den Weg, welche zu überwinden wir vergeblich streben, so daß wir am Ende doch nicht zum Ziele gelangen. Wer diese Hindernisse schafft und unsern lebhaften Wunsch Schlag auf Schlag vereitelt, das ist doch nur unser eigener Wille; jedoch von einer Region aus, die weit über das vorstellende Bewußtseyn im Traume hinausliegt und daher in diesem als unerbittliches Schicksal auftritt. – Sollte es nun mit dem Schicksal in der Wirklichkeit und mit der Planmäßigkeit, die vielleicht Jeder, in seinem eigenen Lebenslaufe, demselben abmerkt, nicht ein Bewandtniß haben können, das dem am Traume dargelegten analog wäre?† Bisweilen geschieht es, daß wir einen Plan entworfen und lebhaft ergriffen haben, von dem sich später ausweist, daß er unserm wahren Wohl keineswegs gemäß war; den wir inzwischen eifrig verfolgen, jedoch nun hiebei eine Verschwörung des Schicksals gegen denselben erfahren, als welches alle seine Maschinerie in

---

† Objektiv betrachtet, ist der Lebenslauf des Einzelnen von durchgängiger und strenger Nothwendigkeit: denn alle seine Handlungen treten so nothwendig ein, wie die Bewegungen einer Maschine, und alle äußeren Begebenheiten kommen heran am Leitfaden einer Kausalkette, deren Glieder einen streng nothwendigen Zusammenhang haben. Wenn wir dies festhalten, darf es uns so sehr nicht wundern, wenn wir seinen Lebenslauf so ausfallen sehn, als wäre er planmäßig angelegt, ihm angemessen.

Bewegung setzt, ihn zu vereiteln; wodurch es uns dann endlich, wider unsern Willen, auf den uns wahrhaft angemessenen Weg zurückstößt. Bei einem solchen absichtlich scheinenden Widerstande brauchen manche Leute die Redensart: »ich merke, es s o l l nicht seyn«; andere nennen es ominös, noch andere einen Fingerzeig Gottes: sämmtlich aber theilen sie die Ansicht, daß, wenn das Schicksal sich einem Plane mit so offenbarer Hartnäckigkeit entgegenstellt, wir ihn aufgeben sollten; weil er, als zu unserer uns unbewußten Bestimmung nicht passend, doch nicht verwirklicht werden wird und wir uns, durch halsstarriges Verfolgen desselben, nur noch härtere Rippenstöße des Schicksals zuziehn, bis wir endlich wieder auf dem rechten Wege sind; oder auch weil, wenn es uns gelänge, die Sache zu forciren, solche uns nur zum Schaden und Unheil gereichen würde. Hier findet das oben [S. 230] angeführte *ducunt volentem fata, nolentem trahunt* seine ganze Bestätigung. In manchen Fällen kommt nun hinterher wirklich zu Tage, daß die Vereitelung eines solchen Planes unserm wahren Wohle durchaus förderlich gewesen ist: Dies könnte daher auch da der Fall seyn, wo es uns nicht kund wird; zumal wenn wir als unser wahres Wohl das metaphysisch-moralische betrachten. – Sehn wir nun aber von hier zurück auf das Hauptergebniß meiner gesammten Philosophie, daß nämlich Das, was das Phänomen der Welt darstellt und erhält, der W i l l e ist, der auch in jedem Einzelnen lebt und strebt, und erinnern wir uns zugleich der so allgemein anerkannten Aehnlichkeit des Lebens mit dem Traume; so können wir, alles Bisherige zusammenfassend, es uns, ganz im Allgemeinen, als möglich denken, daß, auf analoge Weise, wie Jeder der heimliche Theaterdirektor seiner Träume ist, so auch jenes Schicksal, welches unsern wirklichen Lebenslauf beherrscht, irgendwie zuletzt von jenem W i l l e n ausgehe, der unser eigener ist, welcher jedoch hier, wo er als Schicksal aufträte, von einer Region aus wirkte, die weit über unser vorstellendes, individuelles Bewußtseyn hinausliegt, während hingegen dieses die Motive liefert, die unsern empirisch erkennbaren, individuellen Willen leiten, der daher oft auf das heftigste zu kämpfen hat mit jenem unserm, als Schicksal sich darstellenden Willen, unserm leitenden Genius, unserm »Geist, der außerhalb uns wohnt und seinen Stuhl in die obern Sterne setzt« [nach Paracelsus: vgl. S. 233] als welcher das individuelle Bewußtseyn weit übersieht und daher, unerbittlich

im Schicksale des Einzelnen.

gegen dasselbe, als äußern Zwang Das veranstaltet und feststellt, was herauszufinden er demselben nicht überlassen durfte
und doch nicht verfehlt wissen will.

Das Befremdliche, ja Exorbitante dieses gewagten Satzes zu
mindern mag zuvörderst eine Stelle im S k o t u s E r i g e n a
dienen, bei der zu erinnern ist, daß sein *Deus* [Gott], als welcher
ohne Erkenntniß ist und von welchem Zeit und Raum, nebst
den zehn Aristotelischen Kategorien, nicht zu prädiciren sind, ja,
dem überhaupt nur Ein Prädikat bleibt, W i l l e , – offenbar
nichts Anderes ist, als was bei mir der Wille zum Leben: *est
etiam alia species ignorantiae in Deo, quando ea, quae praescivit
et praedestinavit, ignorare dicitur, dum adhuc in rerum facta-
rum cursibus experimento non apparuerint* [Es ist noch eine
andere Art des Nichtwissens in Gott, sofern man sagt, daß er
dasjenige, was er voraus gewußt und voraus bestimmt hat, nicht
wisse, so lange es sich noch nicht im Laufe der tatsächlich geschehenen Dinge in der Erfahrung gezeigt hat]. *(De divis. nat. p. 83
edit. Oxon.).* Und bald darauf (S. 84): *tertia species divinae
ignorantiae est, per quam Deus dicitur ignorare ea, quae non-
dum experimento actionis et operationis in effectibus manifeste
apparent; quorum tamen invisibiles rationes in seipso, a seipso
creatas et sibi ipsi cognitas possidet.* [Eine dritte Art des göttlichen Nichtwissens besteht darin, daß man von Gott sagt, er
wisse dasjenige nicht, was noch nicht durch die Erfahrung des
Tuns und Ausführens in den Wirkungen zutage getreten ist;
obgleich er die unsichtbaren Gründe in sich selbst als von ihm
selbst erschaffen und ihm selbst bekannt, besitzt.] –

Wenn wir nun, um die dargelegte Ansicht uns einigermaaßen
faßlich zu machen, die anerkannte Aehnlichkeit des individuellen Lebens mit dem Traume zu Hülfe genommen haben; so ist
andererseits auf den Unterschied aufmerksam zu machen, daß
im bloßen Traume das Verhältniß einseitig ist, nämlich nur
e i n Ich wirklich will und empfindet, während die Uebrigen
nichts, als Phantome sind; im großen Traume des Lebens hingegen ein wechselseitiges Verhältniß Statt findet, indem nicht nur
der Eine im Traume des Andern, gerade so wie es daselbst nöthig ist, figurirt, sondern auch dieser wieder in dem seinigen; so
daß, vermöge einer wirklichen *harmonia praestabilita* [vorher
bestimmten Harmonie], Jeder doch nur Das träumt, was ihm,
seiner eigenen metaphysischen Lenkung gemäß, angemessen ist,

und alle Lebensträume so künstlich in einander geflochten sind, daß Jeder erfährt, was ihm gedeihlich ist und zugleich leistet, was Andern nöthig; wonach denn eine etwanige große Weltbegebenheit sich dem Schicksale vieler Tausende, Jedem auf individuelle Weise, anpaßt. Alle Ereignisse im Leben eines Menschen ständen demnach in zwei grundverschiedenen Arten des Zusammenhangs: erstlich, im objektiven, kausalen Zusammenhange des Naturlaufs; zweitens, in einem subjektiven Zusammenhange, der nur in Beziehung auf das sie erlebende Individuum vorhanden und so subjektiv wie dessen eigene Träume ist, in welchem jedoch ihre Succession und Inhalt ebenfalls nothwendig bestimmt ist, aber in der Art, wie die Succession der Scenen eines Drama's, durch den Plan des Dichters. Daß nun jene beiden Arten des Zusammenhangs zugleich bestehn und die nämliche Begebenheit, als ein Glied zweier ganz verschiedener Ketten, doch beiden sich genau einfügt, in Folge wovon jedesmal das Schicksal des Einen zum Schicksal des Andern paßt und Jeder der Held seines eigenen, zugleich aber auch der Figurant im fremden Drama ist. Dies ist freilich etwas, das alle unsere Fassungskraft übersteigt und nur vermöge der wundersamsten *harmonia praestabilita* als möglich gedacht werden kann. Aber wäre es andererseits nicht engbrüstiger Kleinmuth, es für unmöglich zu halten, daß die Lebensläufe aller Menschen in ihrem Ineinandergreifen eben so viel *concentus* [Einklang] und Harmonie haben sollten, wie der Komponist den vielen, scheinbar durch einander tobenden Stimmen seiner Symphonie zu geben weiß? Auch wird unsere Scheu vor jenem kolossalen Gedanken sich mindern, wenn wir uns erinnern, daß das Subjekt des großen Lebenstraumes in gewissem Sinne nur Eines ist, der Wille zum Leben, und daß alle Vielheit der Erscheinungen durch Zeit und Raum bedingt ist. Es ist ein großer Traum, den jenes Eine Wesen träumt: aber so, daß alle seine Personen ihn mitträumen. Daher greift Alles in einander und paßt zu einander. Geht man nun darauf ein, nimmt man jene doppelte Kette aller Begebenheiten an, vermöge deren jedes Wesen einerseits seiner selbst wegen daist, seiner Natur gemäß mit Nothwendigkeit handelt und wirkt und seinen eigenen Gang geht, andererseits aber auch für die Auffassung eines fremden Wesens und die Einwirkung auf dasselbe so ganz bestimmt und geeignet ist, wie die Bilder in dessen Träumen; – so wird man Dieses auf die

im Schicksale des Einzelnen. 243

ganze Natur, also auch auf Thiere und erkenntnißlose Wesen,
auszudehnen haben. Da eröffnet sich dann abermals eine Aus-
sicht auf die Möglichkeit der *omina, praesagia* und *portenta*
[Vorbedeutungen, Vorempfindungen und Wunderzeichen], indem nämlich Das, was, nach dem Laufe der Natur, n o t h -
w e n d i g eintritt, doch andererseits wieder anzusehn ist als
bloßes Bild für mich und Staffage m e i n e s Lebenstraumes,
bloß in Bezug auf m i c h geschehend und existirend, oder auch
als bloßer Widerschein und Widerhall m e i n e s Thuns und
Erlebens; wonach dann das Natürliche und ursächlich nachweisbar Nothwendige eines Ereignisses das Ominose [Vorausgeahnte]
desselben keineswegs aufhöbe, und eben so dieses nicht jenes.
Daher sind Die ganz auf dem Irrwege, welche das Ominose
eines Ereignisses dadurch zu beseitigen vermeinen, daß sie die
Unvermeidlichkeit seines Eintritts darthun, indem sie die natürlichen und nothwendig wirkenden Ursachen desselben recht
deutlich und, wenn es ein Naturereigniß ist, mit gelehrter Miene,
auch physikalisch nachweisen. Denn an diesen zweifelt kein ver-
nünftiger Mensch, und für ein Mirakel will Keiner das Omen
ausgeben; sondern gerade daraus, daß die ins Unendliche hin-
aufreichende Kette der Ursachen und Wirkungen, mit der ihr
eigenen, strengen Nothwendigkeit und unvordenklichen Präde-
stination, den Eintritt dieses Ereignisses, in solchem bedeutsamen
Augenblick, unvermeidlich festgestellt hat, erwächst demselben
das Ominose; daher jenen Altklugen, zumal wenn sie physikalisch werden, das *there are more things in heaven and earth,*
than are dreamt of in your philosophy [Es gibt mehr Ding' im
Himmel und auf Erden, Als eure Schulweisheit sich träumen
läßt] (Hamlet, Act 1, Sc. 5) vorzüglich zuzurufen ist. Andererseits jedoch sehn wir mit dem Glauben an die Omina auch der
Astrologie wieder die Thüre geöffnet; da die geringste, als omi-
nos geltende Begebenheit, der Flug eines Vogels, das Begegnen
eines Menschen u. dgl. durch eine eben so unendlich lange und
eben so streng nothwendige Kette von Ursachen bedingt ist, wie
der berechenbare Stand der Gestirne, zu einer gegebenen Zeit. Nur
steht freilich die Konstellation so hoch, daß die Hälfte der Erd-
bewohner sie zugleich sieht; während dagegen das Omen nur im
Bereich des betreffenden Einzelnen erscheint. Will man übrigens
die Möglichkeit des Ominosen sich noch durch ein Bild versinnlichen; so kann man Den, der, bei einem wichtigen Schritt in sei-

nem Lebenslauf, dessen Folgen noch die Zukunft verbirgt, ein gutes, oder schlimmes Omen erblickt und dadurch gewarnt oder bestärkt wird, einer Saite vergleichen, welche, wenn angeschlagen, sich selbst nicht hört, jedoch die, in Folge ihrer Vibration mitklingende, fremde Saite vernähme. –

K a n t s Unterscheidung des Dinges an sich von seiner Erscheinung, nebst meiner Zurückführung des ersteren auf den Willen und der letzteren auf die Vorstellung, giebt uns die Möglichkeit, die Vereinbarkeit d r e i e r G e g e n s ä t z e, wenn auch nur unvollkommen und aus der Ferne, abzusehn.

Diese sind:

1) Der, zwischen der Freiheit des Willens an sich selbst und der durchgängigen Nothwendigkeit aller Handlungen des Individuums.

2) Der, zwischen dem Mechanismus und der Technik der Natur, oder dem *nexus effectivus* [Wirkungszusammenhang] und dem *nexus finalis* [Endzusammenhang], oder der rein kausalen und der teleologischen Erklärbarkeit der Naturprodukte. (Hierüber Kants Kritik der Urtheilskraft § 78, und mein Hauptwerk Bd. 2. Kap. 26. S. 334–339 [Bd. II uns. Ausg., S. 389–96]).

3) Der, zwischen der offenbaren Zufälligkeit aller Begebenheiten im individuellen Lebenslauf und ihrer moralischen Nothwendigkeit zur Gestaltung desselben, gemäß einer transscendenten Zweckmäßigkeit für das Individuum: – oder, in populärer Sprache, zwischen dem Naturlauf und der Vorsehung.

Die Klarheit unserer Einsicht in die Vereinbarkeit jedes dieser drei Gegensätze ist, obwohl bei keinem derselben vollkommen, doch genügender beim ersten als beim zweiten, am geringsten aber beim dritten. Inzwischen wirft das, wenn auch unvollkommene, Verständniß der Vereinbarkeit eines jeden dieser Gegensätze allemal Licht auf die zwei andern zurück, indem es als ihr Bild und Gleichniß dient. –

Worauf nun endlich diese ganze, hier in Betrachtung genommene, geheimnißvolle Lenkung des individuellen Lebenslaufs es eigentlich abgesehn habe, läßt sich nur sehr im Allgemeinen angeben. Bleiben wir bei den einzelnen Fällen stehn; so scheint es oft, daß sie nur unser zeitliches, einstweiliges Wohl im Auge habe. Dieses jedoch kann, wegen seiner Geringfügigkeit, Unvollkommenheit, Futilität [Nichtigkeit] und Vergänglichkeit, nicht im Ernst ihr letztes Ziel seyn: also haben wir dieses in unserm

im Schicksale des Einzelnen.

ewigen, über das individuelle Leben hinausgehenden Daseyn zu suchen. Und da läßt sich dann nur ganz im Allgemeinen sagen, unser Lebenslauf werde, mittelst jener Lenkung, so regulirt, daß von dem Ganzen der durch denselben uns aufgehenden Erkenntniß der metaphysisch zweckdienlichste Eindruck auf den W i l - l e n , als welcher der Kern und das Wesen an sich des Menschen ist, entstehe. Denn obgleich der Wille zum Leben seine Antwort am Laufe der Welt überhaupt, als der Erscheinung seines Strebens, erhält; so ist dabei doch jeder Mensch jener Wille zum Leben auf eine ganz individuelle und einzige Weise, gleichsam ein individualisirter Akt desselben; dessen genügende Beantwortung daher auch nur eine ganz bestimmte Gestaltung des Weltlaufs, gegeben in den ihm eigenthümlichen Erlebnissen, seyn kann. Da wir nun, aus den Resultaten meiner Philosophie des Ernstes (im Gegensatz bloßer Professoren- oder Spaaß-Philosophie), das Abwenden des Willens vom Leben als das letzte Ziel des zeitlichen Daseyns erkannt haben; so müssen wir annehmen, daß d a h i n ein Jeder, auf die ihm ganz individuell angemessene Art, also auch oft auf weiten Umwegen, allmälig geleitet werde. Da nun ferner Glück und Genuß diesem Zwecke eigentlich entgegenarbeiten; so sehn wir, Diesem entsprechend, jedem Lebenslauf Unglück und Leiden unausbleiblich eingewebt, wiewohl in sehr ungleichem Maaße und nur selten im überfüllten, nämlich in den tragischen Ausgängen; wo es dann aussieht, als ob der Wille gewissermaßen mit Gewalt zur Abwendung vom Leben getrieben werden und gleichsam durch den Kaiserschnitt zur Wiedergeburt gelangen sollte.

So geleitet dann jene unsichtbare und nur in zweifelhaftem Scheine sich kund gebende Lenkung uns bis zum Tode, diesem eigentlichen Resultat und insofern Zweck des Lebens. In der Stunde desselben drängen alle die geheimnißvollen (wenn gleich eigentlich in uns selbst wurzelnden) Mächte, die das ewige Schicksal des Menschen bestimmen, sich zusammen und treten in Aktion. Aus ihrem Konflikt ergiebt sich der Weg, den er jetzt zu wandern hat, bereitet nämlich seine Palingenesie [Wiedergeburt] sich vor, nebst allem Wohl und Wehe, welches in ihr begriffen und von Dem an unwiderruflich bestimmt ist. – Hierauf beruht der hochernste, wichtige, feierliche und furchtbare Charakter der Todesstunde. Sie ist eine Krisis, im stärksten Sinne des Worts, – ein Weltgericht.

Versuch
über das Geistersehn
und was damit zusammenhängt.

> Und laß dir rathen, habe
> Die Sonne nicht zu lieb und nicht die Sterne.
> Komm, folge mir ins dunkle Reich hinab!
> G o e t h e [*Iphigenie*, III, 1]

Versuch
über Geistersehn
und was damit zusammenhängt.

Die in dem superklugen, verflossenen Jahrhundert, allen früheren zum Trotz, überall, nicht sowohl gebannten, als geächteten Gespenster sind, wie schon vorher die Magie, während dieser letzten 25 Jahre, in Deutschland rehabilitirt worden. Vielleicht nicht mit Unrecht. Denn die Beweise gegen ihre Existenz waren theils metaphysische, die, als solche, auf unsicherm Grunde standen; theils empirische, die doch nur bewiesen, daß, in den Fällen, wo keine zufällige, oder absichtlich veranstaltete Täuschung aufgedeckt worden war, auch nichts vorhanden gewesen sei, was mittelst Reflexion der Lichtstrahlen, auf die Retina [Netzhaut], oder, mittelst Vibration der Luft, auf das Tympanum[Trommelfell] hätte wirken können. Dies spricht jedoch bloß gegen die Anwesenheit von K ö r p e r n , deren Gegenwart aber auch niemand behauptet hatte, ja deren Kundgebung, auf die besagte physische Weise, die Wahrheit einer Geistererscheinung aufheben würde. Denn eigentlich liegt schon im Begriff eines Geistes, daß seine Gegenwart uns auf ganz anderm Wege kund wird, als die eines Körpers. Was ein Geisterseher, der sich selbst recht verstände und auszudrücken wüßte, behaupten würde, ist bloß die Anwesenheit eines Bildes in seinem anschauenden Intellekt, vollkommen ununterscheidbar von dem, welches, unter Vermittelung des Lichtes und seiner Augen, daselbst von Körpern veranlaßt wird, und dennoch ohne wirkliche Gegenwart solcher Körper; desgleichen, in Hinsicht auf das hörbar Gegenwärtige, Geräusche, Töne und Laute, ganz und gar gleich den durch vibrirende Körper und Luft in seinem Ohr hervorgebrachten, doch ohne die Anwesenheit oder Bewegung solcher Körper. Eben hier liegt die Quelle des Mißverständnisses, welches Alles für und wider die Realität der Geistererscheinungen Gesagte durchzieht. Nämlich die Geistererscheinung stellt sich dar, völlig wie eine Körpererscheinung: sie ist jedoch keine, und soll es auch nicht seyn. Diese Unterscheidung ist schwer und verlangt Sachkenntniß, ja philosophisches und physiologisches Wissen. Denn es kommt darauf an, zu begreifen, daß eine Einwirkung gleich der von einem Körper nicht nothwendig die Anwesenheit eines Körpers voraussetze.

Vor Allem daher müssen wir uns hier zurückrufen und bei allem Folgenden gegenwärtig erhalten, was ich öfter ausführlich dargethan habe (besonders in der 2. Aufl. meiner Abhandlung über den Satz vom zureichenden Grunde § 21, und außerdem »über das Sehn und die Farben« § 1. – *Theoria colorum, II.* – Welt als W. und V. Bd. 1. S. 12–14 [Bd. 1 uns. Ausg., S. 38–40] Bd. 2 Kap. 2. –), daß nämlich unsere Anschauung der Außenwelt nicht bloß s e n s u a l , sondern hauptsächlich i n t e l - l e k t u a l , d. h. (objektiv ausgedrückt) c e r e b r a l [im Gehirn bedingt] ist. – Die Sinne geben nie mehr, als eine bloße E m p f i n d u n g in ihrem Organ, also einen an sich höchst dürftigen Stoff, aus welchem allererst der V e r s t a n d , durch Anwendung des ihm *a priori* bewußten Gesetzes der Kausalität, und der eben so *a priori* ihm einwohnenden Formen, Raum und Zeit, diese Körperwelt aufbaut. Die Erregung zu diesem Anschauungsakte geht, im wachen und normalen Zustande, allerdings von der Sinnesempfindung aus, indem diese die Wirkung ist, zu welcher der Verstand die Ursache setzt. Warum aber sollte es nicht möglich seyn, daß auch ein Mal eine von einer ganz andern Seite, also von innen, vom Organismus selbst ausgehende Erregung zum Gehirn gelangen und von diesem, mittelst seiner eigenthümlichen Funktion und dem Mechanismus derselben gemäß, eben so wie jene verarbeitet werden könnte? n a c h dieser Verarbeitung aber würde die Verschiedenheit des ursprünglichen Stoffes nicht mehr zu erkennen seyn; so wie am Chylus [resorbierten Speisebrei] nicht die Speise, aus der er bereitet worden. Bei einem etwanigen wirklichen Falle dieser Art würde sodann die Frage entstehn, ob auch die entferntere Ursache der dadurch hervorgebrachten Erscheinung niemals weiter zu suchen wäre, als im Innern des Organismus; oder ob sie, beim Ausschluß aller Sinnesempfindung, dennoch eine ä u ß e r e seyn könne, welche dann freilich, in diesem Falle,

und was damit zusammenhängt.

nicht physisch oder körperlich gewirkt haben würde; und, wenn Dies, welches Verhältniß die gegebene Erscheinung zur Beschaffenheit einer solchen entfernten äußern Ursache haben könne, also ob sie Indicia [Aussagen] über diese enthielte, ja wohl gar das Wesen derselben in ihr ausgedrückt wäre. Demnach würden wir auch hier, eben wie bei der Körperwelt, auf die Frage nach dem Verhältniß der Erscheinung zum Dinge an sich geführt werden. Dies aber ist der transscendentale Standpunkt, von welchem aus es sich vielleicht ergeben könnte, daß der Geistererscheinung nicht mehr noch weniger Idealität anhienge, als der Körpererscheinung, die ja bekanntlich unausweichbar dem Idealismus unterliegt und daher nur auf weitem Umwege auf das Ding an sich, d. h. das wahrhaft Reale, zurückgeführt werden kann. Da nun wir als dieses Ding an sich den W i l l e n erkannt haben; so giebt dies Anlaß zu der Vermuthung, daß vielleicht ein solcher, wie den Körpererscheinungen, so auch den Geistererscheinungen zum Grunde liege. Alle bisherigen Erklärungen der Geistererscheinungen sind s p i r i t u a l i s t i s c h e gewesen: eben als solche erleiden sie die Kritik Kants, im ersten Theile seiner »Träume eines Geistersehers.« Ich versuche hier eine i d e a l i s t i s c h e Erklärung. –

Nach dieser übersichtlichen und anticipirenden Einleitung zu den jetzt folgenden Untersuchungen, nehme ich den ihnen angemessenen, langsamern Gang an. Nur bemerke ich, daß ich den Thatbestand, worauf sie sich beziehn, als dem Leser bekannt voraussetze. Denn theils ist mein Fach nicht das erzählende, also auch nicht die Darlegung von Thatsachen, sondern die Theorie zu denselben; theils müßte ich ein dickes Buch schreiben, wenn ich alle die magnetischen Krankengeschichten, Traumgesichte, Geistererscheinungen u. s. w., die unserm Thema als Stoff zum Grunde liegen und bereits in vielen Büchern erzählt sind, wiederholen wollte; endlich auch habe ich keinen Beruf den Skepticismus der Ignoranz zu bekämpfen, dessen superkluge Gebärden täglich mehr außer Kredit kommen und bald nur noch in England Cours haben werden. Wer heut zu Tage die Thatsachen des animalischen Magnetismus und seines Hellsehns bezweifelt, ist nicht ungläubig, sondern unwissend zu nennen. Aber ich muß mehr, ich muß die Bekanntschaft mit wenigstens einigen der in großer Anzahl vorhandenen Bücher über Geistererscheinungen, oder anderweitige Kunde von diesen voraussetzen. Selbst die auf solche Bücher verweisenden Citate gebe ich nur dann, wann es specielle Angaben oder streitige Punkte betrifft. Im übrigen setze ich bei meinem Leser, den ich mir als einen mich schon anderweitig kennenden denke, das Zutrauen voraus, daß, wenn ich etwas faktisch feststehend annehme, es mir aus guten Quellen, oder aus eigener Erfahrung, bekannt sei.

Zunächst nun also frägt sich, ob denn wirklich in unserm anschauenden Intellekt, oder Gehirn, anschauliche Bilder, vollkommen und ununterscheidbar gleich denen, welche daselbst die auf die äußeren Sinne wirkende Gegenwart der Körper veranlaßt, ohne diesen Einfluß entstehn können. Glücklicherweise benimmt uns hierüber eine uns sehr vertraute Erscheinung jeden Zweifel: nämlich d e r T r a u m.

Die Träume für bloßes Gedankenspiel, bloße Phantasiebilder ausgeben zu wollen, zeugt von Mangel an Besinnung, oder an Redlichkeit: denn offenbar sind sie von diesen specifisch verschieden. Phantasiebilder sind schwach, matt, unvollständig, einseitig und so flüchtig, daß man das Bild eines Abwesenden kaum einige Sekunden gegenwärtig zu erhalten vermag, und sogar das lebhafteste Spiel der Phantasie hält keinen Vergleich aus mit jener handgreiflichen Wirklichkeit, die der Traum uns vorführt. Unsere Darstellungsfähigkeit i m T r a u m übertrifft die unserer Einbildungskraft so himmelweit; jeder anschauliche Gegenstand hat im Traum eine Wahrheit, Vollendung, konsequente Allseitigkeit bis zu den zufälligsten Eigenschaften herab, wie die Wirklichkeit selbst, von der die Phantasie himmelweit entfernt bleibt; daher jene uns die wundervollsten Anblicke verschaffen würde, wenn wir nur den Gegenstand unserer Träume auswählen könnten. Es ist ganz falsch, Dies daraus erklären zu wollen, daß die Bilder der Phantasie durch den gleichzeitigen Eindruck der realen Außenwelt gestört und geschwächt würden: denn auch in der tiefsten Stille der finstersten Nacht vermag die Phantasie nichts hervorzubringen, was jener objektiven Anschaulichkeit und Leibhaftigkeit des Traumes irgend nahe käme. Zudem sind Phantasiebilder stets durch die Gedankenassociation, oder durch Motive herbeigeführt und vom Bewußtseyn ihrer Willkürlichkeit begleitet. Der Traum hingegen steht da, als ein völlig Fremdes, sich, wie die Außenwelt, ohne unser Zuthun, ja wider unsern Willen Aufdringendes. Das gänzlich Unerwartete seiner Vorgänge, selbst der unbedeutendsten, drückt ihnen den Stämpel der Objektivität und Wirklichkeit auf. Alle seine Gegenstände erscheinen bestimmt und deutlich, wie die Wirklichkeit, nicht etwan bloß in Bezug auf uns, also flächenartig-einseitig, oder nur in der Hauptsache und in allgemeinen Umrissen angegeben; sondern genau ausgeführt, bis auf die kleinsten und zufälligsten Einzelheiten und die uns oft hinderlichen und im Wege stehenden Nebenumstände herab: da wirft jeder Körper seinen Schatten, jeder fällt genau mit der seinem specifischen Gewicht entsprechenden Schwere, und jedes Hinderniß muß erst beseitigt werden, gerade wie in der Wirklichkeit. Das durchaus Objektive desselben zeigt sich ferner darin, daß seine Vorgänge meistens gegen unsere Erwartung, oft gegen unsern Wunsch ausfallen, sogar bisweilen unser Erstaunen erregen; daß die agirenden Personen sich mit empörender Rücksichtslosigkeit gegen uns betragen; überhaupt in der rein objektiven dramatischen Richtigkeit der Charaktere und Handlungen, welche die artige Bemerkung veranlaßt hat, daß Jeder, während er träumt, ein Shakespeare sei. Denn die selbe Allwissenheit in uns, welche macht, daß im Traum jeder natürliche Körper genau seinen wesentlichen Eigenschaften gemäß wirkt, macht auch, daß jeder Mensch in vollster Gemäßheit seines Charakters handelt und redet. In Folge alles Diesen ist die Täuschung, die der Traum erzeugt, so stark, daß die Wirklichkeit selbst, welche beim Erwachen vor uns steht, oft erst zu kämpfen hat und Zeit gebraucht, ehe sie zum Worte kommen kann, um uns von der Trüglichkeit des schon nicht mehr vorhandenen, sondern bloß dagewesenen Traumes zu überzeugen. Auch hinsichtlich der Erinnerung sind wir, bei unbedeutenden Vorgängen, bisweilen im Zweifel, ob sie geträumt oder wirklich geschehn seien: wenn hingegen Einer zweifelt, ob etwas geschehn sei, oder er es sich bloß e i n g e b i l d e t habe; so wirft er auf sich selbst den Verdacht des Wahnsinns. Dies Alles beweist, daß der Traum eine ganz eigenthümliche Funktion unsers Gehirns und durchaus verschieden ist von der bloßen Einbildungskraft und ihrer Rumination [Überdenken]. – Auch Aristoteles sagt: το ενυπνιον εστιν αισθημα, τροπον τινα *(somnium quodammodo sensum est)* [Das Traumbild ist in gewissem Sinne eine Wahrnehmung]: *de somno et vigilia c. 2.* Auch macht er die feine und richtige Bemerkung, daß wir, im Traume selbst, uns abwesende Dinge noch durch die Phantasie vorstellen. Hieraus aber läßt sich folgern, daß, während des Traumes, die Phantasie noch disponibel, also nicht sie selbst das Medium, oder Organ, des Traumes sei.

Andererseits wieder hat der Traum eine nicht zu leugnende Aehnlichkeit mit dem Wahnsinn. Nämlich, was das träumende Bewußtseyn vom wachen hauptsächlich unterscheidet, ist der Mangel an Gedächtniß, oder vielmehr an zusammenhängender, besonnener Rückerinnerung. Wir träumen uns in wunderliche, ja unmögliche Lagen und Verhältnisse, ohne daß es uns einfiele, nach den Relationen derselben zum Abwesenden und den Ursachen ihres Eintritts zu forschen; wir vollziehn ungereimte Handlungen, weil wir des ihnen Entgegenstehenden nicht eingedenk sind. Längst Verstorbene figuriren noch immer als Lebende in unsern Träumen; weil wir im Traume uns nicht darauf besinnen, daß sie todt sind. Oft sehn wir uns wieder in den Verhältnissen, die in unserer frühen Jugend bestanden, von den damaligen Personen umgeben, Alles beim Alten; weil alle seitdem eingetretenen Veränderungen und Umgestaltungen vergessen sind. Es scheint also wirklich, daß im Traume, bei der Thätigkeit aller Geisteskräfte, das Gedächtniß allein nicht recht disponibel sei. Hierauf eben beruht seine Aehnlichkeit mit dem Wahnsinn, welcher, wie ich (Welt als W. und V. Bd. 1. § 36 und Bd. 2. Kap. 32) gezeigt habe, im Wesentlichen auf eine gewisse Zerrüttung des Erinnerungsvermögens zurückzuführen ist. Von diesem Gesichtspunkt aus läßt sich daher der Traum als ein kurzer Wahnsinn, der Wahnsinn als ein langer Traum bezeichnen. Im Ganzen also ist im Traum die Anschauung der g e g e n w ä r t i g e n   R e a l i t ä t ganz vollkommen und selbst minutiös, hingegen ist unser Gesichtskreis daselbst ein sehr beschränkter, sofern das A b w e s e n d e und V e r g a n g e n e , selbst das fingirte, nur wenig ins Bewußtseyn fällt.

Wie jede Veränderung in der realen Welt schlechterdings nur in Folge einer ihr vorhergegangenen andern, ihrer Ursache, eintreten kann; so ist auch der Eintritt aller Gedanken und Vorstellungen in unser Bewußtseyn dem Satze vom Grunde überhaupt unterworfen; daher solche jedesmal entweder durch einen äußern Eindruck auf die Sinne, oder aber, nach den Gesetzen der Association (worüber Kap. 14 im zweiten Bande meines Hauptwerks), durch einen ihnen vorhergängigen Gedanken hervorgerufen seyn müssen; außerdem sie nicht eintreten könnten. Diesem Satze vom Grunde, als dem ausnahmslosen Princip der

und was damit zusammenhängt.

Abhängigkeit und Bedingtheit aller irgend für uns vorhandenen Gegenstände, müssen nun auch die Träume, hinsichtlich ihres Eintritts, irgendwie unterworfen seyn: allein auf welche Weise sie ihm unterliegen, ist sehr schwer auszumachen. Denn das Charakteristische des Traumes ist die ihm wesentliche Bedingung des Schlafs, d. h. der aufgehobenen normalen Thätigkeit des Gehirns und der Sinne: erst wann diese Thätigkeit feiert, kann der Traum eintreten; gerade so, wie die Bilder der Laterna magika erst erscheinen können, nachdem man die Beleuchtung des Zimmers aufgehoben hat. Demnach wird der Eintritt, mithin auch der Stoff, des Traums zuvörderst nicht durch äußere Eindrücke auf die Sinne herbeigeführt: einzelne Fälle, wo, bei leichtem Schlummer, äußere Töne, auch wohl Gerüche, noch ins Sensorium gedrungen sind und Einfluß auf den Traum erlangt haben, sind specielle Ausnahmen, von denen ich hier absehe. Nun aber ist sehr beachtenswerth, daß die Träume auch nicht durch die Gedankenassociation herbeigeführt werden. Denn sie entstehn entweder mitten im tiefen Schlafe, dieser eigentlichen Ruhe des Gehirns, welche wir als eine vollkommene, mithin als ganz bewußtlos anzunehmen alle Ursache haben; wonach hier sogar die Möglichkeit der Gedankenassociation wegfällt: oder aber sie entstehn beim Uebergang aus dem wachen Bewußtseyn in den Schlaf, also beim Einschlafen: sogar bleiben sie hiebei nie ganz aus und geben eben dadurch uns Gelegenheit, die volle Ueberzeugung zu gewinnen, daß sie durch keine Gedankenassociation mit den wachen Vorstellungen verknüpft sind, sondern den Faden dieser unberührt lassen, um ihren Stoff und Anlaß ganz wo anders, wir wissen nicht woher, zu nehmen. Diese ersten Traumbilder des Einschlafenden nämlich sind, was sich leicht beobachten läßt, stets ohne irgend einigen Zusammenhang mit den Gedanken, unter denen er eingeschlafen ist, ja, sie sind diesen so auffallend heterogen, daß es aussieht, als hätten sie absichtlich unter allen Dingen auf der Welt gerade Das ausgewählt, woran wir am wenigsten gedacht haben; daher dem darüber Nachdenkenden sich die Frage aufdrängt, wodurch wohl die Wahl der Beschaffenheit derselben bestimmt werden möge? Sie haben überdies (wie Burdach im 3. Bande seiner Physiologie fein und richtig bemerkt) das Unterscheidende, daß sie keine zusammenhängende Begebenheit darstellen und wir auch meistentheils nicht selbst als handelnd darin auftreten, wie in den andern Träumen; sondern sie sind ein rein objektives Schauspiel, bestehend aus vereinzelten Bildern, die beim Einschlafen plötzlich aufsteigen, oder auch sehr einfache Vorgänge. Da wir oft sogleich wieder darüber erwachen, können wir uns vollkommen überzeugen, daß sie mit den noch augenblicklich vorher dagewesenen Gedanken niemals die mindeste Aehnlichkeit, die entfernteste Analogie, oder sonstige Beziehung zu ihnen haben, vielmehr uns durch das ganz Unerwartete ihres Inhalts überraschen, als welcher unserm vorherigen Gedankengange eben so fremd ist, wie irgend ein Gegenstand der Wirklichkeit, der, im wachen Zustande, auf die zufälligste Weise, plötzlich in unsere Wahrnehmung tritt, ja, der oft so weit hergeholt, so wunderlich und blind ausgewählt ist, als wäre er durch Loos oder Würfel bestimmt worden. – Der Faden also, den der Satz vom Grunde uns in die Hand giebt, scheint uns hier an beiden Enden, dem innern und dem äußern, abgeschnitten zu seyn. Allein das ist nicht möglich, nicht denkbar. Nothwendig muß irgend eine Ursache vorhanden seyn, welche jene Traumgestalten herbeiführt und sie durchgängig bestimmt; so daß aus ihr sich müßte genau erklären lassen, warum z. B. mir, den bis zum Augenblick des Einschlummerns ganz andere Gedanken beschäftigten, jetzt plötzlich ein blühender, vom Winde leise bewegter, Baum, und nichts Anderes sich darstellt, ein ander Mal aber eine Magd, mit einem Korbe auf dem Kopf, wieder ein ander Mal eine Reihe Soldaten, u. s. f.

Da nun also bei der Entstehung der Träume, sei es unter dem Einschlafen, oder im bereits eingetretenen Schlaf, dem Gehirne, diesem alleinigen Sitz und Organ aller Vorstellungen, sowohl die Erregung von außen, durch die Sinne, als die von innen, durch die Gedanken abgeschnitten ist; so bleibt uns keine andere Annahme übrig, als daß dasselbe irgend eine rein physiologische Erregung dazu, aus dem Innern des Organismus, erhalte. Dem Einflusse dieses sind zum Gehirne zwei Wege offen: der der Nerven und der der Gefäße. Die Lebenskraft hat während des Schlafes, d. h. des Einstellens aller a n i m a l i s c h e n Funktionen, sich gänzlich auf das o r g a n i s c h e Leben geworfen, und ist daselbst, unter einiger Verringerung des Athmens, des Pulses, der Wärme, auch fast aller Sekretionen, hauptsächlich mit der langsamen Reproduktion, der Herstellung alles Verbrauchten, der Heilung alles Verletzten und der Beseitigung aller eingerissenen Unordnungen, beschäftigt; daher der Schlaf die Zeit ist,

und was damit zusammenhängt.   257

während welcher die *vis naturae medicatrix* [Heilkraft der Natur], in allen Krankheiten, die heilsamen Krisen herbeiführt, in welchen sie alsdann den entscheidenden Sieg über das vorhandene Uebel erkämpft, und wonach daher der Kranke, mit dem sichern Gefühl der herankommenden Genesung, erleichtert und freudig erwacht. Aber auch bei dem Gesunden wirkt sie das Selbe, nur in ungleich geringerm Grade, an allen Punkten, wo es nöthig ist; daher auch er beim Erwachen das Gefühl der Herstellung und Erneuerung hat: besonders hat im Schlafe das Gehirn seine, im Wachen nicht ausführbare, Nutrition [Ernährung] erhalten; wovon die hergestellte Klarheit des Bewußtseyns die Folge ist. Alle diese Operationen stehn unter der Leitung und Kontrole des plastischen Nervensystems, also der sämmtlichen großen Ganglien, oder Nervenknoten, welche, in der ganzen Länge des Rumpfs, durch leitende Nervenstränge mit einander verbunden, den g r o ß e n s y m p a t h i s c h e n N e r v e n oder den i n n e r n Nervenheerd, ausmachen. Dieser ist vom ä u ß e r n Nervenheerde, dem Gehirn, als welchem ausschließlich die Leitung der ä u ß e r n Verhältnisse obliegt und welches deshalb einen nach außen gerichteten Nervenapparat und durch ihn veranlaßte Vorstellungen hat, ganz gesondert und isolirt; so daß, im normalen Zustande, seine Operationen nicht ins Bewußtseyn gelangen, nicht empfunden werden. Inzwischen hat derselbe doch einen mittelbaren und schwachen Zusammenhang mit dem Cerebralsystem, durch dünne und fernher anastomosirende [verbindende] Nerven: auf dem Wege derselben wird, bei abnormen Zuständen, oder gar Verletzungen der innern Theile, jene Isolation in gewissem Grade durchbrochen, wonach solche dumpfer oder deutlicher, als Schmerz ins Bewußtseyn eindringen. Hingegen im normalen und gesunden Zustande gelangt, auf diesem Wege, von den Vorgängen und Bewegungen in der so komplicirten und thätigen Werkstätte des organischen Lebens, von dem leichtern, oder erschwerten Fortgange desselben, nur ein äußerst schwacher, verlorener Nachhall ins Sensorium: dieser wird im Wachen, wo das Gehirn an seinen eigenen Operationen, also am Empfang äußerer Eindrücke, am Anschauen, auf deren Anlaß, und am Denken, volle Beschäftigung hat, gar nicht wahrgenommen; sondern hat höchstens einen geheimen und unbewußten Einfluß, aus welchem diejenigen Aenderungen der Stimmung entstehn, von denen keine Rechenschaft aus objektiven Gründen sich geben läßt. Beim Einschlafen jedoch, als wo die äußern Eindrücke zu wirken aufhören und auch die Regsamkeit der Gedanken, im Innern des Sensoriums, allmälig erstirbt, da werden jene schwachen Eindrücke, die aus dem innern Nervenheerde des organischen Lebens, auf mittelbarem Wege, heraufdringen, imgleichen jede geringe Modifikation des Blutumlaufs, da sie sich den Gefäßen des Gehirns mittheilt, fühlbar, – wie die Kerze zu scheinen anfängt, wann die Abenddämmerung eintritt; oder wie wir bei Nacht die Quelle rieseln hören, die der Lerm des Tages unvernehmbar machte. Eindrücke, die viel zu schwach sind, als daß sie auf das wache, d. h. thätige, Gehirn wirken könnten, vermögen, wann seine eigene Thätigkeit ganz eingestellt wird, eine leise Erregung seiner einzelnen Theile und ihrer vorstellenden Kräfte hervorzubringen; – wie eine Harfe von einem fremden Tone nicht widerklingt, während sie selbst gespielt wird, wohl aber, wenn sie still dahängt. Hier also muß die Ursache der Entstehung und, mittelst ihrer, auch die durchgängige nähere Bestimmung jener beim Einschlafen aufsteigenden Traumgestalten liegen, und nicht weniger die der, aus der absoluten mentalen [gedanklichen] Ruhe des tiefen Schlafes sich erhebenden, dramatischen Zusammenhang habenden Träume; nur daß zu diesen, da sie eintreten, wann das Gehirn schon in tiefer Ruhe und gänzlich seiner Nutrition hingegeben ist, eine bedeutend stärkere Anregung von innen erfordert seyn muß; daher eben es auch nur diese Träume sind, welche, in einzelnen, sehr seltenen Fällen, prophetische, oder fatidike [schicksalskündende] Bedeutung haben, und Horaz ganz richtig sagt:

post mediam noctem, cum somnia vera.
[nach Mitte der Nacht, wo Wahres geträumt wird,
Serm. I, 10,33.]

Denn die letzten Morgenträume verhalten sich, in dieser Hinsicht, denen beim Einschlafen gleich, sofern das ausgeruhte und gesättigte Gehirn wieder leicht erregbar ist.

Also jene schwachen Nachhälle aus der Werkstätte des organischen Lebens sind es, welche in die, der Apathie entgegensinkende, oder ihr bereits hingegebene, sensorielle Thätigkeit des Gehirns dringen und sie schwach, zudem auf einem ungewöhnlichen Wege und von einer andern Seite, als im Wachen, erregen:

und was damit zusammenhängt.

aus ihnen jedoch muß dieselbe, da allen andern Anregungen der Zugang gesperrt ist, den Anlaß und Stoff zu ihren Traumgestalten nehmen, so heterogen diese auch solchen Eindrücken seyn mögen. Denn, wie das Auge, durch mechanische Erschütterung, oder durch innere Nervenkonvulsion [Nervenverkrampfung], Empfindungen von Helle und Leuchten erhalten kann, die den durch äußeres Licht verursachten völlig gleich sind; wie bisweilen das Ohr, in Folge abnormer Vorgänge in seinem Innern, Töne jeder Art hört; wie eben so der Geruchsnerv ohne alle äußere Ursache ganz specifisch bestimmte Gerüche empfindet; wie auch die Geschmacksnerven auf analoge Weise afficirt werden; wie also alle Sinnesnerven sowohl von innen, als von außen, zu ihren eigenthümlichen Empfindungen erregt werden können; auf gleiche Weise kann auch das Gehirn durch Reize, die aus dem Innern des Organismus kommen, bestimmt werden, seine Funktion der Anschauung raumerfüllender Gestalten zu vollziehn; wo denn die so entstandenen Erscheinungen gar nicht zu unterscheiden seyn werden von den durch Empfindungen in den Sinnesorganen veranlaßten, welche durch äußere Ursachen hervorgerufen wurden. Wie nämlich der Magen aus Allem, was er bewältigen kann, Chymus [Speisebrei], und die Gedärme aus diesem Chylus [Darmlymphe] bereiten, dem man seinen Urstoff nicht ansieht; eben so reagirt auch das Gehirn, auf alle zu ihm gelangende Erregungen, mittelst Vollziehung der i h m eigenthümlichen Funktion. Diese besteht zunächst im Entwerfen von Bildern im Raum, als welcher seine Anschauungsform ist, nach allen drei Dimensionen; sodann im Bewegen derselben in der Zeit und am Leitfaden der Kausalität, als welche ebenfalls die Funktionen seiner ihm eigenthümlichen Thätigkeit sind. Denn allezeit wird es nur seine eigene Sprache reden: in dieser daher interpretiert es auch jene schwachen, während des Schlafs, von innen zu ihm gelangenden Eindrücke; eben wie die starken und bestimmten, im Wachen, auf dem regelmäßigen Wege, von außen kommenden: auch jene also geben ihm den Stoff zu B i l - d e r n , welche denen auf Anregung der äußern Sinne entstehenden vollkommen gleichen; obschon zwischen den beiden Arten von veranlassenden Eindrücken kaum irgend eine Aehnlichkeit seyn mag. Aber sein Verhalten hiebei läßt sich mit dem eines Tauben vergleichen, der aus einigen in sein Ohr gelangten Vokalen, sich eine ganze, wiewohl falsche, Phrase zusammensetzt; oder wohl gar mit dem eines Verrückten, den ein zufällig gebrauchtes Wort auf wilde, seiner fixen Idee entsprechende Phantasien bringt. Jedenfalls sind es jene schwachen Nachhälle gewisser Vorgänge im Innern des Organismus, welche, bis zum Gehirn hinauf sich verlierend, den Anlaß zu seinen Träumen abgeben: diese werden daher auch durch die Art jener Eindrücke specieller bestimmt, indem sie wenigstens das Stichwort von ihnen erhalten haben; ja, sie werden, so gänzlich verschieden von jenen sie auch seyn mögen, doch ihnen irgendwie analogisch, oder wenigstens symbolisch entsprechen, und zwar am genauesten denen, die während des t i e f e n Schlafes das Gehirn zu erregen vermögen; weil solche, wie gesagt, schon bedeutend stärker seyn müssen. Da nun ferner diese innern Vorgänge des organischen Lebens auf das zur Auffassung der Außenwelt bestimmte Sensorium ebenfalls nach Art eines ihm Fremden und Aeußern einwirken; so werden die auf solchen Anlaß in ihm entstehenden Anschauungen ganz u n e r w a r t e t e und seinem etwan kurz zuvor noch dagewesenen Gedankengange völlig heterogene und fremde Gestalten seyn; wie wir Dieses, beim Einschlafen und baldigem Wiedererwachen aus demselben, zu beobachten Gelegenheit haben.

Diese ganze Auseinandersetzung lehrt uns vor der Hand weiter nichts kennen, als die nächste Ursache des Eintritts des Traumes, oder die Veranlassung desselben, welche zwar auch auf seinen Inhalt Einfluß haben, jedoch an sich selbst diesem so sehr heterogen seyn muß, daß die Art ihrer Verwandtschaft uns ein Geheimniß bleibt. Noch räthselhafter ist der physiologische Vorgang im Gehirn selbst, darin eigentlich das Träumen besteht. Der Schlaf nämlich ist die Ruhe des Gehirns, der Traum dennoch eine gewisse Thätigkeit desselben: sonach müssen wir, damit kein Widerspruch entstehe, jene für eine nur relative und diese für eine irgendwie limitirte und nur partielle erklären. In welchem Sinne nun sie dieses sei, ob den Theilen des Gehirns, oder dem Grad seiner Erregung, oder der Art seiner innern Bewegung nach, und wodurch eigentlich sie sich vom wachen Zustande unterscheide, wissen wir wieder nicht. – Es giebt keine Geisteskraft, die sich im Traume nie thätig erwiese: dennoch zeigt der Verlauf desselben, wie auch unser eigenes Benehmen darin, oft außerordentlichen Mangel an Urtheilskraft, imgleichen, wie schon oben erörtert, an Gedächtniß.

und was damit zusammenhängt.

Hinsichtlich auf unsern Hauptgegenstand bleibt die Thatsache stehn, daß wir ein Vermögen haben zur anschaulichen Vorstellung raumerfüllender Gegenstände und zum Vernehmen und Verstehn von Tönen und Stimmen jeder Art, Beides ohne die äußere Anregung der Sinnesempfindungen, welche hingegen zu unserer w a c h e n Anschauung die Veranlassung, den Stoff, oder die empirische Grundlage, liefern, mit derselben jedoch darum keineswegs identisch sind; da solche durchaus i n t e l - l e k t u a l ist und nicht bloß sensual; wie ich dies öfter dargethan und bereits oben die betreffenden Hauptstellen angeführt habe. Jene, keinem Zweifel unterworfene Thatsache nun aber haben wir fest zu halten: denn sie ist das U r p h ä n o m e n , auf welches alle unsere ferneren Erklärungen zurückweisen, indem sie nur die sich noch weiter erstreckende Thätigkeit des bezeichneten Vermögens darthun werden. Zur Benennung desselben wäre der bezeichnendste Ausdruck der, welchen die Schotten für eine besondere Art seiner Aeußerung oder Anwendung sehr sinnig gewählt haben, geleitet von dem richtigen Takt, den die eigenste Erfahrung verleiht: er heißt: *second sight,* d a s z w e i t e G e s i c h t. Denn die hier erörterte Fähigkeit zu träumen ist in der That ein zweites, nämlich nicht, wie das erste, durch die äußern Sinne vermitteltes Anschauungsvermögen, dessen Gegenstände jedoch, der Art und Form nach, die selben sind, wie die des ersten; woraus zu schließen, daß es, eben wie dieses, eine Funktion des G e h i r n s ist. Jene Schottische Benennung würde daher die passendeste seyn, um die ganze Gattung der hieher gehörigen Phänomene zu bezeichnen und sie auf ein Grund-Vermögen zurückzuführen: da jedoch die Erfinder derselben sie zur Bezeichnung einer besondern, seltenen und höchst merkwürdigen Aeußerung jenes Vermögens verwendet haben; so darf ich nicht, so gern ich es auch möchte, sie gebrauchen, die ganze Gattung jener Anschauungen, oder genauer, das subjektive Vermögen, welches sich in ihnen allen kund giebt, zu bezeichnen. Für dieses bleibt mir daher keine passendere Benennung, als die des T r a u m o r g a n s , als welche die ganze in Rede stehende Anschauungsweise durch diejenige Aeußerung derselben bezeichnet, die Jedem bekannt und geläufig ist. Ich werde mich also derselben zur Bezeichnung des dargelegten, vom äußern Eindruck auf die Sinne unabhängigen Anschauungsvermögens bedienen.

Die Gegenstände, welche dasselbe im gewöhnlichen Traume uns vorführt, sind wir gewohnt als ganz illusorisch zu betrachten; da sie beim Erwachen verschwinden. Inzwischen ist Diesem doch nicht allemal so, und es ist, in Hinsicht auf unser Thema, sehr wichtig, die Ausnahme hievon aus eigener Erfahrung kennen zu lernen, was vielleicht Jeder könnte, wenn er die gehörige Aufmerksamkeit auf die Sache verwendete. Es giebt nämlich einen Zustand, in welchem wir zwar schlafen und träumen; jedoch eben nur die uns umgebende Wirklichkeit selbst träumen. Demnach sehn wir alsdann unser Schlafgemach, mit Allem, was darin ist, werden auch etwan eintretende Menschen gewahr, wissen uns selbst im Bett. Alles richtig und genau. Und doch schlafen wir, mit fest geschlossenen Augen: wir träumen; nur ist was wir träumen wahr und wirklich. Es ist nicht anders, als ob alsdann unser Schädel durchsichtig geworden wäre, so daß die Außenwelt nunmehr, statt durch den Umweg und die enge Pforte der Sinne, geradezu und unmittelbar ins Gehirn käme. Dieser Zustand ist vom wachen viel schwerer zu unterscheiden, als der gewöhnliche Traum; weil beim Erwachen daraus keine Umgestaltung der Umgebung, also gar keine o b j e k t i v e Veränderung, vorgeht. Nun ist aber (siehe Welt als W. u. V. Bd. 1 § 5. S. 19 [Bd. 1 uns. Ausg., S. 45]) das Erwachen das alleinige Kriterium zwischen Wachen und Traum, welches demnach hier, seiner objektiven und hauptsächlichen Hälfte nach, wegfällt. Nämlich beim Erwachen aus einem Traum der in Rede stehenden Art geht bloß eine s u b j e k t i v e Veränderung mit uns vor, welche darin besteht, daß wir plötzlich eine Umwandelung des Organs unserer Wahrnehmung spüren: dieselbe ist jedoch nur leise fühlbar und kann, weil sie von keiner objektiven Veränderung begleitet ist, leicht unbemerkt bleiben. Dieserhalb wird die Bekanntschaft mit diesen die Wirklichkeit darstellenden Träumen meistens nur dann gemacht werden, wann sich Gestalten eingemischt haben, die derselben nicht angehören und daher beim Erwachen verschwinden, oder auch wann ein solcher Traum die noch höhere Potenzirung erhalten hat, von der ich sogleich reden werde. Die beschriebene Art des Träumens ist Das, was man S c h l a f w a c h e n genannt hat; nicht etwan, weil es ein Mittelzustand zwischen Schlafen und Wachen ist, sondern weil es als ein Wachwerden im Schlafe selbst bezeichnet werden kann. Ich möchte es daher lieber ein Wahrträumen nen-

und was damit zusammenhängt.

nen. Zwar wird man es meistens nur früh Morgens, auch wohl
Abends, einige Zeit nach dem Einschlafen, bemerken: dies liegt
aber bloß daran, daß nur dann, wann der Schlaf nicht tief war,
das Erwachen leicht genug eintrat, um eine Erinnerung an das
Geträumte übrig zu lassen. Gewiß tritt dieses Träumen viel
öfter während des tiefen Schlafes ein, nach der Regel, daß die
Somnambule um so hellsehender wird, je tiefer sie schläft: aber
dann bleibt keine Erinnerung daran zurück. Daß hingegen,
wann es bei leichterem Schlafe eingetreten ist, eine solche bisweilen Statt findet, ist dadurch zu erläutern, daß selbst aus dem
magnetischen Schlaf, wenn er ganz leicht war, ausnahmsweise
eine Erinnerung in das wache Bewußtseyn übergehn kann;
wovon ein Beispiel zu finden ist in K i e s e r s »Archiv für
thier. Magn.« Bd. 3. H. 2. S. 139. Diesem also gemäß bleibt die
Erinnerung solcher unmittelbar objektiv wahren Träume nur
dann, wann sie in einem leichten Schlaf, z. B. des Morgens, eingetreten sind, wo wir unmittelbar daraus erwachen können.

Diese Art des Traumes nun ferner, deren Eigenthümliches
darin besteht, daß man die nächste gegenwärtige Wirklichkeit
träumt, erhält bisweilen eine Steigerung ihres räthselhaften
Wesens dadurch, daß der Gesichtskreis des Träumenden sich
noch etwas erweitert, nämlich so, daß er über das Schlafgemach
hinausreicht, – indem die Fenstervorhänge, oder Läden aufhören
Hindernisse des Sehns zu seyn und man dann ganz deutlich das
hinter ihnen Liegende, den Hof, den Garten, oder die Straße,
mit den Häusern gegenüber, wahrnimmt. Unsere Verwunderung
hierüber wird sich mindern, wenn wir bedenken, daß hier kein
physisches Sehn Statt findet, sondern ein bloßes Träumen:
jedoch ist es ein Träumen Dessen, was jetzt wirklich da ist, folglich ein Wahrträumen, also ein Wahrnehmen durch das Traumorgan, welches als solches natürlich nicht an die Bedingung des
ununterbrochenen Durchgangs der Lichtstrahlen gebunden ist.
Die Schädeldecke selbst war, wie gesagt, die erste Scheidewand,
durch welche zunächst diese sonderbare Art der Wahrnehmung
ungehindert blieb: steigert nun diese sich noch etwas höher; so
setzen auch Vorhänge, Thüren und Mauern ihr keine Schranken
mehr. Wie nun aber Dies zugehe, ist ein tiefes Geheimniß: wir
wissen nichts weiter, als daß hier w a h r g e t r ä u m t wird,
mithin eine Wahrnehmung durch das Traumorgan Statt findet.
So weit geht diese für unsere Betrachtung elementare Thatsache.

Was wir zu ihrer Aufklärung, insofern sie möglich seyn mag, thun können, besteht zunächst im Zusammenstellen und gehörigem stufenweisen Ordnen aller sich an sie knüpfenden Phänomene, in der Absicht, ihren Zusammenhang unter einander zu erkennen, und in der Hoffnung, dadurch vielleicht auch in sie selbst dereinst eine nähere Einsicht zu erlangen.

Inzwischen wird auch Dem, welchem alle eigene Erfahrung hierin abgeht, die geschilderte Wahrnehmung durch das Traumorgan unumstößlich beglaubigt durch den spontanen, eigentlichen Somnambulismus, oder das Nachtwandeln. Daß die von dieser Sucht Befallenen fest schlafen, und daß sie mit den Augen schlechterdings nicht sehn können, ist völlig gewiß: dennoch nehmen sie in ihrer nächsten Umgebung Alles wahr, vermeiden jedes Hinderniß, gehn weite Wege, klettern an den gefährlichsten Abgründen hin, auf den schmalsten Stegen, vollführen weite Sprünge, ohne ihr Ziel zu verfehlen: auch verrichten Einige unter ihnen ihre täglichen, häuslichen Geschäfte, im Schlaf, genau und richtig, Andere koncipiren und schreiben ohne Fehler. Auf die selbe Weise nehmen auch die künstlich in magnetischen Schlaf versetzten Somnambulen ihre Umgebung wahr und, wenn sie hellsehend werden, selbst das Entfernteste. Ferner ist auch die Wahrnehmung, welche gewisse Scheintodte von Allem, was um sie vorgeht haben, während sie starr und unfähig ein Glied zu rühren daliegen, ohne Zweifel, eben dieser Art: auch sie träumen ihre gegenwärtige Umgebung, bringen also dieselbe, auf einem andern Wege, als dem der Sinne, sich zum Bewußtseyn. Man hat sich sehr bemüht, dem physiologischen Organ, oder dem Sitz dieser Wahrnehmung, auf die Spur zu kommen: doch ist es damit bisher nicht gelungen. Daß, wann der somnambule Zustand vollkommen vorhanden ist, die äußern Sinne ihre Funktionen gänzlich eingestellt haben, ist unwidersprechlich; da selbst der subjektiveste unter ihnen, das körperliche Gefühl, so gänzlich verschwunden ist, daß man die schmerzlichsten chirurgischen Operationen während des magnetischen Schlafs vollzogen hat, ohne daß der Patient irgend eine Empfindung davon verrathen hätte. Das Gehirn scheint dabei im Zustande des allertiefsten Schlafs, also gänzlicher Unthätigkeit zu seyn. Dieses, nebst gewissen Aeußerungen und Aussagen der Somnambulen, hat die Hypothese veranlaßt, der somnambule Zustand bestehe im gänzlichen Depotenziren [Entkräften]

und was damit zusammenhängt.

des Gehirns und Ansammeln der Lebenskraft im sympathischen Nerven, dessen größere Geflechte, namentlich der *plexus solaris* [das Sonnengeflecht], jetzt zu einem Sensorio umgeschaffen würden und also, vikarirend [stellvertretend], die Funktionen des Gehirns übernähmen, welche sie nun ohne Hülfe äußerer Sinneswerkzeuge und dennoch ungleich vollkommener, als dieses, ausübten. Diese, ich glaube zuerst von R e i l aufgestellte Hypothese ist nicht ohne Scheinbarkeit und steht seitdem in großem Ansehn. Ihre Hauptstütze bleiben die Aussagen fast aller hellsehenden Somnambulen, daß jetzt ihr Bewußtseyn seinen Sitz gänzlich auf der Herzgrube habe, woselbst ihr Denken und Wahrnehmen vor sich gehe, wie sonst im Kopf. Auch lassen die Meisten unter ihnen die Gegenstände, die sie genau besehn wollen, sich auf die Magengegend legen. Dennoch halte ich die Sache für unmöglich. Man betrachte nur das Sonnengeflecht, dieses sogenannte *cerebrum abdominale* [Bauch-Gehirn]: wie so gar klein ist seine Masse und wie höchst einfach seine, aus Ringen von Nervensubstanz, nebst einigen leichten Anschwellungen bestehende Struktur! Wenn ein solches Organ die Funktionen des Anschauens und Denkens zu vollziehn fähig wäre; so würde das sonst überall bestätigte Gesetz *natura nihil facit frustra* [die Natur tut nichts vergeblich: Aristoteles, *De incessu animalium,* cap. 2] umgestoßen seyn. Denn wozu wäre dann noch die meistens 3 und bei Einzelnen über 5 Pfund wiegende, so kostbare, wie wohlverwahrte Masse des Gehirns, mit der so überaus künstlichen Struktur seiner Theile, deren Komplikation [Verschlingung] so intrikat [verwickelt] ist, daß es mehrerer ganz verschiedener Zerlegungsweisen und häufiger Wiederholung derselben bedarf, um nur den Zusammenhang der Konstruktion dieses Organs einigermaßen verstehn und sich ein erträglich deutliches Bild von der wundersamen Gestalt und Verknüpfung seiner vielen Theile machen zu können. Zweitens ist zu erwägen, daß die Schritte und Bewegungen eines Nachtwandlers sich mit der größten Schnelle und Genauigkeit den von ihm nur durch das Traumorgan wahrgenommenen nächsten Umgebungen anpassen; so daß er, auf das Behendeste und wie es kein Wacher könnte, jedem Hinderniß augenblicklich ausweicht, wie auch, mit der selben Geschicklichkeit, seinem einstweiligen Ziele zueilt. Nun aber entspringen die motorischen Nerven aus dem Rückenmark, welches, durch die *medulla oblongata* [das verlängerte

Rückenmark], mit dem kleinen Gehirn, dem Regulator der Bewegungen, dieses aber wieder mit dem großen Gehirne, dem Ort der Motive, welches die Vorstellungen sind, zusammenhängt; wodurch es dann möglich wird, daß die Bewegungen, mit augenblicklicher Schnelle, sich sogar den flüchtigsten Wahrnehmungen anpassen. Wenn nun aber die Vorstellungen, welche als Motive die Bewegungen zu bestimmen haben, in das Bauchgangliengeflecht verlegt wären, dem nur auf Umwegen eine schwierige, schwache und mittelbare Kommunikation mit dem Gehirne möglich ist (daher wir im gesunden Zustande vom ganzen, so stark und rastlos thätigen Treiben und Schaffen unsers organischen Lebens gar nichts spüren); wie sollten die daselbst entstehenden Vorstellungen, und zwar mit Blitzesschnelle, die gefahrvollen Schritte des Nachtwandlers lenken?† – Daß übrigens, beiläufig gesagt, der Nachtwandler ohne Fehl und ohne Furcht die gefährlichsten Wege durchläuft, wie er es wachend nimmermehr könnte, ist daraus erklärlich, daß sein Intellekt nicht ganz und schlechthin, sondern nur einseitig, nämlich nur soweit thätig ist, als es die Lenkung seiner Schritte erfordert; wodurch die Reflexion, mit ihr aber alles Zaudern und Schwanken, eliminirt [ausgeschaltet] ist. – Endlich giebt uns darüber, daß wenigstens die T r ä u m e eine Funktion des Gehirns sind, folgende von T r e v i r a n u s (über die Erscheinungen des organischen Lebens, Bd. 2 Abth. 2. S. 117), nach P i e r q u i n angeführte Thatsache sogar faktische Gewißheit: »Bei einem Mädchen, dessen Schädelknochen durch Knochenfraß zum Theil so zerstört waren, daß das Gehirn ganz entblößt lag, quoll dieses beim Erwachen hervor und sank beim Einschlafen. Während des ruhigen Schlafs war die Senkung am stärksten. Bei lebhaften Träumen fand Turgor [Spannungszustand] darin Statt.« Vom Traum ist aber der Somnambulismus offenbar nur dem Grade nach verschieden: auch s e i n e Wahrnehmungen geschehn durch

---

† Beachtenswerth hinsichtlich der in Rede stehenden Hypothese ist es immer, daß die *LXX* [Septuaginta: griechische Übersetzung des Alten Testaments] durchgängig die Seher und Wahrsager εγγαστριμυθους [Bauchredner] benennt, namentlich auch die Hexe von Endor, – mag Dies nun auf Grundlage des hebräischen Originals, oder in Gemäßheit der in Alexandrien damals herrschenden Begriffe und ihrer Ausdrücke geschehn. Offenbar ist die Hexe von Endor eine *Clairvoyante* [Hellseherin] und Das bedeutet εγγαστριμυθος. Saul sieht und spricht nicht selbst den Samuel, sondern durch Vermittelung des Weibes: sie beschreibt dem Saul, wie der Samuel aussieht. (Vergl. *Deleuze, de la prévision, p. 147, 48.*)

und was damit zusammenhängt.

das Traumorgan: er ist, wie gesagt, ein unmittelbares Wahrträumen.†

Man könnte indessen die hier bestrittene Hypothese dahin modificiren, daß das Bauchgangliengeflecht nicht selbst das Sensorium würde, sondern nur die Rolle der äußern Werkzeuge desselben, also der hier ebenfalls gänzlich depotenzirten S i n - n e s o r g a n e übernähme, mithin Eindrücke von außen empfienge, die es dem Gehirn überlieferte, welches solche seiner Funktion gemäß bearbeitend, nun daraus die Gestalten der Außenwelt eben so schematisirte und aufbaute, wie sonst aus den Empfindungen in den Sinnesorganen. Allein auch hier wiederholt sich die Schwierigkeit der blitzschnellen Ueberlieferung der Eindrücke an das von diesem innern Nervencentro so entschieden isolirte Gehirn. Sodann ist das Sonnengeflecht, seiner Struktur nach, zum Sehe- und Hörorgan eben so ungeeignet, wie zum Denkorgan, überdies auch durch eine dicke Scheidewand aus Haut, Fett, Muskeln, Peritonäum [Bauchfell] und Eingeweiden vom Eindrucke des Lichts gänzlich abgesperrt. Wenn also auch die meisten Somnambulen (imgleichen v. Helmont, in der von Mehreren angeführten Stelle *Ortus medicinae, Lugd. bat. 1667. demens idea § 12, p. 171)* aussagen, ihr Schauen und Denken gehe in der Magengegend vor sich; so dürfen wir dies doch nicht sofort als objektiv gültig annehmen; um so weniger, als einige Somnambulen es ausdrücklich leugnen: z. B. die bekannte Auguste Müller in Karlsruhe giebt (in dem Bericht über sie S. 53 ff.) an, daß sie nicht mit der Herzgrube, sondern mit den Augen sehe, sagt jedoch, daß die meisten andern Somnambulen mit der Herzgrube sähen; und auf die Frage: »Kann auch die Denkkraft in die Herzgrube verpflanzt werden?« antwortet sie: »Nein, aber die Seh- und Hörkraft.« Diesem entspricht die Aussage einer andern Somnambule, in Kiesers Archiv Bd. 10, H. 2, S. 154, welche auf die Frage: »Denkst du mit dem ganzen Gehirn, oder nur mit einem Theil desselben?« antwortet: »Mit

---

† Daß wir im Traum oft vergeblich uns anstrengen, zu schreien, oder die Glieder zu bewegen, muß daran liegen, daß der Traum, als Sache bloßer Vorstellung, eine Thätigkeit des großen Gehirns allein ist, welche sich nicht auf das kleine Gehirn erstreckt: dieses demnach bleibt in der Erstarrung des Schlafes liegen, völlig unthätig, und kann sein Amt, als Regulator der Gliederbewegung auf die *Medulla* [Mark] zu wirken, nicht versehn; weshalb die dringendesten Befehle des großen Gehirns unausgeführt bleiben: daher die Beängstigung. Durchbricht aber das große Gehirn die Isolation und bemächtigt sich des kleinen, so entsteht S o m n a m b u l i s m u s.

dem ganzen, und ich werde sehr müde.« Das wahre Ergebniß aus allen Somnambulen-Aussagen scheint zu seyn, daß die Anregung und der Stoff zur anschauenden Thätigkeit ihres Gehirns, nicht, wie im Wachen, von außen und durch die Sinne, sondern, wie oben bei den Träumen auseinandergesetzt worden, aus dem Innern des Organismus kommt, dessen Vorstand und Lenker bekanntlich die großen Geflechte des sympathischen Nerven sind, welche daher, in Hinsicht auf die Nerventhätigkeit, den ganzen Organismus, mit Ausnahme des Cerebralsystems, vertreten und repräsentiren. Jene Aussagen sind damit zu vergleichen, daß wir den Schmerz im Fuße zu empfinden vermeinen, den wir doch wirklich nur im Gehirne empfinden, daher er, sobald die Nervenleitung zu diesem unterbrochen ist, wegfällt. Es ist daher Täuschung, wenn die Somnambulen mit der Magengegend zu sehn, ja, zu lesen wähnen, oder, in seltenen Fällen, sogar mit den Fingern, Zehen, oder der Nasenspitze, diese Funktion zu vollziehn behaupten (z. B. der Knabe A r s t in Kiesers Archiv Bd. 3, Heft 2, ferner die Somnambule K o c h , eben das. Bd. 10, H. 3, S. 8–21, auch das Mädchen in Just. Kerners »Geschichte zweier Somnambulen«, 1824, S. 323–30, welches aber hinzufügt »der Ort dieses Sehns sei das Gehirn, wie im wachen Zustande«). Denn, wenn wir auch die Nervensensibilität solcher Theile noch so hoch gesteigert uns denken wollen; so bleibt ein Sehn im eigentlichen Sinne, d. h. durch Vermittelung der Lichtstrahlen, in Organen, die jedes optischen Apparats entbehren, selbst wenn sie nicht, wie doch der Fall ist, mit dicken Hüllen bedeckt, sondern dem Lichte zugänglich wären, durchaus unmöglich. Es ist ja nicht bloß die hohe Sensibilität der Retina, welche sie zum Sehn befähigt, sondern eben so sehr der überaus künstliche und komplicirte optische Apparat im Augapfel. Das physische Sehn erfordert nämlich zwar zunächst eine für das Licht sensible Fläche, dann aber auch, daß auf dieser, mittelst der Pupille und der lichtbrechenden, unendlich künstlich kombinirten durchsichtigen Medien, die draußen aus einander gefahrenen Lichtstrahlen sich wieder sammeln und koncentriren, so daß ein Bild, – richtiger, ein dem äußern Gegenstand genau entsprechender Nerven-Eindruck, – entstehe, als wodurch allein dem Verstande die subtilen Data geliefert werden, aus denen er sodann, durch einen intellektuellen, das Kausalitätsgesetz anwendenden Proceß, die Anschauung

und was damit zusammenhängt. 269

in Raum und Zeit hervorbringt. Hingegen Magengruben und
Fingerspitzen könnten, selbst wenn Haut, Muskeln u. s. w.
durchsichtig wären, immer nur vereinzelte Lichtreflexe erhalten;
daher mit ihnen zu sehn so unmöglich ist, wie einen Daguerreotyp [Foto auf Metallplatte] in einer offenen Kamera obskura
[Lochkamera] ohne Sammlungsglas zu machen. Einen ferneren
Beweis, daß diese angeblichen Sinnesfunktionen paradoxer
[gebrauchsfremder] Theile es nicht eigentlich sind, und daß hier
nicht, mittelst physischer Einwirkung der Lichtstrahlen, gesehn
wird, giebt der Umstand, daß der erwähnte Knabe Kiesers mit
den Zehen las, auch wann er dicke wollene Strümpfe anhatte,
und mit den Fingerspitzen nur dann sah, wann er es ausdrücklich w o l l t e, übrigens in der Stube, mit den Händen voraus,
herumtappte: Dasselbe bestätigt seine eigene Aussage über diese
abnormen Wahrnehmungen (a. a. O. S. 128): »Er nannte dies
nie Sehn, sondern auf die Frage, wie er denn wisse, was da
vorgehe, antwortete er, er wisse es eben, das sei ja das Neue.«
Eben so beschreibt, in Kiesers Archiv Bd. 7, H. 1, S. 52, eine
Somnambule ihre Wahrnehmung als »ein Sehn, das kein Sehn
ist, ein unmittelbares Sehn.« In der »Geschichte der hellsehenden
Auguste Müller«, Stuttgart 1818, wird S. 36 berichtet: »Sie sieht
vollkommen hell und erkennt alle Personen und Gegenstände in
der dichtesten Finsterniß, wo es uns unmöglich wäre, die Hand
vor den Augen zu unterscheiden.« Das Selbe belegt, hinsichtlich
des Hörens der Somnambulen, Kiesers Aussage (Tellurismus,
Bd. 2, S. 172, erste Aufl.), daß wollene Schnüre vorzüglich gute
Leiter des Schalles seien, – während Wolle bekanntlich der allerschlechteste Schallleiter ist. Besonders belehrend aber ist, über
diesen Punkt, folgende Stelle aus dem eben erwähnten Buch über
die Auguste Müller: »Merkwürdig ist, was jedoch auch bei
andern Somnambulen beobachtet wird, daß sie von Allem, was
unter Personen im Zimmer, selbst dicht neben ihr, gesprochen
wird, wenn die Rede nicht unmittelbar an sie gerichtet ist,
durchaus nichts hört; jedes, auch noch so leise, an sie gerichtete
Wort hingegen, selbst wenn mehrere Personen bunt durch einander sprechen, bestimmt versteht und beantwortet. Auf die selbe
Art verhält es sich mit dem Vorlesen: wenn die ihr vorlesende
Person an etwas Anderes, als an die Lektüre denkt, so wird sie
von ihr nicht gehört«, S. 40. – Ferner heißt es, S. 89: »Ihr Hören
ist kein Hören auf dem gewöhnlichen Wege durch das Ohr:

denn man kann dieses fest zudrücken, ohne daß es ihr Hören hindert.« – Desgleichen wird in den »Mittheilungen aus dem Schlafleben der Somnambule Auguste K. in Dresden«, 1843, wiederholentlich angeführt, daß sie zu Zeiten ganz allein durch die Handfläche, und zwar das lautlose, durch bloße Bewegung der Lippen Gesprochene, hörte: S. 32 warnt sie selbst, daß man dies nicht für ein Hören im wörtlichen Sinne halten solle.

Demnach ist, bei Somnambulen jeder Art, durchaus nicht von sinnlichen Wahrnehmungen im eigentlichen Verstande des Wortes die Rede; sondern ihr Wahrnehmen ist ein unmittelbares W a h r t r ä u m e n , geschieht also durch das so räthselhafte Traumorgan. Daß die wahrzunehmenden Gegenstände an ihre Stirn, oder auf ihre Magengrube gelegt werden, oder daß, in den erwähnten einzelnen Fällen, die Somnambule ihre ausgespreizten Fingerspitzen auf dieselben richtet, ist bloß ein Mittel, das Traumorgan auf diese Gegenstände, durch den Kontakt mit ihnen, hinzulenken, damit sie das Thema seines Wahrträumens werden, also geschieht bloß, um ihre Aufmerksamkeit entschieden darauf hinzulenken, oder, in der Kunstsprache, sie mit diesen Objekten in näheren Rapport zu setzen, worauf sie eben diese Objekte träumt, und zwar nicht bloß ihre Sichtbarkeit, sondern auch das Hörbare, die Sprache, ja den Geruch derselben: denn viele Hellsehende sagen aus, daß a l l e i h r e S i n n e auf die Magengrube versetzt sind. *(Dupotet, traité complet du Magnetisme,* p. 449–452.) Es ist folglich dem Gebrauche der Hände beim Magnetisiren analog, als welche nicht eigentlich physisch einwirken; sondern der W i l l e des Magnetiseurs ist das Wirkende: aber eben dieser erhält durch die Anwendung der Hände seine Richtung und Entschiedenheit. Denn zum Verständniß der ganzen Einwirkung des Magnetiseurs, durch allerlei Gesten, mit und ohne Berührung, selbst aus der Ferne und durch Scheidewände, kann nur die aus meiner Philosophie geschöpfte Einsicht führen, daß der Leib mit dem Willen völlig identisch, nämlich nichts Anderes ist, als das im Gehirn entstehende Bild des Willens. Daß das Sehn der Somnambulen kein Sehn in unserm Sinne, kein durch Licht physisch vermitteltes ist, folgt schon daraus, daß es, wenn zum Hellsehn gesteigert, durch Mauern nicht gehindert wird, ja bisweilen in ferne Länder reicht. Eine besondere Erläuterung zu demselben liefert uns die bei den höhern Graden des Hellsehns eintretende

und was damit zusammenhängt. 271

Selbstanschauung nach innen, vermöge welcher solche Somnambulen alle Theile ihres eigenen Organismus deutlich und genau wahrnehmen, obgleich hier, sowohl wegen Abwesenheit alles Lichtes, als wegen der, zwischen dem angeschauten Theile und dem Gehirne liegenden vielen Scheidewände, alle Bedingungen zum physischen Sehn gänzlich fehlen. Hieraus nämlich können wir abnehmen, welcher Art alle somnambule Wahrnehmung, also auch die nach außen und in die Ferne gerichtete, und sonach überhaupt alle Anschauung mittelst des Traumorgans sei, mithin alles somnambule Sehn äußerer Gegenstände, auch alles Träumen, alle Visionen im Wachen, das zweite Gesicht, die lebhafte Erscheinung Abwesender, namentlich Sterbender u. s. w. Denn das erwähnte Schauen der innern Theile des eigenen Leibes entsteht offenbar nur durch eine Einwirkung von innen, wahrscheinlich unter Vermittelung des Gangliensystems auf das Gehirn, welches nun, seiner Natur getreu, diese innern Eindrücke eben so wie die ihm von außen kommenden verarbeitet, gleichsam einen fremden Stoff in seine ihm selbst eigenen und gewohnten Formen gießend, woraus denn eben solche Anschauungen, wie die von Eindrücken auf die äußern Sinne herrührenden, entstehn, welche denn auch, in eben dem Maaße und Sinne wie jene, den angeschauten Dingen entsprechen. Demnach ist jegliches Schauen durch das Traumorgan die Thätigkeit der anschauenden Gehirnfunktion, angeregt durch i n n e r e Eindrücke, statt, wie sonst, durch äußere.† Daß eine solche dennoch, auch wenn sie ä u ß e r e , ja, entfernte Dinge betrifft, objektive Realität und Wahrheit haben könne, ist eine Thatsache, deren Erklärung jedoch nur auf metaphysischem Wege, nämlich aus der Beschränkung aller Individuation und Abtrennung auf die Erscheinung, im Gegensatz des Dinges an sich, versucht werden könnte, und werden wir darauf zurückkommen. Daß aber überhaupt die Verbindung der Somnambulen mit der Außenwelt eine von Grund aus andere sei, als die unserige im wachen Zustande, beweist am deutlichsten der, in den höhern Graden häufig eintretende Umstand, daß, während die eigenen Sinne der Hellseherin jedem Eindrucke unzugänglich sind, sie

---

† In Folge der Beschreibung der Aerzte erscheint K a t a l e p s i e [Muskelstarre] als gänzliche Lähmung der m o t o r i s c h e n Nerven, S o m n a m b u l i s m u s hingegen als die der s e n s i b e l n ; für welche sodann das Traumorgan vikarirt.

mit denen des Magnetiseurs empfindet, z. B. niest, wann er eine Prise nimmt, schmeckt und genau bestimmt was er ißt, und sogar die Musik, die in einem von ihr entfernten Zimmer des Hauses vor seinen Ohren erschallt, mithöret. (Kiesers Archiv Bd. 1, H. 1, S. 117.)

Der physiologische Hergang bei der somnambulen Wahrnehmung ist ein schwieriges Räthsel, zu dessen Lösung jedoch der erste Schritt eine wirkliche Physiologie des Traumes seyn würde, d. h. eine deutliche und sichere Erkenntniß, welcher Art die Thätigkeit des Gehirns im Traume sei, worin eigentlich sie sich von der im Wachen unterscheide, – und endlich von wo die Anregung zu ihr, mithin auch die nähere Bestimmung ihres Verlaufs, ausgehe. Nur so viel läßt sich bis jetzt, hinsichtlich der gesammten anschauenden und denkenden Thätigkeit im Schlafe, mit Sicherheit annehmen: erstlich, daß das materielle Organ derselben, ungeachtet der relativen Ruhe des Gehirns, doch kein anderes, als eben dieses seyn könne; und zweitens, daß die Erregung zu solcher Traum-Anschauung, da sie nicht von außen durch die Sinne kommen kann, vom Innern des Organismus aus geschehn müsse. Was aber die, beim Somnambulismus unverkennbare, richtige und genaue Beziehung jener Traumanschauung zur Außenwelt betrifft; so bleibt sie uns ein Räthsel, dessen Lösung ich nicht unternehme, sondern nur einige allgemeine Andeutungen darüber weiterhin geben werde. Hingegen habe ich, als Grundlage der besagten Physiologie des Traums, also zur Erklärung unserer gesammten träumenden Anschauung, mir folgende Hypothese ausgedacht, die in meinen Augen große Wahrscheinlichkeit hat.

Da das Gehirn, während des Schlafs, seine Anregung zur Anschauung räumlicher Gestalten besagterweise von innen, statt, wie beim Wachen, von außen, erhält; so muß diese Einwirkung dasselbe in einer, der gewöhnlichen, von den Sinnen kommenden, entgegengesetzten Richtung treffen. In Folge hievon nimmt nun auch seine ganze Thätigkeit, also die innere Vibration oder Wallung seiner Fibern, eine der gewöhnlichen entgegengesetzte Richtung, geräth gleichsam in eine antiperistaltische [gegenläufige] Bewegung. Statt daß sie nämlich sonst in der Richtung der Sinneseindrücke, also von den Sinnesnerven zum Innern des Gehirns vor sich geht, wird sie jetzt in umgekehrter Richtung und Ordnung, dadurch aber mitunter von andern Theilen, voll-

und was damit zusammenhängt. 273

zogen, so daß jetzt, zwar wohl nicht die untere Gehirnfläche, statt der obern, aber vielleicht die weiße Mark-Substanz statt der grauen Kortikal[Rinden]-Substanz und *vice versa* [umgekehrt] fungiren muß. Das Gehirn arbeitet also jetzt wie umgekehrt. Hieraus wird zunächst erklärlich, warum von der somnambulen Thätigkeit keine Erinnerung ins Wachen übergeht, da dieses durch Vibration der Gehirnfibern in der entgegengesetzten Richtung bedingt ist, welche folglich von der vorher dagewesenen jede Spur aufhebt. Als eine specielle Bestätigung dieser Annahme könnte man beiläufig die sehr gewöhnliche, aber seltsame Thatsache anführen, daß, wann wir aus dem ersten Einschlafen sogleich wieder erwachen, oft eine totale räumliche Desorientirung bei uns eingetreten ist, der Art, daß wir jetzt alles umgekehrt aufzufassen, nämlich was rechts vom Bette ist links, und was hinten ist nach vorne zu imaginiren, genöthigt sind, und zwar mit solcher Entschiedenheit, daß, im Finstern, selbst die vernünftige Ueberlegung, es verhalte sich doch umgekehrt, jene falsche Imagination nicht aufzuheben vermag, sondern hiezu das Getast nöthig ist. Besonders aber läßt, durch unsere Hypothese, jene so merkwürdige Lebendigkeit der Traumanschauung, jene oben geschilderte, scheinbare Wirklichkeit und Leibhaftigkeit aller im Traume wahrgenommenen Gegenstände sich begreiflich machen, nämlich daraus, daß die aus dem Innern des Organismus kommende und vom Centro ausgehende Anregung der Gehirnthätigkeit, welche eine der gewöhnlichen Richtung entgegengesetzte befolgt, endlich ganz durchdringt, also zuletzt sich bis auf die Nerven der Sinnesorgane erstreckt, welche nunmehr von innen, wie sonst von außen, erregt, in wirkliche Thätigkeit gerathen. Demnach haben wir im Traume wirklich Licht-, Farben-, Schall-, Geruchs- und Geschmacks-Empfindungen, nur ohne die sonst sie erregenden äußern Ursachen, bloß vermöge innerer Anregung und in Folge einer Einwirkung in umgekehrter Richtung und umgekehrter Zeitordnung. Daraus also wird jene Leibhaftigkeit der Träume erklärlich, durch die sie sich von bloßen Phantasien so mächtig unterscheiden. Das Phantasiebild (im Wachen) ist immer bloß im Gehirn: denn es ist nur die, wenn auch modificirte Reminiscenz einer frühern, materiellen, durch die Sinne geschehenen Erregung der anschauenden Gehirnthätigkeit. Das Traumgesicht hingegen ist nicht bloß im Gehirn, sondern auch in den Sinnesnerven, und ist entstanden in Folge einer materiellen, gegenwärtig wirksamen, aus dem Innern kommenden und das Gehirn durchdringenden Erregung derselben. Weil wir demnach im Traume wirklich sehn, so ist überaus treffend und fein, ja, tief gedacht, was A p u l e j u s die Charite sagen läßt, als sie im Begriff ist, dem schlafenden Thrasyllus beide Augen auszustechen: *vivo tibi morientur oculi, nec quidquam videbis, nisi dormiens* [Für das Leben werden deine Augen sterben, und du wirst nichts mehr sehen außer im Schlafe]. *(Metam. VIII, p. 172, ed. Bip.)* Das Traumorgan ist also das selbe mit dem Organ des wachen Bewußtseyns und Anschauens der Außenwelt, nur gleichsam vom andern Ende angefaßt und in umgekehrter Ordnung gebraucht, und die Sinnesnerven, welche in beiden fungiren, können, sowohl von ihrem innern, als von ihrem äußern Ende aus in Thätigkeit versetzt werden; – etwan wie eine eiserne Hohlkugel sowohl von innen, als von außen, glühend gemacht werden kann. Weil, bei diesem Hergange, die Sinnesnerven das Letzte sind, was in Thätigkeit geräth; so kann es kommen, daß diese erst angefangen hat und noch im Gange ist, wann das Gehirn bereits aufwacht, d. h. die Traumanschauung mit der gewöhnlichen vertauscht: alsdann werden wir, soeben erwacht, etwan Töne, z. B. Stimmen, Klopfen an der Thüre, Flintenschüsse u. s. w. mit einer Deutlichkeit und Objektivität, die es der Wirklichkeit v o l l k o m m e n u n d o h n e A b z u g gleichthut, vernehmen und dann fest glauben, es seien Töne der Wirklichkeit, von außen, in Folge welcher wir sogar erst erwacht wären, oder auch, was jedoch seltener ist, wir werden Gestalten sehn, mit völlig empirischer Realität; wie dieses Letztere schon Aristoteles erwähnt, *de insomniis c. 3 ad finem.* – Das hier beschriebene Traumorgan nun aber ist es, wodurch, wie oben genugsam auseinandergesetzt, die somnambule Anschauung, das Hellsehn, das zweite Gesicht und die Visionen jeder Art vollzogen werden. –

Von diesen physiologischen Betrachtungen kehre ich nunmehr zurück zu dem oben dargelegten Phänomen des W a h r t r ä u m e n s , welches schon im gewöhnlichen, nächtlichen Schlafe eintreten kann, wo es dann alsbald durch das bloße Erwachen bestätigt wird, wenn es nämlich, wie meistens, ein unmittelbares war, d. h. nur auf die gegenwärtige nächste Umgebung sich erstreckte; wiewohl es auch, in schon selteneren Fällen, ein wenig

und was damit zusammenhängt. 275

darüber hinausgeht, nämlich bis jenseits der nächsten Scheidewände. Diese Erweiterung des Gesichtskreises kann nun aber
auch sehr viel weiter gehn und zwar nicht nur dem Raum, sondern sogar der Zeit nach. Den Beweis hievon geben uns die hellsehenden Somnambulen, welche, in der Periode der höchsten
Steigerung ihres Zustandes, jeden beliebigen Ort, auf den man
sie hinlenkt, sofort in ihre anschauende Traumwahrnehmung
bringen und die Vorgänge daselbst richtig angeben können, bisweilen aber sogar vermögen, das noch gar nicht Vorhandene,
sondern noch im Schooße der Zukunft Liegende und erst im
Laufe der Zeit, mittelst unzähliger, zufällig zusammentreffender
Zwischenursachen, zur Verwirklichung Gelangende vorher zu
verkündigen. Denn alles Hellsehn, sowohl im künstlich herbeigeführten, als im natürlich eingetretenen somnambulen Schlafwachen, alles in demselben möglich gewordene Wahrnehmen des
Verdeckten, des Abwesenden, des Entfernten, ja des Zukünfti-
gen, ist durchaus nichts Anderes, als ein W a h r t r ä u m e n desselben, dessen Gegenstände sich daher dem Intellekt anschaulich
und leibhaftig darstellen, wie unsere Träume, weshalb die Somnambulen von einem S e h n derselben reden. Wir haben inzwischen an diesen Phänomenen, wie auch am spontanen Nachtwandeln, einen sichern Beweis, daß auch jene geheimnißvolle,
durch keinen Eindruck von außen bedingte, uns durch den
Traum vertraute Anschauung zur realen Außenwelt im Verhältniß der W a h r n e h m u n g stehn kann; obwohl der dies vermittelnde Zusammenhang mit derselben uns ein Räthsel bleibt.
Was den gewöhnlichen, nächtlichen Traum vom Hellsehn, oder
dem Schlafwachen überhaupt, unterscheidet, ist erstlich die
Abwesenheit jenes Verhältnisses zur Außenwelt, also zur Realität; und zweitens, daß sehr oft eine Erinnerung von ihm ins
Wachen übergeht, während aus dem somnambulen Schlaf eine
solche nicht Statt findet. Diese beiden Eigenschaften könnten
aber wohl zusammenhängen und auf einander zurückzuführen
seyn. Nämlich auch der gewöhnliche Traum hinterläßt nur dann
eine Erinnerung, wann wir unmittelbar aus ihm erwacht sind:
dieselbe beruht also wahrscheinlich bloß darauf, daß das Erwachen aus dem natürlichen Schlafe sehr leicht erfolgt, weil er
lange nicht so tief ist, wie der somnambule, aus welchem eben
dieserhalb ein unmittelbares, also schnelles Erwachen nicht eintreten kann, sondern erst mittelst eines langsamen und vermit-

telten Ueberganges die Rückkehr zum wachen Bewußtseyn gestattet ist. Der somnambule Schlaf ist nämlich nur ein ungleich tieferer, stärker eingreifender, vollkommenerer; in welchem eben deshalb das Traumorgan zur Entwickelung seiner ganzen Fähigkeit gelangt, wodurch ihm die richtige Beziehung zur Außenwelt, also das anhaltende und zusammenhängende Wahrträumen möglich wird. Wahrscheinlich hat ein solches auch bisweilen im gewöhnlichen Schlafe Statt, aber gerade nur dann, wann er so tief ist, daß wir nicht unmittelbar aus ihm erwachen. Die Träume, aus denen wir erwachen, sind hingegen die des leichteren Schlafes: sie sind, auch im letzten Grunde, aus bloß somatischen, dem eigenen Organismus angehörigen Ursachen entsprungen, daher ohne Beziehung zur Außenwelt. Daß es jedoch hievon Ausnahmen giebt, haben wir schon erkannt an den Träumen, welche die unmittelbare Umgebung des Schlafenden darstellen. Jedoch auch von Träumen, die das in der Ferne Geschehende, ja das Zukünftige verkündigen, giebt es ausnahmsweise eine Erinnerung, und zwar hängt diese hauptsächlich davon ab, daß wir unmittelbar aus einem solchen Traum erwachen. Dieserhalb hat, zu allen Zeiten und bei allen Völkern, die Annahme gegolten, daß es Träume von realer, objektiver Bedeutung gebe, und werden in der ganzen alten Geschichte die Träume sehr ernstlich genommen, so daß sie eine bedeutende Rolle darin spielen; dennoch sind die fatidiken Träume immer nur als seltene Ausnahmen, unter der zahllosen Menge leerer, bloß täuschender Träume, betrachtet worden. Demgemäß erzählt schon Homer *(Od. XIX, 560)* von zwei Eingangspforten der Träume, einer elfenbeinernen, durch welche die bedeutungslosen, und einer hörnernen, durch welche die fatidiken eintreten. Ein Anatom könnte vielleicht sich versucht fühlen, dies auf die weiße und graue Gehirnsubstanz zu deuten. Am öftesten bewähren sich als prophetisch solche Träume, welche sich auf den Gesundheitszustand des Träumenden beziehn, und zwar werden diese meistens Krankheiten, auch tödtliche Anfälle vorherverkünden, (Beispiele derselben hat gesammelt Fabius, *de somniis, Amstelod. 1836, p. 195 sqq.*); welches Dem analog ist, daß auch die hellsehenden Somnambulen am häufigsten und sichersten den Verlauf ihrer eigenen Krankheit, nebst deren Krisen u. s. w. vorhersagen. Nächstdem werden auch äußere Unfälle, wie Feuersbrünste, Pulverexplosionen, Schiffbrüche, besonders aber

und was damit zusammenhängt.

Todesfälle, bisweilen durch Träume angekündigt. Endlich aber werden auch andere, mitunter ziemlich geringfügige Begebenheiten von einigen Menschen haarklein vorhergeträumt, wovon ich selbst, durch eine unzweideutige Erfahrung, mich überzeugt habe. Ich will diese hersetzen, da sie zugleich die s t r e n g e N o t h w e n d i g k e i t a l l e s G e s c h e h e n d e n, selbst des allerzufälligsten, in das hellste Licht stellt. An einem Morgen schrieb ich mit großem Eifer einen langen und für mich sehr wichtigen, englischen Geschäftsbrief: als ich die dritte Seite fertig hatte, ergriff ich, statt des Streusands, das Tintenfaß und goß es über den Brief aus: vom Pult floß die Tinte auf den Fußboden. Die auf mein Schellen herbeigekommene Magd holte einen Eimer Wasser und scheuerte damit den Fußboden, damit die Flecke nicht eindrängen. Während dieser Arbeit sagte sie zu mir: »Mir hat diese Nacht geträumt, daß ich hier Tintenflecke aus dem Fußboden ausriebe.« Worauf ich: »Das ist nicht wahr.« Sie wiederum: »Es ist wahr, und habe ich es, nach dem Erwachen, der andern, mit mir zusammen schlafenden Magd erzählt.« – Jetzt kommt zufällig diese andere Magd, etwan 17 Jahre alt, herein, die scheuernde abzurufen. Ich trete der Eintretenden entgegen und frage: »Was hat der da diese Nacht geträumt?« – Antwort: »Das weiß ich nicht.« – Ich wiederum: »Doch! sie hat es Dir ja beim Erwachen erzählt.« – Die junge Magd: »Ach ja, ihr hatte geträumt, daß sie hier Tintenflecke aus dem Fußboden reiben würde.« – Diese Geschichte, welche, da ich mich für die genaue Wahrheit derselben verbürge, die theorematischen Träume außer Zweifel setzt, ist nicht minder dadurch merkwürdig, daß das Vorhergeträumte die Wirkung einer Handlung war, die man unwillkürlich nennen könnte, sofern ich sie ganz und gar g e g e n meine Absicht vollzog, und sie von einem ganz kleinen Fehlgriff meiner Hand abhieng: dennoch war diese Handlung so strenge nothwendig und unausbleiblich vorherbestimmt, daß ihre Wirkung, mehrere Stunden vorher, als Traum im Bewußtseyn eines Andern dastand. Hier sieht man aufs Deutlichste die Wahrheit meines Satzes: Alles was geschieht, geschieht nothwendig. (Die beiden Grundprobleme der Ethik, S. 62 [Bd. VI uns. Ausg., S. 99]. – Zur Zurückführung der prophetischen Träume auf ihre nächste Ursache bietet sich uns der Umstand dar, daß sowohl vom natürlichen, als auch vom magnetischen Somnambulismus und seinen Vorgängen bekanntlich keine Erinnerung im wachen Bewußtseyn Statt findet, wohl aber bisweilen eine solche in die Träume des natürlichen, gewöhnlichen Schlafes, deren man sich nachher wachend erinnert, übergeht; so daß alsdann der Traum das Verbindungsglied, die Brücke, wird, zwischen dem somnambulen und dem wachen Bewußtseyn. Diesem also gemäß müssen wir die prophetischen Träume zuvörderst Dem zuschreiben, daß im tiefen Schlafe das Träumen sich zu einem somnambulen Hellsehn steigert: da nun aber aus Träumen dieser Art, in der Regel, kein unmittelbares Erwachen und eben deshalb keine Erinnerung Statt findet; so sind die, eine Ausnahme hievon machenden und also das Kommende u n m i t t e l b a r und *sensu proprio* [im eigentlichen Sinne] vorbildenden Träume, welche die t h e o r e m a t i - s c h e n genannt worden, die allerseltensten. Hingegen wird öfter von einem Traume solcher Art, wenn sein Inhalt dem Träumenden sehr angelegen ist, dieser sich eine Erinnerung dadurch zu erhalten im Stande seyn, daß er sie in den Traum des leichtern Schlafs, aus dem sich unmittelbar erwachen läßt, hinübernimmt: jedoch kann dieses alsdann nicht unmittelbar, sondern nur mittelst Uebersetzung des Inhalts in eine Allegorie geschehn, in deren Gewand gehüllt nunmehr der ursprüngliche, prophetische Traum ins wachende Bewußtseyn gelangt, wo er folglich dann noch der Auslegung, Deutung, bedarf. Dies also ist die andere und häufigere Art der fatidiken Träume, die a l l e - g o r i s c h e. Beide Arten hat schon A r t e m i d o r o s in seinem Oneirokritikon, dem ältesten der Traumbücher, unterschieden und der ersteren Art den Namen der t h e o r e m a t i - s c h e n gegeben. In dem Bewußtseyn der stets vorhandenen Möglichkeit des oben dargelegten Herganges hat der keineswes zufällige, oder angekünstelte, sondern dem Menschen natürliche Hang, über die Bedeutung gehabter Träume zu grübeln, seinen Grund: aus ihm entsteht, wenn er gepflegt und methodisch ausgebildet wird, die Oneiromantik [Traumdeutung]. Allein diese fügt die Voraussetzung hinzu, daß die Vorgänge im Traum eine feststehende, ein für alle Mal geltende Bedeutung hätten, über welche sich daher ein Lexikon machen ließe. Solches ist aber nicht der Fall: vielmehr ist die Allegorie dem jedesmaligen Objekt und Subjekt des dem allegorischen Traume zum Grunde liegenden theorematischen Traumes eigens und individuell angepaßt. Daher eben ist die Auslegung der allegorischen fatidiken

und was damit zusammenhängt. 279

Träume größtentheils so schwer, daß wir sie meistens erst, nachdem ihre Verkündigung eingetroffen ist, verstehn, dann aber die ganz eigenthümliche, dem Träumenden sonst völlig fremde, dämonische Schalkhaftigkeit des Witzes, mit welchem die Allegorie angelegt und ausgeführt worden, bewundern müssen: daß wir aber bis dahin diese Träume im Gedächtniß behalten, ist Dem zuzuschreiben, daß sie durch ihre ausgezeichnete Anschaulichkeit, ja Leibhaftigkeit, sich tiefer einprägen, als die übrigen. Allerdings wird Uebung und Erfahrung auch der Kunst, die Träume auszulegen, förderlich seyn. Aber nicht Schuberts bekanntes Buch, an welchem nichts taugt, als bloß der Titel, sondern der alte Artemidoros ist es, aus dem man wirklich die »S y m b o l i k d e s T r a u m e s« kennen lernen kann, zumal aus seinen zwei letzten Büchern, wo er an Hunderten von Beispielen uns die Art und Weise, die Methode und den Humor, faßlich macht, deren unsere träumende Allwissenheit sich bedient, um, wo möglich, unserer wachenden Unwissenheit Einiges beizubringen. Dies ist nämlich aus seinen Beispielen viel besser zu erlernen, als aus seinen vorhergängigen Theoremen und Regeln darüber.† Daß auch Shakespeare den besagten Humor der Sache vollkommen gefaßt hatte, zeigt er im Heinrich VI., Th. II, Akt 3, Sc. 2, wo, auf die ganz unerwartete Nachricht vom plötzlichen Tode des Herzogs von Gloster, der schurkische Kardinal Beaufort, der am besten weiß, wie es darum steht, ausruft: »Geheimnißvolles Gericht Gottes! mir träumte diese Nacht, der Herzog wäre stumm und könnte kein Wort reden.«

Hier nun ist die wichtige Bemerkung einzuschalten, daß wir das dargelegte Verhältniß zwischen dem theorematischen und dem ihn wiedergebenden allegorischen fatidiken Traume sehr genau wiederfinden in den Aussprüchen der alten griechischen Orakel. Auch diese nämlich, eben wie die fatidiken Träume, geben sehr selten ihre Aussage direkt und *sensu proprio,* sondern hüllen sie in eine Allegorie, die der Auslegung bedarf, ja, oft erst, nachdem das Orakel in Erfüllung gegangen, verstanden wird, eben wie auch die allegorischen Träume. Aus zahlreichen Belegen führe ich, bloß zur Bezeichnung der Sache an, daß z. B. im Herodot, III, 57, der Orakelspruch der Pythia die Siphner

---

† Allegorische Wahrträume des Schultheißen Textor erzählt Goethe »Aus meinem Leben« [*Dichtung und Wahrheit*], Buch 1, gegen Ende.

vor der hölzernen Schaar und dem rothen Herold warnt, worunter ein Samisches, einen Sendboten tragendes und roth angestrichenes Schiff zu verstehn war; was jedoch die Siphner weder sogleich, noch als das Schiff kam, verstanden haben, sondern erst hinterher. Ferner, im IV. Buch, Kap. 163, verwarnt das Orakel der Pythia den König Arkesilaos von Kyrene, daß wenn er den Brennofen voller Amphoren finden würde, er diese nicht ausbrennen, sondern fortschicken solle. Aber erst, nachdem er die Rebellen, welche sich in einen Thurm geflüchtet hatten, in und mit diesem verbrannt hatte, verstand er den Sinn des Orakels, und ihm ward Angst. Die vielen Fälle dieser Art deuten entschieden darauf hin, daß den Aussprüchen des Delphischen Orakels künstlich herbeigeführte fatidike Träume zum Grunde lagen, und daß diese bisweilen bis zum deutlichsten Hellsehn gesteigert werden konnten, worauf dann ein direkter, *sensu proprio* redender Ausspruch erfolgte, bezeugt die Geschichte vom Krösus (Herodot I, 47, 48), der die Pythia dadurch auf die Probe stellte, daß seine Gesandten sie befragen mußten, was er gerade jetzt, am hundertsten Tage seit ihrer Abreise, fern von ihr in Lydien, vornähme und thäte: worauf sie genau und richtig aussagte, was Keiner als der König selbst wußte, daß er eigenhändig in einem ehernen Kessel mit ehernem Deckel Schildkröten- und Hammelfleisch zusammen koche. – Der angegebenen Quelle der Orakelsprüche der Pythia entspricht es, daß man sie auch medicinisch, wegen körperlicher Leiden konsultirte: davon ein Beispiel bei Herodot IV, 155.

Dem oben Gesagten zufolge sind die t h e o r e m a t i - s c h e n fatidiken Träume der höchste und seltenste Grad des Vorhersehns im natürlichen Schlafe, die a l l e g o r i s c h e n der zweite, geringere. An diese nun schließt sich noch, als letzter und schwächster Ausfluß der selben Quelle, die bloße A h n - d u n g , das Vorgefühl. Dasselbe ist öfter trauriger, als heiterer Art; weil eben des Trübsals im Leben mehr ist, als der Freude. Eine finstere Stimmung, eine ängstliche Erwartung des Kommenden, hat sich, nach dem Schlafe, unserer bemächtigt, ohne daß eine Ursache dazu vorläge. Dies ist, der obigen Darstellung gemäß, daraus zu erklären, daß jenes Uebersetzen des im tiefsten Schlafe dagewesenen, theorematischen, wahren, Unheil verkündenden Traumes, in einen allegorischen des leichteren Schlafs nicht gelungen und daher von jenem nichts im Bewußtseyn

und was damit zusammenhängt. 281

zurückgeblieben ist, als sein Eindruck auf das Gemüth, d. h. den W i l l e n selbst, diesen eigentlichen und letzten Kern des Menschen. Dieser Eindruck klingt nun nach, als weissagendes Vorgefühl, als finstere Ahndung. Bisweilen wird jedoch diese sich unserer erst dann bemächtigen, wann die ersten, mit dem im theorematischen Traume gesehenen Unglück zusammenhängenden Umstände in der Wirklichkeit eintreten, z. B. wann Einer das Schiff, welches untergehn soll, zu besteigen im Begriffe steht, oder wann er sich dem Pulverthurm, der auffliegen soll, nähert: schon Mancher ist dadurch, daß er alsdann der plötzlich aufsteigenden bangen Ahndung, der ihn befallenden innern Angst, Folge leistete, gerettet worden. Wir müssen dies daraus erklären, daß aus dem theorematischen Traume, obwohl er vergessen ist, doch eine schwache Reminiscenz, eine dumpfe Erinnerung übrig geblieben, die zwar nicht vermag ins deutliche Bewußtseyn zu treten, aber deren Spur aufgefrischt wird durch den Anblick eben der Dinge, in der Wirklichkeit, die im vergessenen Traume so entsetzlich auf uns gewirkt hatten. Dieser Art war auch das Dämonion des Sokrates, jene innere Warnungsstimme, die ihn, sobald er irgend etwas Nachtheiliges zu unternehmen sich entschließen wollte, davon abmahnte, immer jedoch nur ab-, nie zurathend. Eine unmittelbare Bestätigung der dargelegten Theorie der Ahndungen ist nur vermittelst des magnetischen Somnambulismus möglich, als welcher die Geheimnisse des Schlafes ausplaudert. Demgemäß finden wir eine solche in der bekannten »Geschichte der Auguste Müller zu Karlsruhe« S. 78. »Den 15. December ward die Somnambule, in ihrem nächtlichen (magnetischen) Schlaf, eines unangenehmen, sie betreffenden Vorfalls inne, der sie sehr niederbeugte. Sie bemerkte zugleich: sie werde den ganzen folgenden Tag ängstlich und beklommen seyn, ohne zu wissen warum.« – Ferner giebt eine Bestätigung dieser Sache der in der »Seherin von Prevorst« (erste Aufl. Bd. 2. S. 73, – 3. Aufl. S. 325) erzählte Eindruck, den gewisse, auf die somnambulen Vorgänge sich beziehende Verse, im Wachen, auf die von jenen jetzt nichts wissende Seherin machten. Auch in K i e s e r s »Tellurismus«, § 271, findet man Thatsachen, die auf diesen Punkt Licht werfen.

Hinsichtlich alles Bisherigen ist es sehr wichtig, folgende Grundwahrheit wohl zu fassen und festzuhalten. Der magnetische Schlaf ist nur eine Steigerung des natürlichen; wenn man

will, eine höhere Potenz desselben: es ist ein ungleich tieferer
Schlaf. Diesem entsprechend ist das Hellsehn nur eine Steigerung
des Träumens: es ist ein beständiges W a h r t r ä u m e n , welches aber hier von außen gelenkt und worauf man will gerichtet
werden kann. Drittens ist denn auch die, in so vielen Krank-
heitsfällen bewährte, unmittelbar heilsame Einwirkung des
Magnetismus nichts anderes, als eine Steigerung der natürlichen
Heilkraft des Schlafs in allen. Ist doch dieser das wahre große
Panakeion [Allheilmittel], und zwar dadurch, daß allererst mittelst seiner die Lebenskraft, der animalischen Funktionen
entledigt, völlig frei wird, um jetzt mit ihrer ganzen Macht als *vis
naturae medicatrix* [Heilkraft der Natur] aufzutreten und in
dieser Eigenschaft alle im Organismus eingerissenen Unordnungen wieder ins rechte Gleis zu bringen; weshalb auch überall das
gänzliche Ausbleiben des Schlafes keine Genesung zuläßt. Dies
nun aber leistet der ungleich tiefere, magnetische Schlaf in viel
höherem Grade; daher er auch, wann er, um große, bereits chro-
nische Uebel zu heben, von selbst eintritt, bisweilen mehrere
Tage anhält, wie z. B. in dem vom Grafen S z a p á r y ver-
öffentlichten Fall (»Ein Wort üb. anim. Magn.« Leipzig 1840);
ja, in Rußland einst eine schwindsüchtige Somnambule, in der
allwissenden Krise, ihrem Arzte befahl, sie auf 9 Tage in Schein-
tod zu versetzen, während welcher Zeit alsdann ihre Lunge völliger Ruhe genoß und dadurch heilte, so daß sie vollkommen
genesen erwacht ist. Da nun aber das Wesen des Schlafs in der
Unthätigkeit des Cerebralsystems besteht und sogar seine Heil-
samkeit gerade daraus entspringt, daß dasselbe, mit seinem ani-
malen Leben, jetzt keine Lebenskraft mehr beschäftigt und verzehrt, diese daher sich jetzt gänzlich dem organischen Leben
zuwenden kann; so könnte es als seinem Hauptzweck widersprechend erscheinen, daß gerade im magnetischen Schlafe bisweilen eine überschwänglich gesteigerte Erkenntnißkraft hervortritt, die, ihrer Natur nach, doch irgendwie eine Gehirnthätigkeit seyn muß. Allein zuvörderst müssen wir uns erinnern, daß
dieser Fall nur eine seltene Ausnahme ist. Unter 20 Kranken,
auf die der Magnetismus überhaupt wirkt, wird nur Einer som-
nambul, d. h. vernimmt und spricht im Schlafe, und unter 5
Somnambulen wird kaum Einer hellsehend (nach *Deleuze, hist.
crit. du magn. Paris 1813. Vol. 1, p. 138*). Wann der Magnetismus
ohne einzuschläfern heilsam wirkt, so ist es bloß dadurch, daß er

und was damit zusammenhängt. 283

die Heilkraft der Natur weckt und auf den leidenden Theil hinlenkt. Außerdem aber ist seine Wirkung zunächst nur ein überaus tiefer Schlaf, welcher traumlos ist, ja, das Cerebralsystem dermaaßen depotenzirt, daß weder Sinneseindrücke, noch Verletzungen irgend gefühlt werden; daher denn auch derselbe auf das Wohlthätigste benutzt worden ist zu chirurgischen Operationen, aus welchem Dienste jedoch das Chloroform ihn verdrängt hat. Zum Hellsehn, dessen Vorstufe der Somnambulismus, oder das Schlafreden ist, läßt die Natur es eigentlich nur dann kommen, wann ihre b l i n d w i r k e n d e Heilkraft zur Beseitigung der Krankheit nicht ausreicht, sondern es der Hülfsmittel von außen bedarf, welche nunmehr, im hellsehenden Zustande, vom Patienten selbst richtig verordnet werden. Also zu diesem Zwecke des Selbstverordnens bringt sie das Hellsehn hervor: denn *natura nihil facit frustra* [die Natur tut nichts vergebens]. Ihr Verfahren hierin ist dem analog und verwandt, welches sie im Großen, bei der ersten Hervorbringung der Wesen, befolgt hat, als sie den Schritt vom Pflanzen- zum Thierreich that: nämlich für die Pflanzen hatte noch die Bewegung auf bloße R e i z e ausgereicht; jetzt aber machten speciellere und komplicirtere Bedürfnisse, deren Gegenstände aufzusuchen, auszuwählen, ja, zu überwältigen, oder gar zu überlisten waren, die Bewegung auf M o t i v e und daher die E r k e n n t n i ß, in vielfach abgestuften Graden, nöthig, welche demgemäß der eigentliche Charakter der Thierheit ist, das dem Thiere nicht zufällig, sondern wesentlich Eigene, das, was wir im Begriff des T h i e r e s nothwendig denken. Ich verweise hierüber auf mein Hauptwerk Bd. 1. S. 170 ff. [Bd. 1 uns. Ausg., S. 202 f.]; ferner auf meine Ethik, S. 33 [Bd. vi, S. 70 f.] und auf den »Willen in der Natur« S. 54 ff. u. 70-78 [Bd. v, S. 246 f. u. 265-72]. Also im einen, wie im andern Falle zündet die Natur sich ein Licht an, um so die Hülfe, deren der Organismus v o n a u ß e n bedarf, aufsuchen und herbeischaffen zu können. Die Lenkung der nun also ein Mal entwickelten Sehergabe der Somnambule auf andere Dinge, als ihren eigenen Gesundheitszustand, ist bloß ein accidenteller Nutzen, ja, eigentlich schon ein Mißbrauch derselben. Ein solcher ist es auch, wenn man eigenmächtig, durch lange fortgesetztes Magnetisiren, Somnambulismus und Hellsehn, gegen die Absicht der Natur, hervorruft. Wo diese hingegen wirklich erfordert sind, bringt die Natur sie nach kurzem Magnetisiren, ja, bisweilen als spontanen Somnambulismus, ganz von selbst hervor. Sie treten alsdann auf, wie schon gesagt, als ein Wahrträumen, zunächst nur der unmittelbaren Umgebung, dann in weiterem Kreise und immer weiter, bis dasselbe, in den höchsten Graden des Hellsehns, alle Vorgänge auf Erden, wohin nur die Aufmerksamkeit gelenkt wird, erreichen kann, mitunter sogar in die Zukunft dringt. Mit diesen verschiedenen Stufen hält die Fähigkeit zur pathologischen Diagnose und zum therapeutischen Verordnen, zunächst für sich und abusive [regelwidrig] für Andere, gleichen Schritt.

Auch beim Somnambulismus im ursprünglichen und eigentlichsten Sinne, also dem krankhaften N a c h t w a n d e l n, tritt ein solches Wahrträumen ein, hier jedoch nur für den unmittelbaren Verbrauch, daher bloß auf die nächste Umgebung sich erstreckend; weil eben schon hiemit der Zweck der Natur, in diesem Fall, erreicht wird. In solchem Zustande nämlich hat nicht, wie im magnetischen Schlaf, im spontanen Somnambulismus und in der Katalepsie, die Lebenskraft, als *vis medicatrix* [Heilkraft], das animale Leben eingestellt, um auf das organische ihre ganze Macht verwenden und die darin eingerissenen Unordnungen aufheben zu können; sondern sie tritt hier, vermöge einer krankhaften Verstimmung, der am meisten das Alter der Pubertät unterworfen ist, als ein abnormes Uebermaaß von Irritabilität auf, dessen nun die Natur sich zu entladen strebt, welches bekanntlich durch Wandeln, Arbeiten, Klettern, bis zu den halsbrechendesten Lagen und den gefährlichsten Sprüngen, alles im Schlafe, geschieht: da ruft denn die Natur zugleich, als den Wächter dieser so gefährlichen Schritte, jenes räthselhafte Wahrträumen hervor, welches sich hier aber nur auf die nächste Umgebung erstreckt, da dieses hinreicht, den Unfällen vorzubeugen, welche die losgelassene Irritabilität, wenn sie blind wirkte, herbeiführen müßte. Dasselbe hat also hier nur den negativen Zweck, Schaden zu verhüten, während es beim Hellsehn den positiven hat, Hülfe von außen aufzufinden: daher der große Unterschied im Umfang des Gesichtskreises.

So geheimnißvoll die Wirkung des Magnetisirens auch ist, so ist doch soviel klar, daß sie zunächst im Einstellen der animalischen Funktionen besteht, indem die Lebenskraft vom Gehirn, welches ein bloßer Pensionär oder Parasit des Organismus ist, abgelenkt, oder vielmehr zurückgedrängt wird zum organischen

und was damit zusammenhängt.

Leben, als ihrer primitiven Funktion, weil jetzt daselbst ihre ungetheilte Gegenwart und ihre Wirksamkeit als *vis medicatrix* erfordert ist. Innerhalb des Nervensystems, also des ausschließlichen Sitzes alles irgend sensibeln Lebens, wird aber das organische Leben repräsentirt und vertreten durch den Lenker und Beherrscher seiner Funktionen, den sympathischen Nerven und dessen Ganglien; daher man den Vorgang auch als ein Zurückdrängen der Lebenskraft vom Gehirn zu diesem hin ansehn, überhaupt aber auch Beide als einander entgegengesetzte Pole auffassen kann, nämlich das Gehirn, nebst den ihm anhängenden Organen der Bewegung, als den positiven und bewußten Pol; den sympathischen Nerven, mit seinen Gangliengeflechten, als den negativen und unbewußten Pol. In diesem Sinne nun ließe sich folgende Hypothese über den Hergang beim Magnetisiren aufstellen. Es ist ein Einwirken des Gehirnpols (also des äußeren Nervenpols) des Magnetiseurs auf den g l e i c h n a - m i g e n des Patienten, wirkt demnach, dem allgemeinen Polaritätsgesetze gemäß, auf diesen r e p e l l i r e n d [zurücktreibend], wodurch die Nervenkraft auf den andern Pol des Nervensystems, den innern, das Bauchgangliensystem, zurückgedrängt wird. Daher sind Männer, als bei denen der Gehirnpol überwiegt, am tauglichsten zum Magnetisiren; hingegen Weiber, als bei denen das Gangliensystem vorwaltet, am tauglichsten zum Magnetisirtwerden und dessen Folgen. Wäre es möglich, daß das weibliche Gangliensystem eben so auf das männliche, also auch repellirend, einwirken könnte; so müßte, durch den umgekehrten Proceß, ein abnorm erhöhtes Gehirnleben, ein temporäres Genie, entstehn. Dies ist nicht ausführbar, weil das Gangliensystem nicht fähig ist, nach außen zu wirken. Hingegen ließe sich wohl als ein, durch Wirken u n g l e i c h n a m i g e r Pole auf einander, a t t r a h i r e n d e s Magnetisiren das B a q u e t [mit Wasser, Wasserflaschen, Eisen- und Glasstücken gefüllter Holzkübel] betrachten, so daß die mit demselben, durch zur Herzgrube gehende, eiserne Stäbe und wollene Schnüre, verbundenen sympathischen Nerven aller umhersitzenden Patienten, mit vereinter und durch die anorganische Masse des Baquets erhöhter Kraft wirkend, den einzelnen Gehirnpol eines jeden von ihnen an sich zögen, also das animale Leben depotenzirten, es untergehn lassend in den magnetischen Schlaf Aller; – dem Lotus zu vergleichen, der Abends sich in die Fluth versenkt. Diesem entspricht auch, daß, als man einst die Leiter des Baquets, statt an die Herzgrube, an den Kopf gelegt hatte, heftige Kongestion [Blutandrang] und Kopfschmerz die Folge war (Kieser, Tellurism., erste Aufl. Bd. 1, S. 439). Daß, im s i d e r i s c h e n Baquet, die bloßen, unmagnetisirten Metalle die selbe Kraft ausüben, scheint damit zusammenzuhängen, daß das Metall das Einfachste, Ursprünglichste, die tiefste Stufe der Objektivation des Willens, folglich dem Gehirn als der höchsten Entwickelung dieser Objektivation, gerade entgegengesetzt, also das von ihm Entfernteste ist, zudem die größte Masse im kleinsten Raum darbietet. Es ruft demnach den Willen zu seiner Ursprünglichkeit zurück und ist dem Gangliensystem verwandt, wie umgekehrt das Licht dem Gehirn: daher scheuen die Somnambulen die Berührung der Metalle mit den Organen des bewußten Pols. Das Metall- und Wasserfühlen der hiezu Organisirten findet ebenfalls darin seine Erklärung. – Wenn, beim gewöhnlichen, magnetisirten Baquet, das Wirkende die mit demselben verbundenen Gangliensysteme aller um dasselbe versammelten Patienten sind, welche, mit vereinter Kraft, die Gehirnpole herabziehn; so giebt Dies auch eine Anleitung zur Erklärung der Ansteckung des Somnambulismus überhaupt, wie auch der ihr verwandten Mittheilung der gegenwärtigen Aktivität des zweiten Gesichts, durch Anstoßen der damit Begabten unter einander, und der Mittheilung, folglich der Gemeinschaft, der Visionen überhaupt.

Wollte man aber von der obigen, die Polaritätsgesetze zum Grunde legenden Hypothese über den Hergang beim aktiven Magnetisiren eine noch kühnere Anwendung sich erlauben; so ließe sich daraus, wenn auch nur schematisch, ableiten, wie, in den höhern Graden des Somnambulismus, der Rapport [die Gemeinschaft mit dem Magnetiseur] so weit gehn kann, daß die Somnambule aller Gedanken, Kenntnisse, Sprachen, ja aller Sinnesempfindungen des Magnetiseurs theilhaft wird, also in seinem Gehirn gegenwärtig ist, während hingegen sein W i l l e unmittelbaren Einfluß auf sie hat und sie so sehr beherrscht, daß er sie fest bannen kann. Nämlich bei dem jetzt gebräuchlichsten Galvanischen Apparat, wo die beiden Metalle in zweierlei durch Thonwände getrennte Säuren eingesenkt sind, geht der positive Strohm, durch diese Flüssigkeiten hindurch, vom Zink zum Kupfer und dann außerhalb derselben, an der Elektrode, vom

und was damit zusammenhängt.   287

Kupfer zum Zink zurück. Diesem also analog gienge der positive Strohm der Lebenskraft, als Wille des Magnetiseurs, von dessen Gehirn zu dem der Somnambule, sie beherrschend und ihre, im Gehirn das Bewußtseyn hervorbringende Lebenskraft zurücktreibend zum sympathischen Nerven, also der Magengegend, ihrem negativen Pol: dann aber gienge der selbe Strohm von hier weiter in den Magnetiseur zurück, zu seinem positiven Pol, dem Gehirn desselben, woselbst er dessen Gedanken und Empfindungen antrifft, deren dadurch jetzt die Somnambule theilhaft wird. Das sind freilich sehr gewagte Annahmen: aber bei so durchaus unerklärten Dingen, wie die, welche hier unser Problem sind, ist jede Hypothese, die zu irgend einem, wenn auch nur schematischem, oder analogischem Verständniß derselben führt, zulässig.

Das überschwänglich Wunderbare und daher, bis es durch die Uebereinstimmung hundertfältiger, glaubwürdigster Zeugnisse bekräftigt war, schlechthin Unglaubliche des somnambulen Hellsehns, als welchem das Verdeckte, das Abwesende, das weit Entfernte, ja, das noch im Schooße der Zukunft Schlummernde offen liegt, verliert wenigstens seine absolute Unbegreiflichkeit, wenn wir wohl erwägen, daß, wie ich so oft gesagt habe, die objektive Welt ein bloßes Gehirnphänomen ist: denn die auf Raum, Zeit und Kausalität (als Gehirnfunktionen) beruhende Ordnung und Gesetzmäßigkeit desselben ist es, die im somnambulen Hellsehn in gewissem Grade beseitigt wird. Nämlich in Folge der Kantischen Lehre von der Idealität des Raumes und der Zeit begreifen wir, daß das Ding an sich, also das allein wahrhaft Reale in allen Erscheinungen, als frei von jenen beiden Formen des Intellekts, den Unterschied von Nähe und Ferne, von Gegenwart, Vergangenheit und Zukunft nicht kennt; daher die auf jenen Anschauungsformen beruhenden Trennungen sich nicht als absolute erweisen, sondern für die in Rede stehende, durch Umgestaltung ihres Organs im Wesentlichen veränderte Erkenntnißweise, keine unübersteigbare Schranken mehr darbieten. Wären hingegen Zeit und Raum absolut real und dem Wesen an sich der Dinge angehörig; dann wäre allerdings jene Sehergabe der Somnambulen, wie überhaupt alles Fernsehn und Vorhersehn, ein schlechthin unbegreifliches Wunder. Andererseits erhält sogar, durch die hier in Rede stehenden Thatsachen, Kants Lehre gewissermaaßen eine faktische Bestätigung. Denn, ist die Zeit keine Bestimmung des eigentlichen Wesens der Dinge; so ist, hinsichtlich auf dieses, Vor und Nach ohne Bedeutung: demgemäß also muß eine Begebenheit eben so wohl erkannt werden können, ehe sie geschehn, als nachher. Jede Mantik [Wahrsagekunst], sei es im Traum, im somnambulen Vorhersehn, im zweiten Gesicht, oder wie noch etwan sonst, besteht nur im Auffinden des Wegs zur Befreiung der Erkenntniß von der Bedingung der Zeit. – Auch läßt die Sache sich in folgendem Gleichniß veranschaulichen. D i n g a n s i c h ist das *primum mobile* [erste Bewegende] in dem Mechanismus, der dem ganzen, komplicirten und bunten Spielwerk dieser Welt seine Bewegung ertheilt. Jenes muß daher von anderer Art und Beschaffenheit seyn, als dieses. Wir sehn wohl den Zusammenhang der einzelnen Theile des Spielwerks, in den absichtlich zu Tage gelegten Hebeln und Rädern (Zeitfolge und Kausalität): aber Das, was diesen allen die e r s t e Bewegung ertheilt, sehn wir nicht. Wenn ich nun lese, wie hellsehende Somnambulen das Zukünftige so lange vorher und so genau verkünden, so kommt es mir vor, als wären sie zu dem da hinten verborgenen Mechanismus gelangt, von dem Alles ausgeht, und woselbst daher schon jetzt und gegenwärtig Das ist, was äußerlich, d. h. durch unser optisches Glas Zeit gesehn, erst als künftig und kommend sich darstellt.

Ueberdies hat nun der selbe animalische Magnetismus, dem wir diese Wunder verdanken, uns auch ein unmittelbares Wirken des W i l l e n s auf Andere und in die Ferne auf mancherlei Weise beglaubigt: ein solches aber ist gerade der Grundcharakter Dessen, was der verrufene Namen der M a g i e bezeichnet. Denn diese ist ein von den kausalen Bedingungen des physischen Wirkens, also des Kontakts, im weitesten Sinne des Wortes, befreites, unmittelbares Wirken unsers Willens selbst; wie ich dies in einem eigenen Kapitel dargelegt habe in der Schrift »über den Willen in der Natur.« Das magische verhält sich daher zum physischen Wirken, wie die Mantik zur vernünftigen Konjektur [Vermutung]: es ist wirklich und gänzlich *actio in distans* [Wirkung in die Ferne], wie die ächte Mantik, z. B. das somnambule Hellsehn, *passio a distante* [Bewirktwerden aus der Ferne] ist. Wie in diesem die individuelle Isolation der Erkenntniß, so ist in jener die individuelle Isolation des Willens aufgehoben. In Beiden leisten wir daher unabhängig von den Beschränkungen,

und was damit zusammenhängt. 289

welche Raum, Zeit und Kausalität herbeiführen, was wir sonst und alltäglich nur unter diesen vermögen. In ihnen hat also unser innerstes Wesen, oder das Ding an sich, jene Formen der Erscheinung abgestreift und tritt frei von ihnen hervor. Daher ist auch die Glaubwürdigkeit der Mantik der der Magie verwandt und ist der Zweifel an Beiden stets zugleich gekommen und gewichen.

Animalischer Magnetismus, sympathetische Kuren, Magie, zweites Gesicht, Wahrträumen, Geistersehn und Visionen aller Art sind verwandte Erscheinungen, Zweige Eines Stammes, und geben sichere, unabweisbare Anzeige von einem Nexus [Zusammenhang] der Wesen, der auf einer ganz andern Ordnung der Dinge beruht, als die N a t u r ist, als welche zu ihrer Basis die Gesetze des Raumes, der Zeit und der Kausalität hat; während jene andere Ordnung eine tiefer liegende, ursprünglichere und unmittelbarere ist, daher vor ihr die ersten und allgemeinsten, weil rein formalen, Gesetze der N a t u r ungültig sind, demnach Zeit und Raum die Individuen nicht mehr trennen und die eben auf jenen Formen beruhende Vereinzelung und Isolation derselben nicht mehr der Mittheilung der Gedanken und dem unmittelbaren Einfluß des Willens unübersteigbare Gränzen setzt; so daß Veränderungen herbeigeführt werden auf einem ganz andern Wege, als dem der physischen Kausalität und der zusammenhängenden Kette ihrer Glieder, nämlich bloß vermöge eines auf besondere Weise an den Tag gelegten und dadurch über das Individuum hinaus potenzirten Willensaktes. Demgemäß ist der eigenthümliche Charakter sämmtlicher, hier in Rede stehender, animaler Phänomene *visio in distans et actio in distans* [Sehen in die Ferne und Wirken in die Ferne], sowohl der Zeit, als dem Raume nach.

Beiläufig gesagt, ist der wahre Begriff der *actio in distans* dieser, daß der Raum zwischen dem Wirkenden und dem Bewirkten, er sei voll oder leer, durchaus keinen Einfluß auf die Wirkung habe, – sondern es völlig einerlei sei, ob er einen Zoll, oder eine Billion Uranusbahnen beträgt. Denn, wenn die Wirkung durch die Entfernung irgend geschwächt wird; so ist es, entweder weil eine den Raum bereits füllende Materie dieselbe fortzupflanzen hat und daher, vermöge ihrer steten Gegenwirkung, sie, nach Maaßgabe der Entfernung, schwächt; oder auch, weil die Ursache selbst bloß in einer materiellen Ausströhmung besteht, die sich im Raum verbreitet und also desto mehr verdünnt, je größer dieser ist. Hingegen kann der leere Raum selbst auf keine Weise widerstehn und die Kausalität schwächen. Wo also die Wirkung, nach Maaßgabe ihrer Entfernung vom Ausgangspunkte der Ursache, abnimmt, wie die des Lichtes, der Gravitation, des Magneten u. s. w., da ist keine *actio in distans*; und eben so wenig da, wo sie durch die Entfernung auch nur verspätet wird. Denn das Bewegliche im Raum ist allein die Materie: diese müßte also der den Weg zurücklegende Träger einer solchen Wirkung seyn und demgemäß erst wirken, nachdem sie angekommen, mithin erst beim Kontakt, folglich nicht *in distans*.

Hingegen die hier in Rede stehenden und oben als Zweige eines Stammes aufgezählten Phänomene haben, wie gesagt, gerade die *actio in distans* und *passio a distante* zum specifischen Kennzeichen. Hiedurch aber liefern sie, wie auch schon erwähnt, zunächst eine so unerwartete, wie sichere f a k t i s c h e Bestätigung der Kantischen Grundlehre vom Gegensatz der Erscheinung und des Dinges an sich, und dem der Gesetze Beider. Die Natur und ihre Ordnung ist nämlich, nach K a n t , bloße Erscheinung: als den Gegensatz derselben sehn wir alle hier in Rede stehenden, magisch zu benennenden Thatsachen unmittelbar im Dinge an sich wurzeln und in der Erscheinungswelt Phänomene herbeiführen, die, gemäß den Gesetzen dieser, nie zu erklären sind, daher mit Recht geleugnet wurden, bis hundertfältige Erfahrung dies nicht länger zuließ. Aber nicht nur die Kantische, sondern auch meine Philosophie erhält durch die nähere Untersuchung dieser Thatsachen eine wichtige Bestätigung, in dem Fakto, daß in allen jenen Phänomenen das eigentliche Agens [treibende Kraft] allein der W i l l e ist; wodurch dieser sich als das Ding an sich kund giebt. Von dieser Wahrheit demnach, auf seinem empirischen Wege, ergriffen, betitelt ein bekannter Magnetiseur, der ungarische Graf S z a p á r y , welcher augenscheinlich von meiner Philosophie nichts, und vielleicht von aller nicht viel, weiß, in seiner Schrift »ein Wort über den animalischen Magnetismus«, Leipzig 1840, gleich die erste Abhandlung: »physische Beweise, daß d e r W i l l e das Princip alles geistigen und körperlichen Lebens sei.«

Ueberdies nun aber und davon ganz abgesehn, geben die besagten Phänomene jedenfalls eine faktische und vollkommen

und was damit zusammenhängt.

sichere Widerlegung nicht nur des Materialismus, sondern auch des Naturalismus, wie ich diesen, Kap. 17 des 2. Bandes meines Hauptwerkes, als die auf den Thron der Metaphysik gesetzte Physik geschildert habe; indem sie die Ordnung der N a t u r , welche die genannten beiden Ansichten als die absolute und einzige geltend machen wollen, nachweisen als eine rein phänomenale und demnach bloß oberflächliche, welcher das von ihren Gesetzen unabhängige Wesen der Dinge an sich selbst zum Grunde liegt. Die in Rede stehenden Phänomene aber sind, wenigstens vom philosophischen Standpunkt aus, unter allen Thatsachen, welche die gesammte Erfahrung uns darbietet, ohne allen Vergleich, die wichtigsten; daher sich mit ihnen gründlich bekannt zu machen die Pflicht jedes Gelehrten ist.

Diese Erörterung zu erläutern, diene noch folgende allgemeinere Bemerkung. Der Gespensterglaube ist dem Menschen angeboren: er findet sich zu allen Zeiten und in allen Ländern, und vielleicht ist kein Mensch ganz frei davon. Schon der große Haufe und das Volk, wohl aller Länder und Zeiten, unterscheidet N a t ü r l i c h e s u n d U e b e r n a t ü r l i c h e s , als zwei grundverschiedene, jedoch zugleich vorhandene Ordnungen der Dinge. Dem Uebernatürlichen schreibt er Wunder, Weissagungen, Gespenster und Zauberei unbedenklich zu, läßt aber überdies auch wohl gelten, daß überhaupt nichts durch und durch bis auf den letzten Grund natürlich sei, sondern die Natur selbst auf einem Uebernatürlichen beruhe. Daher versteht das Volk sich sehr wohl, wann es frägt: »Geht Das natürlich zu, oder nicht?« Im Wesentlichen fällt nun diese populäre Unterscheidung zusammen mit der Kantischen zwischen Erscheinung und Ding an sich; nur daß diese die Sache genauer und richtiger bestimmt, nämlich dahin, daß Natürliches und Uebernatürliches nicht zwei verschiedene und getrennte Arten von Wesen sind, sondern Eines und das Selbe, welches a n s i c h genommen übernatürlich zu nennen ist, weil erst indem es e r s c h e i n t , d. h. in die Wahrnehmung unsers Intellekts tritt und daher in dessen Formen eingeht, es als N a t u r sich darstellt, deren bloß phänomenale Gesetzmäßigkeit es eben ist, die man unter dem Natürlichen versteht. Ich nun wieder, meines Theils, habe nur K a n t s Ausdruck verdeutlicht, als ich die »Erscheinung« geradezu V o r s t e l l u n g genannt habe. Und wenn man nun noch beachtet, daß, so oft, in der Kritik der reinen Vernunft und den Prolegomenen, Kants Ding an sich aus dem Dunkel, in welchem er es hält, nur ein wenig hervortritt, es sogleich sich als das moralisch Zurechnungsfähige in uns, also als den W i l l e n zu erkennen giebt; so wird man auch einsehn, daß ich, durch Nachweisung des W i l l e n s als des Dinges an sich, ebenfalls bloß Kants Gedanken verdeutlicht und durchgeführt habe.

Der animalische Magnetismus ist, freilich nicht vom ökonomischen und technologischen, aber wohl vom philosophischen Standpunkt aus betrachtet, die inhaltschwerste aller jemals gemachten Entdeckungen; wenn er auch einstweilen mehr Räthsel aufgiebt, als löst. Er ist wirklich die praktische Metaphysik, wie schon Bako von Verulam die Magie definirt: er ist gewissermaaßen eine Experimentalmetaphysik: denn die ersten und allgemeinsten Gesetze der Natur werden von ihm beseitigt; daher er das sogar *a priori* für unmöglich Erachtete möglich macht. Wenn nun aber schon in der bloßen P h y s i k die Experimente und Thatsachen uns noch lange nicht die richtige Einsicht eröffnen, sondern hiezu die oft sehr schwer zu findende Auslegung derselben erfordert ist; wie viel mehr wird Dies der Fall seyn bei den mysteriösen Thatsachen jener empirisch hervortretenden Metaphysik! Die rationale, oder theoretische Metaphysik wird also mit derselben gleichen Schritt halten müssen, damit die hier aufgefundenen Schätze gehoben werden. Dann aber wird eine Zeit kommen, wo Philosophie, animalischer Magnetismus und die in allen ihren Zweigen beispiellos vorgeschrittene Naturwissenschaft gegenseitig ein so helles Licht auf einander werfen, daß Wahrheiten zu Tage kommen werden, welche zu erreichen man außerdem nicht hoffen durfte. Nur denke man hierbei nicht an die metaphysischen Aussagen und Lehren der Somnambulen: diese sind meistens armsälige Ansichten, entsprungen aus den von der Somnambule erlernten Dogmen und deren Mischung mit Dem, was sie im Kopf ihres Magnetiseurs vorfindet; daher keiner Beachtung werth.

Auch zu Aufschlüssen über die zu allen Zeiten so hartnäckig behaupteten, wie beharrlich geleugneten G e i s t e r e r s c h e i - n u n g e n sehn wir durch den Magnetismus den Weg geöffnet: allein ihn richtig zu treffen wird dennoch nicht leicht seyn; wiewohl er irgendwo in der Mitte liegen muß zwischen der Leichtgläubigkeit unsers sonst sehr achtungswerthen und verdienstvollen J u s t i n u s K e r n e r und der, jetzt wohl nur noch in

und was damit zusammenhängt. 293

England herrschenden, Ansicht, die keine andere, als eine mechanische Naturordnung zuläßt, um nur alles darüber Hinausgehende desto sicherer bei einem von der Welt ganz verschiedenen, persönlichen Wesen, welches nach Willkür mit ihr schaltet, unterbringen und koncentriren zu können. Die lichtscheue und mit unglaublicher Unverschämtheit jeder wissenschaftlichen Erkenntniß frech entgegentretende, daher unserm Welttheile nachgerade zum Skandal gereichende Englische Pfaffenschaft hat, durch ihr Hegen und Pflegen aller dem »kalten Aberglauben, den sie ihre Religion nennt« [nach Fürst Pückler, *Briefe eines Verstorbenen*], günstigen Vorurtheile und Anfeindung der ihm entgegenstehenden Wahrheiten, hauptsächlich Schuld an dem Unrecht, welches der animalische Magnetismus in England hat erleiden müssen, woselbst er nämlich, nachdem er schon 40 Jahre lang, in Deutschland und Frankreich, in Theorie und Praxis anerkannt gewesen, noch immer, ungeprüft, mit der Zuversicht der Unwissenheit, als plumpe Betrügerei verlacht und verdammt wurde: »Wer an den animalischen Magnetismus glaubt, kann nicht an Gott glauben« hat noch im Jahre 1850 ein junger englischer Pfaffe zu mir gesagt: *hinc illae lacrimae* [daher diese Tränen: Horaz, *epist.*, 1, 19]! Endlich hat dennoch auch auf der Insel der Vorurtheile und des Pfaffentruges der animalische Magnetismus sein Banner aufgepflanzt, zu abermaliger und glorreicher Bestätigung des *magna est vis veritatis, et praevalebit* [Groß ist die Macht der Wahrheit, und sie wird den Sieg behalten: Esra 4, 41], dieses schönen Bibelspruches, bei welchem jedes Anglikanische Pfaffenherz mit Recht für seine Pfründen zittert. Ueberhaupt ist es an der Zeit, Missionen der Vernunft, Aufklärung und Antipfäfferei nach England zu schicken, mit v. Bohlens und Straußens Bibelkritik in der einen, und der Kritik der reinen Vernunft in der andern Hand, um jenen, sich selbst *reverend* [›verehrungswürdige‹] schreibenden, hochmüthigsten und frechsten aller Pfaffen der Welt das Handwerk zu legen und dem Skandal ein Ende zu machen. Indessen dürfen wir in dieser Hinsicht das Beste von den Dampfschiffen und Eisenbahnen hoffen, als welche dem Austausch der Gedanken eben so förderlich sind, als dem der Waaren, wodurch sie der in England mit so verschmitzter Sorgfalt gepflegten, selbst die höhern Stände beherrschenden, pöbelhaften Bigotterie die größte Gefahr bereiten. Wenige nämlich lesen, aber Alle schwätzen, und dazu geben jene

Anstalten die Gelegenheit und Muße. Ist es doch nicht länger zu dulden, daß jene Pfaffen die intelligenteste und in fast jeder Hinsicht erste Nation Europa's durch die roheste Bigotterie zur letzten degradiren und sie dadurch v e r ä c h t l i c h machen; am wenigsten wenn man an das Mittel denkt, wodurch sie diesen Zweck erreicht haben, nämlich die Volkserziehung, die ihnen anvertraut war, so einzurichten, daß Zwei Drittel der Englischen Nation nicht lesen können. Dabei geht ihre Dummdreistigkeit so weit, daß sie sogar die ganz sichern, allgemeinen Resultate der G e o l o g i e in öffentlichen Blättern mit Zorn, Hohn und schaalem Spott angreifen; weil sie nämlich das Mosaische Schöpfungsmährchen in ganzem Ernst geltend machen wollen, ohne zu merken, daß sie in solchen Angriffen mit dem irdenen gegen den eisernen Topf schlagen.† – Uebrigens ist die eigentliche Quelle des skandalösen, volksbetrügenden Englischen Obskurantismus das Gesetz der Primogenitur [Erbfolge des Erstgeborenen], als welches der Aristokratie (im weitesten Sinne genommen) eine Versorgung der jüngern Söhne nothwendig macht: für diese nun ist, wenn sie weder zur Marine noch zur Armee taugen, das *Church-establishment* (charakteristischer Name), mit seinen 5 Millionen Pfund Einkünften, d i e V e r - s o r g u n g s a n s t a l t. Man verschafft nämlich dem Junker *a living* (auch sehr charakteristischer Name: eine Leberei) d. i. eine Pfarre, entweder durch Gunst oder für Geld: sehr häufig werden solche in den Zeitungen zum Verkauf, sogar in öffentlicher Auktion†† ausgeboten, wiewohl, Anstandshalber, nicht geradezu die Pfarre selbst, sondern das Recht, sie dies Mal zu vergeben *(the patronage)* verkauft wird: da aber dieser Handel vor der wirklichen Vakanz derselben abgeschlossen werden muß, fügt man, als zweckmäßigen Puff [Werbedreh], hinzu, der jetzige Pfarrer

---

† Die Engländer sind eine solche *matter of fact nation* [Tatsachen-Nation], daß wenn ihnen durch neuere historische und geologische Entdeckungen (z. B. die Pyramide des Cheops 1000 Jahr älter als die Sündfluth) das Faktische und Historische des Alten Testaments entzogen wird, ihre ganze Religion mit einstürzt in den Abgrund.

†† Im *Galignani* vom 12. Mai 1855 ist aus dem *Globe* angeführt, daß *the Rectory of Pewsey, Wiltshire* den 13. Juni 1855 öffentlich versteigert werden soll, und der *Galignani* vom 23. Mai 1855 giebt aus dem *Leader* und seitdem öfter eine ganze Liste von Pfarren, die zur Versteigerung angezeigt sind: bei jeder das Einkommen, die lokalen Annehmlichkeiten und das Alter des jetzigen Pfarrers. Denn gerade so wie die Officierstellen der Armee, sind auch die Pfarren der Kirche käuflich: was das für Officiere giebt, hat der Feldzug in der Krim zu Tage gebracht, und was für Pfarrer, lehrt die Erfahrung gleichfalls.

und was damit zusammenhängt. 295

sei schon z. B. 77 Jahre alt, wie man denn auch nicht verfehlt, die schöne Jagd- und Fischerei-Gelegenheit bei der Pfarre und das elegante Wohnhaus herauszustreichen. Es ist die frechste Simonie [Handel mit geistlichen Ämtern] auf der Welt. Hieraus begreift es sich, warum in der guten, will sagen vornehmen, Englischen Gesellschaft, jeder Spott über die Kirche und ihren kalten Aberglauben als schlechter Ton, ja, als eine Unanständigkeit betrachtet wird, nach der Maxime *quand le bon ton arrive, le bon sens se retire* [Wenn der gute Ton sich einstellt, zieht sich der gesunde Menschenverstand zurück]. So groß ist eben deshalb der Einfluß der Pfaffen in England, daß, zur bleibenden S c h a n d e   d e r   e n g l i s c h e n   N a t i o n , das von Thorwaldsen verfertigte Standbild B y r o n ' s , ihres, nach dem unerreichbaren Shakespeare, größten Dichters, nicht hat im Nationalpantheon der Westminsterabtei zu den übrigen großen Männern aufgestellt werden dürfen; weil eben Byron ehrenhaft genug gewesen ist, dem anglikanischen Pfaffenthum keine Koncessionen zu machen, sondern davon unbehindert seinen Gang zu gehn, während der mediokre Poet W o r d s - w o r t h , das häufige Ziel seines Spottes, richtig in der Westminsterkirche sein Standbild aufgestellt erhalten hat, im Jahre 1854. Die englische Nation signalisirt durch solche Niederträchtigkeit sich selbst *as a stultified and priestridden nation* [als eine verdummte und verpfaffte Nation]. Europa verhöhnt sie mit Recht. Jedoch wird es nicht so bleiben. Ein künftiges, weiseres Geschlecht wird Byron's Statue im Pomp nach der Westminsterkirche tragen. V o l t a i r e hingegen, der hundert Mal mehr als Byron gegen die Kirche geschrieben hat, ruht glorreich im französischen Pantheon, der S. Genovevakirche, glücklich einer Nation anzugehören, die sich nicht von Pfaffen naseführen und regieren läßt. Dabei bleiben die demoralisirenden Wirkungen des Pfaffentruges und der Bigotterie natürlich nicht aus. Demoralisirend muß es wirken, daß die Pfaffenschaft dem Volke vorlügt, die Hälfte aller Tugenden bestehe im Sonntagsfaulenzen und im Kirchengeplärr, und eines der größten Laster, welches den Weg zu allen andern bahne, sei das *Sabbathbreaking*, d. h. Nichtfaulenzen am Sonntage: daher sie auch, in den Zeitungen, die zu hängenden armen Sünder sehr oft die Erklärung abgeben lassen, aus dem *Sabbathbreaking*, diesem gräulichen Laster, sei ihr ganzer sündiger Lebenslauf entsprungen. Eben wegen besagter Versorgungsanstalt muß noch jetzt das unglückliche Irland, dessen Bewohner zu Tausenden verhungern, neben seinem eigenen katholischen, aus eigenen Mitteln und freiwillig von ihm bezahlten Klerus, eine nichtsthuende protestantische Klerisei, mit Erzbischof, 12 Bischöfen und einer Armee von *deans* [Dekanen] und *rectors* [Oberpfarrern] erhalten, wenn auch nicht direkt auf Kosten des Volks, sondern aus dem Kirchengut.

Ich habe bereits darauf aufmerksam gemacht, daß Traum, somnambules Wahrnehmen, Hellsehn, Vision, Zweites Gesicht und etwaniges Geistersehn, nah verwandte Erscheinungen sind. Das Gemeinsame derselben ist, daß wir, ihnen verfallen, eine sich objektiv darstellende Anschauung durch ein ganz anderes Organ, als im gewöhnlichen wachen Zustande, erhalten; nämlich nicht durch die äußern Sinne, dennoch aber ganz und genau eben so, wie mittelst dieser: ich habe solches demnach das T r a u m - o r g a n genannt. Was sie hingegen von einander unterscheidet, ist die Verschiedenheit ihrer Beziehung zu der durch die Sinne wahrnehmbaren, empirisch-realen Außenwelt. Diese nämlich ist beim Traum, in der Regel, gar keine, und sogar bei den seltenen fatidiken Träumen doch meistens nur eine mittelbare und entfernte, sehr selten eine direkte: hingegen ist jene Beziehung bei der somnambulen Wahrnehmung und dem Hellsehn, wie auch beim Nachtwandeln, eine unmittelbare und ganz richtige; bei der Vision und dem etwanigen Geistersehn eine problematische. – Nämlich das Schauen von Objekten im Traum ist anerkannt illusorisch, also eigentlich ein bloß subjektives, wie das in der Phantasie: die selbe Art der Anschauung aber wird, im Schlafwachen und im Somnambulismus, eine völlig und richtig objektive; ja, sie erhält im Hellsehn gar einen, den des Wachenden unvergleichbar weit übertreffenden Gesichtskreis. Wenn sie nun aber hier sich auf die Phantome der Abgeschiedenen erstreckt; so will man sie wieder bloß als ein subjektives Schauen gelten lassen. Dies ist indessen der Analogie dieser Fortschreitung nicht gemäß, und nur soviel läßt sich behaupten, daß jetzt Objekte geschaut werden, deren Daseyn durch die gewöhnliche Anschauung des dabei etwan gegenwärtigen Wachenden nicht beglaubigt wird; während auf der zunächst vorhergegangenen Stufe es solche waren, die der Wache erst in der Ferne aufzusuchen, oder der Zeit nach abzuwarten hat. Aus dieser Stufe nämlich kennen wir das Hellsehn als eine Anschauung, die

und was damit zusammenhängt.

sich auch auf Das erstreckt, was der wachen Gehirnthätigkeit nicht u n m i t t e l b a r zugänglich, dennoch aber real vorhanden und wirklich ist: wir dürfen daher jenen Wahrnehmungen, denen die wache Anschauung auch mittelst Zurücklegung eines Raumes oder einer Zeit nicht nachkommen kann, die objektive Realität wenigstens nicht sogleich und ohne Weiteres absprechen. Ja, der Analogie nach, dürften wir sogar vermuthen, daß ein Anschauungsvermögen, welches sich auf das wirklich Zukünftige und noch gar nicht Vorhandene erstreckt, auch wohl das einst Dagewesene, nicht mehr Vorhandene, als gegenwärtig wahrzunehmen fähig seyn könnte. Zudem ist noch nicht ausgemacht, daß die in Rede stehenden Phantome nicht auch in das wache Bewußtseyn gelangen können. Am häufigsten werden sie wahrgenommen im Zustande des Schlafwachens, also wo man die unmittelbare Umgebung und Gegenwart, wiewohl träumend, richtig erblickt: da nun hier Alles, was man sieht, objektiv real ist; so haben die darin auftretenden Phantome die Präsumtion der Realität zunächst für sich.

Nun aber lehrt überdies die Erfahrung, daß die Funktion des T r a u m o r g a n s , welche in der Regel den leichteren, gewöhnlichen, oder aber den tiefern magnetischen Schlaf zur Bedingung ihrer Thätigkeit hat, ausnahmsweise auch bei wachem Gehirne zur Ausübung gelangen kann, also daß jenes Auge, mit welchem wir die Träume sehn, auch wohl ein Mal im Wachen aufgehn kann. Alsdann stehn Gestalten vor uns, die denen, welche durch die Sinne ins Gehirn kommen, so täuschend gleichen, daß sie mit diesen verwechselt und dafür gehalten werden, bis sich ergiebt, daß sie nicht Glieder des jene Alle verknüpfenden, im Kausalnexus bestehenden Zusammenhangs der Erfahrung sind, den man unter dem Namen der Körperwelt begreift; was nun entweder sogleich, auf Anlaß ihrer Beschaffenheit, oder aber erst hinterher an den Tag kommt. Einer so sich darstellenden Gestalt nun wird, je nach Dem, worin sie ihre e n t f e r n t e r e Ursache hat, der Name einer Hallucination, einer Vision, eines zweiten Gesichts, oder einer Geistererscheinung zukommen. Denn ihre n ä c h s t e Ursache muß allemal im Innern des Organismus liegen, indem, wie oben gezeigt, eine von innen ausgehende Einwirkung es ist, die das Gehirn zu einer anschauenden Thätigkeit erregt, welche, es ganz durchdringend, sich bis auf die Sinnesnerven erstreckt, wodurch alsdann die sich so darstellenden Gestalten sogar Farbe und Glanz, auch Ton und Stimme der Wirklichkeit erhalten. Im Fall dies jedoch unvollkommen geschieht, werden sie nur schwach gefärbt, blaß, grau und fast durchsichtig erscheinen, oder auch wird, dem analog, wenn sie für das Gehör dasind, ihre Stimme verkümmert seyn, hohl, leise, heiser, oder zirpend klingen. Wenn der Seher derselben eine geschärfte Aufmerksamkeit auf sie richtet, pflegen sie zu verschwinden; weil die dem ä u ß e r n Eindrucke sich jetzt mit Anstrengung zuwendenden Sinne nun diesen wirklich empfangen, der, als der stärkere und in entgegengesetzter Richtung geschehend, jene ganze, von i n n e n kommende Gehirnthätigkeit überwältigt und zurückdrängt. Eben um diese Kollision zu vermeiden geschieht es, daß, bei Visionen, das innere Auge die Gestalten soviel wie möglich dahin projicirt, wo das äußere nichts sieht, in finstere Winkel, hinter Vorhänge, die plötzlich durchsichtig werden, und überhaupt in die Dunkelheit der Nacht, als welche bloß darum die Geisterzeit ist, weil Finsterniß, Stille und Einsamkeit, die äußern Eindrücke aufhebend, jener v o n i n n e n ausgehenden Thätigkeit des Gehirns Spielraum gestatten; so daß man, in dieser Hinsicht, dieselbe dem Phänomene der Phosphorescenz vergleichen kann, als welches auch durch Dunkelheit bedingt ist. In lauter Gesellschaft und beim Scheine vieler Kerzen ist die Mitternacht keine Geisterstunde. Aber die finstere, stille und einsame Mitternacht ist es; weil wir schon instinktmäßig in ihr den Eintritt von Erscheinungen fürchten, die sich als ganz äußerlich darstellen, wenn gleich ihre n ä c h s t e Ursache in uns selbst liegt: sonach fürchten wir dann eigentlich uns selbst. Daher nimmt wer den Eintritt solcher Erscheinungen befürchtet Gesellschaft zu sich.

Obgleich nun die Erfahrung lehrt, daß die Erscheinungen der ganzen hier in Rede stehenden Art allerdings im Wachen Statt haben, wodurch gerade sie sich von den Träumen unterscheiden; so bezweifele ich doch noch, daß dieses Wachen ein im strengsten Sinne vollkommenes sei; da schon die hiebei nothwendige Vertheilung der Vorstellungskraft des Gehirns zu heischen scheint, daß wenn das Traumorgan sehr thätig ist, dies nicht ohne einen Abzug von der normalen Thätigkeit, also nur unter einer gewissen Depotenzirung des wachen, nach außen gerichteten Sinnesbewußtseyns geschehn kann; wonach ich vermuthe, daß, während einer solchen Erscheinung, das zwar allerdings wache Bewußt-

und was damit zusammenhängt. 299

seyn doch gleichsam mit einem ganz leichten Flor überschleiert ist, wodurch es eine gewisse, wiewohl schwache, traumartige Färbung erhält. Hieraus wäre zunächst erklärlich, daß Die, welche wirklich dergleichen Erscheinungen gehabt haben, nie vor Schreck darüber gestorben sind; während hingegen falsche, künstlich veranstaltete Geistererscheinungen bisweilen diese Wirkung gehabt haben. Ja, in der Regel, verursachen die wirklichen Visionen dieser Art gar keine Furcht; sondern erst hinterher, beim Nachdenken darüber, stellt sich einiges Grausen ein: dies mag freilich auch daran liegen, daß sie, während ihrer Dauer, für leibhaftige Menschen gehalten werden, und erst hinterher sich zeigt, daß sie das nicht seyn konnten. Doch glaube ich, daß die Abwesenheit der Furcht, welche sogar ein charakteristisches Kennzeichen wirklicher Visionen dieser Art ist, hauptsächlich aus dem oben angegebenen Grunde entspringt, indem man, obwohl wach, doch von einer Art Traumbewußtseyn leicht umflort ist, also sich in einem Elemente befindet, dem der Schreck über unkörperliche Erscheinungen wesentlich fremd ist, eben weil in demselben das Objektive vom Subjektiven nicht so schroff geschieden ist, wie bei der Einwirkung der Körperwelt. Dies findet eine Bestätigung an der unbefangenen Art, mit welcher die Seherin von Prevorst ihres Geisterumganges pflegt: z. B. Bd. 2, S. 120 (erste Aufl.) läßt sie ganz ruhig einen Geist dastehn und warten, bis sie ihre Suppe gegessen hat. Auch sagt J. Kerner selbst, an mehreren Stellen (z. B. Bd. 1, S. 209), daß sie zwar wach zu seyn schien, aber es doch nie ganz war; was mit ihrer eigenen Aeußerung (Bd. 2, S. 11. 3. Aufl. S. 256), daß sie jedesmal, wenn sie Geister sehe, ganz wach sei, allenfalls noch zu vereinigen seyn möchte.

Von allen dergleichen, im wachen Zustande eintretenden Anschauungen mittelst des Traumorgans, welche uns völlig objektive und den Anschauungen mittelst der Sinne gleich kommende Erscheinungen vorhalten, muß, wie gesagt, die n ä c h - s t e Ursache stets im Innern des Organismus liegen, wo dann irgend eine ungewöhnliche Veränderung es ist, welche, mittelst des, dem Cerebralsystem schon verwandten vegetativen Nervensystems, also des sympathischen Nerven und seiner Ganglien, auf das Gehirn wirkt; durch welche Einwirkung nun aber dieses immer nur in die ihm natürliche und eigenthümliche Thätigkeit der objektiven, Raum, Zeit und Kausalität zur Form habenden, Anschauung versetzt werden kann, gerade so, wie durch die Einwirkung, welche von außen auf die Sinne geschieht; daher es diese seine normale Funktion jetzt ebenfalls ausübt. – Sogar aber dringt die nun so von innen erregte, anschauende Thätigkeit des Gehirns bis zu den Sinnesnerven durch, welche demnach jetzt ebenfalls von innen, wie sonst von außen, zu den ihnen specifischen Empfindungen angeregt, die erscheinenden Gestalten mit Farbe, Klang, Geruch u. s. w. ausstatten und dadurch ihnen die vollkommene Objektivität und Leibhaftigkeit des sinnlich Wahrgenommenen verleihen. Eine beachtenswerthe Bestätigung erhält diese Theorie der Sache durch folgende Angabe einer hellsehenden Somnambule H e i n e k e n s über die Entstehung der somnambulen Anschauung: »In der Nacht war ihr, nach einem ruhigen, natürlichen Schlafe, auf ein Mal deutlich geworden, das Licht entwickele sich aus dem Hinterkopfe, ströhme von da nach dem Vorderkopfe, komme dann zu den Augen, und mache nun die umstehenden Gegenstände sichtbar: durch dieses dem Dämmerlichte ähnliche Licht habe sie Alles um sich her deutlich gesehn und erkannt.« (Kiesers Archiv für d. thier. Magn. Bd. 2, Heft 3, S. 43.) Die dargelegte n ä c h s t e Ursache solcher im Gehirn von innen aus erregten Anschauungen muß aber selbst wieder eine haben, welche demnach die e n t f e r n t e r e Ursache jener ist. Wenn wir nun finden sollten, daß diese nicht jedesmal bloß im Organismus, sondern bisweilen auch außerhalb desselben zu suchen sei; so würde, in letzterem Fall, jenem Gehirnphänomene, welches, bis hieher, als so subjektiv wie die bloßen Träume, ja, nur als ein wacher Traum sich darstellt, die reale Objektivität, d. h. die wirkliche kausale Beziehung auf etwas außer dem Subjekt Vorhandenes, von einer ganz andern Seite aus, wieder gesichert werden, also gleichsam durch die Hinterthüre wieder hereinkommen. – Ich werde demnach jetzt die e n t f e r n t e r e n U r s a c h e n jenes Phänomens, so weit sie uns bekannt sind, aufzählen; wobei ich zunächst bemerke, daß, so lange diese allein i n n e r h a l b des Organismus liegen, das Phänomen mit dem Namen der H a l l u c i n a t i o n bezeichnet wird, diesen jedoch ablegt und verschiedene andere Namen erhält, wenn eine a u ß e r h a l b des Organismus liegende Ursache nachzuweisen ist, oder wenigstens angenommen werden muß.

1) Die häufigste Ursache des in Rede stehenden Gehirnphänomens sind heftige, akute Krankheiten, namentlich hitzige Fieber,

welche das Delirium herbeiführen, in welchem, unter dem Namen der Fieberphantasien, das besagte Phänomen allbekannt ist. Diese Ursache liegt offenbar bloß im Organismus, wenn gleich das Fieber selbst durch äußere Ursachen veranlaßt seyn mag.

2) Der W a h n s i n n ist keineswegs immer, aber doch bisweilen von Hallucinationen begleitet, als deren Ursache die ihn zunächst herbeiführenden, meistens im Gehirn, oft aber auch im übrigen Organismus vorhandenen krankhaften Zustände anzusehn sind.

3) In seltenen, glücklicherweise aber vollkommen konstatirten Fällen, entstehn, ohne daß Fieber, oder sonst akute Krankheit, geschweige Wahnsinn, vorhanden sei, Hallucinationen, als Erscheinungen menschlicher Gestalten, die den wirklichen täuschend gleichen. Der bekannteste Fall dieser Art ist der N i k o - l a i ' s , da er ihn 1799 der Berliner Akademie vorgelesen und diesen Vortrag auch besonders abgedruckt hat. Einen ähnlichen findet man im *Edinburgh Journal of Science, by Brewster, Vol. 4, N. 8, Oct. – April 1831,* und mehrere andere liefert *Brierre de Boismont, des hallucinations, 1845, deuxième édit. 1852,* ein für den gesammten Gegenstand unserer Untersuchung sehr brauchbares Buch, auf welches ich daher mich öfter beziehn werde. Zwar giebt dasselbe keineswegs eine tief eingehende Erklärung der dahin gehörigen Phänomene, sogar hat es leider nicht ein Mal wirklich, sondern bloß scheinbar, eine systematische Anordnung; jedoch ist es eine sehr reiche, auch mit Umsicht und Kritik gesammelte Kompilation aller in unser Thema irgend einschlagenden Fälle. Zu dem speciellen Punkte, den wir soeben betrachten, gehören darin besonders die *Observations 7, 13, 15, 29, 65, 108, 110, 111, 112, 114, 115, 132.* Ueberhaupt aber muß man annehmen und erwägen, daß von den Thatsachen, welche dem gesammten Gegenstande der gegenwärtigen Betrachtung angehören, auf Eine öffentlich mitgetheilte tausend ähnliche kommen, deren Kunde nie über den engen Kreis ihrer unmittelbaren Umgebung hinausgelangt ist, aus verschiedenen Ursachen, die leicht abzusehn sind. Daher eben schleppt sich die wissenschaftliche Betrachtung dieses Gegenstandes seit Jahrhunderten, ja Jahrtausenden, mit wenigen einzelnen Fällen, Wahrträumen und Geistergeschichten, deren Gleiche seitdem hundert tausend Mal vorgekommen, aber nicht zur öffentlichen Kunde gebracht

und dadurch der Litteratur einverleibt worden sind. Als Beispiele jener, durch zahllose Wiederholung typisch gewordenen Fälle nenne ich nur den Wahrtraum, welchen Cicero *de div. I, 27,* erzählt, das Gespenst bei Plinius, in der *epistola ad Suram,* und die Geistererscheinung des Marsilius Ficinus, gemäß der Verabredung mit seinem Freunde Mercatus. – Was nun aber die unter gegenwärtiger Nummer in Betrachtung genommenen Fälle betrifft, deren Typus Nikolai's Krankheit ist; so haben sie sich sämmtlich als aus rein körperlichen, gänzlich im Organismus selbst gelegenen, abnormen Ursachen entsprungen erwiesen, sowohl durch ihren bedeutungslosen Inhalt und das Periodische ihrer Wiederkehr, als auch dadurch, daß sie therapeutischen Mitteln, besonders Blutentziehungen, allemal gewichen sind. Sie gehören also ebenfalls zu den bloßen Hallucinationen, ja, sind im eigentlichsten Sinne so zu nennen.

4) Denselben reihen sich nun zunächst gewisse, ihnen übrigens ähnliche Erscheinungen objektiv und äußerlich dastehender Gestalten an, welche sich jedoch durch einen, eigens für den Seher bestimmten, bedeutsamen und zwar meistens sinistern [unheilvollen] Charakter unterscheiden, und deren reale Bedeutsamkeit meistens durch den bald darauf erfolgenden Tod Dessen, dem sie sich darstellten, außer Zweifel gesetzt wird. Als ein Muster dieser Art ist der Fall zu betrachten, den Walter Scott, *on demonology and witchcraft, letter 1,* erzählt, und den auch Brierre de Boismont wiederholt, von dem Justizbeamteten, welcher, Monate lang, erst eine Katze, darauf einen Ceremonienmeister, endlich ein Skelett leibhaftig stets vor sich sah, wobei er abzehrte und endlich starb. Ganz dieser Art ist ferner die Vision der M i ß L e e , welcher die Erscheinung ihrer Mutter ihren Tod auf Tag und Stunde richtig verkündet hat. Sie ist zuerst in Beaumont's *treatise on spirits* (1721 von Arnold ins Deutsche übersetzt) erzählt und danach in *Hibberts sketches of the philosophy of apparitions, 1824,* dann in *Hor. Welby's signs before death, 1825,* und findet sich gleichfalls in J. C. Hennings »von Geistern und Geistersehern,« 1780, endlich auch im Brierre de Boismont. Ein drittes Beispiel giebt die, in dem soeben erwähnten Buche von W e l b y (S. 156) erzählte Geschichte der Frau Stephens, welche, wachend, eine Leiche hinter ihrem Stuhle liegen sah und einige Tage darauf starb. Ebenfalls gehören hieher die Fälle des Sichselbstsehns, sofern sie bisweilen, wiewohl

und was damit zusammenhängt. 303

durchaus nicht immer, den Tod des sich Sehenden anzeigen. Einen sehr merkwürdigen und ungewöhnlich gut beglaubigten Fall dieser Art hat der Berliner Arzt F o r m e y aufgezeichnet, in seinem »Heidnischen Philosophen«: man findet ihn in Horst's Deuteroskopie, Bd. 1, S. 115, wie auch in dessen Zauberbibliothek Bd. 1, vollständig wiedergegeben. Doch ist zu bemerken, daß hier die Erscheinung eigentlich nicht von der sehr kurz darauf und unvermuthet gestorbenen Person selbst, sondern nur von ihren Angehörigen gesehn wurde. Von eigentlichem Sichselbstsehn berichtet einen von ihm selbst verbürgten Fall H o r s t im 2. Th. der Deuteroskopie, S. 138. Sogar G o e t h e erzählt, daß er sich selbst gesehn habe, zu Pferde und in einem Kleide, in welchem er 8 Jahre später, eben dort wirklich geritten sei. (»Aus meinem Leben« 11. Buch.) Diese Erscheinung hatte, beiläufig gesagt, eigentlich den Zweck, ihn zu trösten; indem sie ihn sich sehn ließ, wie er, die Geliebte, von der er soeben sehr schmerzlichen Abschied genommen, nach 8 Jahren wieder zu besuchen, des entgegengesetzten Weges geritten kam: sie lüftete ihm also auf einen Augenblick den Schleier der Zukunft, um ihm, in seiner Betrübniß, das Wiedersehn zu verkündigen. – Erscheinungen dieser Art sind nun nicht mehr bloße Hallucinationen, sondern V i s i o n e n. Denn sie stellen entweder etwas Reales dar, oder beziehn sich auf künftige, wirkliche Vorgänge. Daher sind sie im wachen Zustande Das, was im Schlafe die fatidiken Träume, welche, wie oben gesagt, am häufigsten sich auf den eigenen, besonders den ungünstigen, Gesundheitszustand des Träumenden beziehn; – während die bloßen Hallucinationen den gewöhnlichen, nichtsbedeutenden Träumen entsprechen.

Der Ursprung dieser b e d e u t u n g s v o l l e n V i s i o n e n ist darin zu suchen, daß jenes räthselhafte, in unserm Innern verborgene, durch die räumlichen und zeitlichen Verhältnisse nicht beschränkte und insofern allwissende, dagegen aber gar nicht ins gewöhnliche Bewußtseyn fallende, sondern für uns verschleierte Erkenntnißvermögen, – welches jedoch im magnetischen Hellsehn seinen Schleier abwirft, – ein Mal etwas dem Individuo sehr Interesssantes erspäht hat, von welchem nun der Wille, der ja der Kern des ganzen Menschen ist, dem cerebralen Erkennen gern Kunde geben möchte; was dann aber nur durch die ihm selten gelingende Operation möglich ist, daß er ein Mal das Traumorgan im w a c h e n Z u s t a n d e aufgehn läßt und so dem cerebralen Bewußtseyn, in anschaulichen Gestalten, entweder von direkter, oder von allegorischer Bedeutung, jene seine Entdeckung mittheilt. Dies war ihm in den oben kurz angeführten Fällen gelungen. Dieselben bezogen sich nun alle auf die Zukunft: doch kann auch ein eben jetzt Geschehendes auf diese Weise offenbart werden, welches jedoch alsdann natürlich nicht die eigene Person betreffen kann, sondern eine andere. So kann z. B. der eben jetzt erfolgende Tod meines entfernten Freundes mir dadurch kund werden, daß dessen Gestalt sich mir plötzlich, so leibhaftig wie die eines Lebenden, darstellt; ohne daß etwan hiebei der Sterbende selbst, durch seinen lebhaften Gedanken an mich, mitgewirkt zu haben braucht; wie Dieses hingegen in Fällen einer andern, weiter unten zu erörternden Gattung wirklich Statt hat. Auch habe ich Dieses hier nur erläuterungsweise beigebracht; da unter dieser Nummer eigentlich nur von den Visionen die Rede ist, welche sich auf den Seher derselben selbst beziehn und den ihnen analogen fatidiken Träumen entsprechen.

5) Nun wieder denjenigen fatidiken Träumen, welche sich nicht auf den eigenen Gesundheitszustand, sondern auf ganz äußerliche Begebenheiten beziehn, entsprechen gewisse, den obigen zunächst stehende Visionen, welche nicht die aus dem Organismus entspringenden, sondern die von außen uns bedrohenden Gefahren ankündigen, welche aber freilich oft über unsere Häupter vorüberziehn, ohne daß wir sie irgend gewahr würden; in welchem Fall wir die äußere Beziehung der Vision nicht konstatiren können. Visionen dieser Art erfordern, um s i c h t - b a r auszufallen, mancherlei Bedingungen, vorzüglich, daß das betreffende Subjekt die dazu eignende Empfänglichkeit habe. Wenn hingegen dieses, wie meistentheils, nur im niedrigeren Grade der Fall ist; so wird die Kundgebung bloß h ö r b a r ausfallen und dann sich durch mancherlei Töne manifestiren, am häufigsten durch Klopfen, welches besonders Nachts, meistens gegen Morgen, einzutreten pflegt und zwar so, daß man erwacht und gleich darauf ein sehr starkes und die völlige Deutlichkeit der Wirklichkeit habendes Klopfen an der Thüre des Schlafgemachs vernimmt. Zu sichtbaren Visionen, und zwar in allegorisch bedeutsamen Gestalten, die dann von denen der Wirklichkeit nicht zu unterscheiden sind, wird es am ersten dann kommen, wann eine sehr große Gefahr unser Leben bedrohet, oder

und was damit zusammenhängt. 305

aber auch wann wir einer solchen, oft ohne es gewiß zu wissen, glücklich entgangen sind; wo sie dann gleichsam Glück wünschen und anzeigen, daß wir jetzt noch viele Jahre vor uns haben. Endlich aber werden dergleichen Visionen auch eintreten, ein unabwendbares Unglück zu verkünden: dieser letztern Art war die bekannte Vision des Brutus vor der Schlacht bei Philippi, sich darstellend als sein böser Genius; wie auch die ihr sehr ähnliche des Kassius Parmensis, nach der Schlacht bei Aktium, welche Valerius Maximus ([*Factorum et dictorum memorabilium*] *Lib. I, c. 7,* § *7*) erzählt. Ueberhaupt vermuthe ich, daß die Visionen dieser Gattung ein Hauptanlaß zum Mythos der Alten von dem Jedem beigegebenen Genius, so wie der Christlichen Zeiten vom *Spiritus familiaris* [Schutzgeist] gewesen sind. In den mittlern Jahrhunderten suchte man sie durch die Astralgeister [Sternengeister] zu erklären, wie dies die in der vorhergehenden Abhandlung beigebrachte Stelle des Theophr. Paracelsus bezeugt: »Damit aber das Fatum wohl erkannt werde, ist es also, daß jeglicher Mensch einen Geist hat, der außerhalb ihm wohnt und setzt seinen Stuhl in die obern Sterne. Derselbige gebraucht die Bossen [Gips-, Ton-, Wachs-Modelle] seines Meisters. Derselbige ist der, der da die Präsagia [Vorzeichen] demselbigen vorzeigt und nachzeigt: denn sie bleiben nach diesem. Diese Geister heißen Fatum« [*Werke,* Straßburg 1603, Bd. 2, S. 36]. Im 17. und 18. Jahrhundert hingegen gebrauchte man, um diese, wie viele andere, Erscheinungen zu erklären, das Wort *spiritus vitales* [Lebensgeister], welches, da die Begriffe fehlten, sich zu rechter Zeit eingestellt hatte [nach *Faust I,* v. 1995 f.]. Die wirklichen entfernteren Ursachen der Visionen dieser Art können, wenn dieser ihre Beziehung auf äußere Gefahren konstatirt ist, offenbar nicht bloß im Organismus liegen: wie weit wir die Art ihrer Verbindung mit der Außenwelt uns faßlich zu machen vermögen werde ich weiterhin untersuchen.

6) Visionen, welche gar nicht mehr den Seher derselben betreffen und dennoch künftige, kürzere oder längere Zeit darauf eintretende Begebenheiten, genau und oft nach allen ihren Einzelheiten, unmittelbar darstellen, sind die jener seltenen Gabe, die man *second sight,* d a s z w e i t e G e s i c h t, oder Deuteroskopie nennt, eigenthümlichen. Eine reichhaltige Sammlung der Berichte darüber enthält Horst's Deuteroskopie, 2 Bände, 1830: auch findet man neuere Thatsachen dieser Gat-

tung in verschiedenen Bänden des Kieser'schen Archivs für thierischen Magnetismus. Die seltsame Fähigkeit zu Visionen dieser Art ist keineswegs ausschließlich in Schottland und Norwegen zu finden, sondern kommt, namentlich in Bezug auf Todesfälle, auch bei uns vor; worüber man Berichte in Jung-Stillings Theorie der Geisterkunde § 153 u. s. f. findet. Auch die berühmte Prophezeiung des C a z o t t e scheint auf so etwas zu beruhen. Sogar auch bei den Negern der Wüste Sahara findet das zweite Gesicht sich häufig vor. (S. *James Richardson, narrative of a mission to Central Africa, London 1853.*) Ja, schon im Homer finden wir *(Od[yssee], XX, 351–57)* eine wirkliche Deuteroskopie dargestellt, die sogar eine seltsame Aehnlichkeit mit der Geschichte des Cazotte hat. Desgleichen wird eine vollkommene Deuteroskopie von Herodot erzählt, *L. VIII, c. 65.* – In diesem zweiten Gesicht also erreicht die, hier wie immer zunächst aus dem Organismus entspringende Vision den höchsten Grad von objektiver, realer Wahrheit und verräth dadurch eine von der gewöhnlichen, physischen, gänzlich verschiedene Art unserer Verbindung mit der Außenwelt. Sie geht, als wachender Zustand, den höchsten Graden des somnambulen Hellsehns parallel. Eigentlich ist sie ein vollkommenes W a h r t r ä u m e n i m W a c h e n , oder wenigstens in einem Zustande, der mitten im Wachen auf wenige Augenblicke eintritt. Auch ist die Vision des zweiten Gesichts, eben wie die Wahrträume, in vielen Fällen nicht theorematisch, sondern allegorisch, oder symbolisch, jedoch, was höchst merkwürdig ist, nach feststehenden, bei allen Sehern in gleicher Bedeutung eintretenden Symbolen, die man im erwähnten Buche von Horst, Bd. 1, S. 63–69, wie auch in Kiesers Archiv, Bd. VI, 3, S. 105–108 specificirt findet.

7) Zu den eben betrachteten, der Zukunft zugekehrten Visionen liefern nun das Gegenstück diejenigen, welche das Vergangene, namentlich die Gestalten ehemals lebender Personen, vor das im Wachen aufgehende Traumorgan bringen. Es ist ziemlich gewiß, daß sie veranlaßt werden können durch die in der Nähe befindlichen Ueberreste der Leichen derselben. Diese sehr wichtige Erfahrung, auf welche eine Menge Geistererscheinungen zurückzuführen sind, hat ihre solideste und ungemein sichere Beglaubigung an einem Briefe vom Prof. Ehrmann, dem Schwiegersohne des Dichters P f e f f e l , welcher *in extenso* [vollständig] gegeben wird in Kiesers Archiv Bd. 10, H. 3,

und was damit zusammenhängt.

S. 151 ff.: Auszüge daraus aber findet man in vielen Büchern, z. B. in F. Fischer's Somnambulismus, Bd. 1, S. 246. Jedoch auch außerdem wird dieselbe durch viele Fälle, welche auf sie zurückzuführen sind, bestätigt: von diesen will ich hier nur einige anführen. Zunächst nämlich gehört dahin die in eben jenem Briefe, und auch aus guter Quelle, mitgetheilte Geschichte vom Pastor Lindner, welche ebenfalls in vielen Büchern wiederholt worden ist, unter andern in der Seherin von Prevorst (Bd. 2, S. 98 der ersten und S. 356 der 3. Aufl.); ferner ist dieser Art eine in dem angeführten Buche Fischer's (S. 252) von diesem selbst, nach Augenzeugen, mitgetheilte Geschichte, die er zur Berichtigung eines kurzen, in der Seherin von Prevorst (S. 358 der 3. Aufl.) befindlichen Berichts darüber erzählt. Sodann in G. J. W e n z e l ' s »Unterhaltungen über die auffallendesten neuern Geistererscheinungen«, 1800, finden wir, gleich im ersten Kapitel, sieben solche Erscheinungsgeschichten, die sämmtlich die in der Nähe befindlichen Ueberreste der Todten zum Anlaß haben. Die Pfeffel'sche Geschichte ist die letzte darunter: aber auch die übrigen tragen ganz den Charakter der Wahrheit und durchaus nicht den der Erfindung. Auch erzählen sie alle nur ein bloßes Erscheinen der Gestalt des Verstorbenen, ohne allen weitern Fortgang, oder gar dramatischen Zusammenhang. Sie verdienen daher, hinsichtlich der Theorie dieser Phänomene, alle Berücksichtigung. Die rationalistischen Erklärungen, die der Verfasser dazu giebt, können dienen, die gänzliche Unzulänglichkeit solcher Auflösungen in helles Licht zu stellen. Hieher gehört ferner, im oben angeführten Buche des Brierre de Boismont, die 4. Beobachtung; nicht weniger manche der von den alten Schriftstellern uns überlieferten Geistergeschichten, z. B. die vom jüngern P l i n i u s *(L. VII, epist. 27)* erzählte, welche schon deshalb merkwürdig ist, daß sie so ganz den selben Charakter trägt, wie unzählige aus der neuern Zeit. Ihr ganz ähnlich, vielleicht sogar nur eine andere Version derselben, ist die, welche L u k i a n o s , im Philopseudes Kap. 31 vorträgt. Sodann ist dieser Art die Erzählung vom Damon, in Plutarchs erstem Kapitel des Kimon; ferner was Pausanias *(Attica I, 32)* vom Schlachtfelde bei Marathon berichtet; womit zu vergleichen ist, was B r i e r r e [de Boismont] S. 590 erzählt; endlich die Angaben des Suetonius im Kaligula, Kap. 59. Ueberhaupt möchten auf die in Rede stehende Erfahrung fast alle die Fälle zurückzuführen seyn, wo Geister stets an der selben Stelle erscheinen und der Spuk an eine bestimmte Lokalität gebunden ist, an Kirchen, Kirchhöfe, Schlachtfelder, Mordstätten, Hochgerichte und jene deshalb in Verruf gekommenen Häuser, die niemand bewohnen will, welche man hin und wieder immer antreffen wird: auch mir sind in meinem Leben deren mehrere vorgekommen. Solche Lokalitäten sind der Anlaß gewesen zu dem Buche des Jesuiten *Petrus Thyraeus: de infestis, ob molestantes daemoniorum et defunctorum spiritus, locis.* Köln 1598. – Aber die merkwürdigste Thatsache dieser Art liefert vielleicht die Observ[ation] 77 des Brierre de Boismont. Als eine wohlzubeachtende Bestätigung der hier gegebenen Erklärung so vieler Geistererscheinungen, ja, als ein zu ihr führendes Mittelglied, ist die Vision einer Somnambule zu betrachten, die in Kerners Blättern aus Prevorst, Samml. 10, S. 61, mitgetheilt wird: dieser nämlich stellte sich plötzlich eine, von ihr genau beschriebene, häusliche Scene dar, die sich vor mehr als 100 Jahren daselbst zugetragen haben mochte; da die von ihr beschriebenen Personen vorhandenen Porträts glichen, die sie jedoch nie gesehn hatte.

Die hier in Betrachtung genommene wichtige Grund-Erfahrung selbst aber, auf welche alle solche Vorgänge zurückführbar sind, und die ich *retrospective second sight* [rückschauendes zweites Gesicht] benenne, muß als Urphänomen stehn bleiben; weil, sie zu erklären, es uns bis jetzt noch an Mitteln fehlt. Inzwischen läßt sie sich in nahe Verbindung bringen mit einem andern, freilich eben so unerklärlichen Phänomen; wodurch jedoch schon viel gewonnen wird; da wir alsdann, statt zweier unbekannter Größen, nur eine behalten; welcher Vortheil dem so gerühmten analog ist, den wir durch Zurückführung des mineralischen Magnetismus auf die Elektricität erlangt haben. Wie nämlich eine in hohem Grade hellsehende Somnambule sogar durch die Z e i t nicht in ihrer Wahrnehmung beschränkt wird, sondern mitunter auch wirklich zukünftige und zwar ganz zufällig eintretende Vorgänge vorhersieht; wie das Selbe, noch auffallender, von den Deuteroskopisten [mit dem zweiten Gesicht Begabten] und Leichensehern geleistet wird; wie also Vorgänge, die in unsere empirische Wirklichkeit noch gar nicht eingetreten sind, dennoch, aus der Nacht der Zukunft heraus, schon auf dergleichen Personen wirken und in ihre Perception

und was damit zusammenhängt.

fallen können; so können auch wohl Vorgänge und Menschen, die doch schon ein Mal wirklich waren, wiewohl sie es nicht mehr sind, auf gewisse hiezu besonders disponirte Personen wirken und also, wie jene eine Vorwirkung, eine Nachwirkung äußern; ja, Dieses ist weniger unbegreiflich, als Jenes, zumal wann eine solche Auffassung vermittelt und eingeleitet wird, durch etwas Materielles, wie etwan die noch wirklich vorhandenen, leiblichen Ueberreste der wahrgenommenen Personen, oder Sachen, die in genauer Verbindung mit ihnen gewesen, ihre Kleider, das von ihnen bewohnte Gemach, oder woran ihr Herz gehangen, der verborgene Schatz; dem analog, wie die sehr hellsehende Somnambule bisweilen nur durch irgend ein leibliches Verbindungsglied, z. B. ein Tuch, welches der Kranke einige Tage auf dem bloßen Leibe getragen (Kiesers Archiv, III, 3, S. 24), oder eine abgeschnittene Haarlocke, mit entfernten Personen, über deren Gesundheitszustand sie berichten soll, in Rapport gesetzt wird und dadurch ein Bild von ihnen erhält; welcher Fall dem in Rede stehenden nahe verwandt ist. Dieser Ansicht zufolge wären die an bestimmte Lokalitäten, oder an die daselbst liegenden leiblichen Ueberreste Verstorbener, sich knüpfenden Geistererscheinungen nur die Wahrnehmungen einer rückwärts gekehrten, also der Vergangenheit zugewandten Deuteroskopie, – *a retrospective second sight*: sie wären demnach ganz eigentlich, was schon die Alten (deren ganze Vorstellung vom Schattenreiche vielleicht aus Geistererscheinungen hervorgegangen ist: man sehe Odyssee XXIV.) sie nannten, Schatten, *umbrae*, ειδωλα καμοντων [Schattenbilder der Toten: *Ilias* XXIII, 72 u. ö.], – νεκυων αμενηνα καρηνα [der Toten kraftlose Häupter: *Odyssee*, x, 521] – *manes* [Schattengeister der Toten] (von *manere*, gleichsam Ueberbleibsel, Spuren), also Nachklänge dagewesener Erscheinungen dieser unserer in Zeit und Raum sich darstellenden Erscheinungswelt, dem Traumorgan wahrnehmbar werdend, in seltenen Fällen während des wachen Zustandes, leichter im Schlaf, als bloße Träume, am leichtesten natürlich im tiefen magnetischen Schlafe, wann in ihm der Traum zum Schlafwachen und dieses zum Hellsehn sich gesteigert hat; aber auch in dem gleich Anfangs erwähnten natürlichen Schlafwachen, welches als ein Wahrträumen der nächsten Umgebung des Schlafenden beschrieben wurde und gerade durch das Eintreten solcher fremdartigen Gestalten zuerst als ein vom wachen Zustande verschiedener sich zu erkennen giebt. In diesem Schlafwachen nämlich werden am häufigsten die Gestalten eben gestorbener Personen, deren Leiche noch im Hause ist, sich darstellen; wie überhaupt eben dem Gesetz, daß diese rückwärts gekehrte Deuteroskopie durch leibliche Ueberreste der Todten eingeleitet wird, gemäß, die Gestalt eines Verstorbenen den dazu disponirten Personen, selbst im wachen Zustande, am leichtesten erscheinen kann, so lange er noch nicht bestattet ist; wiewohl sie auch dann immer nur durch das Traumorgan wahrgenommen wird.

Nach dem Gesagten versteht es sich von selbst, daß einem auf diese Weise erscheinenden Gespenste nicht die unmittelbare Realität eines gegenwärtigen Objekts beizulegen ist; wiewohl ihm mittelbar doch eine Realität zum Grunde liegt: nämlich was man da sieht ist keineswegs der Abgeschiedene selbst, sondern es ist ein bloßes εἰδωλον, ein Bild Dessen, der ein Mal war, entstehend im Traumorgan eines hiezu disponirten Menschen; auf Anlaß irgend eines Ueberbleibsels, irgend einer zurückgelassenen Spur. Dasselbe hat daher nicht mehr Realität, als die Erscheinung Dessen, der s i c h s e l b s t sieht, oder auch von Andern dort wahrgenommen wird, wo er sich nicht befindet. Fälle dieser Art aber sind durch glaubwürdige Zeugnisse bekannt, von denen man einige in Horst's Deuteroskopie Bd. 2, Abschn. 4 zusammengestellt findet: auch der erwähnte von Goethe gehört dahin; desgleichen die nicht seltene Thatsache, daß Kranke, wann dem Tode nahe, sich im Bette doppelt vorhanden wähnen. »Wie geht es?« fragte hier vor nicht langer Zeit ein Arzt seinen schwer darniederliegenden Kranken: »Jetzt besser, seitdem wir im Bette zwei sind«, war die Antwort: bald darauf starb er. – Demnach steht eine Geistererscheinung der hier in Betrachtung genommenen Art zwar in objektiver Beziehung zum e h e m a l i g e n Zustand der sich darstellenden Person, aber keineswegs zu ihrem g e g e n w ä r t i g e n : denn dieselbe hat durchaus keinen aktiven Theil daran; daher auch nicht auf ihre noch fortdauernde individuelle Existenz daraus zu schließen ist. Zu der gegebenen Erklärung stimmt auch, daß die so erscheinenden Abgeschiedenen in der Regel bekleidet und in der Tracht, die ihnen gewöhnlich war, gesehn werden; wie auch, daß mit dem Mörder der Gemordete, mit dem Reiter das Pferd erscheint u. dgl. m. Den Visionen dieser Art sind wahrscheinlich auch die meisten der von

und was damit zusammenhängt.

der Seherin zu Prevorst gesehnen Gespenster beizuzählen, die Gespräche aber, die sie mit ihnen geführt hat, als das Werk ihrer eigenen Einbildungskraft anzusehn, die den Text zu dieser stummen Procession *(dumb shew)* und dadurch eine Erklärung derselben, aus eigenen Mitteln, lieferte. Der Mensch ist nämlich von Natur bestrebt, sich Alles was er sieht irgendwie zu erklären, oder wenigstens einigen Zusammenhang hineinzubringen, ja es, in seinen Gedanken, reden zu lassen; daher Kinder sogar den leblosen Dingen oft einen Dialog unterlegen. Demnach war die Seherin selbst, ohne es zu wissen, der Souffleur jener ihr erscheinenden Gestalten, wobei ihre Einbildungskraft in derjenigen Art unbewußter Thätigkeit war, womit wir, im gewöhnlichen, bedeutungslosen Traum, die Begebenheiten lenken und fügen, ja auch wohl bisweilen den Anlaß dazu von objektiven, zufälligen Umständen, etwan einem im Bette gefühlten Druck, oder einem von außen zu uns gelangenden Ton, oder Geruch u. s. w. nehmen, welchen gemäß wir sodann lange Geschichten träumen. Um diese Dramaturgie der Seherin sich zu erläutern, sehe man was in Kiesers Archiv, Bd. 11, H. 1, S. 121, B e n d e B e n d s e n von seiner Somnambule erzählt, welcher, im magnetischen Schlafe, bisweilen ihre lebenden Bekannten erschienen, wo sie dann, mit lauter Stimme, lange Gespräche mit ihnen führte. Daselbst heißt es: »Unter den vielen Gesprächen, welche sie mit Abwesenden hielt, ist das nachstehende charakteristisch. Während der vermeintlichen Antworten schwieg sie, schien mit gespannter Aufmerksamkeit, wobei sie sich im Bette erhob und den Kopf nach einer bestimmten Seite drehte, den Antworten der Andern zuzuhören und rückte dann mit ihren Einwendungen dagegen an. Sie dachte sich hier die alte K a r e n , mit ihrer Magd, gegenwärtig und sprach abwechselnd bald mit dieser, bald mit jener. – – – – Die scheinbare Zerspaltung der eigenen Persönlichkeit in drei verschiedene, wie dies im Traum gewöhnlich ist, gieng hier so weit, daß ich die Schlafende damals gar nicht davon überzeugen konnte, sie mache alle drei Personen selbst.« Dieser Art also sind, meiner Meinung nach, auch die Geistergespräche der Seherin von Prevorst, und findet diese Erklärung eine starke Bestätigung an der unaussprechlichen Abgeschmacktheit des Textes jener Dialoge und Dramen, welche allein dem Vorstellungskreise eines unwissenden Gebirgsmädchens und der ihr beigebrachten Volksmetaphysik entsprechen, und welchen eine objektive Realität unterzulegen, nur unter Voraussetzung einer so gränzenlos absurden, ja empörend dummen Weltordnung möglich ist, daß man ihr anzugehören sich schämen müßte. – Hätte der so befangene und leichtgläubige Just. Kerner nicht im Stillen doch eine leise Ahndung von dem hier angegebenen Ursprunge jener Geisterunterredungen gehabt; so würde er nicht, mit so unverantwortlicher Leichtfertigkeit, überall und jedesmal unterlassen haben, den von den Geistern angezeigten, materiellen Gegenständen, z. B. Schreibzeugen in Kirchenkellern, goldenen Ketten in Burggewölben, begrabenen Kindern in Pferdeställen, mit allem Ernst und Eifer nachzusuchen, statt sich durch die leichtesten Hindernisse davon abhalten zu lassen. Denn Das hätte Licht auf die Sachen geworfen.

Ueberhaupt bin ich der Meinung, daß die allermeisten wirklich gesehnen Erscheinungen Verstorbener zu dieser Kategorie der Visionen gehören und ihnen demnach zwar eine vergangene, aber keineswegs eine gegenwärtige, geradezu objektive Realität entspricht: so z. B. der Erscheinung des Präsidenten der Berliner Akademie, M a u p e r t u i s , im Saale derselben gesehn vom Botaniker G l e d i t s c h ; welches N i k o l a i in seiner schon erwähnten Vorlesung vor eben dieser Akademie anführt; desgleichen die von Walter Scott in der *Edinb*[*urgh*] *Review* vorgetragene und von Horst in der Deuteroskopie Bd. 1, S. 113 wiederholte Geschichte von dem Landammann in der Schweiz, der, in die öffentliche Bibliothek tretend, seinen Vorgänger, in feierlicher Rathsversammlung, von lauter Verstorbenen umgeben, auf dem Präsidentenstuhl sitzend erblickt. Auch geht aus einigen, hieher gehörigen Erzählungen hervor, daß der objektive Anlaß zu Visionen dieser Art nicht nothwendig das Skelett, oder ein sonstiges Ueberbleibsel eines Leichnams seyn muß, sondern daß auch andere, mit dem Verstorbenen in naher Berührung gewesene Dinge dies vermögen: so z. B. finden wir, in dem oben angeführten Buche von G. J. Wenzel, unter den 7 hieher gehörigen Geschichten 6, wo die Leiche, aber eine, wo der bloße, stets getragene Rock des Verstorbenen, der gleich nach dessen Tode eingeschlossen wurde, nach mehreren Wochen, beim Hervorholen, seine leibhaftige Erscheinung vor der darüber entsetzten Wittwe veranlaßt. Und sonach könnte es seyn, daß auch leichtere, unsern Sinnen kaum mehr wahrnehmbare Spuren, wie z. B. längst vom Boden eingesogene Blutstropfen, oder vielleicht

und was damit zusammenhängt. 313

gar das bloße von Mauern eingeschlossene Lokal, wo Einer,
unter großer Angst, oder Verzweiflung, einen gewaltsamen Tod
erlitt, hinreichten, in dem dazu Prädisponirten eine solche rückwärts gekehrte Deuteroskopie hervorzurufen. Hiemit mag auch
die von Lukian (Philopseudes Kap. 29) angeführte Meinung der
Alten zusammenhängen, daß bloß die eines gewaltsamen Todes
Gestorbenen erscheinen könnten. Nicht minder könnte wohl ein
vom Verstorbenen vergrabener und stets ängstlich bewachter
Schatz, an welchen noch seine letzten Gedanken sich hefteten,
den in Rede stehenden objektiven Anlaß zu einer solchen Vision
abgeben, die dann, möglicherweise, sogar lukrativ ausfallen
könnte. Die besagten objektiven Anlässe spielen bei diesem
durch das Traumorgan vermittelten Erkennen des Vergangenen
gewissermaßen die Rolle, welche bei dem normalen Denken der
nexus idearum [Gedankenzusammenhang] seinen Gegenständen
ertheilt. Uebrigens gilt von den hier in Rede stehenden, wie von
allen im Wachen durch das Traumorgan möglichen Wahrnehmungen, daß sie leichter unter der Form des Hörbaren, als des
Sichtbaren ins Bewußtseyn kommen; daher die Erzählungen von
Tönen, die an diesem, oder jenem Orte bisweilen gehört werden,
viel häufiger sind, als die von sichtbaren Erscheinungen.

Wenn nun aber, bei einigen Beispielen der hier in Betrachtung
genommenen Art, erzählt wird, die erscheinenden Verstorbenen
hätten dem sie Schauenden gewisse, bis dahin unbekannte Thatsachen revelirt [offenbart]; so ist Dies zuvörderst nur auf die
sichersten Zeugnisse hin anzunehmen und bis dahin zu bezweifeln: sodann aber ließe es sich allenfalls doch noch, durch gewisse
Analogien mit dem Hellsehn der Somnambulen, erklären.
Manche Somnambulen nämlich haben, in einzelnen Fällen, den
ihnen vorgeführten Kranken gesagt, durch welchen ganz zufälligen Anlaß diese, vor langer Zeit, sich ihre Krankheit zugezogen
hätten, und haben ihnen dadurch den fast ganz vergessenen
Vorfall ins Gedächtniß zurückgerufen. (Beispiele dieser Art sind,
in Kiesers Archiv Bd. 3, Stck. 3, S. 70, der Schreck vor dem Fall
von einer Leiter, und, in J. Kerners Geschichte zweier Somnambulen S. 189, die dem Knaben gemachte Bemerkung, er habe in
früherer Zeit bei einer epileptischen Person geschlafen.) Auch
gehört hieher, daß einige Hellsehende aus einer Haarlocke, oder
dem getragenen Tuch eines von ihnen nie gesehnen Patienten,
ihn und seinen Zustand richtig erkannt haben. In den Reiseerin-

nerungen aus London und Paris von Merck, Hamburg 1852, ist erzählt, wie Alexis aus einem Brief die gegenwärtige Lage des Schreibers und aus einer alten Nadeltasche die der verstorbenen Geberin genau erkennt. – Also beweisen selbst Revelationen [Offenbarungen] nicht schlechthin die Anwesenheit eines Verstorbenen.

Imgleichen läßt sich, daß die erscheinende Gestalt eines Verstorbenen bisweilen von zwei Personen gesehn und gehört worden, auf die bekannte Ansteckungsfähigkeit sowohl des Somnambulismus, als auch des zweiten Gesichts, zurückführen.

Sonach hätten wir, unter gegenwärtiger Nummer, wenigstens den größten Theil der beglaubigten Erscheinungen der Gestalten Verstorbener insofern erklärt, als wir sie zurückgeführt haben auf einen gemeinschaftlichen Grund, die retrospektive Deuteroskopie, welche in vielen solcher Fälle, namentlich in den Anfangs dieser Nummer angeführten, nicht wohl geleugnet werden kann. – Hingegen ist sie selbst eine höchst seltsame und unerklärte Thatsache. Mit einer Erklärung dieser Art müssen wir aber in manchen Dingen uns begnügen; wie denn z. B. das ganze große Gebäude der Elektricitätslehre bloß aus einer Unterordnung mannigfaltiger Phänomene unter ein völlig unerklärt bleibendes Urphänomen besteht.

8) Der lebhafte und sehnsüchtige Gedanke eines Andern an uns vermag die Vision seiner Gestalt in unserm Gehirn zu erregen, nicht als bloßes Phantasma, sondern so, daß sie, leibhaftig und von der Wirklichkeit ununterscheidbar, vor uns steht. Namentlich sind es Sterbende, die dieses Vermögen äußern und daher in der Stunde ihres Todes ihren abwesenden Freunden erscheinen, sogar mehreren, an verschiedenen Orten, zugleich. Der Fall ist so oft und von so verschiedenen Seiten erzählt und beglaubigt worden, daß ich ihn unbedenklich als thatsächlich begründet nehme. Ein sehr artiges und von distinguirten Personen vertretenes Beispiel findet man in Jung-Stillings Theorie der Geisterkunde, § 198. Zwei besonders frappante Fälle sind ferner die Geschichte der Frau Kahlow, im oben erwähnten Buch von Wenzel, S. 11, und die vom Hofprediger, im ebenfalls erwähnten Buche von Hennings, S. 329. Als ein ganz neuer mag hier folgender stehn: Vor Kurzem starb, hier in Frankfurt, im jüdischen Hospitale, bei Nacht, eine kranke Magd. Am folgenden Morgen ganz früh trafen ihre Schwester und ihre Nichte, von denen die Eine hier,

und was damit zusammenhängt.   315

die Andere eine Meile von hier wohnt, bei der Herrschaft derselben ein, um nach ihr zu fragen; weil sie ihnen beiden in der
Nacht erschienen war. Der Hospitalaufseher, auf dessen Bericht
diese Thatsache beruht, versicherte, daß solche Fälle öfter vorkä-
men. Daß eine hellsehende Somnambule, die während ihres am
höchsten gesteigerten Hellsehns allemal in eine, dem Scheintode
ähnliche Katalepsie verfiel, ihrer Freundin leibhaftig erschienen
sei, berichtet die schon erwähnte »Geschichte der Auguste Müller
in Karlsruhe«, und wird nacherzählt in Kiesers Archiv, III, 3,
S. 118. Eine andere absichtliche Erscheinung der selben Person,
wird, aus vollkommen glaubwürdiger Quelle, mitgetheilt in
Kiesers Archiv, VI, 1, S. 34. – Viel seltener hingegen ist es, daß
Menschen, bei voller Gesundheit, diese Wirkung hervorzubringen vermögen: doch fehlt es auch darüber nicht an glaubwürdi-
gen Berichten. Den ältesten giebt St. Augustinus, zwar aus zweiter, aber seiner Versicherung nach, sehr guter Hand, *de civit. Dei
XVIII, 18,* im Verfolg der Worte: *Indicavit et alius se domi
suae etc.* [Ein anderer wieder hat berichtet, er habe in seinem
Hause (einen ... Philosophen zu Besuch kommen gesehen ...)].
Hier erscheint nämlich was der Eine träumt dem Andern im
Wachen als Vision, die er für Wirklichkeit hält: und einen diesem Fall vollkommen analogen theilt der in Amerika erscheinende *Spiritual Telegraph,* vom 23. September 1854, mit (ohne
daß er den des Augustinus zu kennen scheint), wovon Dupotet
die französische Uebersetzung giebt in seinem *Traité complet du
magnétisme, 3. édit., p. 561.* Ein neuerer Fall der Art ist dem
zuletzt angeführten Bericht in Kiesers Archiv (VI, 1, 35) beigefügt. Eine wunderbare hieher gehörige Geschichte erzählt
Jung-Stilling in seiner Theorie der Geisterkunde, § 101, jedoch
ohne Angabe der Quelle. Mehrere giebt H o r s t in seiner
Deuteroskopie Bd. 2, Abschn. 4. Aber ein höchst merkwürdiges
Beispiel der Fähigkeit zu solchem Erscheinen, noch dazu vom
Vater auf den Sohn vererbt und von Beiden sehr häufig, auch
ohne es zu beabsichtigen, ausgeübt, steht in Kiesers Archiv
Bd. VII, H. 3, S. 158. Doch findet sich ein älteres, ihm ganz ähnliches, in Z e i b i c h ' s »Gedanken von der Erscheinung der
Geister« 1776, S. 29, und wiederholt in Hennings »von Geistern
und Geistersehern« S. 746. Da beide gewiß unabhängig von einander erzählt worden, dienen sie sich gegenseitig zur Bestätigung, in dieser so höchst wunderbaren Sache. Auch in Nasse's

Zeitschrift für Anthropologie, IV, 2, S. 111, wird vom Prof.
Grohmann ein solcher Fall mitgetheilt. Ebenfalls in *Horace
Welby's signs before death, London 1825,* findet man einige Beispiele von Erscheinungen lebender Menschen an Orten, wo sie
nur mit ihren Gedanken gegenwärtig waren: z. B. S. 45, 88.
Besonders glaubwürdig scheinen die von dem grundehrlichen
Bende Bendsen, in Kiesers Archiv, VIII, 3, S. 120, unter der
Ueberschrift »Doppelgänger« erzählten Fälle dieser Art. – Den
hier in Rede stehenden, im Wachen Statt findenden Visionen
entsprechen im schlafenden Zustande die sympathetischen, d. h.
sich *in distans* [in die Ferne] mittheilenden Träume, welche demnach von Zweien zur selben Zeit und ganz gleichmäßig
geträumt werden. Von diesen sind die Beispiele bekannt genug:
eine gute Sammlung derselben findet man in *E. Fabius de somniis § 21,* und darunter ein besonders artiges, in holländischer
Sprache erzähltes. Ferner steht in Kiesers Archiv, Bd. VI, H. 2,
S. 135, ein überaus merkwürdiger Aufsatz von H. M. Weser-
mann, der 5 Fälle berichtet, in welchen er absichtlich, durch seinen W i l l e n , genau bestimmte Träume in Andern bewirkt
hat: da nun aber, im letzten dieser Fälle, die betreffende Person
noch nicht zu Bette gegangen war, hatte sie, nebst einer andern
gerade bei ihr befindlichen, die beabsichtigte Erscheinung i m
W a c h e n und ganz wie eine Wirklichkeit. Folglich ist, wie in
solchen Träumen, so auch in den wachenden Visionen dieser
Klasse, das T r a u m o r g a n das Medium der Anschauung.
Als Verbindungsglied beider Arten ist die oben erwähnte, von
St. Augustinus mitgetheilte Geschichte zu betrachten; sofern
daselbst dem Einen im Wachen erscheint was der Andere zu
thun bloß träumt. Zwei derselben ganz gleichartige Fälle findet
man in *Hor. Welby's signs before death, p. 266* und *p. 297;*
letztern aus *Sinclair's invisible world* entnommen. Offenbar also
entstehn die Visionen dieser Art, so täuschend und leibhaftig sich
auch in ihnen die erscheinende Person darstellt, keineswegs mittelst Einwirkung von außen auf die Sinne, sondern vermöge
einer magischen Wirkung des W i l l e n s Desjenigen, von dem
sie ausgehn, auf den Andern, also auf das Wesen an sich eines
fremden Organismus, der dadurch, von innen aus, eine Veränderung erleidet, die nunmehr, auf sein Gehirn wirkend, daselbst
das Bild des solchermaaßen Einwirkenden eben so lebhaft
erregt, wie eine Einwirkung mittelst der, von dessen Leibe auf

und was damit zusammenhängt. 317

die Augen des Andern zurückgeworfenen Lichtstrahlen es nur irgend könnte.

Eben die hier zur Sprache gebrachten Doppelgänger, als bei welchen die erscheinende Person offenkundig am Leben, aber abwesend ist, auch in der Regel von ihrer Erscheinung nicht weiß, geben uns den richtigen Gesichtspunkt für die Erscheinungen Sterbender und Gestorbener, also die eigentlichen Geistererscheinungen, an die Hand, indem sie uns lehren, daß eine unmittelbare reale Gegenwart, wie die eines auf die Sinne wirkenden Körpers, keineswegs eine nothwendige Voraussetzung derselben sei. Gerade diese Voraussetzung aber ist der Grundfehler aller früheren Auffassungen der Geistererscheinungen, sowohl bei der Bestreitung, als bei der Behauptung derselben. Jene Voraussetzung beruht nun wieder darauf, daß man sich auf den Standpunkt des S p i r i t u a l i s m u s , statt auf den des I d e a - l i s m u s , gestellt hatte.* Jenem nämlich gemäß gieng man aus von der völlig unberechtigten Annahme, daß der Mensch aus zwei grundverschiedenen Substanzen bestehe, einer materiellen, dem Leibe, und einer immateriellen, der sogenannten Seele. Nach der im Tode eingetretenen Trennung beider sollte nun die letztere, obwohl immateriell, einfach und unausgedehnt, doch noch im Raume existiren, nämlich sich bewegen, einhergehn und dabei von außen auf die Körper und ihre Sinne einwirken, gerade wie ein Körper, und demgemäß auch eben wie ein solcher sich darstellen; wobei dann freilich die selbe reale Gegenwart im Raume, die ein von uns gesehener Körper hat, die Bedingung ist. Dieser durchaus unhaltbaren, spiritualistischen Ansicht von den Geistererscheinungen gelten alle vernünftigen Bestreitungen derselben und auch K a n t s kritische Beleuchtung der Sache, welche den ersten, oder theoretischen Theil seiner »Träume eines Geistersehers, erläutert durch Träume der Metaphysik« ausmacht. Diese s p i r i t u a l i s t i s c h e Ansicht also, diese Annahme einer immateriellen und doch lokomotiven [ortsbeweglichen], imgleichen, nach Weise der Materie, auf Körper, mithin auch auf die Sinne wirkenden Substanz, hat man, um eine richtige Ansicht von allen hieher gehörigen Phänomenen zu erlangen, ganz aufzugeben und, statt ihrer, den idealistischen Standpunkt zu gewinnen, von welchem aus man diese Dinge in

---

* Vergleiche »Welt als Wille und Vorstellung« Bd. 2, S. 15 [Bd. III uns. Ausg., S. 21].

ganz anderm Lichte erblickt und ganz andere Kriterien ihrer Möglichkeit erhält. Hiezu den Grund zu legen ist eben der Zweck gegenwärtiger Abhandlung.

9) Der letzte in unsere Betrachtung eingehende Fall nun wäre, daß die unter der vorigen Nummer beschriebene, magische Einwirkung auch noch nach dem Tode ausgeübt werden könnte, wodurch dann eine eigentliche Geistererscheinung, mittelst direkter Einwirkung, also gewissermaaßen die wirkliche, persönliche Gegenwart eines bereits Gestorbenen, welche auch Rückwirkung auf ihn zuließe, Statt fände. Die Ableugnung *a priori* jeder Möglichkeit dieser Art und das ihr angemessene Verlachen der entgegengesetzten Behauptung kann auf nichts Anderm beruhen, als auf der Ueberzeugung, daß der Tod die absolute Vernichtung des Menschen sei; es wäre denn, daß sie sich auf den protestantischen Kirchenglauben stützte, nach welchem Geister darum nicht erscheinen können, weil sie, gemäß dem während der wenigen Jahre des irdischen Lebens gehegten Glauben oder Unglauben, entweder dem Himmel, mit seinen ewigen Freuden, oder der Hölle, mit ihrer ewigen Quaal, gleich nach dem Tode, auf immer zugefallen seien, aus Beiden aber nicht zu uns heraus können; daher, dem protestantischen Glauben gemäß, alle dergleichen Erscheinungen von Teufeln, oder von Engeln, nicht aber von Menschengeistern, herrühren; wie dies ausführlich und gründlich auseinandergesetzt hat *Lavater, de spectris, Genevae 1580, pars II, cap. 3 et 4.* Die katholische Kirche hingegen, welche schon im 6. Jahrhundert, namentlich durch Gregor den Großen, jenes absurde und empörende Dogma, sehr einsichtsvoll, durch das zwischen jene desperate Alternative eingeschobene Purgatorium [Fegfeuer] verbessert hatte, läßt die Erscheinung der in diesem vorläufig wohnenden Geister, und ausnahmsweise auch anderer, zu; wie ausführlich zu ersehn aus dem bereits genannten *Petrus Thyraeus, de locis infestis, pars I, cap. 3, sqq.* Die Protestanten sahen, durch obiges Dilemma, sich sogar genöthigt, die Existenz des Teufels auf alle Weise festzuhalten, bloß weil sie zur Erklärung der nicht abzuleugnenden Geistererscheinungen seiner durchaus nicht entrathen konnten: daher wurden, noch im Anfang des vorigen Jahrhunderts, die Leugner des Teufels *Adaemonistae* [Dämonenungläubige] genannt, fast mit dem selben *pius horror* [frommen Schauder], wie noch heut zu Tage die *Atheistae:* und zugleich wurden dem-

und was damit zusammenhängt. 319

gemäß, z. B. in *C. F. Romani schediasma polemicum, an dentur spectra, magi et sagae, Lips. 1703,* gleich von vorn herein die Gespenster definirt als *apparitiones et territiones Diaboli externae, quibus corpus, aut aliud quid in sensus incurrens sibi assumit, ut homines infestet* [äußere Erscheinungen und Schreckgestalten des Teufels, in denen er den Leib oder etwas anderes mit den Sinnen Wahrnehmbares annimmt, um die Menschen zu beunruhigen]. Vielleicht hängt sogar es hiemit zusammen, daß die Hexenprocesse, welche bekanntlich ein Bündniß mit dem Teufel voraussetzen, viel häufiger bei den Protestanten, als bei den Katholiken gewesen sind. – Jedoch von dergleichen mythologischen Ansichten absehend sagte ich oben, daß die Verwerfung *a priori* der Möglichkeit einer wirklichen Erscheinung Verstorbener allein auf die Ueberzeugung, daß durch den Tod das menschliche Wesen ganz und gar zu nichts werde, sich gründen könne. Denn so lange diese fehlt, ist nicht abzusehn, warum ein Wesen, das noch irgendwie existirt, nicht auch sollte irgendwie sich manifestiren und auf ein anderes, wenn gleich in einem andern Zustande befindliches, einwirken können. Daher ist es so folgerecht, wie naiv, daß Lukianos, nachdem er erzählt hat, wie Demokritos sich durch eine ihn zu schrecken veranstaltete Geistermummerei keinen Augenblick hatte irre machen lassen, hinzufügt: οὕτω βεβαιως επιστευε, μηδεν ειναι τας ψυχας ετι, εξω γενομενας των σωματων. *(adeo persuasum habebat, nihil adhuc esse animas a corpore separatas.)* [So fest war er davon überzeugt, daß die Seelen, wenn sie den Körper verlassen haben, nichts mehr seien.] *Philops. 32.* – Ist hingegen am Menschen, außer der Materie, noch irgend etwas Unzerstörbares; so ist wenigstens *a priori* nicht einzusehn, daß jenes, welches die wundervolle Erscheinung des Lebens hervorbrachte, nach Beendigung derselben, jeder Einwirkung auf die noch Lebenden durchaus unfähig seyn sollte. Die Sache wäre demnach allein *a posteriori,* durch die Erfahrung, zu entscheiden: Dies aber ist um so schwieriger, als, abgesehn von allen absichtlichen und unabsichtlichen Täuschungen der Berichterstatter, selbst die wirkliche Vision, in welcher ein Verstorbener sich darstellt, gar wohl einer der bis hieher von mir aufgezählten acht Arten angehören kann; daher es vielleicht sich immer so verhalten mag. Ja, selbst in dem Falle, daß eine solche Erscheinung Dinge offenbart hat, die Keiner wissen konnte; so wäre, in Folge der, am Schluß der Nr. 7 gegebenen Auseinandersetzung, Dies vielleicht doch noch als die Form, welche die Revelation eines spontanen somnambulen Hellsehns hier angenommen hätte, auszulegen; obgleich das Vorkommen eines solchen im Wachen, oder auch nur mit vollkommener Erinnerung aus dem somnambulen Zustande, wohl nicht sicher nachzuweisen ist, sondern dergleichen Offenbarungen, so viel mir bekannt, allenfalls nur durch Träume gekommen sind. Inzwischen kann es Umstände geben, die auch eine solche Auslegung unmöglich machen. Heut zu Tage daher, wo Dinge dieser Art mit viel mehr Unbefangenheit als jemals angesehn, folglich auch dreister mitgetheilt und besprochen werden, dürfen wir wohl hoffen, über diesen Gegenstand entscheidende Erfahrungsaufschlüsse zu erhalten.

Manche Geistergeschichten sind allerdings so beschaffen, daß jede anderartige Auslegung große Schwierigkeit hat; sobald man sie nicht für gänzlich erlogen hält. Gegen dies Letztere aber spricht in vielen Fällen theils der Charakter des ursprünglichen Erzählers, theils das Gepräge der Redlichkeit und Aufrichtigkeit, welches seine Darstellung trägt, mehr als Alles jedoch die vollkommene Aehnlichkeit in dem ganz eigenthümlichen Hergang und Beschaffenheit der angeblichen Erscheinungen, so weit aus einander auch die Zeiten und Länder liegen mögen, aus denen die Berichte stammen. Dieses wird am Auffallendesten, wann es ganz besondere Umstände betrifft, welche erst in neuerer Zeit, in Folge des magnetischen Somnambulismus und der genaueren Beobachtung aller dieser Dinge, als bei Visionen bisweilen Statt findend, erkannt worden sind. Ein Beispiel dieser Art ist anzutreffen in der höchst verfänglichen Geistergeschichte, vom J. 1697, die Brierre de Boismont in seiner Observ[ation] 120 erzählt: es ist der Umstand, daß dem Jünglinge der Geist seines Freundes, obwohl er ³/₄ Stunden mit ihm sprach, immer nur seiner obern Hälfte nach sichtbar war. Dieses theilweise Erscheinen menschlicher Gestalten nämlich hat sich in unserer Zeit bestätigt, als eine bei Visionen solcher Art bisweilen vorkommende Eigenthümlichkeit; daher auch Brierre, S. S. 454 und 474 seines Buches, dieselbe, ohne Beziehung auf jene Geschichte, als ein nicht seltenes Phänomen anführt. Auch Kieser (Archiv, III, 2, 139) berichtet den selben Umstand vom Knaben Arst, schreibt ihn jedoch dem vorgeblichen Sehn mit der Nasenspitze zu. Demnach liefert dieser Umstand, in der oben erwähn-

und was damit zusammenhängt. 321

ten Geschichte, den Beweis, daß jener Jüngling die Erscheinung wenigstens nicht erlogen hatte: dann aber ist es schwer dieselbe anders, als eben aus der ihm früher versprochenen und jetzt geleisteten Einwirkung seines am Tage vorher, in einer fernen Gegend ertrunkenen Freundes zu erklären. – Ein anderer Umstand der besagten Art ist das Verschwinden der Erscheinungen, sobald man die Aufmerksamkeit absichtlich auf sie heftet. Dies liegt nämlich schon in der bereits oben erwähnten Stelle des Pausanias, über die hörbaren Erscheinungen auf dem Schlachtfelde bei Marathon, welche nur von den zufällig dort Anwesenden, nicht aber von den absichtlich dazu Hingegangenen vernommen wurden. Analoge Beobachtungen aus neuester Zeit finden wir an mehreren Stellen der Seherin von Prevorst (z. B. Bd. 2, S. 10; und S. 38), wo es daraus erklärt wird, daß, was durch das Gangliensystem wahrgenommen wurde, vom Gehirn sogleich wieder weggestritten wird. Meiner Hypothese zufolge würde es aus der plötzlichen Umkehrung der Richtung der Vibration der Gehirnfibern zu erklären seyn. – Beiläufig will ich hier eine sehr auffallende Uebereinstimmung jener Art bemerklich machen: P h o t i u s nämlich in seinem Artikel D a m a - s c i u s [*Bibliotheke,* ed. Bekker, II, p. 347 b 7–13] sagt: γυνη ἱερα, θεομοιραν εχουσα φυσιν παραλογοτατην· ὑδωρ γαρ εγχεουσα ακραιφνες ποτηριῳ τινι των ὑαλινων, ἑωρα κατα του ὑδατος εισω του ποτηριου τα φασματα των εσομενων πραγματων, και προυλεγεν απο της οψεως αυτα, ἁπερ εμελλεν εσεσθαι παντως· ἡ δε πειρα του πραγματος ουκ ελαθεν ἡμας. [Eine heilige Frau hatte eine von Gott ihr verliehene unfaßbare Veranlagung: wenn sie Wasser in einen gläsernen Becher goß, so sah sie auf dem Grunde des Wassers im Becher die Erscheinungen künftiger Geschehnisse und sagte gemäß dem Gesehenen vollkommen voraus, wie sie eintreffen würden; die Bestätigung der Sache ist uns nicht entgangen.] Genau das Selbe, so unbegreiflich es ist, wird von der Seherin von Prevorst berichtet, S. 87 der 3. Aufl. – Der Charakter und Typus der Geistererscheinungen ist ein so fest bestimmter und eigenthümlicher, daß der Geübte beim Lesen einer solchen Geschichte beurtheilen kann, ob sie eine erfundene, oder auch auf optischer Täuschung beruhende, oder aber eine wirkliche Vision gewesen sei. Es ist wünschenswerth und steht zu hoffen, daß wir bald eine Sammlung Chinesischer Gespenstergeschichten erhalten mögen, um zu sehn, ob sie nicht auch, im Wesentlichen, ganz den

selben Typus und Charakter wie die unserigen, tragen und sogar
in den Nebenumständen und Einzelheiten eine große Uebereinstimmung zeigen; welches alsdann, bei so durchgängiger Grund-
verschiedenheit der Sitten und Glaubenslehren, eine starke
Beglaubigung des in Rede stehenden Phänomens überhaupt abgeben würde. Daß die Chinesen von der Erscheinung eines Verstorbenen und den von ihm ausgehenden Mittheilungen ganz die
selbe Vorstellung haben, wie wir, ist ersichtlich aus der, wenn auch
dort nur fingirten Geistererscheinung in der Chinesischen Novelle
Hing-Lo-Tu, *ou la peinture mystérieuse,* übersetzt von Stanislas
Julien, und mitgetheilt in dessen *Orphelin de la Chine, accom-
pagné de Nouvelles et de poésies, 1834.* – Ebenfalls mache ich in
dieser Hinsicht darauf aufmerksam, daß die meisten der die
Charakteristik des Geisterspuks ausmachenden Phänomene, wie
sie in den oben angeführten Schriften von Hennings, Wenzel,
Teller u. s. w., sodann später von Just. Kerner, Horst und vielen
andern beschrieben werden, sich schon ganz eben so finden in
sehr alten Büchern, z. B. in dreien, mir eben vorliegenden, aus
dem 16. Jahrhundert, nämlich *Lavater de spectris, Thyraeus de
locis infestis,* und *de spectris et apparitionibus Libri duo,* Eis-
leben 1597, anonym, 500 Seiten in 4.: dergleichen Phänomene
sind z. B. das Klopfen, das scheinbare Versuchen verschlossene
Thüren zu forciren, auch solche, die gar nicht verschlossen sind,
der Knall eines sehr schweren, im Hause herabfallenden
Gewichtes, das lärmende Umherwerfen alles Geräthes in der
Küche, oder des Holzes auf dem Boden, welches nachher sich in
völliger Ruhe und Ordnung vorfindet, das Zuschlagen von
Weinfässern, das deutliche Vernageln eines Sarges, wann ein
Hausgenosse sterben wird, die schlürfenden, oder tappenden
Tritte im finstern Zimmer, das Zupfen an der Bettdecke, der
Modergeruch, das Verlangen erscheinender Geister nach Gebet,
u. dgl. m., während nicht zu vermuthen steht, daß die, meistens
sehr illitteraten [ungebildeten] Urheber der modernen Aussagen
jene alten, seltenen, lateinischen Schriften gelesen hätten. Unter
den Argumenten für die Wirklichkeit der Geistererscheinungen
verdient auch der Ton des Unglaubens, in welchem die gelehrten
Erzähler aus zweiter Hand sie vortragen, erwähnt zu werden;
weil er, in der Regel, das Gepräge des Zwangs, der Affektation
und Heuchelei so deutlich trägt, daß der dahinter steckende
heimliche Glaube durchschimmert. – Bei dieser Gelegenheit will

und was damit zusammenhängt. 323

ich auf eine Geistergeschichte neuester Zeit aufmerksam machen, welche verdient, genauer untersucht und besser gekannt zu werden, als durch die aus sehr schlechter Feder geflossene Darstellung derselben in den Blättern aus Prevorst, 8. Sammlung S. 166; nämlich theils weil die Aussagen darüber gerichtlich protokollirt sind, und theils wegen des höchst merkwürdigen Umstandes, daß der erscheinende Geist, mehrere Nächte hindurch, von der Person, zu der er in Beziehung stand, und vor deren Bette er sich zeigte, nicht gesehn wurde, weil sie schlief, sondern bloß von zwei Mitgefangenen und erst späterhin auch von ihr selbst, die aber dann so sehr dadurch erschüttert wurde, daß sie, aus freien Stücken, sieben Vergiftungen eingestand. Der Bericht steht in einer Broschüre: »Verhandlungen des Assisenhofes [Strafgerichts] in Mainz über die Giftmörderin Margaretha Jäger.« Mainz 1835. – Die wörtliche Protokoll-Aussage ist abgedruckt in einem Frankfurter Tageblatt »Didaskalia«, vom 5. Juli 1835. –

Ich habe aber jetzt das Metaphysische der Sache in Betrachtung zu nehmen; da über das Physische, hier Physiologische, bereits oben das Nöthige beigebracht worden. – Was eigentlich bei allen Visionen, d. h. Anschauungen durch Aufgehn des Traumorgans im Wachen, unser Interesse erregt, ist die etwanige Beziehung derselben auf etwas empirisch Objektives, d. h. außer uns Gelegenes und von uns Verschiedenes: denn erst durch diese erhalten sie eine Analogie und gleiche Dignität mit unsern gewöhnlichen, wachen Sinnesanschauungen. Daher sind uns, von den im Obigen aufgezählten, neun möglichen Ursachen solcher Visionen, nicht die drei ersten, als welche auf bloße Hallucinationen hinauslaufen, interessant, wohl aber die folgenden. Denn die Perplexität, welche der Betrachtung der Vision und Geistererscheinung anhängt, entspringt eigentlich daraus, daß bei diesen Wahrnehmungen die Gränze zwischen Subjekt und Objekt, welche die erste Bedingung aller Erkenntniß ist, zweifelhaft, undeutlich, wohl gar verwischt wird. »Ist Das außer, oder in mir?« frägt, – wie schon Macbeth, als ihm ein Dolch vorschwebt [Shakespeare, *Macbeth*, II, 1], – Jeder, dem eine Vision solcher Art nicht die Besonnenheit benimmt. Hat Einer allein ein Gespenst gesehn, so will man es für bloß subjektiv erklären, so objektiv es auch dastand; sahen, oder hörten es hingegen Zwei oder Mehrere, so wird ihm sofort die Reali-

tät eines Körpers beigelegt; weil wir nämlich empirisch nur
e i n e Ursache erkennen, vermöge welcher mehrere Menschen
nothwendig die selbe anschauliche Vorstellung zu gleicher Zeit
haben müssen, und diese ist, daß ein und der selbe Körper, das
Licht nach allen Seiten reflektirend, ihrer aller Augen afficirt.
Allein außer dieser sehr mechanischen könnte es wohl noch
andere Ursachen des gleichzeitigen Entstehns der selben anschaulichen Vorstellung in verschiedenen Menschen geben. Wie bisweilen Zwei den gleichen Traum gleichzeitig träumen (siehe oben
p. 278 [S. 316 unserer Ausgabe]), also durch das Traumorgan,
schlafend, das Selbe wahrnehmen, so kann auch im W a c h e n
das Traumorgan in Zweien (oder Mehreren) in die gleiche Thätigkeit gerathen, wodurch dann ein Gespenst, von ihnen zugleich
gesehn, sich objektiv, wie ein Körper, darstellt. Ueberhaupt aber
ist der Unterschied zwischen subjektiv und objektiv im Grunde
kein absoluter, sondern immer noch relativ: denn alles Objektive ist doch insofern, als es immer noch durch ein Subjekt überhaupt bedingt, ja eigentlich nur in diesem vorhanden ist, wieder
subjektiv; weshalb eben in letzter Instanz der Idealismus Recht
behält. Man glaubt meistens die Realität einer Geistererscheinung umgestoßen zu haben, wenn man nachweist, daß sie subjektiv bedingt war: aber welches Gewicht kann dieses Argument
bei Dem haben, der aus Kants Lehre weiß, wie stark der Antheil
subjektiver Bedingungen an der Erscheinung der Körperwelt ist,
wie nämlich diese, sammt dem Raum, darin sie dasteht, und der
Zeit, darin sie sich bewegt, und der Kausalität, darin das Wesen
der Materie besteht, also ihrer ganzen Form nach, bloß ein Produkt der Gehirnfunktionen ist, nachdem solche durch einen Reiz
in den Nerven der Sinnesorgane angeregt worden; so daß dabei
nur noch die Frage nach dem Ding an sich übrig bleibt. – Die
m a t e r i e l l e Wirklichkeit der auf unsere Sinne von außen
wirkenden Körper kommt freilich der Geistererscheinung so
wenig zu, wie dem Traum, durch dessen Organ sie ja wahrgenommen wird, daher man sie immerhin einen Traum im Wachen
(a waking dream, insomnium sine somno; vgl. *Sonntag, Sicili-
mentorum academicorum Fasciculus de Spectris et Ominibus
morientium, Altdorfii 1716, p. 11)* nennen kann: allein im
Grunde büßt sie dadurch ihre Realität nicht ein. Allerdings ist
sie, wie der Traum, eine bloße Vorstellung und als solche nur im
erkennenden Bewußtseyn vorhanden: aber das Selbe läßt sich

und was damit zusammenhängt. 325

von unserer realen Außenwelt behaupten; da auch diese zunächst und unmittelbar uns nur als Vorstellung gegeben und, wie gesagt, ein bloßes, durch Nervenreiz erregtes und den Gesetzen subjektiver Funktionen (Formen der reinen Sinnlichkeit und des Verstandes) gemäß entstandenes Gehirnphänomen ist. Verlangt man eine anderweitige Realität derselben; so ist dies schon die Frage nach dem Ding an sich, welche von L o c k e aufgeworfen und voreilig erledigt, dann aber von K a n t in ihrer ganzen Schwierigkeit nachgewiesen, ja als unlösbar aufgegeben, von mir jedoch, wiewohl unter einer gewissen Restriktion, beantwortet worden ist. Wie aber jedenfalls das Ding an sich, welches in der Erscheinung einer Außenwelt sich manifestirt, *toto genere* [ganz und gar] von ihr verschieden ist; so mag es sich mit Dem, was in der Geistererscheinung sich manifestirt, analog verhalten, ja, was in Beiden sich kund giebt vielleicht am Ende das Selbe seyn, nämlich W i l l e. Dieser Ansicht entsprechend finden wir, daß es, hinsichtlich der objektiven Realität, wie der Körperwelt, so auch der Geistererscheinungen, einen Realismus, einen Idealismus und einen Skepticismus giebt, endlich aber auch einen Kriticismus, in dessen Interesse wir eben jetzt beschäftigt sind. Ja, eine ausdrückliche Bestätigung der selben Ansicht giebt sogar folgender Ausspruch der berühmtesten und am sorgfältigsten beobachteten Geisterseherin, nämlich der von Prevorst (Bd. 1, S. 12): »Ob die Geister sich nur unter dieser Gestalt sichtbar machen können, oder ob mein Auge sie nur unter dieser Gestalt sehn und mein Sinn sie nur so auffassen kann; ob sie für ein geistigeres Auge nicht geistiger wären, Das kann ich nicht mit Bestimmtheit behaupten, aber ahnde es fast.« Ist dies nicht ganz analog der Kantischen Lehre: »Was die Dinge an sich selbst seyn mögen, wissen wir nicht, sondern erkennen nur ihre Erscheinungen« –?

Die ganze Dämonologie und Geisterkunde des Alterthums und Mittelalters, wie auch ihre damit zusammenhängende Ansicht der Magie, hat zur Grundlage den noch unangefochten dastehenden R e a l i s m u s, der endlich durch C a r t e s i u s erschüttert wurde. Erst der in der neueren Zeit allmälig herangereifte I d e a l i s m u s führt uns auf den Standpunkt, von welchem aus wir über alle jene Dinge, also auch über Visionen und Geistererscheinungen, ein richtiges Urtheil erlangen können. Zugleich hat andererseits, auf dem empirischen Wege, der ani-

malische Magnetismus die zu allen frühen Zeiten in Dunkel
gehüllte und sich furchtsam versteckende M a g i e an das Licht
des Tages gezogen und eben so die Geistererscheinungen zum
Gegenstand nüchtern forschender Beobachtung und unbefangener Beurtheilung gemacht. Das Letzte in allen Dingen fällt
immer der Philosophie anheim, und ich hoffe, daß die meinige,
wie sie aus der alleinigen Realität und Allmacht des W i l l e n s
in der Natur die Magie wenigstens als möglich denkbar und,
wenn vorhanden, als begreiflich dargestellt hat*, so auch, durch
entschiedene Ueberantwortung der objektiven Welt an die
I d e a l i t ä t , selbst über Visionen und Geistererscheinungen
einer richtigeren Ansicht den Weg gebahnt hat.

Der entschiedene Unglaube, mit welchem von jedem denkenden Menschen einerseits die Thatsachen des Hellsehns, andererseits des magischen, *vulgo* [gemeinhin genannt] magnetischen
Einflusses zuerst vernommen werden, und der nur spät der eigenen Erfahrung, oder hunderten glaubwürdigster Zeugnisse
weicht, beruht auf einem und dem selben Grunde: nämlich
darauf, daß alle Beide den uns *a priori* bewußten Gesetzen des
Raumes, der Zeit und der Kausalität, wie sie in ihrem Komplex
den Hergang möglicher Erfahrung bestimmen, zuwiderlaufen, –
das Hellsehn mit seinem Erkennen *in distans* [in die Ferne], die
Magie mit ihrem Wirken *in distans.* Daher wird, bei der Erzählung dahin gehöriger Thatsachen, nicht bloß gesagt »es ist nicht
wahr«, sondern »es ist nicht möglich« *(a non posse ad non esse*
[von der Unmöglichkeit zur Unwirklichkeit]), andererseits
jedoch erwidert »es ist aber« *(ab esse ad posse* [von der Wirklichkeit zur Möglichkeit]*).* Dieser Widerstreit beruht nun darauf,
ja, liefert sogar wieder einen Beweis dafür, daß jene von uns
a priori erkannten Gesetze keine schlechthin unbedingte, keine
scholastische *veritates aeternae* [ewigen Wahrheiten], keine
Bestimmungen der Dinge an sich sind; sondern aus bloßen
Anschauungs- und Verstandesformen, folglich aus Gehirnfunktionen entspringen. Der aus diesen bestehende Intellekt selbst
aber ist bloß zum Behuf des Verfolgens und Erreichens der
Zwecke individueller Willenserscheinungen, nicht aber des Auf-
fassens der absoluten Beschaffenheit der Dinge an sich selbst entstanden; weshalb er, wie ich (Welt a. W. u. V. Bd. 2, S. S. 177,

---

* Siehe »über den Willen in der Natur« die Rubrik »anim. Magnetismus und Magie«.

und was damit zusammenhängt.

273, 285–289 [Bd. III, S. 205 f., 320 f., 333–37]) dargethan habe, eine bloße Flächenkraft ist, die wesentlich und überall nur die Schaale, nie das Innere der Dinge trifft. Diese Stellen lese nach wer recht verstehn will was ich hier meine. Gelingt es uns nun aber ein Mal, weil doch auch wir selbst zum innern Wesen der Welt gehören, mit Umgehung des *principii individuationis,* den Dingen von einer ganz andern Seite und auf einem ganz andern Wege, nämlich geradezu von innen, statt bloß von außen, beizukommen, und so uns derselben, im Hellsehn erkennend, in der Magie wirkend, zu bemächtigen; dann entsteht, eben für jene cerebrale Erkenntniß, ein Resultat, welches auf ihrem eigenen Wege zu erreichen wirklich unmöglich war; daher sie darauf besteht, es in Abrede zu stellen: denn eine Leistung solcher Art ist nur metaphysisch begreiflich, physisch ist sie eine Unmöglichkeit. Diesem zufolge ist andererseits das Hellsehn eine Bestätigung der Kantischen Lehre von der Idealität des Raumes, der Zeit und der Kausalität, die Magie aber überdies auch der meinigen von der alleinigen Realität des W i l l e n s , als des Kerns aller Dinge: hiedurch nun wieder wird auch noch der Bakonische Ausspruch, daß die Magie die praktische Metaphysik sei, bestätigt.

Erinnern wir uns jetzt nochmals der weiter oben gegebenen Auseinandersetzungen und der daselbst aufgestellten physiologischen Hypothese, welchen zufolge sämmtliche durch das Traumorgan vollzogene Anschauungen von der gewöhnlichen, den wachen Zustand begründenden, Wahrnehmung sich dadurch unterscheiden, daß bei der letzteren das Gehirn von außen, durch eine physische Einwirkung auf die Sinne erregt wird, wodurch es zugleich die Data erhält, nach welchen es, mittelst Anwendung seiner Funktionen, nämlich Kausalität, Zeit und Raum, die empirische Anschauung zu Stande bringt; während hingegen bei der Anschauung durch das Traumorgan die Erregung vom Innern des Organismus ausgeht und vom plastischen Nervensystem aus sich in das Gehirn fortpflanzt, welches dadurch zu einer der erstern ganz ähnlichen Anschauung veranlaßt wird, bei der jedoch, weil die Anregung dazu von der entgegengesetzten Seite kommt, also auch in entgegengesetzter Richtung geschieht, anzunehmen ist, daß auch die Schwingungen, oder überhaupt innern Bewegungen der Gehirnfibern, in umgekehrter Richtung erfolgen und demnach erst am Ende sich auf die Sinnesnerven erstrecken, welche also hier das zuletzt in Thätigkeit Versetzte sind, statt daß sie, bei der gewöhnlichen Anschauung, zuallererst erregt werden. Soll nun, – wie bei Wahrträumen, prophetischen Visionen und Geistererscheinungen angenommen wird, – eine Anschauung dieser Art dennoch sich auf etwas wirklich Aeußeres, empirisch Vorhandenes, also vom Subjekt ganz Unabhängiges beziehn, welches demnach insofern durch sie erkannt würde; so muß dasselbe mit dem I n n e r n des Organismus, von welchem aus die Anschauung erregt wird, in irgend eine Kommunikation getreten seyn. Dennoch läßt eine solche sich empirisch durchaus nicht nachweisen, ja, da sie, voraussetzterweise, nicht eine räumliche, von a u ß e n kommende seyn soll, so ist sie empirisch, d. h. physisch nicht ein Mal denkbar. Wenn sie also doch Statt hat; so muß dies nur metaphysisch zu verstehn und sie demnach zu denken seyn als eine unabhängig von der Erscheinung und allen ihren Gesetzen, im Dinge an sich, welches, als das innere Wesen der Dinge, der Erscheinung derselben überall zum Grunde liegt, vor sich gehende und nachher an der Erscheinung wahrnehmbare: – eine solche nun ist es, die man unter dem Namen einer magischen Einwirkung versteht.

Frägt man, welches der Weg der magischen Wirkung, dergleichen uns in der sympathetischen Kur, wie auch in dem Einfluß des entfernten Magnetiseurs gegeben ist, sei; so sage ich: es ist der Weg, den das Insekt zurücklegt, das hier stirbt und aus jedem Ei, welches überwintert hat, wieder in voller Lebendigkeit hervorgeht. Es ist der Weg, auf welchem es geschieht, daß, in einer gegebenen Volksmenge, nach außerordentlicher Vermehrung der Sterbefälle, auch die Geburten sich vermehren. Es ist der Weg, der nicht am Gängelbande der Kausalität durch Zeit und Raum geht. Es ist der Weg durch das Ding an sich.

Wir nun aber wissen aus meiner Philosophie, daß dieses Ding an sich, also auch das innere Wesen des Menschen, sein W i l l e ist, und daß der ganze Organismus eines Jeden, wie er sich empirisch darstellt, bloß die Objektivation desselben, näher, das im Gehirn entstehende Bild dieses seines Willens ist. Der Wille als Ding an sich liegt aber außerhalb des *principii individuationis* (Zeit und Raum), durch welches die Individuen g e s o n - d e r t sind: die durch dasselbe entstehenden Schranken sind also für ihn nicht da. Hieraus erklärt sich, so weit, wenn wir dieses

und was damit zusammenhängt.

Gebiet betreten, noch unsere Einsicht reichen kann, die Möglichkeit u n m i t t e l b a r e r Einwirkung der Individuen auf einander, unabhängig von ihrer Nähe oder Ferne im Raum, welche sich in einigen der oben aufgezählten neun Arten der wachenden Anschauung durch das Traumorgan, und öfter in der schlafenden, faktisch kund giebt; und eben so erklärt sich, aus dieser unmittelbaren, im Wesen an sich der Dinge gegründeten Kommunikation, die Möglichkeit des Wahrträumens, des Bewußtwerdens der nächsten Umgebung im Somnambulismus und endlich die des Hellsehns. Indem der Wille des Einen, durch keine Schranken der Individuation gehemmt, also unmittelbar und *in distans,* auf den Willen des Andern wirkt, hat er eben damit auf den Organismus desselben, als welcher nur dessen räumlich angeschauter Wille selbst ist, eingewirkt. Wenn nun eine solche, auf diesem Wege, das Innere des Organismus treffende Einwirkung sich auf dessen Lenker und Vorstand, das Gangliensystem, erstreckt, und dann von diesem aus, mittelst Durchbrechung der Isolation, sich bis ins Gehirn fortpflanzt; so kann sie von diesem doch immer nur auf Gehirnweise verarbeitet werden, d. h. sie wird Anschauungen hervorbringen, denen vollkommen gleich, welche auf äußere Anregung der Sinne entstehn, also Bilder im Raum, nach dessen drei Dimensionen, mit Bewegung in der Zeit, gemäß dem Gesetze der Kausalität u. s. w.: denn die einen wie die andern sind eben Produkte der anschauenden Gehirnfunktion, und das Gehirn kann immer nur seine eigene Sprache reden. Inzwischen wird eine Einwirkung jener Art noch immer den Charakter, das Gepräge, ihres Ursprungs, also Desjenigen, von dem sie ausgegangen ist, an sich tragen und dieses demnach der Gestalt, die sie, nach so weitem Umwege, im Gehirn hervorruft, aufdrücken, so verschieden ihr Wesen an sich auch von dieser seyn mag. Wirkt z. B. ein Sterbender durch starke Sehnsucht, oder sonstige Willensintention, auf einen Entfernten; so wird, wenn die Einwirkung sehr energisch ist, die Gestalt desselben sich im Gehirn des Andern darstellen, d. h. ganz so wie ein Körper in der Wirklichkeit ihm erscheinen. Offenbar aber wird eine solche, durch das Innere des Organismus geschehende Einwirkung auf ein fremdes Gehirn leichter, wenn dieses schläft, als wenn es wacht, Statt haben; weil im erstern Fall die Fibern desselben gar keine, im letztern eine der, die sie jetzt annehmen sollen, entgegengesetzte Bewegung haben. Demnach wird eine schwächere Einwirkung der in Rede stehenden Art sich bloß im Schlafe kund geben können, durch Erregung von Träumen; im Wachen aber allenfalls Gedanken, Empfindungen und Unruhe erregen; jedoch Alles immer noch ihrem Ursprunge gemäß und dessen Gepräge tragend: daher kann sie z. B. einen unerklärlichen, aber unwiderstehlichen Trieb, oder Zug, Den, von dem sie ausgegangen ist, aufzusuchen, hervorbringen; und eben so, umgekehrt, Den, der kommen will, durch den Wunsch ihn nicht zu sehn, noch von der Schwelle des Hauses wieder zurückscheuchen, selbst wenn er gerufen und bestellt war *(experto crede Roberto* [Glaub' dem Robertus, der es selbst erfuhr! nach Vergil, *Aeneis,* XI, 283 u. a.]*).* Auf dieser Einwirkung, deren Grund die Identität des Dinges an sich in allen Erscheinungen ist, beruht auch die faktisch erkannte Kontagiosität [Ansteckungsmöglichkeit] der Visionen, des zweiten Gesichts und des Geistersehns, welche eine Wirkung hervorbringt, die im Resultat derjenigen gleich kommt, welche ein körperliches Objekt auf die Sinne mehrerer Individuen zugleich ausübt, indem auch in Folge jener Mehrere zugleich das Selbe sehn, welches aldann sich ganz objektiv konstituirt. Auf der selben direkten Einwirkung beruht auch die oft bemerkte unmittelbare Mittheilung der Gedanken, die so gewiß ist, daß ich Dem, der ein wichtiges und gefährliches Geheimniß zu bewahren hat, anrathe, mit Dem, der es nicht wissen darf, über die ganze Angelegenheit, auf die es sich bezieht, niemals zu sprechen; weil er, während Dessen, das wahre Sachverhältniß unvermeidlich in Gedanken haben müßte, wodurch dem Andern plötzlich ein Licht aufgehn kann; indem es eine Mittheilung giebt, vor der weder Verschwiegenheit, noch Verstellung schützt. Goethe erzählt (in den Erläuterungen zum W[est] O[estlichen] Divan, Rubrik »Blumenwechsel«), daß zwei liebende Paare, auf einer Lustfahrt begriffen, einander Charaden aufgaben: »Gar bald wird nicht nur eine jede, wie sie vom Munde kommt, sogleich errathen, sondern zuletzt sogar das Wort, das der Andere denkt und eben zum Worträthsel umbilden will, durch die unmittelbarste Divination [Ahnung] erkannt und ausgesprochen.« – Meine schöne Wirthin in Mailand, vor langen Jahren, fragte mich, in einem sehr animirten Gespräche, an der Abendtafel, welches die drei Nummern wären, die sie als Terne [Zusammenstellung von drei Nummern] in der Lotterie belegt hatte? ohne mich zu besinnen, nannte ich die erste und die

und was damit zusammenhängt.

zweite richtig, dann aber, durch ihren Jubel stutzig geworden, gleichsam aufgeweckt und nun reflektirend, die dritte falsch. Der höchste Grad einer solchen Einwirkung findet bekanntlich bei sehr hellsehenden Somnambulen Statt, die dem sie Befragenden seine entfernte Heimath, seine Wohnung daselbst, oder sonst entfernte Länder, die er bereist hat, genau und richtig beschreiben. Das Ding an sich ist in allen Wesen das selbe, und der Zustand des Hellsehns befähigt den darin Befindlichen, mit meinem Gehirn zu denken, statt mit dem seinigen, welches tief schläft.

Da nun andererseits für uns fest steht, daß der W i l l e , so fern er Ding an sich ist, durch den Tod nicht zerstört und vernichtet wird; so läßt sich *a priori* nicht geradezu die Möglichkeit ableugnen, daß eine magische Wirkung der oben beschriebenen Art nicht auch sollte von einem bereits Gestorbenen ausgehn können. Eben so wenig jedoch läßt eine solche Möglichkeit sich deutlich absehn und daher positiv behaupten; indem sie, wenn auch im Allgemeinen nicht undenkbar, doch, bei näherer Betrachtung, großen Schwierigkeiten unterworfen ist, die ich jetzt kurz angeben will. – Da wir das im Tode unversehrt gebliebene innere Wesen des Menschen uns zu denken haben, als außer der Zeit und dem Raume existirend; so könnte eine Einwirkung desselben auf uns Lebende nur unter sehr vielen Vermittelungen, die alle auf unserer Seite lägen, Statt finden; so daß schwer auszumachen seyn würde, wie viel davon wirklich von dem Verstorbenen ausgegangen wäre. Denn eine derartige Einwirkung hätte nicht nur zuvörderst in die Anschauungsformen des sie wahrnehmenden Subjekts einzugehn, mithin sich darzustellen als ein Räumliches, Zeitliches und nach dem Kausalgesetz materiell Wirkendes; sondern sie müßte überdies auch noch in den Zusammenhang seines begrifflichen Denkens treten, indem er sonst nicht wissen würde, was er daraus zu machen hat, der ihm Erscheinende aber nicht bloß gesehn, sondern auch in seinen Absichten und den diesen entsprechenden Einwirkungen einigermaaßen verstanden werden will: demnach hätte dieser sich auch noch den beschränkten Ansichten und Vorurtheilen des Subjekts, betreffend das Ganze der Dinge und der Welt, zu fügen und anzuschließen. Aber noch mehr! Nicht allein zufolge meiner ganzen bisherigen Darstellung werden die Geister durch das Traumorgan und in Folge einer von innen aus an das

Gehirn gelangenden Einwirkung, statt der gewöhnlichen von außen durch die Sinne, gesehn; sondern auch der die objektive Realität der erscheinenden Geister fest vertretende J. Kerner sagt das Selbe, in seiner oft wiederholten Behauptung, daß die Geister »nicht mit dem leiblichen, sondern mit dem geistigen Auge gesehn werden.« Obwohl demnach durch eine innere, aus dem Wesen an sich der Dinge entsprungene, also magische, Einwirkung auf den Organismus, welche sich mittelst des Ganglien- systems bis zum Gehirn fortpflanzt, zu Wege gebracht, wird die Geistererscheinung doch aufgefaßt nach Weise der von außen, mittelst Licht, Luft, Schall, Stoß und Duft auf uns wirkenden Gegenstände. Welche Veränderung müßte nicht die angenom- mene Einwirkung eines Gestorbenen bei einer solchen Ueberset- zung, einem so totalen Metaschematismus [Umwandlung], zu erleiden haben! Wie aber läßt sich nun gar noch annehmen, daß dabei und auf solchen Umwegen noch ein wirklicher Dialog mit Rede und Gegenrede Statt haben könne; wie er doch oft berichtet wird? – Beiläufig sei hier noch angemerkt, daß das Lächerliche, welches, so gut wie andererseits das Grausenhafte, jeder Behauptung einer gehabten Erscheinung dieser Art, mehr oder weniger, anklebt und wegen dessen man zaudert sie mit- zutheilen, daraus entsteht, daß der Erzähler spricht wie von einer Wahrnehmung durch die äußern Sinne, welche aber gewiß nicht vorhanden war, schon weil sonst ein Geist stets von allen Anwesenden auf gleiche Weise gesehn und vernommen werden müßte; eine in Folge innerer Einwirkung entstandene, bloß scheinbar äußere Wahrnehmung aber von der bloßen Phantaste- rei zu unterscheiden, nicht die Sache eines Jeden ist. – Dies also wären, bei der Annahme einer wirklichen Geistererscheinung, die auf der Seite des sie wahrnehmenden Subjekts liegenden Schwie- rigkeiten. Andere wieder liegen auf der Seite des angenom- menermaaßen einwirkenden Verstorbenen. Meiner Lehre zufolge hat allein der W i l l e eine metaphysische Wesenheit, vermöge welcher er durch den Tod unzerstörbar ist; der Intel- lekt hingegen ist, als Funktion eines körperlichen Organs, bloß physisch und geht mit demselben unter. Daher ist die Art und Weise, wie ein Verstorbener von den Lebenden noch Kenntniß erlangen sollte, um solcher gemäß auf sie zu wirken, höchst pro- blematisch. Nicht weniger ist es die Art dieses Wirkens selbst; da er mit der Leiblichkeit alle gewöhnlichen, d. i. physischen, Mittel

und was damit zusammenhängt.

der Einwirkung auf Andere, wie auf die Körperwelt überhaupt, verloren hat. Wollten wir dennoch den von so vielen und so verschiedenen Seiten erzählten und betheuerten Vorfällen, die entschieden eine objektive Einwirkung Verstorbener anzeigen, einige Wahrheit einräumen; so müßten wir uns die Sache so erklären, daß in solchen Fällen der Wille des Verstorbenen noch immer leidenschaftlich auf die irdischen Angelegenheiten gerichtet wäre und nun, in Ermangelung aller physischen Mittel zur Einwirkung auf dieselben, jetzt seine Zuflucht nähme zu der ihm in seiner ursprünglichen, also metaphysischen Eigenschaft, mithin im Tode, wie im Leben, zustehenden m a g i s c h e n Gewalt, die ich oben berührt und über welche ich im »Willen in der Natur«, Rubrik »animalischer Magnetismus und Magie« meine Gedanken ausführlicher dargelegt habe. Nur vermöge dieser m a g i s c h e n Gewalt also könnte er allenfalls selbst noch jetzt was er möglicherweise auch im Leben gekonnt, nämlich wirkliche *actio in distans* [Wirkung in die Ferne], ohne körperliche Beihülfe, ausüben und demnach auf Andere direkt, ohne alle physische Vermittelung, einwirken, indem er ihren Organismus in der Art afficirte, daß ihrem Gehirne sich Gestalten anschaulich darstellen müßten, wie sie sonst nur in Folge äußerer Einwirkung auf die Sinne von demselben producirt werden. Ja, da diese Einwirkung nur als eine magische, d. h. als durch das innere, in Allem identische Wesen der Dinge, also durch die *natura naturans* [schaffende Natur], zu vollbringende denkbar ist; so könnten wir, wenn die Ehre achtungswerther Berichterstatter dadurch allein zu retten wäre, allenfalls noch den verfänglichen Schritt wagen, diese Einwirkung nicht auf menschliche Organismen zu beschränken, sondern sie auch auf leblose, also unorganische Körper, die demnach durch sie bewegt werden könnten, als nicht durchaus und schlechterdings unmöglich einzuräumen; um nämlich der Nothwendigkeit zu entgehn, gewisse hochbetheuerte Geschichten, der Art wie die des Hofrath Hahn in der Seherin von Prevorst, weil diese keineswegs isolirt dasteht, sondern manches ihr ganz ähnliche Gegenstück in älteren Schriften, ja, auch in neueren Relationen [Berichten], aufzuweisen hat, geradezu der Lüge zu bezüchtigen. Allerdings aber gränzt hier die Sache ans Absurde: denn selbst die magische Wirkungsweise, soweit sie durch den animalischen Magnetismus, also legitim beglaubigt wird, bietet bis jetzt für eine solche Wirkung allenfalls nur e i n schwaches und auch noch zu bezweifelndes Analogon dar, nämlich die in den »Mittheilungen aus dem Schlafleben der Auguste K...... zu Dresden« 1843, S. 115 und 318 behauptete Thatsache, daß es dieser Somnambule wiederholt gelungen sei, durch ihren bloßen Willen, ohne allen Gebrauch der Hände, die Magnetnadel abzulenken. Das Selbe berichtet Ennemoser (Anleitung zur Mesmerischen Praxis, 1852) von einer Somnambule Kachler: »Die hellsehende Kachler bewegte die Magnetnadel nicht nur durch das Entgegenhalten der Finger, sondern auch durch den Blick. Sie richtete ihren Blick etwan in der Entfernung einer halben Elle auf die Nordspitze, die Nadel drehte sich, nach wenigen Sekunden, nach Westen um vier Grade: sobald sie den Kopf zurückgezogen und den Blick abwandte, kehrte die Nadel auf den vorigen Standpunkt zurück.« Auch in London ist das Selbe in öffentlicher Sitzung und vor gewählten, kompetenten Zeugen geschehn von der Somnambule Prudence Bernard.

Die hier dargelegte Ansicht des in Rede stehenden Problems erklärt zuvörderst, warum, wenn wir eine wirkliche Einwirkung Gestorbener auf die Welt der Lebenden auch als möglich zugeben wollen, eine solche doch nur überaus selten und ganz ausnahmsweise Statt haben könnte; weil ihre Möglichkeit an alle die angegebenen, nicht leicht zusammen eintretenden Bedingungen geknüpft wäre. Ferner geht aus dieser Ansicht hervor, daß, wenn wir die in der Seherin von Prevorst und den ihr verwandten Kernerschen Schriften, als den ausführlichsten und beglaubigtesten, gedruckt vorliegenden Geisterseherberichten, erzählten Thatsachen nicht entweder für rein subjektiv, bloße *aegri somnia* [Krankenträume: Horaz, *ars poetica* 7], erklären, noch auch uns mit der oben dargelegten Annahme einer *retrospective second sight* [S. 305], zu deren *dumb shew* [stummer Prozession] die Seherin aus eigenen Mitteln den Dialog gefügt hätte, begnügen, sondern eine wirkliche Einwirkung Gestorbener der Sache zum Grunde legen wollen; dennoch die so empörend absurde, ja niederträchtig dumme Weltordnung, die aus den Angaben und dem Benehmen dieser Geister hervorgienge, dadurch keinen objektiv realen Grund gewinnen, sondern ganz auf Rechnung der, wenn auch durch eine von außerhalb der Natur kommende Einwirkung rege gemachten, dennoch nothwendig sich selber treu bleibenden Anschauungs- und Denkthätigkeit der höchst unwissen-

und was damit zusammenhängt.

den, gänzlich in ihren Katechismusglauben eingelebten Seherin zu setzen seyn würde.

Jedenfalls ist eine Geistererscheinung zunächst und unmittelbar nichts weiter, als eine Vision im Gehirn des Geistersehers: daß von außen ein Sterbender solche erregen könne, hat häufige Erfahrung bezeugt; daß ein Lebender es könne ist ebenfalls, in mehreren Fällen, von guter Hand beglaubigt worden: die Frage ist bloß, ob auch ein Gestorbener es könne.

Zuletzt könnte man, bei Erklärung der Geistererscheinungen, auch noch darauf provociren [sich berufen], daß der Unterschied zwischen den ehemals gelebt Habenden und den jetzt Lebenden kein absoluter ist, sondern in beiden der eine und selbe Wille zum Leben erscheint; wodurch ein Lebender, zurückgreifend, Reminiscenzen zu Tage fördern könnte, welche sich als Mittheilungen eines Verstorbenen darstellen.

Wenn es mir, durch alle diese Betrachtungen, gelungen seyn sollte, auch nur ein schwaches Licht auf eine sehr wichtige und interessante Sache zu werfen, hinsichtlich welcher, seit Jahrtausenden, zwei Parteien einander gegenüberstehn, davon die eine beharrlich versichert »es ist!« während die andere hartnäckig wiederholt »es kann nicht seyn«; so habe ich Alles erreicht was ich mir davon versprechen und der Leser billigerweise erwarten durfte.